潮汕文库

潮汕文库·研究系列

潮汕華僑史

李宏新 著

暨南大學出版社
JINAN UNIVERSITY PRESS
中国·广州

图书在版编目（CIP）数据

潮汕华侨史/李宏新著．—广州：暨南大学出版社，2016.8（2020.1 重印）
（潮汕文库．研究系列）
ISBN 978-7-5668-1543-9

Ⅰ.①潮… Ⅱ.①李… Ⅲ.①华侨—历史—潮州市 ②华侨—历史—汕头市
Ⅳ.①D634.3

中国版本图书馆 CIP 数据核字（2015）第 155904 号

潮汕华侨史
CHAOSHAN HUAQIAOSHI
李宏新 著

出 版 人：徐义雄
项目统筹：黄圣英
责任编辑：黄 颖 王雅琪
责任校对：胡 芸 黄志波
责任印制：汤慧君 王雅琪

出版发行：暨南大学出版社（510630）
电 话：总编室（8620）85221601
营销部（8620）85225284 85228291 85228292（邮购）
传 真：（8620）85221583（办公室） 85223774（营销部）
网 址：http://www.jnupress.com
排 版：广州市天河星辰文化发展部照排中心
印 刷：深圳市新联美术印刷有限公司
开 本：787mm×1092mm 1/16
印 张：21.25
字 数：430 千
版 次：2016 年 8 月第 1 版
印 次：2020 年 1 月第 2 次
定 价：60.00 元

总　序

潮汕文化历千年久远，底蕴渊深，泱泱广袤，又伴随着潮人的迁播而兼收并蓄，独树一帜，是中华文明中的重要一脉。

秦汉之前，潮汕囿于海角一隅，与中原殆少来往；自韩愈治潮，兴学重教，风气日开，人文渐著。宋朝文教兴盛，前七贤垂范乡邦；明朝人才辈出，后八贤称显于时。明清以来，粤东地区借毗邻大海的地理优势，与域外商贸频仍，以陶朱端木之业，成中西交汇之势，造就多元开放的文化格局。饶宗颐等学界巨匠引领风骚，李嘉诚等商海翘楚造福民生，俊采星驰，郁郁称盛。

而今国家稳步发展，蓬勃兴盛，潮汕地区凭借深厚的历史积淀，务实进取，努力发展传统文化及其产业，如潮剧、潮乐、潮菜、工夫茶、陶瓷、木雕、刺绣等，保持并革新精巧特色，在世界各地广泛传播，备受青睐。更有海外潮人遍布全球，为经济文化交流引桥导路，探索共赢模式，拓宽发展空间。

为促进潮汕文化的传承与创新，进一步推动潮汕文化“走出去”，在广东省委宣传部的大力支持下，海内外学者编写《潮汕文库》大型丛书。本丛书包括文献系列和研究系列，涉及历史、文学、方言、民俗、曲艺、建筑、工艺美术等多方面，囊括影印、笺注、点校、碑铭、图文集、口述史等多种形式，始终秉承整理、抢救传统文化的原则，尊重潮汕地区的家学渊源和治学传统。以一腔丹心，在历史沿袭中为文化存证，修旧如旧，求新而不媚俗于新；以一笔质朴，在字斟句酌中为品质立言，就事论事，求全而不迷失于全；以一纸恳切，在纷扰喧嚣中为细节加冕，群策群力，求深而不盲目于深。惟愿以此丛书，提升潮汕文化品位，凝聚海内外潮人，齐心发展，助力腾飞。

在成书过程中，广东省委宣传部高度重视，协调汕头、潮州、揭阳、汕尾市委宣传部，委托潮汕历史文化研究中心、韩山师范学院、暨南大学出版社组织编写与出版。海内外潮学研究专家倾注笔墨，潮汕历史文献收藏机构及热心人士鼎力襄助，更蒙粤东籍一批著名艺术家慷慨捐赠宝贵书画作品助力出版，在此一并致谢！

《潮汕文库》大型丛书编委会

2016 年 7 月

下　编　海外潮人社会

绪　言

一、华侨

“华侨”一词的出现，大概在19世纪末。1883年春夏间郑观应《禀北洋通商大臣李傅相为招商局与怡和、太古订立合同》有“南洋各埠华侨”句，巧合的是，这条较早出现“华侨”字眼的文献，开篇便称“营口、汕头等处，往来货多”，描述到汕头。[①] 1884年，《清实录》载有：“以神灵感应，颁美国金山华侨昭一公所关帝庙扁额曰‘义昭海域’；并以侨居商民急公好义，传旨嘉奖。”[②] 在这之前，文献材料一般把海外移民称为“唐人”“北人”“中国人”“中国贾人”或“华人流寓者”，西人称华侨为“The Overseas Chinese”或“The Chinese Abroad”，意为“海外华人”。

较早对“华侨”进行定义的，是1935年成书的《华侨概观》：“‘华侨’云者，系由移殖当时为中国之领土地域而移殖于外国领土之中国人或其子孙之居留于外国领土者也，但其国籍之如何，则在所不问也。”[③] 这一观点回避了国籍问题，受到当时不少学者的质疑。1936年，丘汉平提出：“凡是中国人移殖或侨居于外国领域而并未丧失中国国籍的，叫做‘华侨’。”[④] 此后，“华侨”一词得以正名。

《辞海》将“华侨”一词加以细化，释为：“侨居国外的中国公民。中国政府派往外国的公务人员、留学生、劳务人员和出国访问、考察、讲学、游历的人员以及经常出入境的中国边境地区的居民，不是华侨。已经加入外国国籍的中国

---

① 夏东元编：《郑观应集》（下册），上海：上海人民出版社，1988年，第790～791页；夏东元编著：《郑观应年谱长编》，上海：上海交通大学出版社，2009年，第151页。

② 《清实录·德宗实录》卷188，光绪十年六月乙未，《清实录》第五十四册《德宗实录》（三），北京：中华书局，1985年，第633页。

③ 刘士木、徐之圭编：《华侨概观》，北京：中华书局，1935年，第2页。

④ 丘汉平撰述，庄祖同助编：《华侨问题》，北京：商务印书馆，1936年，第4页。

血统的人是外国公民（亦称外籍华人），也不是华侨。”①

即是说，拥有中国国籍的人，才有可能是华侨。

由此看出，“华侨”的界定与国籍密不可分。回溯中国历代封建王朝的历史，都谈不上拥有系统的侨务政策，自然更没有真正意义上的国籍法。至晚清，由于中外交往频繁、交涉不断，才不可避免地触及了华侨的国籍问题。

清宣统元年（1909），中国第一部国籍法《大清国籍条例》颁布，条例规定，包括“生而父为中国人者；生于父死后，而父死时为中国人者；母为中国人，而父无可考或无国籍者”等数种情况的，“不论是否生于中国地方，均属中国国籍”。这是从血统论原则出发：无论出国多久，其人及其后裔仍可以拥有中国国籍，也即这时的海外华人全部都是华侨（若没有主动放弃中国国籍的话）。

1912年11月18日，孙中山领导的中华民国政府以“中华民国元年法律第四十号”之名义颁布了《中华民国国籍法》。1929年，南京国民政府公布了对该法的修订案。这两者都沿袭了《大清国籍条例》对“华侨”的认定原则。由于华侨所在国多采用出生地主义，或血统主义和出生地主义相结合的国籍法，导致许多华侨具有双重国籍。② 这样，海外华人仍然是华侨（若没有主动放弃中国国籍的话），即使他拥有双重国籍。

这种情况一直持续到1949年中华人民共和国成立之前。此时，“海外华人”大约就是“华侨”。1945年第二次世界大战后，有些民族主义高涨的东南亚国家“强制”华人入籍并放弃中国国籍，但相对来说真正实现的不多。因此，“海外华人”与“华侨”的含义在此阶段也相差不大。

1949年中华人民共和国成立后，情况大为不同。

中华人民共和国成立之初，中共中央就针对印度尼西亚华侨国籍问题作了三点批示，亦即关于国籍问题的三原则：①凡父母双方或一方具有中华人民共和国国籍者，生时亦具有中国国籍；②华侨变更国籍依据本人自愿原则；③出籍华侨有要求复籍的权利。③

1951年，在周恩来的直接领导下，由外交部、中联部、中侨委等起草的研讨报告，和1952年1月中共中央批准的《关于海外侨民工作的指示》，其中有“鼓励华侨参加当地国籍”“已取得当地国籍的，自动丧失中国国籍，就不再是

---

① 辞海编辑委员会编：《辞海》（第六版缩印本），上海：上海辞书出版社，2010年，第770页；辞海编辑委员会编：《辞海》（1999年版缩印本），上海：上海辞书出版社，2000年，第146页；辞海编辑委员会编：《辞海》（1989年版缩印本），上海：上海辞书出版社，1990年，第138页。以上三条引用均为“华侨”条。

② 广东省地方史志编纂委员会编：《广东省志·华侨志》，广州：广东人民出版社，1996年，第1页。

③ 程希：《1954年前后中国解决与印尼“双重国籍”问题的外交形势》，载《南洋问题研究》，2004年第3期，第9页。

华侨”① 等内容。

1955 年 4 月 22 日，出于对时局及政治因素的考虑，中国政府和印尼政府在印尼万隆正式签订了《中华人民共和国和印度尼西亚共和国关于华侨双重国籍问题的条约》。该条约包括以下内容：凡具有双重国籍的 18 岁华裔，必须在两年内自愿选择一种国籍，向有关政府声明放弃中国或印尼国籍；若在两年内未按规定手续自愿选择国籍者，其国籍身份随父亲国籍身份而定；未成年人的国籍也随父亲国籍而定，但成年后一年内必须重新选择；已获印尼国籍但愿意离开印尼并自愿选择中国国籍者，即自动丧失印尼国籍；已获中国国籍离开中国后自愿选择印尼国籍者，即自动丧失中国国籍；已经明确具有中国公民身份的华侨，不再给予选择国籍的机会。随后，中国政府根据这一政策与尼泊尔（1956）、蒙古（1957）、马来西亚（1974）、菲律宾（1975）、泰国（1975）等邻国解决了双重国籍问题。

1980 年，中华人民共和国通过国籍法，将上述解决双重国籍问题的原则固定下来，即中国不承认双重国籍。根据这一原则，《中华人民共和国国籍法》有关条款规定：①定居外国的中国公民，自愿加入或取得外国国籍的，即自动丧失中国国籍。②父母双方或一方定居在国外的中国公民，本人出生时即具有外国国籍的，不具有中国国籍。③中国公民申请退出中国国籍获得批准的，即丧失中国国籍。④外国人申请加入中国国籍获得批准的，即取得中国国籍；但不得保留外国国籍。⑤曾经有过中国国籍的外国人被批准恢复中国国籍的，不得再保留外国国籍。②

至此，双重国籍问题彻底得到解决。然而其带来的客观后果是，迫使华侨不得不作出是否继续做“中国人”的选择。由于种种原因，除了极少数人仍保留中国国籍外，其余的海外华侨越来越多地加入侨居地国籍。

亦即“华侨”在万隆会议后逐步地、大量地消失。现在的“华侨”一词，远远不足以涵盖在外国生活而拥有中国血统的人。

二、华侨史及《潮汕华侨史》

华侨是居住在国外的中国公民，是中华民族的组成部分。但很显然，本书所要述及的对象，并不仅仅是华侨，还包括如《广东省志·华侨志》所言的“已经取得所在国国籍的中国血统外国籍人，称为外籍华人，或简称华人”③。

---

① 陈昌福：《〈中华人民共和国国籍法〉简介：以华侨“双重国籍”问题为中心》，载《上海市社会主义学院学报》，2010 年第 6 期。

② 宋锡祥：《论中国〈国籍法〉的发展与完善——兼论港澳居民的国籍问题》，载《政治与法律》，2008 年第 1 期。

③ 广东省地方史志编纂委员会编：《广东省志·华侨志》，广州：广东人民出版社，1996 年，第 1 页。

那么严格来说，再以“华侨”命名此类书籍，似乎有“名实不副”之嫌。现在本书仍然取名“华侨史”，出于如下原因：

虽然华侨与外籍华人是严格区分的。不过，无论是否加以特别说明，在历来以“华侨史”“华侨志”等命名的文本中，其考察、研究、论述的对象，基本上都包括外籍华人。即无论中华人民共和国成立前后（即使是1980年中国立法不承认双重国籍后），关于华侨的史、志、书等，其内容从来就不排斥生活在海外的华人。而现已列入编修工程的广东省、福建省首部相关内容的志书，其编委会也分别定名为“广东华侨史编委会”“福建华侨史编委会”，据其公告，两书将于2020年左右刊行，其征集的材料也是外籍华人（不仅仅是华侨）的相关资料。《广东华侨史》主编张应龙先生更明确表示“开展重点侨领、华商、华裔、新移民、华人专才、归侨、侨务干部七个类别的口述历史访问，并有重点地选择一些华侨家族做专题访问”①。可见，以“华侨史”命名而内容又不局限于华侨的研究，一直如此，已成惯例，现在存在，相信以后也没有不同。

事实上，倘若将“加入外国国籍而有中国血统的外国公民”剔除，华侨史将面临写无可写的尴尬局面。勉强为之，也将给之前、现在的文献材料造成阻碍，无形中会有产生歧义的可能。更主要的是，这将无法反映出那段真实存在的历史，无法体现中华民族优秀儿女在同当地人民一起推动社会发展中恰如其分的历史地位。

朱杰勤先生对此还有更为深入的论述：“有人提议要把东南亚华侨史改为东南亚华人史，我们不以为然，华侨一词自有它的含义和特点，而且沿用过久，国内既有侨务机构，又有华侨政策，如果用华人政策，就会使中外人士易生误会。还以不改为宜。”② “海外华人学者用‘华族史’和‘华人史’来代替华侨史，是根据当地的政治、社会等条件来拟定的。我们毫无异议。但由于我国和外国国情不同，在外国认为适当可行的，在我国反而窒碍难通。百年来，中国政府和民间沿用华侨这个名词，没有不便之处，一旦改称，反易使人发生误会。西人把华侨、华人和华族统称为‘海外华人’，与华侨这个名词含义基本相同。日本人至今还沿用华侨一词，可谓不谋而合。”③

鉴于以上所述，本书仍沿袭先例命名“华侨史”。由于涉及的是潮汕地区，故称为《潮汕华侨史》。

---

① 《〈广东华侨史〉主编：原始史料丰富程度令人讶异》，中国新闻社，2013年6月4日。

② 朱杰勤：《东南亚华侨史》，北京：高等教育出版社，1990年，第3页。

③ 朱杰勤：《东南亚华侨史丛书总序》，载林远辉、张应龙：《新加坡马来西亚华侨史》，广州：广东高等教育出版社，1991年，第4页。

三、本书论述对象及若干用语

本书论述的对象，是潮汕籍海外华侨华人，也包括中国香港、澳门、台湾的居民，即习惯上所称的包括港澳台同胞和海外侨胞的“海外潮人”。大约相当于林伦伦先生在《关于海外潮学研究的几点看法和建议》中所提到的：“‘海外潮人’是一个比较‘虚’的概念，是指生活在港澳台地区（境外）和外国的有潮州人（潮汕人）血统的人。”在本书中，潮汕籍华侨和外籍华人通常会被称为“潮侨”“海外潮人”等；在针对港澳台同胞的论述上，则分别会对应为“香港潮人”“澳门潮人”“台湾潮人”等。

本书论述中，“潮人”是“潮汕人”的简称；“潮侨”是“潮汕华侨”的简称。这样的简称早已有之，如前者，中国第一部有关华侨史的专门著作《南洋华侨史略》中，“潮人”一词便出现了3次。[①] 如后者，民国始修的饶宗颐《潮州志》中，“潮侨”一词便至少出现了6次。[②] 更主要的是，“潮人”“潮侨”两者都是官方文牍、公开出版物、民间沟通所习见，在当代语境下不存在理解障碍。

此外，关于“移民”与“海外”也需进行说明。

“移民”一词，新版《辞海》的解释是：“迁往某一地区永久定居的人。”[③] 这个定义并不涉及国家概念。但近年来，往往有言论认为“移民”仅指向国家与国家之间的人民迁徙，其实只要依照《辞海》，就不存在这种歧义，而在官方文件及新闻报道中，“三峡移民”“香港的大陆移民”等词句也屡屡出现，丝毫未见不妥之处。

“海外”一词，《辞海》等通用辞典都无收录。在1997年香港回归中国之后的习惯用法上，有泛指“国外”的趋势。不过，直到现在，“海外”仍然包括中国香港、澳门、台湾地区，这从最具权威性的官方媒体“一报一社一台”便可以看出。如《人民日报》，既有面对“海外华人、华侨、港澳台同胞”读者群的子报《人民日报（海外版）》，也有“台港澳侨”专刊；又如新华通讯社，至今仍然报道：“新华社香港分社是新华社首个海外分社”；再如中央电视台，其中央电视台海外节目中心便有《台湾万象》《天涯共此时》等对台栏目组，其海外栏目组还在2007年、2009年制作了《香港十年》《澳门十年》纪录片等。因此“海外”包括“港澳台”，并无不妥。由于官方与民间早成习惯，文本图像资料多不胜数且每日海量递增，要将“港澳台”剔出“海外”，既无必要也难以做

---

① 羲皇正胤：《南洋华侨史略》，载《民报》，日本秘密印行（标称“法国巴黎濮吕街四号”），1910年第25、26号。

② 参见饶宗颐总纂：《潮州志》，汕头：潮州修志馆，1949年。“潮侨”在该志卷五《实业志》中出现3次，在卷八《大事志》中也出现了3次。

③ 辞海编辑委员会编：《辞海》（第六版缩印本），上海：上海辞书出版社，2010年，第2246页。

到，“海外”一词的内涵想必以后也不会改变。

对于“海外”一词，黄挺先生曾经做过深入探讨：“‘海外’这个词，现在似乎已经是‘国外’的同义词了。移居港澳的潮人，本来不能看成移居海外。但是，在潮汕人的实际观念中，移居港澳，与移居东南亚并没有太大差别。一则是1950年以前，从移民的角度去看，两者是没有差别的；二则是在回归之前，港澳同胞持有英、葡殖民地护照，非中国公民的身份，与东南亚的潮人也没有差别；三则就欧美澳洲等地的潮汕移民看，大多数是二次移民，他们不是来自东南亚，就是来自港澳，也没有国内外之分。因此，在我们的研究里，海外移民包括港澳移民在内。”①

综上所述，本书关于潮人、潮侨的所谓向“海外”“移民”，是指以潮汕地区为原始输出点，向海外（中国港澳台地区和外国）拓展的行为和现象，包括但不局限于现代民族国家语境下的跨国迁徙活动。

四、潮汕概况

潮汕这个地理区域，在不同的历史时期有不同的名称，其地域幅员也盈缩不齐。本书的“潮汕”，主要从地理角度出发，按目前行政区划范围进行界定，即1991年潮汕分市之后的汕头、潮州、揭阳（含广东省委托代管的普宁市）三个地级市所辖地域。之所以这么界定“潮汕”，是出于这样的考虑：古揭阳县、古义安郡、古潮州府等所辖范围大小不齐，而现在的汕头、潮州、揭阳三市，是本地区自秦汉之际首个行政建置以来，基本上同处于一个行政区划内，笔者称之为“核心潮汕地区”，② 即是目前被广泛认可的“潮汕”。

或许纯粹从现在的行政区划来界定“潮汕”不太科学，但考之过细未免烦琐。在不违背通俗认知、不妨碍顺畅阅读、不影响本书论述的情况下，笔者认为这样处理比较妥当：较为适合普遍认可的习惯；较易解释、阐述问题。至于历史上曾属古揭阳县、义安郡、潮州府、汕头市等管辖，但不属于核心潮汕地区的如梅州、汕尾、大埔、丰顺等地，若必须涉及，本书一般会加以说明。

这样，可以对核心潮汕地区——“潮汕”的概况做一个大致的了解。这里主要是一些与出洋有关的简介。③

潮汕地区地理坐标在东经115°06′～117°20′、北纬22°53′～24°14′之间。地

---

① 黄挺：《潮商文化》，北京：华文出版社，2008年，第96页。

② 李宏新：《1991：潮汕分市纪事》，广州：广东人民出版社，2012年，前言。

③ 参见广东省汕头市地方志编纂委员会编：《汕头市志》（第一册），北京：新华出版社，1999年，第355、374～393、400～408页。《广东省志·海洋与海岛志》第三章《海洋岛屿》、第五章《海洋水文》和第六章《海洋气候》的相关部分，参见广东省地方史志编纂委员会编：《广东省志·海洋与海岛志》，广州：广东人民出版社，2000年。

处中国东南隅，广东省东部。北回归线横穿中部。东北与福建省的诏安县、平和县接壤；西北同本省梅州市的丰顺、大埔二县为邻；西部接梅州市的五华县和汕尾市的陆丰市；东南濒临南海，东北海域与福建省东山县相连。

潮汕总面积为 10 346 平方千米，地形大势西北高而东南低，东北、西北多高山，东南面海。内部多丘陵台地，约占总面积的63%，若以丘陵山地计算，则占总面积的 70%。耕地面积相对较少，在农耕时代，无形中压缩了本地生存空间。

潮汕处于地震带。按 1977 年国家地震局《中国地震烈度区划图》，汕头的潮阳、潮南、澄海、南澳等四县区，和揭阳的榕城、揭东、惠来三区县的部分地方，以及潮州饶平县的部分地区，均划为地震烈度 8 度区；其余部分则划为地震烈度 7 度区。在地质史上，潮汕曾多次发生地壳运动，断裂构造较为发育，多组裂隙交错，又处于环太平洋地震带上，是地震活动频繁区。

潮汕气候有两大特点：一是日照足，气温高，夏长冬暖；二是雨量丰沛，降水集中，台风频发。后者可从以下数据略见一斑：据《广东省海岸带和海涂资源综合调查报告》（1988）以及《中国台风年鉴统计》统计，1949—1987 年粤东海岸登陆的强台风 20 个、台风 12 个、热带低压 3 个，共计 35 个，平均每年 0. 9 个。农耕时代，这些自然灾害时常给当地带来极大的生存压力。

潮汕江河分布较为密集，集水面积达 100 平方千米以上的河流有 30 多条，其中独流入海的有 9 条。韩江、榕江、练江、龙江、黄冈河，是潮汕地区的主要河流。它们灌溉着大片土地，是人民生产、生活所依赖的重要条件，也是物资交流的重要通渠。但上游暴雨时，这些河流也会造成严重灾害。

潮汕海岸线东起潮州市饶平县的大埕镇上东村，西至揭阳市惠来县的岐石镇华清村，长 265. 6 千米；沿海域分布有大小岛屿 76 座和南澎、勒门 2 个列岛，其中汕头市的南澳岛为最大的岛屿，面积为 130. 9 平方千米。潮汕的海岸线与岛岸线共长 389. 3 千米。历史上潮汕出海良港不下数十处，包括南澳诸港、潮州港、庵埠港、柘林港、樟林港、汕头港等。而南澳岛、妈屿岛、达濠半岛和柘林湾、大埕湾等地方，以及面积达 3. 8 万平方千米的汕头内海湾的沿岸，均是适宜停泊海船之处。

潮汕海域海流和潮流属于南海海洋水文的一部分。在东北季风期（以 2 月为代表）和西南季风期（以 8 月为代表），南海表层海流变化很大。4—8 月的西南季风期内，大部分海区为东北向漂流；来自爪哇海的海流穿过南海南部大陆架（巽他陆架）沿南海西南部北上，通过巴士海峡和台湾海峡流出南海，它在粤东海区为 0. 3 ~0. 5 节。9—10 月东北向漂流随西南季风消退而减弱，西南向漂流开始出现并逐渐加强。10 月至翌年 2 月为东北季风期，盛行西南向漂流，粤东海区沿岸流速为 0. 5 ~0. 8 节。3— 4 月为季风转换期，海流主要为东北向，但流速随西南风的加强而增大。至 4 月底，已基本转为东北向漂流。

潮汕海路距离香港、台湾高雄均不足 200 海里，其中南澳离高雄仅 160 海里；至新加坡、泰国等东南亚国家口岸，则多在1 700海里以内。

潮汕各港湾潮汐。汕头港以东，属不正规半日潮港；以西，自海门港至神泉港属不正规日潮港。东部潮差大于西部。各港涨潮时间比落潮时间长1～2小时，最大潮差为4米左右。各港口、岛屿附近的潮流随地形略有不同。南澎列岛附近的潮流，受风力的影响很大，东北季风强烈时，涨潮流较强；西南季风强烈时，落潮流较强。在东经116°以东，海流终年流向东北，流速为0.5～1节，最大为1.5节。东经116°以西，海流随季风而变，东北季风期流向西南，流速为0.7节，最大为2节；西南季风期流向东北，流速一般为0.5节，最大为1.3节。

潮汕海域的海浪。汕头港，自表角至鹿屿的一段海面，包括港外航道，因东北、东面及东南方没有岛屿阻挡，受海洋风浪影响，每年10月至翌年4月的东北季风期中，遇北方冷空气南下，港外有6级东北至东风时，赤屿附近海面浪高为2.30米，波长为15～30米，波行方向偏北，强风持续24小时之后，则浪高及波长随之增大。饶平三百门港，风浪较为稳定。南澳前江，稍有东风或东北风，又逢涨潮，便如万马奔腾，浪高2米以上，波长达10～20米。澄海莱芜岛，在吹西南风或东风、东南风时，波浪也较大，风力达5级以上，船靠码头便会有些困难。海门、靖海、神泉、柘林各港，在港湾外面的海上，6级以上风力便浪高2～3米，但避风港湾内则相对平波少浪。柘林湾大金门口的西、南、东三面，有海山岛、黄芒岛、南澳岛、西澳岛为掩护，北面陆域有大北山、青山、妈宫山、瞭望山等天然屏障，阻隔了外海涌来的波浪。湾口地方有影响的主要是小风区生成的浪。所以，除直袭台风外，风浪一般较小。

潮汕的大潮期。正常情况下，一般为每月农历的初一至初四，特别是被沿海人民称为“潮父”的农历九月初三和“潮母”的农历十月初四，比其他月份的大潮期涨的时间更长，水位更高。

五、潮汕华侨史阶段划分及本书架构

何谓“史”，简单来讲，就是事物产生、发展至消亡的历史。潮汕华侨史便是潮汕华侨产生、发展至消亡的历史。本书的下限时间截至1949年中华人民共和国成立，此时堪称华侨规模最为鼎盛的时期，自然未涉及华侨“消亡”阶段（当然，从某种意义上说，也是“华侨”接近“消亡”的时期，见上述）。由此，本书的阶段划分，是截至1949年中华人民共和国成立前的划分。

潮人为什么要出洋并移居海外，说到底，便是因为当时那里有更适合侨民生活的条件。也就是说，他们的外出是与中国的社会、政治、经济等历史背景密切相关的，这是第一要素。至于潮汕地区某些特定时期因天灾人祸而产生的生存危机，也是重要原因，但从宏观角度看，后者也是处于大时代背景之下的。

据此，本书上讫纪元前，下至1949年中华人民共和国成立。以朝代为主线，参考潮汕地区的实际情况，将潮汕移民史划分为七个阶段：肇始的海事初开阶段；隋唐的商贸渐兴阶段；宋元的海交频繁阶段；明代的批量移殖阶段；清初战火移民潮阶段；清代开海至鸦片战争后、汕头开埠前的大规模移民阶段；鸦片战争后、汕头开埠至中华人民共和国成立之前的海外潮汕社会形成阶段。

这样的阶段划分，笔者认为大体能反映出整个潮汕海外移民史的概貌，并且几个移民潮也各得其所，在相关阶段得以体现。应该说明的是，时间并非孤立断点的存在，事件也具有连续性，阶段与阶段之间的划分，不可能做到绝对的分明。

后续的阶段，或者可以以中华人民共和国涉外政策，特别是对侨政策，结合时代背景、社会环境再行划分。这是以后的事。

本书架构，便是在这个基础上形成的。

本书分上下两编。侧重点在上编，是笔者对潮汕地区历史上出洋移民情况的总结；比较遗憾的是下编，由于资料不足，无法恰如其分地体现潮人与当地人民一起推动历史进程的完整面貌。

上编为出洋部分：以出发地为落脚点，介绍“输出”情况，按以上七个划分阶段，由第一至第七章进行顺序叙录。

下编为海外潮人社会部分：以目的地为落脚点，是“融入”情况的介绍。由第八至第十五章组成，分泰国、新加坡、马来西亚、印度尼西亚、越南、柬埔寨、中国香港、中国台湾进行逐章介绍。每章包括五个部分：移居地介绍、潮人移民情况、经济活动、文化生活、潮人社团（一般分五节，有些地方将后两者合为一个单元，则为四节），逐一介绍海外潮人社会的经济、文化、政治概况。

这两部分的内容，时间下限都是1949年中华人民共和国成立。

六、海外潮人在中国华侨史的位置

中国学术界对华侨华人问题的关注始于清末，民国时期有盛有衰。中华人民共和国成立后，华侨研究处于半公开的状态，甚至一度完全停止。1978年以后，华侨华人研究重新开始，并取得长足发展。①

对华侨华人的研究及公开出版的成果，一开始便涉及海外潮人，海外潮人在中国华侨华人史上占有十分重要的地位。

对中国华侨研究的开始，一般认为是梁启超（署名“中国之新民”）1905年首发于《新民丛报》的《中国殖民八大伟人传》②，后以单行本出版。该书是侨

① 李安山：《中国华侨华人研究的历史与现状概述》，载《华侨华人百科全书》编辑委员会编：《华侨华人百科全书》（总论卷），北京：中国华侨出版社，2002年，第998页。

② 中国之新民：《中国殖民八大伟人传》，载（民国）《新民丛报》1905年第63号，第81~88页。

史人物专著，那些封建王朝视为“海寇”者，至此首成英雄人物。梁氏介绍、推崇的八大伟人中，便有来自潮汕的三佛齐国王张琏、暹罗国王郑昭二人。作者且感叹“八君子之见摈于中国历史，其毋乃即中国民族见摈于今日生存竞争界之表征也。吾述此，吾有余痛焉耳”。作者认为：“海以南百数十国，其民口之大部分，皆黄帝子孙。以地势论，以历史论，实天然我族之殖民地也。”①

第一部有关华侨史的专门著作，是1910年署名羲皇正胤的《南洋华侨史略》。这也是最早以“华侨史”命名的研究著作，其在华侨研究史上的重要地位不言而喻。② 羲皇正胤可能是革命党人易本羲的笔名，作者先渡日本，又在南洋任教，归国后“勉辑是书，冀或有以表彰我侨南汉族千百年光荣悲惨之历史于天下”，意在填补华侨历史研究之空白。文分九章，三万余字中，直接应用“潮州”“潮府”“潮郡”“潮人”字眼达26处，第四章《郑成功独立台湾及漳泉惠潮人之逋逃》有专门潮人移民论述，第八章《华侨之膨胀力》介绍有张琏、郑昭事迹。全书涉及潮汕的篇幅比省内惠、客、嘉应等各属华侨的都多，位居广东之首。③

早期中国移民多分布在东南亚，遂令东南亚华侨的研究一直为学界所看重，而海外潮人最集中的地方也是东南亚，因此海外潮人在这些专著中都有涉及。如从民国建立到20世纪20年代末，已有数十种关于华侨的书籍出版，主要是关于东南亚华侨的，包括胡炳熊的《南洋华侨殖民伟人传》（1928）、郭韶九的《南洋华侨血泪史》（1929）、温雄飞的《南洋华侨通史》（1929）等，都有海外潮人事迹的介绍。20世纪30年代是华侨研究的一个高峰期，其中也离不开海外潮人的事例，如1937年出版的《中国殖民史》，是当时研究华侨问题的大家李长傅的代表作，除了分阶段论述涉及潮汕外，还专门介绍了“张琏占领旧港”“林道乾占领大泥”“林凤侵略吕宋”等事迹。④ 此后，几乎所有类似专著，言必及这三人事迹。另外，“我国第一个系统研究华侨华人问题的专业学者”⑤ 陈达的力作《南洋华侨与闽粤社会》，则是选择潮汕和漳泉作为抽样调查的地区。作为一部“研究第二次世界大战以前南洋华侨社会与闽粤侨乡社会状况的经典之作”，该

---

① 参见梁启超：《饮冰室专集之八：中国殖民八大伟人传》，北京：中华书局，民国二十五年（1936），第4、5页。

② 参见王国平：《中国的东南亚历史研究：回顾、评估与展望——梁志明教授访谈录》，载《东南亚南亚研究》，2013年第3期。

③ 参见羲皇正胤：《南洋华侨史略》，载《民报》，日本秘密印行（标称“法国巴黎濮吕街四号”），1910年第25、26号。

④ 李长傅：《中国殖民史》，上海：商务印书馆，民国二十六年（1937），第140～147页。

⑤ 王国平：《中国的东南亚历史研究：回顾、评估与展望——梁志明教授访谈录》，载《东南亚南亚研究》，2013年第3期。

书在国际学术界享有名望，“代表着中国学者已走向世界”[①]，作者选择的是“汕头东北逾60里，计7乡1镇，俱相毗连”[②]之处，即大约澄海樟林一带。实际上，作者之所以选择樟林华侨社区（相当于“侨乡”），以及作为参照的位于附近的非华侨社区为样本，正说明这里具有代表性，也从侧面说明海外潮人在华侨史上的重要位置。

海外潮人在中国华侨史上体现的最主要特点是：人数多、出洋早、事例突出、意义深远、文化输出强劲。

（1）人数多。海外华侨华人主要集中在广东、福建两省。一般认为，出洋的广东籍人中，潮人潮侨占有较大的比例。笔者估计，截至1949年中华人民共和国成立时，海外潮人的人数已达400万人。

（2）出洋早。考古发现，自海事初开，潮汕已与海外有了联系；正史可推、方志有载，隋代已在台澎近海有了贸易活动；综合文献、考古推测，唐代时期潮汕已成为海上丝绸之路的重要节点；正史明确记载，至少在明初已有潮人聚居爪哇；明中后期，更有批量移民出现。

（3）事例突出。林道乾、林凤为首的海商集团批量移民，郑昭在暹罗称王以及大米贸易引起的中国大规模移民潮，19世纪50年代汕头港成为“卖猪仔”出洋集中地，近现代潮籍富商巨贾的南洋崛起等，无不是中国华侨华人史上的大事件。

（4）意义深远。陈稜自义安泛海击流求，屡被官方报道所引用，因为这一事件意味着台湾是中国不可分割的一部分；林凤南击殖民者后不知所终、林道乾纵横海上三十年，近年来常成为文学作品题材，因为他们的行为几成勇敢、自由的象征；“郑王节”成为泰国官方规定节假日，常为国人所乐道，因为它书写了华人与当地人携手保护家园、抗击侵略者的丰功伟绩。此外，太多的潮商历经风浪终出人头地，催人奋发向上，无数潮人在国难当头，义无反顾投身革命，反映出中华民族伟大爱国精神。

（5）文化输出强劲。作为中华文化的一脉，潮汕文化在海外潮人社会多有反映：如亭台楼阁俨然故里者多有，如习俗民情依稀潮汕者常见，如泰语的潮语借词已分布到诸多泰语词汇领域，如潮汕白糜粿品在多地成为日常饮食，如韩江家庙矗立异邦，如韩文公祠分布南洋等。倘若上述现象不够典型，那么，还有打下鲜明“潮汕”烙印的文化输出：如潮汕的中元节胜会（潮俗称“祭孤”）流传海外后，在中国港澳地区及东南亚多个国家成为隆重举行的盛会，俨然成为民间的“嘉年华”，香港官方2011年更以“香港潮人盂兰胜会”名义申报并获列

---

① 王国平：《中国的东南亚历史研究：回顾、评估与展望——梁志明教授访谈录》，载《东南亚南亚研究》，2013年第3期。

② 陈达：《南洋华侨与闽粤社会》，北京：商务印书馆，2011年，第3页。

“第三批国家级非物质文化遗产名录”，恰如其分地体现出潮人文化输出的贡献；如创自潮汕本土的德教，倡行“十章八则”（孝、悌、忠、信、礼、义、廉、耻、仁、智，不欺、不伪、不贪、不妄、不骄、不怠、不怨、不恶），其漂洋过海七十年，信徒善众千百万，已成为新兴世界性宗教；如以慈悲济世、积德从善为宗旨的潮汕善堂文化，在东南亚各国深入人心，现辗转流传逐步走向世界，仅在马来西亚，几乎每个城镇至少都有一座善堂。这些传统文化或是在潮汕发扬光大，或是在潮汕融会生成，它们随着潮侨的步履走向海外，于今成为凝聚海外华人社会、振兴中华传统道德乃至弘扬人类文明正能量的重要载体。无论何时何地何种意识形态，公益事业总是人类社会进步的体现。

七、关于潮侨

潮侨群体既是中华文化的传承者与传播者，又是将中华文化与当地文化融合的推动者，还是将海外潮人社会文化引入故土的推介者。

而潮侨个体，无论远离故土时出于何种动机，无论是功名显赫还是默默无闻，他们都造成这样的客观效果：与当地人民一起，推动社会发展，共同创造历史。

林远辉、张应龙先生曾指出：“要全面研究中国的历史，就要研究华侨史”①，而要较全面地了解潮汕的历史、了解潮学，自然亦必须了解潮汕华侨史。

① 林远辉、张应龙：《新加坡马来西亚华侨史》，广州：广东高等教育出版社，1991 年，第 15 页。

上编　出洋移民

潮汕海事早开，至迟在浮滨文化时期便有海外交流的迹象。隋唐时期商贸渐兴，宋元时期海交频繁，明代批量移殖，清初战火移民潮，清代开海至鸦片战争后、汕头开埠前的大规模移民，鸦片战争后、汕头开埠至中华人民共和国成立之前的海外潮汕社会形成。每个阶段，这片海域都记录了潮人走向四海的步伐。

在现代机械轮船成为海上交通工具之前，航海都得依靠看风扯帆、待汛而动的木帆船，没有风汛，断不能原路回航。因此，只要远涉重洋，通常得寄居一段时间，少则数天十日，多则一季半年——倘若想回的话。

出洋、移民，从某种意义上来说，无论显赫青史还是默默无闻，能够在异域生存下来，便是一种成功。

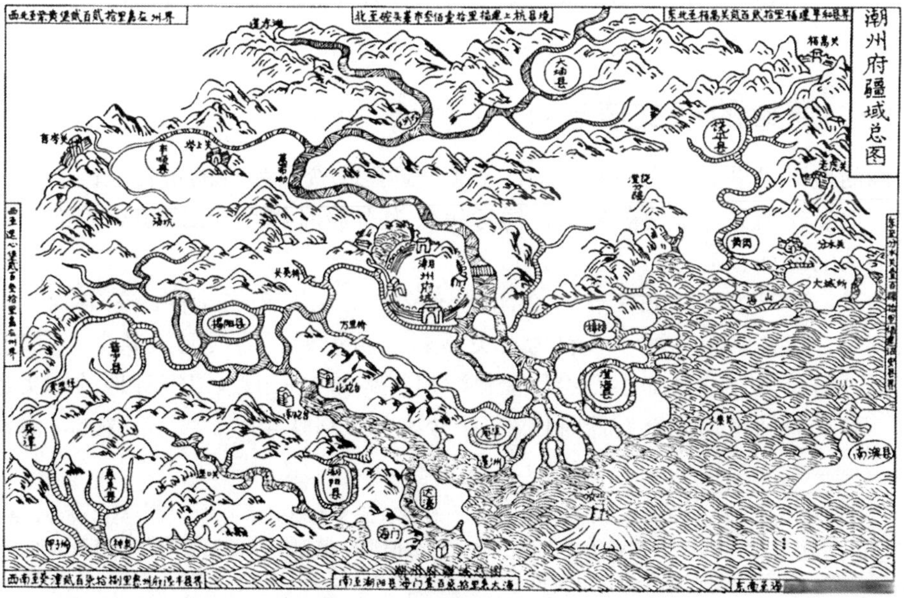

明潮州府疆域

［图片来源：《〈永乐大典〉卷05343（潮字）卷05345（潮字）辑录本》，潮州：潮州市地方志办公室、韩山师范学院图书馆，2000年，第5～6页。］

第一章
肇始：海事初开

潮汕背山面海，海事早开。地理使然，先民久惯水路。迄今已知潮汕地区最早的人类遗存，反映出8 000年前潮汕地区的海上活动信息；考古发现，又显示出此后多个时间段有实物输出海外的迹象；至迟在公元前1400年至公元前900年之间，潮汕地区与香港原始居民已经有了明显交集；西汉中期至东汉之间，有了潮汕参与“海上丝绸之路”的实证。正史记载，至迟在公元前112年，潮汕地区存在可停泊大规模船队的海港。

第一节　先秦时期潮汕与海外的交集

一、原始的海交信息

潮汕地区最早的海交信息，来自于潮汕地区迄今所发现的最古老的人类文化遗存，地点在汕头市南澳岛象山，经考年代为石器时代①。象山遗存是潮汕地区海上活动的见证。

1991—1993年，考古工作者在南澳岛象山发现古文化遗存，采集到一批打击石制品，形体细小扁薄，石料为石英砂岩或石英岩，器类有尖状器、刮削器、雕刻器、石钻等。这批细小石器与福建漳州、平和、东山、诏安等地的同类遗存基本一致。时间可追溯至石器时代②，距今大约8 000年③。《广东省志·海洋与

① 石器时代：“考古学人类历史的最初阶段。当时以石器为主要劳动工具。从人类出现直到青铜器时代为止，历时二三百万年。在人类历史上属于原始社会时期。根据不同的发展阶段，可分为旧石器时代、中石器时代和新石器时代。”载辞海编辑委员会编：《辞海》（第六版缩印本），上海：上海辞书出版社，2010年，第1704页。

② 邱立诚、杨式挺：《从考古文物资料探索潮汕地区的古代海上“丝绸之路”》，载潮汕历史文化研究中心、汕头大学潮汕文化研究中心编：《潮学研究》（第二辑），汕头：汕头大学出版社，1994年，第34页。

③ 曾骐：《韩江流域史前考古与潮汕文化源》，载潮汕历史文化研究中心、汕头大学潮汕文化研究中心编：《潮学研究》（第一辑），汕头：汕头大学出版社，1994年，第4页。

海岛志》亦称："（南澳）该岛上已发现距今7 000—8 000年前的古文化遗址，其中有广东最早的夹砂粗陶和小石器，表明那时广东的原始居民已相对定居（不一定长期）在该岛了。"①

那么，南澳岛象山这些"广东最早的夹砂粗陶和小石器"，便成为远古人类在这附近生产、活动的见证。其范围包括南澳岛、漳州、平和、东山、诏安等地。地质研究证明南澳岛当时已是海岛，并且象山当时很可能比现在更接近水源，因为"考古学家作出的离水边超过一二里以外的地方不存在石器时代遗址的结论，已经为愈来愈多的考古材料所证明"②。出入海岛，自然是海路往返。考古专家认为这反映了距今8 000年前，"南澳岛外的宽阔海域上存在着一定规模的海上交通和水上活动，滨海地区的原始人凭借这简单的独木舟、木桴或编制的竹筏等交通工具浮海，沟通着海岛与大陆、海岛与海岛间的文化联系"③。

《广东省志》遂直接立论："公元前6000至前3000年以前（新石器早、中期），广东远古居民已在南海之滨的珠江三角洲沿海地区和南澳岛居住，以渔猎捕捞为生。"④ 因此，潮汕的海上交通、涉海生产活动便可追溯至此期。

目前可知的，潮汕地区最早与海外有所联系的信息发生在新石器时代⑤：距今5 000—6 000年前，便已经通过海路，与台湾地区、越南原始居民有过文化交流；距今3 000—3 600年前，有比较明显的证据显示，潮汕所出实物可能通过海路输入台湾地区。

首先，距今5 000—6 000年前，潮汕地区与闽台、桂南、越南就有了通过海路进行的文化交流。1956年冬至1961年，先后在潮安县境的陈桥村、梅林湖、石尾山、海角山，澄海县境的苏北村、内底村等处发现贝丘遗址。其中，陈桥村的贝丘遗址，其文化内涵以打制的"蠔蛎啄"器、手斧状石器、砍斫器、敲砸器和夹砂陶圜底器为特征；就其遗址性质而言，不属于东南沿海各省常见的几何印纹陶的文化系统，是广东较早的新石器时代文化。可断定它在很多方面与广西东兴贝丘类型的文化遗址相接近，但时间稍晚。⑥ 人类学家张光直认为，上述潮汕贝丘遗址，接东边的台、闽沿海，向西到海丰（汕尾）的北沙坑遗址，再沿

---

① 广东省地方史志编纂委员会编：《广东省志·海洋与海岛志》，广州：广东人民出版社，2000年，第64、65页。

② 叶显恩主编：《广东航运史》（古代部分），北京：人民交通出版社，1989年，第20页。

③ 曾骐：《南澳岛两处古遗址研究》，载潮汕历史文化研究中心、汕头大学潮汕文化研究中心编：《潮学研究》（第二辑），汕头：汕头大学出版社，1994年，第72页。

④ 广东省地方史志编纂委员会编：《广东省志·海洋与海岛志》，广州：广东人民出版社，2000年，第4页。

⑤ 新石器时代："考古学分期中石器时代的最后一个阶段，开始于八九千年前。已发明农业和畜牧，生活资料有较可靠来源，开始定居生活。广泛使用磨制石器，能制陶和纺织。"载辞海编辑委员会编：《辞海》（第六版缩印本），上海：上海辞书出版社，2010年，第2116页。

⑥ 参见广东省文物管理委员会（莫稚执笔）：《广东潮安的贝丘遗址》，载陈历明编：《潮汕考古文集》，汕头：汕头大学出版社，1993年，第26~27、40页。

海岸向西到珠江三角洲的西樵山遗址、香港深湾遗址、广西灵山洞穴、南宁贝丘遗址、东兴贝丘遗址，再至越南境内的和平文化和北山文化，可构成一个新的考古学文化带。现考古专家对此观点即使有所保留，但都认可："从地理位置、生态环境和渔猎捕捞经济等方面的共同点看，这些原始居民之间确有文化间的交往。""潮汕地区这时期的贝丘遗址，就其文化特征来说，与闽台、桂南以至越南的同期文化不无关系，显然亦是通过海路进行文化交流。"①

其次，距今3 000—3 600年前的新石器时代末期和商周时期，潮汕地区的实物输出和输入已经比较明显。台湾学者主张台湾贝丘遗址的有肩石器是从广东传过去的，而潮汕地区正是有肩石器出土较多的区域，因此，他们认为从潮汕传至台湾极有可能。又，普宁池尾后山出土一批新石器时代后期的鸡形壶陶器，这种特殊形制的陶器在南澳岛、揭阳曲溪五堆后崇、普宁仙湖水库、饶平深涂山顶大埔山等处亦有发现，是潮汕地区富有地方特点的典型陶器之一。这类器物目前所见的地点还有五华华城狮雄山、龙川佗城坑仔里、和平肖屋山及深圳咸头岭中层墓葬，均应是从潮汕地区输出，其中深圳咸头岭是一处海滨沙丘遗址，必然是经海路从粤东输入。② 而据《广东南澳县东坑仔古遗址》载：20世纪90年代初，在南澳岛上的东坑仔处，采集到陶器残片100多片（件）、陶网坠2件、陶拍7件、陶支座20多件、石器37件、石纺轮1件、凹石7件。专家结论为："东坑仔遗址缺少釉陶，不见浮滨类型中流行的鸡形壶，有更多的特点接近福建云霄县发现的墓林山类型，其年代可能比浮滨类型略早，估计距今3 500—4 000年之间。"③ 既然潮汕实物能从海路输往东边深圳，又与西边的福建云霄多有联系，则有实物输入西边的台湾——如台湾学者所主张的，无疑是存在极大的可能性。

二、潮汕与香港

潮汕与海外的联系，如前所述，在新石器时代已经发生，新石器时代中晚期有了较明显的实物输出台湾的迹象。从目前的考古成果看，至迟在公元前1400至公元前900年这个时间段，即商代中后期至西周前期，汕头至香港的海航线此时已经存在，两地也有所联系，浮滨文化遗存的发现，有力地证实了这段历史。

所谓"浮滨文化"，是以潮州饶平浮滨区命名的一种独立的考古学文化类

① 参见邱立诚、杨式挺：《从考古文物资料探索潮汕地区的古代海上"丝绸之路"》，载潮汕历史文化研究中心、汕头大学潮汕文化研究中心编：《潮学研究》（第二辑），汕头：汕头大学出版社，1994年，第35页。

② 邱立诚、杨式挺：《从考古文物资料探索潮汕地区的古代海上"丝绸之路"》，载潮汕历史文化研究中心、汕头大学潮汕文化研究中心编：《潮学研究》（第二辑），汕头：汕头大学出版社，1994年，第36页。又，饶平深涂顶出土鸡形壶存广东省文物考古研究所。

③ 参见广东省南澳县海防史博物馆：《广东南澳县东坑仔古遗址》，载陈历明编：《潮汕考古文集》，汕头：汕头大学出版社，1993年，第122～130页。

型。其遗物最初于20世纪30—40年代由意大利麦兆汉神父在陆丰采集得到；50—60年代在粤东、闽南考古工作中也发现有同类遗物；1974年，考古工作者于饶平浮滨区桥头乡的塔仔金山和联饶区深涂乡的顶大埔山清理了21座墓葬，又出土有数量更为丰富的石器、陶器；此后20多年里，陆续在潮汕地区发现和发掘了几十处同一文化形态的遗址。学者遂将这一独立的考古学文化类型以潮汕地区命名，称“浮滨文化”。① 其主要文化特征为：施酱色釉的陶大口尊、圈足壶、深盘折腹豆和陶器多刻划有文字符号，多见直援无阑石戈。

1997年，在香港荃湾区马湾岛东北角名为东湾仔处，清理了一座属于浮滨文化的墓葬，出土陶器4件和玉石饰物若干。4件陶器中的长颈圈足壶、陶杯、罐等，都具有浮滨文化的早期特征。②

两地都发现有这种独具鲜明风格的浮滨文化遗存，说明潮汕、香港当时已经有了某种联系。

这种联系是通过什么途径来实现的，其实物出入情况又如何呢？

考古发现上提供了线索：自潮汕至香港路线间，相继又发现了一些非常典型的浮滨文化遗物：如珠海淇澳岛出土的釉陶豆残片；如中山翠亨出土的釉圈足陶壶，器腹有“门”标志；如深圳追树岭出土的釉圈足陶壶；如香港大屿山与蟹地湾出土的两件釉陶豆，其中一件底部有“米”字标志，香港赤腊角过路湾出土的一件釉陶豆，腹外壁有二道竖棱装饰。这些与潮汕出土的相同器物毫无二致。更重要的是，将这些发现浮滨文物的地点连接起来，正好是一条从潮汕至香港（或香港至潮汕）的海路。而这些在珠海、中山、深圳、香港出土的浮滨文化遗物，经考古认定，应该都是从浮滨区通过海路输入的。此外，香港南丫岛深湾、大屿山石壁以及深圳等地出土的一些石戈、三角形石矛也为浮滨文化的遗存，而浮滨文化遗存中的一些石玦、石环，则可能来自香港地区，因为在香港大屿山、万角嘴、白芒等沙丘遗址发现有制作石玦、石环的材料和半成品及很多废弃的大小石环芯，成品较少，而在浮滨文化遗存中则多见成品，所以不排除是从香港地区输出的可能。③

这样，可以清晰了解到：汕头至香港这条海上交通线的确存在，交通线中间还有珠海、中山、深圳等多个停泊点。

又据《香港经济史》载：“大约公元前1500年的新石器时代晚期，相当于中原地区的殷商之际，从今天广东省的五岭南北迁来了一批古越族人，他们在香

---

① 参见广东省博物馆、饶平县文化局：《广东饶平县古墓发掘简报》，载陈历明编：《潮汕考古文集》，汕头：汕头大学出版社，1993年，第79～89页。

② 香港古物古迹办事处等：《香港马湾东湾仔北史前遗址发掘简报》，载《考古》，1999年第6期。

③ 参见邱立诚、杨式挺：《从考古文物资料探索潮汕地区的古代海上“丝绸之路”》，载潮汕历史文化研究中心、汕头大学潮汕文化研究中心编：《潮学研究》（第二辑），汕头：汕头大学出版社，1994年，第36～37页。

港许多海湾沙堤和台地上建立起氏族聚落，成为古代香港的第二批居民。其子孙世代不绝，又成为此后香港土著居民的始祖。”①

考纪元前，生活在潮汕地区的正是所谓“五岭南北”的“古越族人”，如果上引这段叙述无误的话，结合在浮滨文化遗存的发现，则可以进一步猜测：大约在此期，曾经有生活在潮汕地区的先民到达香港。当然这个过程不可能一蹴而就，中间可能曾停留珠江口附近，而时间也可能历经多代人。

第二节　海外实物出现和正史海交记载

一、正史上首条海交记录

正史上关于潮汕地区的第一条海交记载，见于《史记》。时间在汉元鼎五年，即公元前112年。

《史记·东越列传》载：“元鼎五年，南越反，东越王馀善上书，请以卒八千人从楼船将军击吕嘉等。兵至揭扬（阳），以海风波为解，不行，持两端，阴使南越。及汉破番禺，不至。是时楼船将军杨仆使上书，愿便引兵击东越。上曰士卒劳倦，不许。”②

这条记载大意为：公元前112年，汉中央政权对南越国用兵，东越王馀善自愿率领所部8 000人随征助战。船队到达古揭阳县域后，馀善以海上风狂浪大为借口驻足不前，持两头观望的态度，私通南越国。直到汉兵攻破南越番禺，东越船队始终没有到达。汉兵随后想乘胜灭东越，汉武帝考虑到多年征战兵力疲惫而不予同意。

这条记载透露出此时潮汕地区海上交通的一些信息。

首先，潮汕地区近海海路顺畅。“海风波为解”句，说明东越兵走的是海路，则公元前112年之前，潮汕地区近海海路已经畅通。“八千人”说明是大规模的船队，这样的船队由福建进入广东番禺，必经潮汕海域，而一般情况下，必然是海上风险处于可控范围，才敢于行进，因此才有东越请战之举。而汉楼船将军杨仆“愿便引兵击东越”，更是对“海风波”视而不见。（按，“楼船”始于春秋，兴于汉代，是一种上有楼橹，重叠数层，高度“可达十余丈”的大船。《史记·南越尉佗传》裴骃集解引应劭注称：“时欲击越，非水不至。故作大船，船上施楼，故号曰楼船也。”③）楼船比东越船队更为招海风，此时杨仆并未有丝毫

---

① 卢受采、卢冬青：《香港经济史》（公元前约4000—公元2000年），北京：人民出版社，2004年，第18页。

② （汉）司马迁撰：《史记》，北京：中华书局，1959年，第2982页。

③ 参见张铁牛、高晓星：《中国古代海军史》，北京：八一出版社，1993年，第26～27页。

提及风险的言语，说明这段海路非常顺畅。

其次，潮汕地区存在大型海港。这条关于大型军事行动的记载，虽然未涉及潮汕地区的港口，但东越这种大规模的船队停于揭阳，必然要有妥善的停泊点。当时的揭阳县地域，远大于现在的潮汕，而以海岸线论，则基本上一致。东越的兵船队停泊地点，虽难确切考证，但约略不离韩江、榕江两江口，因为如果不停泊此处，那将难以解决八千大军的饮水问题。①

由此，可以这样认定：至迟在此时，自福建经潮汕地区至广州的海路已然十分成熟，该海航线不仅民间使用，官方船队也循此而行；潮汕地区已存在可供大规模船队集结、停泊的港口。

考察一下这条航线，它是沿着中国东南海岸，由北方南下直达中南半岛海航线的一部分，潮汕地区海域是必经之处。

《后汉书》卷三十三《郑弘传》载："建初八年，（弘）代郑众为大司农。旧交趾七郡贡献转运，皆从东冶，泛海而至，风波艰阻，沉溺相系。"② 也就是说：建初八年（83）之前，位于中南半岛的交趾七郡上贡品，都是沿着广东的海岸线北运至东冶（大约今泉州一带），然后再上岸送往都城洛阳。这里的"旧"字，说明这条航线在公元 83 年前已有一段时间了。不过，由于航海装备和技术水平有限，当时此线十分惊险，会经常出事故，所谓"沉溺相系"是也。

此后，有关北方通过该线南下的记载屡屡出现。如《三国志》的"会稽倾覆，景兴失据，三江五湖，皆为虏庭。……袁沛、邓子孝等浮涉沧海，南至交州。经历东瓯、闽、越之国，行经万里，不见汉地"③ 等。

既然能沿中国东南海岸线达中南半岛，那么处在此区间的潮汕，倘若有船出海，则北上、西去应没有多大问题。

二、参与"海上丝绸之路"

西汉中期至东汉之间，在考古发现上，潮汕地区出现了清晰的海外实物——玛瑙饰品，这是潮汕参与"海上丝绸之路"的实物例证。

1983 年 5 月，澄海文物普查队在今汕头市澄海区上华镇北陇附近的龟山发现文化遗址。1988 年 1 月和 7 月，广东省考古队又对该遗址进行勘探和试掘，出土了一批文物，有汉代建筑物如瓦当、板瓦、筒瓦、排水管及砖等，兵器如青铜、箭镞、环首铁刀、铁匕首等，生活用品如铜制五铢钱、鼎、镜和陶制釜、鼎、魁等，生产工具如锸、锄、渔民海上捕捞用的网坠等。此外，还有玛瑙耳珰、玛瑙

① 参见黄挺、杜经国：《潮汕古代商贸港口研究》，载潮汕历史文化研究中心、汕头大学潮汕文化研究中心编：《潮学研究》（第一辑），汕头：汕头大学出版社，1994 年，第 53 ~ 58 页。

② （南朝宋）范晔撰，（唐）李贤等注：《后汉书》，北京：中华书局，1965 年，第 1156 页。

③ （晋）陈寿撰：《三国志》，北京：中华书局，1959 年，第 964 页。

珠饰。遗址年代上限为西汉中期，下限为东汉。[①]

这个地方位于韩江两大出海口之一东溪河（亦称莲阳河）西岸，是潮汕地区首个被发现和科学考古确认的汉代大型建筑基址，应是汉代官署所在。遗址中出现的大量铜铁器原料，有可能是从粤中广州地区经海路输入。

广东是海上丝绸之路历史最早、年代最齐、港口最多、线路最全的古代海洋文化大省，广州南越王墓出土的玛瑙、翡翠等海外珍宝，说明秦朝时广州已有和海外国家的贸易与交往，《汉书·地理志》中“自日南障塞，徐闻、合浦开航”等是中国最早的关于通往南海的海交记载，证实了公元前111年徐闻由广东出海的事实。[②]

潮汕地区出土的玛瑙珠饰、玛瑙耳珰与此相印证，因此，考古专家有此结论：“澄海龟山遗址还出土有玛瑙珠、玛瑙耳珰等饰物，这类饰物在广州、佛山、徐闻等地汉墓多有发现，一般认为是从海外所输入，潮汕地区发现较少，但也反映海外物品在汉代已输入潮汕地区，是潮汕地区参与南海海上丝绸之路活动的实物例证。”[③]

三、考古发现的早期船舶情况

关于潮汕地区早期的海船情况，可以在考古发现上获得一些线索，略述如下。

古文献中记有“越人善于造舟”“越人善用舟”之语。远古时期的舟楫，只是刳木而成的独木舟或木筏。独木舟一般是将整段树木挖空制成小船，用桨划行，现在一些偏僻地方仍有沿用。[④] 应该指出的是，独木舟虽然简陋而原始，却是古代常用的航海工具。

揭阳新亨九肚村古河道中，曾出土一段已碳化独木舟。曾有人认为，该碳化遗物是“迄今为止，我国先后发现了数十件独木舟或独木舟的模拟物或图像”中属于“原始社会阶段者”，其年代久远，“系旧石器时代[⑤]晚期的产物”。然而

---

① 参见邱立诚、刘建安：《澄海龟山汉代建筑遗址初识》，载陈历明编：《潮汕考古文集》，汕头：汕头大学出版社，1993年，第193～195页；又，参见广东省博物馆等：《澄海县龟山汉代建筑遗址调查》，载陈历明编：《潮汕考古文集》，汕头：汕头大学出版社，1993年，第180～191页。

② 参见张镇洪、邱立诚：《中国南海古人类文化考》，广州：广东经济出版社，2013年，第7页。

③ 邱立诚、杨式挺：《从考古文物资料探索潮汕地区的古代海上“丝绸之路”》，载潮汕历史文化研究中心、汕头大学潮汕文化研究中心编：《潮学研究》（第二辑），汕头：汕头大学出版社，1994年，第49页。

④ 辞海编辑委员会编：《辞海》（第六版缩印本），上海：上海辞书出版社，2010年，第414页。

⑤ 旧石器时代：“考古学上石器时代的早期阶段。共历时二三百万年。当时人类使用比较粗糙的打制石器，过着采集和渔猎的生活。相当于人类历史上从原始群岛母系氏族公社出现的阶段。”载辞海编辑委员会编：《辞海》（第六版缩印本），上海：上海辞书出版社，2010年，第973页。

这个结论未必可靠。①

按《广东省志》所列：1964 年在揭阳、1974 年在潮安、1975 年在揭西、1975 年及 1983 年在怀集、1976 年在化州均发掘出独木舟。② 其中，揭阳、潮安、揭西均在潮汕地区。

迄今广东省域内出土的独木舟一共有 10 余艘，其中保存完好的古代独木舟中最大的一只，是 1975 年在今揭阳市揭西县棉湖出土的一只独木舟。③ 该遗物在揭西一河床下三四米处发现，船身由一段大樟木凿成，长 10.7 米、宽 1.3 米、深 0.8 米，首部有 1 小孔并系有绳索。据测定，该独木舟距今已 2 000 多年。④ 这个时间大约相当于秦汉或稍前。

此外，潮汕地区又出土过几只独木舟，时代包括先秦到两汉，有的保存完整，有的已碳化残朽。⑤ 如早期发现较为完好的船只遗物，是 1964 年在揭阳发现的楠木独木舟，其长约 12 米、宽约 1.5 米，舱内设 4 道隔板，艉部有 1 孔。⑥ 推断其年代为汉。⑦ 这些都是当时潮汕地区水上交通的证物。

西汉大型造船中心有数十处，离潮汕地区较近的长沙和洞庭一带、吴、会稽、福州、番禺等地都能造出多种类型的民船和战船。⑧ 潮汕地区地理背山面海，先民早惯水路，古船遗物出土显得顺理成章。

综上所述，至迟在西汉，生活于潮汕的先民已经广泛具备水路交通的能力和条件。

---

① 参见王冠倬：《中国古船图谱》（修订本），北京：生活·读书·新知三联书店，2011 年，第 14～15 页。又，揭阳出土碳化独木舟遗物“系旧石器时代遗物”之说引自徐光华《榕江——潮汕最早的丝绸之路》，该说未见其他权威考古论文支撑。

② 广东省地方史志编纂委员会编：《广东省志·船舶工业志》，广州：广东人民出版社，2000 年，第 36 页。

③ 曾骐、邱立诚：《揭阳先秦两汉考古研究》，载吴奎信、徐光华主编：《第五届潮学国际研讨会论文集》，香港：公元出版有限公司，2005 年。

④ 吴扬：《揭西县发现独木船》，载《汕头文物》1979 年第 6 期。

⑤ 广东省地方史志编纂委员会编：《广东省志·船舶工业志》，广州：广东人民出版社，2000 年，第 41 页。

⑥ 曾骐、邱立诚：《揭阳先秦两汉考古研究》，载吴奎信、徐光华主编：《第五届潮学国际研讨会论文集》，香港：公元出版有限公司，2005 年。

⑦ 王冠倬：《中国古船图谱》（修订本），北京：生活·读书·新知三联书店，2011 年，第 21 页。

⑧ 张铁牛、高晓星：《中国古代海军史》，北京：八一出版社，1993 年，第 19 页。

第三节 方志中的造船和海交痕迹

一、方志中首条造船记载

早期的造船情况，地方志书上有一条记录与此相关。其涉及的造船时间，在公元前112年稍前，这应该是现存地方志书收录的最早记录了。不过，该记录可信度较低。由于方志有录且时间最早，因此列出并作简析，也算是早期的海交痕迹。

顺治《潮州府志·轶事部》“越王绥安溪”条载：“绥安县北有连山，汉越王建德伐木为船，其大千石，以童男女三千人牵之，既而人船俱坠于潭。时闻附船有唱唤督进之声，往往有青牛驰而与船俱见。”①

上引中的“汉越王建德”，即南越王赵建德，其在位时间为公元前112年至公元前111年，则所记造船时间也应在这个时间段，而造船基地的存在时间还可前溯。

“绥安”，在南越国时代应属潮汕地区，晋义熙九年（413）潮汕地区立义安郡，下辖五县中便有绥安县，如按正史，绥安县与义安郡是同时成立的，隶属于义安郡。见《宋书》卷三十八《州郡四》载：“义安太守，晋安帝义熙九年，分东官立。领县五。……绥安令，何志与郡俱立。”② 又见嘉靖《潮州府志·地理志》载：“……立潮为义安郡，属县五：海阳、绥安、海宁、潮阳、义昭。”③

“绥安溪”“连山”，按《潮州志》所载：“绥安溪在今漳浦县八都。源出县界，东流合李澳川入海。连山，一名梁山，在漳浦县南二十里。”④

也就是说，西汉时潮汕地区所辖的绥安溪某处，曾存在着南越国的造船基地，所用木材重千斤、所造船只3 000名青壮劳力仍不能拉动。这自然是文学描述，不过也可略窥其所能打造的船只规模不小。

应该说明的是，顺治《潮州府志》是现存最早载有此内容的府志了，它载在《轶事部》项下，修志者自谓《轶事部》收集的是“或有见其实而疑之，则姑存其所疑于篇帙之中……以为事之可存而不议者，正在此”⑤。之后康熙《潮州府志》因袭此项，载于《杂记》项下，修志者称，只是出于“志怪”“述异”目的而辑录“寓言十九（条）”编为《杂记》。⑥ 看来两志的作者都没把“越王

---

① （清）吴颖纂修：《潮州府志》，潮州：潮州市地方志办公室，2003年，第293页。
② （梁）沈约著：《宋书》，北京：中华书局，1974年，第1199页。
③ （明）郭春震纂修：《潮州府志》，潮州：潮州市地方志办公室，2003年，第4页。
④ 饶宗颐总纂：《潮州志》卷十五《丛谈志·异部》，汕头：潮州修志馆，1949年。
⑤ （清）吴颖纂修：《潮州府志》，潮州：潮州市地方志办公室，2003年，第293页。
⑥ （清）林杭学纂修：《潮州府志》，潮州：潮州市地方志办公室，2000年，第484页。

绥安溪”当实事。

又考“越王绥安溪”内容的来由，应该是源于南朝沈怀远撰写的《南越志》。《宋书·沈怀文传》（附《沈怀远传》）中载有沈怀远“撰《南越志》及《怀文文集》，并传于世”①。该志原本已佚，今人辑录出版有《〈南越志〉辑录》一书，共计拾遗222条。② 从《〈南越志〉辑录》的内容看，《南越志》有丰富并且十分珍贵的史料价值，但所记大部分都是荒诞不经之说，大概只能探究各条目、事件背后的文化内涵等，未必能直接视为信史。

综上所述，“越王绥安溪”记录仅是传说，不可尽信。

二、方志中首个寺庙透露的海事信息

两晋时期，在今潮州市唯一的海岛镇——饶平县海山镇处，存在着一座寺庙，即隆福寺，该寺是潮汕地区现存方志记录中时间最早的宗教场所。

隆福寺地处小岛，进出只有海路。首个宗教场所在这里创立，意味着海上交通已达该处，才可能有这种文化输入。不管始建寺者是刻意前往还是随风漂泊而至，岛上至少有海船停泊点。能够建寺，必非一人一时能成，岛上可以生活，而不至于不宜人居；小岛能久居，想必已有日常使用的水上交通工具。

然而，这一切是建立在隆福寺于晋代便存在的基础上。兹略析其存在的可能性，同时也可从中看出隆福寺的若干情况。

（一）文献记载言之凿凿

按方志记载，隆福寺始建于晋朝。从记录看，寺庙内曾奉祀道教正神玄天上帝（道教神祇，又称玄武大帝、真武大帝、北帝等）。该寺地处粤东僻壤，影响有限，正史自然未见记载。

现能见并录载较为详尽的，是地方志和类书，按成书时间依次如下：顺治《潮州府志》、康熙《潮州府志》、康熙《饶平县志》、康熙《古今图书集成》、乾隆《潮州府志》、雍正《海阳县志》、雍正《广东通志》等。③

① （梁）沈约著：《宋书》，北京：中华书局，1974年，第2105页。

② 参见骆伟：《〈南越志〉辑录》，载《广东史志》，2000年第3期。

③ （清）吴颖纂修：《潮州府志》，潮州：潮州市地方志办公室，2003年，第292页；（清）林杭学纂修：《潮州府志》，潮州：潮州市地方志办公室，2000年，第475、478页；（清）刘抃纂修：《饶平县志》，潮州：潮州市地方志办公室，2002年，第152页；《古今图书集成》（1333—1342卷“潮州府部汇考”），潮州：潮州市地方志办公室，2001年，第116页；（清）周硕勋纂修：《潮州府志》，潮州：潮州市地方志办公室、潮州市档案馆，2001年，第181页；（清）张士琏纂修：《海阳县志》，潮州：潮州市地方志办公室，2002年，第231~232页；（清）郝玉麟纂修：《广东通志·堂祠志》，载潮州市地方志办公室编：《雍正广东通志潮事选》（四库全书·史部562—564册），潮州：潮州市地方志办公室，2002年，第250页。

顺治《潮州府志·古迹》载："隆福寺：在信宁都黄芒山。晋时建。宋废。明末耆民修为乡约所。掘地得玄帝铜像三尊，高二尺余云。"

康熙《潮州府志·寺观》载："福慧庵：在城内三目井巷。康熙三年建。因迁地，有饶平隆福寺晋时玄帝铜像三尊，高二尺，僧照杞奉祀于此。"

同书又载："隆福寺：在信宁都黄芒山。晋时建。今废。"

记载上引三则记录的两书，分别成于顺治十八年（1661）和康熙二十三年（1684），都是现存较早收录有隆福寺的文献。这三则记录的互补，大致说明以下情况：晋代始建的隆福寺，宋代荒废，后复建重修，明末曾发掘出三尊玄天上帝铜像，高60多厘米（明清营造尺与厘米比率为1:32）；因海禁迁斥，寺又废，于是在康熙三年（1664）将三尊铜像转移到海阳县内新建的福慧庵奉祀。

之后的资料大多因袭以上说法，虽然出现一些抄错现象，如《古今图书集成·潮州府部汇考·寺观》中将"晋时玄帝铜像三尊"错抄成"晋元帝时铜像三尊"（玄、元古互通），这意味着晋元帝在位（317—322）时隆福寺便存在；又如雍正《海阳县志》将铜像高度错抄成"高三尺余"等。

上列的康熙《饶平县志》、雍正《海阳县志》、雍正《广东通志》等晚出材料都是沿袭着隆福寺为晋时所建的说法，并未有异议，也再无其他古籍明确记叙它并非建于晋代。

（二）时代背景十分适宜

隆福寺，究竟是佛教宗教场所，还是道教宗教场所，又或者佛道同奉之处，可以作个探讨。但无论是哪一种，都是符合当时的时代背景与社会大势的。

1. 佛教方面

一般理解上是，以"寺"为名者必为佛教宗教场所。那么，这里先从佛教说起，考隆福寺始建时间即两晋时期佛教发展概况。

佛教在中国的发展情况：快速发展，广建寺院。说见《辞海》："佛教传入中国内地的时间，一说为西汉哀帝元寿元年（前2），一说为东汉明帝永平十年（67）。初期仅被视为神仙方术的一种。至东汉末，随着安世高、支谶首译汉文本佛经的行世，佛教教义开始与中国传统伦理和宗教观念相结合。经三国两晋到南北朝四五百年间，佛教寺院广为建造，佛经的翻译与研究日渐发达。"① 又据《洛阳伽蓝记·序》称"洛阳至晋永嘉唯有寺四十二所"，《法苑珠林》称"西晋两京合寺一百二十所"，这是西晋时期寺庙数量的原始记录；法琳的《辨正论》称，在统治潮汕地区的、偏居一隅的东晋王朝所控制的区域内，便有"佛寺

① 辞海编辑委员会编：《辞海》（第六版缩印本），上海：上海辞书出版社，2010年，第518～519页。

1 768所，僧尼 24 000 人”。①

佛教在广东的发展情况：大量梵僧来华传教，主要是从海路先入粤地。据《广东省志·宗教志》载：三国时期便有大月氏沙门支彊梁接由天竺经海路入交州（今广州），译经传教；西晋武帝太康二年（281）西竺（今印度）梵僧迦摩罗渡海达广州，建三皈、仁王二寺；晋惠帝（290—306）时，天竺僧耆域从天竺泛海至交、广二州。此后，沿海上丝绸之路到岭南或经广东北上中原传法的梵僧络绎不绝，仅有名姓者，多为开宗立派之名师巨匠便达 14 人，包括知名度极高的南天竺菩提达摩，也是乘商舶先抵广州王园寺后去少林寺的，而佚名者更多。此时佛教已经在广东落地生根。此外，入粤汉僧亦有一些，但时间较迟，如梁武帝大同三年（537），内道场沙门昙裕法师自海外求得佛舍利回广州，在宝庄严寺（今六榕寺）建广州最早的佛塔等。总之，以梵僧为主体的僧伽在岭南译经建寺，发展十分迅速。② 又据《佛教史》记载，佛教传入中国，历来有陆路和海路，海路发自天竺狮子国等多处，基本路线是经南洋群岛或中南半岛的交趾、扶南，抵达广州、青岛等地，南海北陆，两晋之际完全贯通。③

全国大势如此，潮汕地区附近又盛，再加上主体是梵僧渡海，那么，以当时低下的海上交通水平，偶一飘风到粤东小岛，毫无稀奇之处。如此事例众多，如法显（约 337—约 422），自东晋隆安三年（399）陆路西去至义熙九年（413）回到建康，15 年间经 29 国。他在 411 年由斯里兰卡从海路回广州，未料海上遇风在印尼境内待了 5 个月，趁季风出发又偏离广州，至 412 年再漂至青岛，翌年才到建康。后法显撰《佛国记》记录此行程。④

应该注意的是，法显沿途至少遇见 10 位西行华僧，可见此事并不罕见。而他在海路不顺停留各地时，仍然在歇脚地奉佛译经。

也就是说，如果有类似华僧经南洋归来或梵僧渡海入华，飘风偏离广州而荡至海山岛，也并不奇怪。可以肯定的是，在驻岛期间，他们会坚持奉佛，不过，未必能如法显般名传后世。

2. 道教方面

方志中都强调寺中有奉祀道教的“玄天上帝”，因此也存在隆福寺是道教宗教场所的可能性。

先述玄天上帝与道教关系。玄天亦称玄武帝、元天上帝、真武大帝、北帝等，是道教中高神格神衹。其源自远古神话传说中一种由龟和蛇组合成的灵物，河南安阳殷墟出土一把商代晚期（距今约 3 100 年）骨刻小刀，把手为一龟，龟

① 转引自杜继文主编：《佛教史》，南京：江苏人民出版社，2006 年，第 136、152 页。

② 参见广东省地方史志编纂委员会编：《广东省志·宗教志》（光盘版），广州：广东省科技音像出版社，1996 年，第 43 ~ 44 页。

③ 参见杜继文主编：《佛教史》，南京：江苏人民出版社，2006 年，第 165 页。

④ 参见杜继文主编：《佛教史》，南京：江苏人民出版社，2006 年，第 166 ~ 167 页。

背盘曲着一条蛇，是目前所见最早的龟蛇合体的实物，很可能就是玄武形象的原型。[1] 文学作品中对玄武早有涉及，如《楚辞·远游》有："召玄武而奔属。" 至汉代，《河图·帝览嬉》有"北方黑帝，体为玄武，其人夹面兑头，深目厚耳"[2]句，已见玄武人神化的趋势，后逐渐有了人格化造型供信众崇奉。[3] 因此，若此时存在玄天上帝像，则该处必有道教信奉者。

由上述可知玄天上帝与道教的必然联系。假设两晋有道教徒上岛，这也是与时代背景相适宜的。下面从不同角度对此略述之。

首先，全国大势。道教自汉末起势力庞大，由于早期教义极崇自由、不服压迫，致各道团屡屡起事，改朝换代无不见其身影：太平道张角领导的黄巾起义造成汉朝崩溃、天师道道首张鲁政教合一统治西南三十年、天师道的李特 305 年（当年晋室南渡、西晋亡）立国成汉延续四十年等，其间还有数不清的动乱。至太宁元年（323）起，又有绵延二百余年无数次揭竿举动，仅托名"李弘"（时传为道教祖老子的化身）起事的便岁岁发生，说见《老君音诵诫经》载："但言老君当治，李弘应出，天下纵横，反逆者众，称名李弘，岁岁有之。" 可见这段时间道教传播之广和教徒之多，而其信徒遍及江南望族。[4] 事实上，直至隋末，李渊父子逐鹿中原时仍自称李耳（即道教祖老子）后裔，高举道教旗号以增加政治舆论声势，而军中亦多道教高士。

其次，广东情况。两晋特别是东晋时期，岭南道教极为昌盛。先是五斗米道道首杜炅信徒遍及江南；后继道首孙泰曾任职广东，"南越也归之"，其间大力发展信徒，他于隆安二年（398）拟谋反但事泄被灭，余众认为是"蝉蜕登仙"；后继道首孙恩于翌年（399）起事，连陷江南八郡，十多天便聚有人马数十万，后被击败而投海死，被称"水仙"；后继道首卢循不久再次拥众而起，元兴二年（403）受挫后由江浙沿海路占据广州，一度北伐直逼东晋都城建康，至义熙七年（411）被灭投海死。这一波前仆后继的斗争中，自孙泰传教广东，经孙恩、卢循多次率部由江浙海路抵广州（必经潮汕地区海域），至卢循对岭南长达七年的直

---

① 张从军：《玄武与道教起源》，载《齐鲁文化研究》，2002 年第 1 辑。
② 转引自张从军：《玄武与道教起源》，载《齐鲁文化研究》，2002 年第 1 辑。
③ 参见马书田：《中国道教诸神》，北京：团结出版社，1996 年，第 91、93 页。
④ 参见卿希泰、唐大潮：《道教史》，南京：江苏人民出版社，2006 年，第 44 ~ 46 页。

接统治，道教在广东可谓根深蒂固，势力庞大。[①]

在这个时代背景下，道教传入潮汕地区是说得通的。道教徒来往江浙、岭南，既是海路则必经潮汕地区海域，又战后失利的道徒、道众四散赴水等，都存在着若干教众流落海山岛的可能。

应该注意的是，早期道教特别崇尚水，道教徒也擅水。道教经典《道德经》中的“上善若水”是必须遵循的教义。因此才会出现正史所载的失利便集体“投水死”“浮海遁”的情况——在道教徒眼中，那不是“死”而是成了“水仙”，是栖身“上善之水”而“蝉蜕登仙”。

同时，“海上仙山”是理想的修道处，有太多道士与山海相伴的例子。如葛洪（284—364）晚年便居于广东的罗浮山修道，罗浮当时也是海边僻壤，只不过身兼道教理论家、医药家、炼丹术家[②]的葛洪于文献多见且有作品传世，才得以为后人所知。

3. 佛道同奉

隆福寺既称寺，又奉道教正神，是否有佛道同奉的可能？按两晋、南朝的宗教发展情况，佛道同奉是没有问题的，并不与时局形势相悖。

两晋时期，佛教虽处于快速发展阶段，但信徒相对较少；而道教则处于极盛时期，一场道团动乱动辄便有数十万道徒响应，如上述孙恩、卢循之乱。一方尚弱，另一方具压倒性优势，自然未致严重对立。通观道教史、佛教史，也没有激烈对抗情况的记载。[③] 倒是非儒之风盛行，而道、儒家竞争更甚，又本自道家的玄学成为显学，佛教且与之相呼应。

其实，即使到了东晋亡后南北朝佛道矛盾尖锐时，潮汕地区所处的南朝也仅仅是处于辩论状态而已。相对于北方屡屡政治介入并演化成宗教仇杀，南朝颇渐

① 本段参照正史整理，见《南史·沈约传》载：“初，钱唐人杜炅字子恭，通灵有道术，东土豪家及都下贵望并事之为弟子。”载（唐）李延寿撰：《南史》，北京：中华书局，1975 年，第 1405 页。《晋书·孙恩传》：“恩叔父泰，字敬远，师事钱唐杜子恭。……子恭死，泰传其术。然浮狡有小才，诳诱百姓，愚者敬之如神，皆竭财产，进子女，以祈福庆。王珣言于会稽王道子，流之于广州。广州刺史王怀之以泰行郁林太守，南越亦归之。……泰见天下兵起，以为晋祚将终，乃扇动百姓，私集徒众，三吴士庶多从之。……会稽内史谢輶发其谋，道子诛之。……众闻泰死，惑之，皆谓蝉蜕登仙。”载（唐）房玄龄等撰：《晋书》，北京：中华书局，1974 年，第 2631 页。《晋书·孙恩传》：“于是会稽谢鍼、吴郡陆瑰、吴兴丘尪、义兴许允之、临海周胄、永嘉张永及东阳、新安等凡八郡，一时俱起，杀长史以应之，旬日之中，众数十万。……恩穷戚，乃赴海自沈，妖党及妓妾谓之水仙，投水从死者百数。余众复推恩妹夫卢循为主。”载（唐）房玄龄等撰：《晋书》，北京：中华书局，1974 年，第 2634 页。《晋书·孙恩传》：“元兴二年正月，寇东阳，八月，攻永嘉。刘裕讨循至晋安，循窘急，泛海到番禺，寇广州。……裕乘胜击之，循单舸而走，收散卒得千余人，还保广州。……循势屈，知不免……因自投于水。”载（唐）房玄龄等撰：《晋书》，北京：中华书局，1974 年，第 2634～2636 页。

② 参见辞海编辑委员会编：《辞海》（第六版缩印本），上海：上海辞书出版社，2010 年，第583 页。

③ 任继愈主编：《中国道教史》（增订本），北京：中国社会科学出版社，2001 年；卿希泰、唐大潮：《道教史》，南京：江苏人民出版社，2006 年；杜继文主编：《佛教史》，南京：江苏人民出版社，2006 年。

有不分彼此的趋势。有佛教宗师同时信道，如一般认为开后世“道禅融合”滥觞的天台宗第三祖南岳慧思，他在《誓愿文》中称：“今故人入山忏悔修禅，学五通仙，求无上道。”“借外丹力修内丹，欲安众生先自安。”如净土宗始祖昙鸾，《续高僧传》载：“净土宗始祖昙鸾，雁门人，梁大通中曾渡从陶弘景学习道术。”同时，也有道教宗师同时信佛者，如陶弘景便是道佛双修的代表人物。帝王将相全信的更不在少数，如梁武帝、萧子良、张融等。①

两晋时期的海山岛上隆福寺若真是佛道同奉，也不与时代风气相异。

（三）传说中的蛛丝马迹

现隆福寺为20世纪80年代新建。多年来基本是只有一位僧人常驻。据住持释耀文和尚2012年的介绍：该寺来自古早，有说西方佛祖海上闲步见此地有五彩神光，故此设寺传道授经。这个“西方”之说，也颇合此期梵僧渡海来华的大势，然而，这种描述难免带有“宗教体验”式的信仰倾向，其可信度只能是见仁见智。

今隆福寺中立有《隆福寺重修碑记》，记其匾额“隆福寺”三字为王羲之墨迹。② 即传说匾额为王羲之所题。应该说这个可能性近于零，因为该寺几经荒废，至少在嘉靖中后期是荡然无存的，康熙《潮州府志》也载其“早废”。然而，我们不得不注意，这传说又和道教扯上了关系。

按，王羲之是道教天师道信徒，与上述杜炅、孙泰等为同一系统。他于东晋穆帝永和十一年（355）辞官，“与东土人士尽山水之游，弋钓为娱。又与道士许迈共修服食，采药石不远千里，遍游东中诸郡，穷诸名山，泛沧海”。如果传闻为实，隆福寺在此时已经存在。又上面已经述及天师道道士上海山岛的可能性，如果成立，则作为同道又同系统的王羲之为之留字，可说顺理成章。这事于王羲之亦有先例，正史载有王羲之写《道德经》与道士换鹅一事。③ 不过，王羲之正史只记59岁卒，详细生卒年自古众说纷纭，新版《辞海》同存三说，即“王羲之（303—361年，一作307—365年，一作321—379年）”④，从这时间来看，王羲之卒后至少十多年孙泰才谋反，则只能是假设在杜炅掌教时期便存在隆福寺。

以上二则传闻事关佛、道两家，都是难以考实的传说，无法证实，自然也无法证伪。

---

① 本段参见任继愈主编：《中国道教史》（增订本），北京：中国社会科学出版社，2001年，第203～207页。

② 《隆福寺重修碑记》有“匾传王羲之墨迹”句，碑记未署年月，从内容上看应是立于1995年前后。

③ 除注明外，本段参见《晋书·王羲之传》，（唐）房玄龄等撰：《晋书》，北京：中华书局，1974年，第2093～2103页。

④ 辞海编辑委员会编：《辞海》（第六版缩印本），上海：上海辞书出版社，2010年，第1941页。

图 1－1 隆福寺图（翁夏摄影）

上图从左至右顺序：①联“佛地无尘清净门”；②玄天上帝像；③隆福寺碑刻；④联“海山有寺晋隆福”；下图从左至右顺序：①隆福寺山门；②三宝殿

（四）相关情况

隆福寺坐落的海山岛，面积约 47 平方千米。大约是东临柘林湾，南望南澳岛，西接澄海，北倚黄冈。海山岛由南北两个半岛组成，四面环海，扼海路要道。地势大概如此。

与海山岛对望的南澳岛，据《广东省志 · 海洋与海岛志》载：“公元前6000至前 3000 年以前（新石器时代早、中期），广东远古先民已在南海之滨的珠江三角洲沿海地区和南澳岛居住，以渔猎捕捞为生。”[①] 又据考古发现，该处发掘有距今 3 500—4 000 年的陶器以及距今 6 500—10 000 年的石器遗物。至本期，应该仍有若干人类在那生活。[②] 那么，地理位置最为相近的海山岛，虽然处于原始

① 广东省地方史志编纂委员会编：《广东省志 · 海洋与海岛志》，广州：广东人民出版社，2000 年，第 4 页。

② 参见广东省南澳县海防史博物馆：《广东南澳县东坑仔古遗址》，载陈历明编：《潮汕考古文集》，汕头：汕头大学出版社，1993 年，第 124 ~ 130 页。

状态，但具备人类生活条件还是没问题的，至少可以说：在没有退路的情况下，还是能维持最基本生存需要的。

再赘述一下南澳、海山海域，在木帆船时代，过路海船是难以远绕的，这在文献中多不胜数，到了康熙五十六年（1717）还是如此，当时清政府官方要截住东洋、南洋商船，便在此处盘查，见康熙的圣旨："凡商船照旧东洋贸易者外，其南洋、吕宋、噶罗吧（巴达维亚，即今印尼雅加达）等处不许商船前往贸易，于南澳等地方截住，令广东、福建沿海一带水师各营巡查。"① 这是全国性最高"作战"命令了，并非府县志或文艺作品扼东西要道之类泛泛描述。可见近代轮船出现之前，这里绝对是潮汕地区海路外联关键点，晋时若有外洋海舶飘风入潮汕地区（或说海路输入的文明），最具可能的上岸地点便在这附近。

从陆域角度看，海山岛远离潮汕地区中心，应该十分原始。文献上潮汕地区首条人口数据记录恰好出现在东晋，见《宋书·州郡四》载："义安太守，晋安帝义熙九年分东官立。领县五，户一千一百一十九，口五千五百二十二。去州三千五百；去京都水八千九百。"② 虽然这只是官方所掌握到的数据，却也可见潮汕地区人口之少，人力不足则谈不上开发，而海山岛处于僻壤，其原始状态可想而知。因此，从中心区域到海山岛建寺，可能性几乎不存在。

现在隆福寺位置是否是晋时原址不得而知，但该处至少是乾隆五十一年（1786）的故址。③ 现寺离海直线距离仅 1.5 千米左右，寺前是低洼田地，传古为溪流，可通海口，现场考察应该无误。

又据康熙《饶平县志·城池》记载，同在海山岛，与寺相隔不远的地方早有称为"石溪头埠"的市墟："海外鱼盐小舟装载至此，三饶之民以粟易之。"④ 可知清代仍有小市墟，适合小舟来往。

海山岛在潮汕地区史上一直未见显赫，应该是受后期地理位置更佳的柘林湾等影响，但这并不等于在明代后者崛起之前，海山岛的地位一直如此。至于两晋时期如何，魏晋南北朝存世文献极少，关于广东的更显匮乏，何况粤东这个"荒"岛小寺？文献无从查找，只能期待考古新发现。

而关于隆福寺的记录，所有材料皆直指两晋，若要推翻，则必须有极具说服力的凭证，仅凭人口数据及其地远离中心便证其非，是很值得商榷的。在原始而没有陆路的时期，海路要塞也许正好是相对繁华之处。

（五）结论

综合上面的分析，可知隆福寺始建于晋朝是无疑的。同时，始建者必然是由

① （清）嵇璜、刘墉等撰，（清）纪昀等校：《清朝文献通考》，台北：新兴书局，1965 年，第 5157 页。

② （梁）沈约著：《宋书》，北京：中华书局，1974 年，第 1199 页。

③ 见《隆福寺碑记》《隆福寺重修碑记》。

④ （清）刘抃纂修：《饶平县志》，潮州：潮州市地方志办公室，2002 年，第 36 页。

区外海路进入的。

始建者身份也许是来华梵僧或求经归来的华僧，也许是道教天师道中人。如是前者则是海难而至，本拟俟海路顺畅离开，但出于人迹罕至等因素，因此只能长期驻留；如果是后者则是自愿隐居，并携带有约64厘米高的玄天上帝铜像。

也许始建者两种身份兼具，即崇道的佛教徒和信佛的道教徒；也许始建者本来就不是一人或一批人，既有佛教徒又有道教徒。

无论哪种身份，他（他们）都是栖身海山岛。祀奉本教神灵是宗教徒分内之事，更何况他（他们）是无惧风浪而追寻理想者，是世俗眼中堪称英雄的坚定信徒。无可置疑的是，他（他们）聊以遮风避雨的处所，梵音或者仙乐，又或者同时仙音梵乐，即使条件再恶劣都会朝夕不断。于是，这个处所遂成了“隆福寺”，或保守一点讲，是隆福寺的前身。

目前所能蠡测的仅此而已。至于隆福寺透露出来的海事信息，可见本节之首。

第二章
隋唐：商贸渐兴

隋代，潮汕地区海上贸易已经存在，至迟在公元610年潮人足迹已达台湾。唐代，特别是中晚唐时期，潮汕地区发展迅速，虽远离经济中心，尚欠开发，但州治等聚落点在岭南堪称繁荣，这同时带动了外贸行业的兴旺发达。

古潮州正是在本期成为海上丝绸之路的始发点之一。随之而来的是，潮籍“唐人”暂住或移居海外。

第一节　海上商贸的起步

至迟在隋代，潮汕地区人口已然熟悉一些通航海外的交通线，并与台湾土著有民间贸易往来，而且此时本地必然有海舶港口，也有潮汕地区人口抵台。

正史中第一次涉及潮汕地区海上贸易的记录，来自《隋书》，时间在公元610年，即隋大业六年“陈稜义安浮海击流求”军事行动的记载。“流求”，是台湾在隋时的叫法[①]；“义安”，其府治在潮州[②]，《辞海》称“治今广东省潮州市”。这个记载同时也是今人阐述“台湾是中国领土不可分割一部分”时所常见引用的。而义安郡作为中国经略台湾之始发地，庶几成为现在潮汕地区在中国历史上最大亮点之一。兹梳理《隋书》中四处提及此事的资料。如下：

《隋书·东夷列传·流求国》载：“大业元年，海师何蛮等，每春秋二时，天清风静，东望依希，似有烟雾之气，亦不知几千里。三年，炀帝令羽骑尉硃宽

---

① 《辞海》（第六版缩印本）中“流求”条：“流求亦作‘琉求’、‘留求’、‘瑠求’、‘琉球’。东汉、三国时称今台湾为夷洲，隋改称流求，一直沿用到宋元时期。明称小琉球，中叶后称北港、东番、鸡笼，末年始称台湾。隋多次派人至其地，大业六年（610）陈稜、张镇州率兵万余自义安（今广东省潮州市）泛海至流求，即此。”

② 嘉靖《潮州府志·地理志》：“……义熙五年分东官立潮为义安郡，属县五（按：包括海阳、绥安、海宁、潮阳、义昭）。宋、齐因之。梁兼置东阳州，后改曰瀛州。及陈，州废。隋平陈改置潮州，炀帝大业三年废州复为义安郡。……唐武德四年，平萧铣，置广州总管府，改义安郡为潮州隶之。”载（明）郭春震纂修：《潮州府志》，潮州：潮州市地方志办公室，2003年，第4页。

入海求访异俗，何蛮言之，遂与蛮俱往，因到流求国。言不相通，掠一人而返。明年，帝复令宽慰抚之，流求不从，宽取其布甲而还。时倭国使来朝，见之曰：‘此夷邪久国人所用也。’帝遣武贲郎将陈稜、朝请大夫张镇周率兵自义安浮海击之。至高华屿，又东行二日至鼅鼊屿，又一日便至流求。初，稜将南方诸国人从军，有昆仑人颇解其语，遣人慰谕之，流求不从，拒逆官军。稜击走之，进至其都，频战皆败，焚其宫室，虏其男女数千人，载军实而还。自尔遂绝。”①

《隋书·炀帝纪》载：“三年春。……（三月）癸丑，遣羽骑尉硃宽使于流求国。”②

《隋书·炀帝纪》又载：“六年春。……二月乙巳，武贲郎将陈稜、朝请大夫张镇周击流求，破之，献俘万七千口，颁赐百官。”③

《隋书·陈稜传》载：“大业三年，拜武贲郎将。后三岁，与朝请大夫张镇周发东阳兵万余人，自义安泛海击流求国。月余而至流求。人初见舡舰，以为商旅，往往诣军中贸易。”④

以上四则材料简要记录了这次军事行动的起因、过程及结果，大约是：大业元年（605），何蛮汇报东南海面依稀有人烟；大业三年三月癸丑（607 年 4 月 6 日），朱宽（同“硃宽”）、何蛮等奉命入海寻访，至台湾，掠一人而返；大业四年（608），隋炀帝命朱宽招抚台湾，台湾方面不同意，于是取岛上人们日常穿戴物件回大陆；之后，倭国来隋使者看见此物，认为是夷邪久国人所用；大业六年二月乙巳（610 年 3 月 13 日），隋炀帝命陈稜、张镇周（同“张镇州”）率兵跨海出击台湾，隋军屡战皆胜，内迁几乎所有的土著。

值得注意的是这些正史材料的细节，特别是上引第四则《隋书·陈稜传》条，从中可约略一窥当时的海交情况，兹略析如下：

首先，义安郡与台湾土著商贸交往早已有之。陈稜率领的中央政权船队磨刀霍霍直抵台湾时，台湾土著居然误以为是海商船队——“以为商旅”；“诣”本义是“前往、去到”，“诣军中贸易”就是到战船船队中商洽贸易活动。这说明台湾土著与义安郡商贩的接洽早非首次，并且常有义安郡船只前往该处，台湾土著才会毫无戒心，以为是商旅，并主动到隋军中商洽。

其次，义安郡与台湾土著的商贸交往具有普遍性。“往往诣军中贸易”的“往往”两字很重要，应作“纷纷、陆续”解释，这样的用法在正史中多有出现，如《史记·吴王濞列传》中的“吴王之弃其军亡也，军遂溃，往往稍降太尉、梁军”⑤。又如《汉书·司马迁传》中的“则文学彬彬稍进，《诗》《书》往

① （唐）魏徵、令狐德棻等撰：《隋书》，北京：中华书局，1973 年，第 1824～1825 页。
② （唐）魏徵、令狐德棻等撰：《隋书》，北京：中华书局，1973 年，第 67 页。
③ （唐）魏徵、令狐德棻等撰：《隋书》，北京：中华书局，1973 年，第 74 页。
④ （唐）魏徵、令狐德棻等撰：《隋书》，北京：中华书局，1973 年，第 1519 页。
⑤ （汉）司马迁撰：《史记》，北京：中华书局，1959 年，第 2834 页。

往间出”①。都是如此。这样，“往往诣军中贸易”便是纷纷、陆续到军中贸易，则意味着前来贸易的台湾土著数量不少，并非零星的一两艘船舶或几个人而已。

再次，义安郡至台湾的海航线已很成熟，潮汕地区也已有商港。这主要来自上述的推论：若航线不成熟，则没有以上正史的相关记录；若没有商港，则义安郡人到台湾贸易从何处出洋？至于港口在哪里，潮汕与福建漳泉的地方志各有不同的推测，或者认为是从今天广东的南澳岛出发，或者认为是从今天福建的东山岛出发，两者都没有确切的论据。其实不管是哪一种猜测，这个港口都是在跨越今天闽粤边界的义安郡地域之内。

最后，此时已有潮汕地区人口踏足台湾岛。本次军事行动的最主要的参与者是“东阳（东扬）兵”，但“东阳（东扬）”究竟指哪里，历来有不同的说法。主要有“浙江金华说”和“潮州说”两种。前者近20年来几成主流，黄挺、杜经国在《潮汕古代商贸港口研究》一文中也默认“浙江金华说”，并作进一步阐述：“发东阳兵（今浙江金华），不自就近的温州或福州、泉州港口出，必抵义安后方击流求。或即由于义安人习熟此航道的缘故。”② 这段阐述颇具说服力，抵义安很可能是出于可用潮汕地区人口作向导等，以参与军事行动，有上引正史中“稜将南方诸国人从军”句可以佐证，则这些人必然随大军上岛。饶宗颐在《隋代潮州与琉球之关系》一文中主“潮州说”，认为东阳（东扬）兵即是潮州兵，因为东阳（东扬）郡在浙江金华，自潮州出海，却发浙南之兵，路途遥远，有悖常理，而“考《隋书·地理志》，义安郡，梁置东扬州；后改为瀛洲；及陈，州废；平陈，置潮州。《寰宇记》作东扬州，此处所称东阳，乃用义安旧名，则所领仍为潮州兵也”③。如果饶宗颐先生所说的潮州兵为实，则此时便有大量潮人上台湾岛了。无论哪一种说法，其实都必然有潮汕地区兵卒参与这次军事行动，踏上台湾岛。

综合以上论述，潮汕地区在此之前必有出海良港，潮人熟悉义安至台湾航线，并且不时有海商与台湾贸易，甚至到达台湾。

因此，才有了万历《东里志》卷二《境事志》的记载：“隋炀帝大业四年，遣虎贲郎将陈稜等自义安浮海击琉球。破之。……富商得以逡巡海道，与夷人交通，夷人也得扬帆万里，与中国关市，皆自兹役起之也。”④

作者大意是，潮汕地区的海商、海外交通与对外贸易发轫于隋代“陈稜击流求”。实际上应该早于这次军事行动，因为如前所述，陈稜的兵船到达流求时，

---

① （汉）班固撰：《汉书》，北京：中华书局，1962年，第2723页。

② 参见自黄挺、杜经国：《潮汕古代商贸港口研究》，载潮汕历史文化研究中心、汕头大学潮汕文化研究中心编：《潮学研究》（第一辑），汕头：汕头大学出版社，1994年，第53~58页。

③ 饶宗颐：《隋代潮州与琉球之关系》，载黄挺编：《饶宗颐潮汕地方史论集》，汕头：汕头大学出版社，1996年，第293~296页。

④ （明）陈天资编修：《东里志》，潮州：饶平县地方志办公室，2004年，第45页。

流求人还以为是商船，说明双方接洽早非首次。

《东里志》的这则材料，也是方志上最早涉及潮汕对外贸易的记录，在材料中，作者还论述道：“（续前引）其云，自义安浮海，则必维舟岛屿，隆、深、云、青四澳，皆所经历矣。”① 大意是，从义安郡出海，南澳岛上的隆澳、深澳、云澳、青澳是必经的港口。或者说，往来东西洋的海上交通线，南澳岛是一个重要的出发点或补给点。

可以说，方志上这条记录，一定程度上揭示了当时潮汕地区至台湾的航海线路，而只要到达台湾海域，便可借助风汛，上达东亚，下至南洋。方志认为，潮汕远洋贸易由此开启。

第二节　海上丝绸之路

一、岭南大郡

隋代，潮汕地区基本较为原始。入唐之后，潮汕地区加快开发，社会面貌向中原靠拢。至中晚唐时期，发展迅速，至少在州治之处，颇为发达。840 年，便被唐政府视为岭南大郡。

苏轼在《与吴子野论韩文公庙碑书》中称：“潮州自文公未到，则已有文行之士，如赵德者，盖风俗之美久矣。……潮人虽小民，亦知礼义，信如子野言也，碑中已具论矣。然谓瓦屋始于文公者，则恐不然。尝见文惠公与伯父书云：‘岭外瓦屋始于宋广平，自尔延及支郡，而潮尤盛。’”② 该则材料是苏轼答潮州名士吴复古的信笺，苏轼在文中言及，韩愈被贬来潮州之前，潮汕地区已有礼仪教化，瓦屋林立，风俗之美早就具备。按苏轼的说法，岭南民间瓦屋是开元初即公元 713 年左右宋璟任职广州之后才开始出现的，又见《旧唐书·宋璟传》载：“广州旧俗，皆以竹茅为屋，屡有火灾。璟教人烧瓦，改造店肆，自是无复延烧之患。”③ 对读上引二则，可知潮汕地区民间瓦屋普及的时间晚于广州，但也在韩愈谪潮的 819 年之前。

中原人口的持续流入，特别是几位使命感很强的精英被贬官南来，带动了潮汕地区文化的发展，使其日趋接近相对文明的中原文化。如贞观十八年（644）的张玄素“抚摩困穷，兴建学校，悉心以勤民事”④ ——这是史料上潮汕地区较

① （明）陈天资编修：《东里志》，潮州：饶平县地方志办公室，2004 年，第 45 页。

② （宋）苏轼撰，孔凡礼点校：《苏轼文集》，北京：中华书局，1986 年，第 1736 ~ 1737 页。

③ （后晋）刘昫等撰：《旧唐书》，北京：中华书局，1975 年，第 3032 页。

④ （明）郭棐纂：《粤大记》，载《日本藏中国罕见地方志丛刊》（明万历间刻本影印）卷 32，北京：书目文献出版社，2003 年，第 196 ~ 197 页。

早的兴学记录。如仪凤年间的常怀德，“以礼仪教民，民皆化之”[①]。如大历十四年（779）的常衮，“兴学教士，潮俗为之丕变”[②]。“抵潮兴学校，潮人由衮知学云。”[③] 又如元和十四年（819），韩愈“以谏迎佛骨谪潮州刺史，首置乡校，延赵德为师，捐俸百千为举本，收其盈余给学生厨馔费。自是潮笃于文行”[④]。韩愈仕潮，是潮汕地区社会发展史上具有重大意义的文化事件，其关心民瘼、恢复教育等举措是功在当代、利在千秋的，予潮人以激励和鞭策，为潮州带来永远的知名度及美誉度，则更体现了这种文化所具有的永动机般的“生产力”。

此期，潮汕地区的经济得到空前发展。

如农业社会赖以生存和发展的农作物，本期便出现了较早可推导出潮汕地区有大规模成片庄稼的记录，地点在韩江三角洲上部连接榕江、练江平原处，时间下限为贞元十三年（797）。据《永乐大典》引《三阳志》称，贞元十二年（796）任潮州刺史的李宿，翌年便在郡城西隅的西湖山上修建“李公亭”，该亭是“观稼之地”。[⑤] 宋元祐七年（1092）时任潮州知州的鲍粹写有《登前守李公亭》，称“李公亭即鲍公亭”，可证此事。[⑥] 既能居高观庄稼，则说明此地已存在一大片稻作区。能有大片稻作，则必有水利堤围相随，故有光绪《海阳县志·建置略·堤防》载：“北门堤……自唐至宋、元，世有修筑。”[⑦]

如盐业也颇为兴盛，《新唐书·地理志》载：“海阳，中下。有盐。”[⑧] 唐《元和郡县图志》卷三十四《潮州·海阳县》载：“南滨大海，故曰海阳。……盐亭驿，近海，百姓煮海水为盐，远近取给。”[⑨] 说明已经有了专门的盐业管理机构，可见盐业已兴。

如新兴的制糖业，“迨唐末之时，潮人渐知植蔗制糖之法，自是以后，遂有蔗糖之产”[⑩]。也就是说，作为明清时期广东重要甘蔗种植和制糖业的中心——潮汕，此时的糖业生产已呈萌芽状态。

---

① （明）郭春震纂修：《潮州府志》，潮州：潮州市地方志办公室，2003 年，第 60 页。

② （明）郭春震纂修：《潮州府志》，潮州：潮州市地方志办公室，2003 年，第 60 页。

③ （清）吴颖纂修：《潮州府志》，潮州：潮州市地方志办公室，2003 年，第 98 页。

④ （明）郭春震纂修：《潮州府志》，潮州：潮州市地方志办公室，2003 年，第 60 页。

⑤ （明）解缙总编：《潮州府·公署》，载《〈永乐大典〉卷 05343（潮字）卷 05345（潮字）辑录本》，潮州：潮州市地方志办公室、韩山师范学院图书馆，2000 年，第 57 页。另，此处作“李公亭，始于唐贞元之十三年”则是说亭建于 797 年。《潮州志》考订李宿贞元十二年（796）任刺史。参见饶宗颐总纂：《潮州志》卷三《职官志一·唐州县职官表》，汕头：潮州修志馆，1949 年。

⑥ （宋）鲍粹：《登前守李公亭》，载《〈永乐大典〉卷 05343（潮字）卷 05345（潮字）辑录本》，潮州：潮州市地方志办公室、韩山师范学院图书馆，2000 年，第 190 页。

⑦ （清）卢蔚猷纂修：《海阳县志》，潮州：潮州市地方志办公室、潮州市档案馆，2001 年，第 192 页。

⑧ （宋）欧阳修、宋祁撰：《新唐书》，北京：中华书局，1975 年，第 1097 页。

⑨ （唐）李吉甫撰，（清）孙星衍校，（清）张驹贤考证：《元和郡县图志》卷三十四《岭南道一》，北京：中华书局，第 1013 页。

⑩ 谢雪影：《潮梅现象》，汕头：汕头时事通讯社，民国二十四年（1935），第 125 页。

再如下节将涉及的陶瓷、纺织等外销产品行业，更是迅速崛起，估计是这两项带来的发达的对外贸易，才使潮汕地区成为下述的“岭南大郡”。

有效的生产开发、良性的社会发展，令潮汕地区的历史地位逐步提高。因此，《唐会要·选部下·南选》有了这样的记载：“（开成五年七月）潮州刺史林郇阳奏。州县官请同漳汀广韶桂贺等州吏曹注官。敕旨。潮州是岭南大郡。与韶州略同。宜下吏部。准韶州例收阙注拟。”①

上引大略是说，唐文宗开成五年（840）时的潮州在中央政权眼中已然成为“岭南大郡”了。可以横向比较一下所谓“岭南大郡”的意义，这里的“大郡”并非唐代州郡行政等级，可以只当成是一种最高等级的官方评价。岭南道是贞观时“十道”之一，范围包括今福建、广东、海南全部，广西大部，云南东南部，越南北部地区；至开元时，今福建全境已划出，岭南道为开元“十五道”之一。② 元和之后，天下政区基本被各节度使、观察使、经略使、防御使等实际掌握，“道”在行政意义上大为弱化，不过在名义上还是一级政区。上引开成年间的“岭南道”，大约包括今广东、海南全部，广西大部，云南一部分和越南东北部，幅员辽阔。当时“州”大约分七个等级：辅、雄、望、紧、上、中、下，分级的依据主要是户籍人口等。潮州属于下，③ 是州中的最低级别，一个下州却被中央政权视为“岭南大郡”，打个不太恰当的比方，相当于今天区县甚至镇的建制、影响力达到地级市。由此可见潮汕地区此时在文化、经济等各方面的发展水平。

不过，即使是岭南大郡，在远离州治、县治等边界地带，直至晚唐仍然相当原始，如大中二年（848）谪潮的李德裕大叹“风雨瘴昏蛮日月，烟波魂断恶溪时”④，又如成书于晚唐、五代时期的《岭表录异》载：“李太尉德裕贬官潮州，经鳄鱼滩，损坏舟船……但见鳄鱼极多，不敢辄近。乃是鳄鱼窟宅也。”又：“广之属郡潮、循州，多野象。”⑤ 这些大象也有偶尔闯入州治的，但四部府志中唐代仅见一例：“唐时桃山都白石山有白象，自行抵州渡濠，自西门入。”⑥ 看来潮汕地区远离中心之处，依然水有鳄、陆有象，风雨瘴昏，不宜人居。

顺笔提及，所谓发达与否只是相对而言。中唐之后，在岭南道的范围内潮州还算繁华，但比之盛唐其他大郡则大不然。如唐代韩愈久居长安，长安是封建时代最发达的都市之一，横向对比也堪称当时世界中心。莫说岭南大郡，即便岭南

---

①（宋）王溥撰：《唐会要》，北京：中华书局，1955 年，第 1624 页。

② 参见（宋）欧阳修、宋祁撰：《新唐书》，北京：中华书局，1975 年，第 959 页。

③（宋）欧阳修、宋祁撰：《新唐书》，北京：中华书局，1975 年，第 1097 页。

④（唐）李德裕：《到恶溪夜泊芦岛》，载彭定求等校点：《全唐诗》，北京：中华书局，1960 年，第 5398 页。

⑤（唐）刘恂撰，（唐）商璧、潘博校补：《岭表录异校补》，南宁：广西民族出版社，1988 年，第 68、146 页。

⑥（清）吴颖纂修：《潮州府志》，潮州：潮州市地方志办公室，2003 年，第 293 页。

首府与之相比亦必是不毛之地，因此他尚在路上便有“潮阳未到吾能说，海气昏昏水拍天”① 等体现心情落差的诗句。然而一到潮州却衣食无忧，特别是在吃的方面令其大开眼界，如《答柳柳州食虾蟆》中的“虾蟆虽水居，水特变形貌。……余初不下喉，近亦能稍稍。”② 又如《初南食贻元十八协律》大快朵颐后的“聊歌以记之，又以告同行”③ 等。

二、“海上丝绸之路”的展开

（一）港口

唐代，潮汕地区的港口主要有潮州港、凤岭港。

潮州港，位于潮州府海阳县。当时其主要出海通道为韩江的支流古潮州溪和古彩塘溪。古潮州溪形成于汉晋时期（距今1 600—2 000年），北通揭阳，南通潮阳，南偏西流可汇牛田洋出海，但后来发生地理变化，在北宋时已经废弃；古彩塘溪形成于唐代，可“上达潮州，下通大海，具舟楫之便，而无大洪水之虞”，但在北宋时逐渐淤积，至南宋时塞时通，最终一蹶不振。④ 随着两条支流功能的丧失，整个潮州港遂逐渐转移，至宋后湮废。但是在唐代，则是潮汕地区大港。

潮州港在唐时深入州治，航线应能通中南半岛。郑昌时在《韩江闻见录》卷八“井中船桅”条中载有一则故事：“予友丁君巢云家城之东堤。传东堤者，古城东之堤岸也。今以城作岸，则东堤乃城内地。丙午、丁未间（按，即雍正四、五年），潮大旱，井皆涸。巢云命工人修井，多浚深数尺，见白沙；又数尺，见黑土；又数尺，见土中横一大海船桅并绳索等物。”⑤ 大意是说：清雍正时，潮州城内东堤某古井发现有白沙黑土、大海船桅并绳索等物件。这说明东堤处（今潮州市区的东平路，已不通海）可能曾有海船停泊，贾岛的《寄韩潮州愈》诗有“海浸城根老树秋”⑥ 句，《寄韩湘》中有“潮州涨满川”⑦ 句，应该是有

---

① （唐）韩愈：《题临泷寺》，载彭定求等校点：《全唐诗》，北京：中华书局，1960年，第3861页。

② （唐）韩愈：《答柳柳州食虾蟆》，载屈守元、常思春主编：《韩愈全集校注》，成都：四川大学出版社，1996年，第793～795页。

③ （唐）韩愈：《初南食贻元十八协律》，载《〈永乐大典〉卷05343（潮字）卷05345（潮字）辑录本》，潮州：潮州市地方志办公室、韩山师范学院图书馆，2000年，第181页。

④ 参见李日平、黄镇国等：《韩江三角洲》，北京：海洋出版社，1987年，第170～172页。

⑤ （清）郑昌时著，吴二持校注：《韩江闻见录》，上海：上海古籍出版社，1995年，第252页。

⑥ （唐）贾岛：《寄韩潮州愈》，载（清）彭定求等校点：《全唐诗》，北京：中华书局，1960年，第6680页。

⑦ （唐）贾岛：《寄韩湘》，载（清）彭定求等校点：《全唐诗》，北京：中华书局，1960年，第6668页。

所依据的。而不远处的池湖村（位于潮州市潮安县枫溪，已不通海），一直传说有通航安南的码头，曾建有“安南庙”，并形成自然村“安南庙村”，至今仍然保留着“安南渡口”的地名，那里应该是潮州港的一部分。① 如是，则此处海运可往来安南。

凤岭港，是在潮州港口逐步废弃时兴起的。由于地理变化的原因，连接潮州港的航道淤塞严重，凤岭港遂应运而生。其在晚唐北宋时期有着良好的地理环境：潮州东、西溪之间江东洲下游的横陇洲，此时尚未完全淤积成陆；② 在第三列岛丘的南峙山、冠山前后都有面积较大的泻湖湾，纳潮量大，涨退潮的冲刷，保持着航道的深度——至今澄海有“抛唔着岐陇，就着咬龟”俗语，正反映了下水行舟时水流的湍急；南峙山、冠山及其前面的沙垅成为港口天然的防波堤，有利于商船避风避浪。③

凤岭港在唐末五代时已然是潮汕地区最繁荣的港口集市，贸易活跃。现在的澄海凤岭山麓的程洋冈乡，便是当日港岸的市集。程洋冈乡至今仍保留“永兴街”石匾，署有“兴国丁丑”四字，可知永兴街辟建于北宋太宗太平兴国二年(977)。街辟于宋初，贸易点形成时间必然在此之前，而此时距离潮汕地区纳入宋朝版图才6年，从盛期往前回溯至起始期，则港口可溯源于唐末。又20世纪30年代以后，凤岭港多处出土宋代海船桅杆、大锚、船板、船缆，同时有大量宋代瓷器和成批的唐、宋铜钱出土。其附近的凤岭宫建于唐代，供奉汉南越王赵佗和唐医学家孙思邈，又出土了成批的唐代铜钱，这些都是凤岭于唐末成港的有力证据。④

（二）造船

唐代，潮州已出现可载数百人的海船“木兰舟”。木兰舟应是潮汕地区自造。《广东省志》载：“岭南建造的海船主要有‘苍舶’、‘木兰舟’。‘苍舶’船长20丈，能搭载六七百人。元和十四年（819），海上丝绸之路始发港之一的潮州，已有巨大的木兰舟出现，可载数百人。”⑤ 元和十四年，正是韩愈被贬潮州之时，在贾岛与韩愈酬酢应答诗作《寄韩潮州愈》中，便出现了“此心曾与木

---

① 参见杜经国、黄挺：《潮汕古代商贸港口研究》，载潮汕历史文化研究中心、汕头大学潮汕文化研究中心编：《潮学研究》（第一辑），汕头：汕头大学出版社，1994年，第53～58页。

② 参见李日平、黄镇国等：《韩江三角洲》，北京：海洋出版社，1987年，第175页。

③ 参见杜经国、黄挺：《潮汕古代商贸港口研究》，载潮汕历史文化研究中心、汕头大学潮汕文化研究中心编：《潮学研究》（第一辑），汕头：汕头大学出版社，1994年，第53～58页。

④ 参见杜经国、黄挺：《潮汕古代商贸港口研究》，载潮汕历史文化研究中心、汕头大学潮汕文化研究文化编：《潮学研究》（第一辑），汕头：汕头大学出版社，1994年，第53～58页。

⑤ 广东省地方史志编纂委员会编：《广东省志·船舶工业志》，广州：广东人民出版社，2000年，第42页。

兰舟，直到天南潮水头”[①] 的诗句。

唐代的造船技术已进入成熟时期，技术水平也走在当时世界前列。隋唐时期的岭南船舶，其特点是船板之间用钉、榫连接，再用铜油、灰和竹青丝混合捻缝，解决了造船技术中结构不稳固及易腐蚀的问题。秦汉时期番禺船舶已有隔舱板设计，到了唐代，更趋完善，海船也逐渐大型化，“往来大船，一只可致千石”[②]。此时官办和民办造船厂遍及各地。如贞观十八年（644），曾令阎立德在洪州、饶州和江州造大海船400艘；又，安史之乱平定后，主持漕运的刘宴到江淮督造漕船2 000艘。[③] 唐代造船数量之多，于此可见一斑。在质量上，唐代海船以船体坚固、形态高大、性能良好著称于世。外文资料对此也有所记载。如意大利人菲勒斯著的《中世纪的中国与非洲》称：“中国大约从公元600年开始，就建造具有五层甲板大吨位的帆船。中国帆船的体积很大，抗风浪的能力很强。”[④] 如在阿拉伯人编写的《中国印度见闻录》一书中，提及中国船只到达波斯湾，通过故临国（Kollam，现属印度喀拉拉邦）时应交税1 000个迪尔汗（dirham，约相当于50个第纳尔）[⑤]，其他的船只只要缴纳10～20个第纳尔（dinar）[⑥]，而“由于幼发拉底和底格里斯两河冲积泥沙所形成的浅滩阻碍所造成的困难，使庞大的中国船无法在波斯湾内通航无阻”[⑦]。因此，译注者认为：“中国大船到达故临时应付的税额，证明中国大船由于其排水量特大，不能越过马桑达姆岬（Ras Masendam）附近的一些危险海域，也不能在尸罗夫（当时波斯湾最繁荣的贸易港口）以外的浅滩区冒险。”[⑧]

在那个时代背景下，潮州的“木兰舟”便应运而生。潮汕地区行驶的木兰舟不排除也是本地所制造。

我们只能从有限的资料中推出这个结论。首先，从上章考古发现述略可知，早在远古，潮汕地区便具备造船能力，并且至少在广东处于领先水平。

---

① （唐）贾岛：《寄韩潮州愈》，载（清）彭定求等校点：《全唐诗》，北京：中华书局，1960年，第6680页。

② 广东省地方史志编纂委员会编：《广东省志·船舶工业志》，广州：广东人民出版社，2000年，第37页。

③ 《资治通鉴·唐纪》：“上将征高丽，秋，七月，辛卯，敕将作大监阎立德等诣洪、饶、江三州，造船四百艘以载军粮。”载（宋）司马光编著，胡三省音注，标点资治通鉴小组校点：《资治通鉴》，北京：中华书局，1956年，第6209页。《新唐书·食货志三》：“晏为歇艎支江船二千艘，每船受千斛，十船为纲，每纲三百人，篙工五十。自扬州遣将部送至河阴，上三门，号‘上门填阙船’。”载（宋）欧阳修、宋祁撰：《新唐书》，北京：中华书局，1975年，第168页。

④ 转引自张铁牛、高晓星：《中国古代海军史》，北京：八一出版社，1993年，第86页。

⑤ 穆根来、汶江、黄倬汉译：《中国印度见闻录》，北京：中华书局，1983年，第8页。

⑥ 穆根来、汶江、黄倬汉译：《中国印度见闻录》，北京：中华书局，1983年，第43页。

⑦ 穆根来、汶江、黄倬汉译：《中国印度见闻录》，北京：中华书局，1983年，第41页。

⑧ ［法］J. 索瓦杰：《中国印度见闻录法译本序言》，载穆根来、汶江、黄倬汉译：《中国印度见闻录》，北京：中华书局，1983年，第25页。

其次，考察一下此期的造船情况。相关内容全国范围内现存史料不多，可供利用的则更少。

据刘恂《岭表录异》所载："贾人船不用铁钉，只使桄榔须系缚，以橄榄糖泥之。糖干甚坚，入水如漆也。"①

这是说唐代时商船所用的原料包括桄榔须和橄榄糖，这两种植物其实潮汕地区在唐代时也是有的。关于文献上植物的辨析历来较为复杂，因为受时代所限，古人区分植物较为直观。

"橄榄糖"，是橄榄科乔木橄榄制成的糖；橄榄果实有芳香胶黏住树脂，可和树叶、树皮一起煎成膏状，极黏，遇水愈牢固。它一直是潮汕地区的特产，无须赘述。

"桄榔"，《异物志》载："栟榈，椶也。皮可作索。"②《南方草木状》载："桄榔，栟榈。……其皮可作绠，得水则柔韧。"③《〈岭外代答〉校注》载："桄榔木似椶榈。……凡木似椶榈者有五，桄榔、槟榔、椰子、夔头、桃竹。"④上引"桄榔须"应该是指桄榔的皮，也许是根部若须状处，因此作"桄榔须"。连《岭表录异》在内，这里引汉、晋、唐、宋四代成书的文献，只是想说明它们所指的"桄榔"是同物，都属棕榈科。棕榈科在我国便有22属60多种，究竟属于哪种属则不清楚。不过，清杜岕《黄子潮州归却赠》诗有："易醉桄榔酒，谁知屈宋才。"扩大至棕榈科，《潮州志》载称其别名"椶棕"，各处均有，其："材无年轮。软质，中筋条密布，稍似竹。干之外部强韧，至中心则渐柔软。耐水泾。可作索及蓑衣、枕垫之用。棕皮及皮制绳极耐水泾，常供制桶绳及船上用绳。"⑤也就是说，饶志的"椶棕"可用于船上用绳，耐水。我们无法分辨"椶棕"是否为《岭表录异》的具体所指，但它们同属棕榈科，用途亦同，完全可实证供禁锢船体所用的"棕榈"科乔木，在潮汕地区是一直存在的。

这样看来，这些唐时造船的原料潮汕地区都具备，而潮汕地区远古便能造船并有多件文物为证，此时又现木兰舟，据此得出木兰舟为潮汕地区造的结论，是说得过去的。何况上引《广东省志》已直言"岭南建造的海船主要有'苍舶'、'木兰舟'"。因此我们可以蠡测木兰舟为潮汕地区所造。

包括潮州产在内的唐代木兰舟的样式及规模，都没有现存文献可查。在宋代

---

① （唐）刘恂撰，（唐）商璧、潘博校补：《岭表录异校补》，南宁：广西民族出版社，1988年，第54、68页。

② （汉）杨孚撰，（清）曾钊辑：《异物志》，载（清）梁廷枏、（汉）杨孚等著，杨伟群校点：《南越五主传及其它七种》，广州：广东人民出版社，1982年，第35页。

③ （晋）嵇含：《南方草木状》，载（清）梁廷枏、（汉）杨孚等著，杨伟群校点：《南越五主传及其它七种》，广州：广东人民出版社，1982年，第64页。

④ （宋）周去非著，杨武泉校注：《〈岭外代答〉校注》，北京：中华书局，1999年，第293～294页。

⑤ 饶宗颐总纂：《潮州志》卷五《实业志·林业·棕榈》，汕头：潮州修志馆，1949年。

地理著作《岭外代答》的“木兰舟”条中，倒是提到宋代的木兰舟，称其船“浮南海而南，舟如巨室，帆若垂天之云，柂长数丈，一舟数百人，中积一年粮，豢豕、酿酒其中。……舟师以海上隐隐有山，辨诸番国，皆在空端，若曰往某国顺风几日，望某山舟当转行某方。或遇急风，虽未及日，已见某山，亦当改方。苟舟行太过，无方可返，飘至浅处而遇暗石，则当瓦解矣。盖其舟大载重，不忧巨浪而忧浅水也”①。从记载看，这木兰舟似乎十分“笨重”，“舟师”需要特别熟水路，否则非常容易搁浅。

周去非在《岭外代答》序言中自称成书于淳熙五年（1178），书中“癸水”条又提到淳熙八年（1181）的科举情况，大约也就是撰后增补。无论该书具体刊行于何时，都是去唐已久。然而，现在也只有这本资料涉及“木兰舟”的形制规格。唐代潮州木兰舟，大约可以此为参考。

又《旧唐书·懿宗纪》载大臣奏称：“臣弟听思曾任雷州刺史，家人随海船至福建，往来大船，一只可致千石，自福建装船，不一月至广州。得船数十艘，便可三万石至广府矣。”② 即唐咸通三年（862）五月，经福建到广州的船可载千石，潮汕地区处于必经之处，木兰舟应该也大概如是。

其实，唐代的大船应该是体型庞大，适合远洋。阿拉伯人苏莱曼851年以前到过中国，他在游记中写道：“至于海船所停泊的港口，据说大部分的中国船，都是在尸罗夫装了货启程的；所有的货物，都先从巴士拉及阿曼及其他各埠运到尸罗夫，然后装在船里。”③ 据苏莱曼所说，正是因为港口航路狭浅，而中国船太大，所以不宜通过。

（三）外销产品

至迟在中唐，潮州的传统外销主打产品如纺织品、陶瓷等，已经崛起并具备相当大的规模，潮汕地区已有产品输出南洋。

陶瓷方面，此时期瓷窑数量不少，在广东省内占有很大比例，产品种类较多，并且已经有瓷器销往外洋。

1954年，潮州的北堤头发现一处唐代青瓷窑址。④ 之后，自1954年12月至1972年10月，广东省考古部门到潮州东、西、南、北四郊进行专门的瓷窑调查勘探，1978年作出考古结论《潮州唐宋窑址初探》，发现“南郊洪厝埠窑址的第四层、竹园墩窑址第三层、北郊窑上埠址和北堤头的窑址均属唐代”。这几个地方附近集中了大范围的瓷窑群，出土有碗、碟、壶、杯、罐、盆、枕、匣钵、

---

① （宋）周去非著，杨武泉校注：《〈岭外代答〉校注》，北京：中华书局，1999年，第216～217页。

② （后晋）刘昫等撰：《旧唐书》，北京：中华书局，1975年，第652页。

③ 参见中国航海学会：《中国航海史》（古代航海史），北京：人民交通出版社，1989年，第116页。

④ 曾广亿：《广东潮安北郊唐代窑址》，载《考古》，1964年第4期。

砖、瓦当、板瓦、筒瓦。专家确认“潮州陶瓷业烧窑时间至迟应该是创始于唐高宗仪凤年间或调露元年（676—679 年）”，其中一些在晚唐停烧。[①]

《广东唐宋窑址出土陶瓷》的考古结论认为，唐代岭南出现一些面向国际市场、专供出口的外销瓷生产基地。“据考古发现，这类窑址共有 8 座，粤东有潮州北郊窑、梅县水车窑，粤中有南海、新会官冲、三水、广州西村，粤西有廉江、遂溪。这些陶瓷产区分布在沿海，都是海外贸易活跃地区。”[②] 这里，文物出土结论已明确潮州北郊窑（即北郊瓷窑群）为出口产品生产基地。

据《广东省志·经济综述》载：“目前发现的唐代陶瓷窑址 22 处：粤东 5 处，粤中 7 处，粤西 10 处。潮州、梅县、新会、遂溪、廉江等地所产陶瓷远销东南亚各国，现在泰国、菲律宾、伊朗、伊拉克等地都发现过唐代广东的陶瓷产品。”[③] 其中，可以明确是从潮汕地区出口的，为 1985 年出土的水车窑瓷碗（唐时属潮州），因为同类器物在泰国曼谷也有发现。也就是说，潮汕地区唐代陶瓷制品已有销往泰国，并且现在此期出土的瓷器不多，能有潮瓷发现，说明潮瓷外销的比例还是不小的。[④]

纺织方面，唐时的潮州从事蚕桑作业者十分普遍，广东丝织品三大植物纤维衣料葛、麻、蕉全部具备且产量丰富，并出口外洋，其中的蕉布质量一流，是皇家贡品。

元和十四年（819）韩愈在潮州任上所作的《潮州祭神文五首》有：“稻既穗矣，而雨不得熟以获也；蚕起且眠矣，而雨不得老以簇也。岁且尽矣，稻不可以复种，而蚕不可以复育也。农夫桑妇，将无以应赋税继衣食也。”[⑤] 这里已出现专业的“农夫桑妇”，则至迟在此时，已经有不少人从事蚕桑作业，而潮人也已经掌握了丝织工艺。因此，《广东省志·丝绸志》有论：“潮州地区的蚕桑生产，亦颇具规模。”[⑥]

如《广东省志·经济综述》载，唐代广东丝织品主要供应海外市场，“广东主要用葛、麻、蕉等植物纤维做衣料，和北方的以丝、棉为主不同。蕉布，也称蕉葛，产于潮、循（龙川）、广、康、封（封开）、新、春（阳春）诸州；葛布

---

① 参见曾广亿：《潮州唐宋窑址初探》，载陈历明编：《潮汕考古文集》，汕头：汕头大学出版社，1993 年，第 220 ~ 241 页。

② 广东省博物馆、香港大学冯平山博物馆编：《广东唐宋窑址出土陶瓷》，香港：香港大学冯平山博物馆，1985 年，第 11 页。

③ 广东省地方史志编纂委员会编：《广东省志·经济综述》，广州：广东人民出版社，2004 年，第 7 ~ 8 页。

④ 参见沈福伟：《中西文化交流史》，上海：上海人民出版社，1985 年，第 208 页。

⑤ 屈守元、常思春主编：《韩愈全集校注》，成都：四川大学出版社，1996 年，第 2325 页。

⑥ 广东省地方史志编纂委员会编：《广东省志·丝绸志》，广州：广东人民出版社，2004 年，第41 页。

产于潮、循二州；麻布产于潮、康、封三州”[①]。在这段关于广东的葛、麻、蕉产地论述中，潮州是仅有的三大项全部盛产的地方，并且在记叙中全部排名第一，可见潮州的纺织业在行内地位并非微不足道，而是非寻常可比。而广东当时出口产品中以丝织品为最大宗，则潮州产品必然占有相当大的份额。

蕉麻的种植地，潮汕地区的山间田间都是适宜的。《广东新语》卷十五《货语·葛布》便称：“蕉类不一。其可为布者曰蕉麻，山生或田种。”[②]《潮州志》载：“蕉麻山生或田种，揭阳山中多种之。”[③] 这也可证明潮汕地区种植之广。

规模大并不等于质量好，不过潮汕地区的产品在当时确实称得上是上乘的。见《新唐书·地理》载：“潮州潮阳郡，下。本义安郡。土贡：蕉、鲛革、甲香、蚺蛇胆、龟、石井、银石、水马。”[④] 又见乾隆《潮州府志》载：“唐时潮阳郡每年贡蕉十匹，乃蕉布也。而潮阳郡即今潮州府，故其俗至今种蕉。”[⑤]

这里的土贡地载“潮州潮阳郡”，即指潮汕地区，并不仅仅限于此时的潮阳县。也就是说，此时潮州的纺织业已经相当发达，潮州产蕉布，成为唐代宫廷贡品，每年需要上贡中央政府蕉布十匹。

这可以作个比较，据《新唐书·地理七上·岭南道》载，岭南道管辖 73 个州和 1 个都护府，范围大约包括今广东、海南全部，广西大部，云南东南部，越南北部地区。除了宜州、瀼州等 5 个州外，需上贡的一共有 68 个州、府，南方“葛、麻、蕉”三大植物纤维纺织料中，仅有“蕉”成为贡品；68 个州府中，也仅有潮州、新州、安南都护府需要上贡“蕉”。[⑥] 这可见潮州在纺织品，至少在蕉的种植规模及蕉布制作工艺之精良方面，行业地位毋庸置疑。

至于生产工艺，地方志中略有涉及，大约便是乾隆《潮州府志》所载：“煮以纯灰水，漂澼令干，乃织为布。”[⑦]《潮州志》也有论及：“取其皮，煮以纯灰水，刷治渣滓，水漂令干，以蕉为经，以丝为纬，黄白相间，用绩为布。盛暑服之，轻爽不腻。”[⑧]《广东新语》卷十五《货语·葛布》则称：“粤故多葛。……出潮阳者曰凤葛，以丝为纬，亦名黄丝布。”“唐时端、潮贡蕉布。”“蕉类不一。其可为布者曰蕉麻，山生或田种，以蕉身熟踏之，煮以纯灰水，漂澼令干，乃绩

---

① 广东省地方史志编纂委员会编：《广东省志·经济综述》（光盘版），广州：广东省科技音像出版社，1996 年，第 7 页。

② （清）屈大均撰：《广东新语》，北京：中华书局，1985 年，第 423、425 页。

③ 饶宗颐总纂：《潮州志》卷十五《丛谈志·物部·布绸纱绣》，汕头：潮州修志馆，1949 年。

④ （宋）欧阳修、宋祁撰：《新唐书》，北京：中华书局，1975 年，第 1097 页。

⑤ （清）周硕勋纂修：《潮州府志》，潮州：潮州市地方志办公室、潮州市档案馆，2001 年，第 982 页。

⑥ 数据依据《新唐书·地理七上》统计，参见（宋）欧阳修、宋祁撰：《新唐书》，北京：中华书局，1975 年，第 1095 ~ 1115 页。

⑦ （清）周硕勋纂修：《潮州府志》，潮州：潮州市地方志办公室、潮州市档案馆，2001 年，第 982 页。

⑧ 饶宗颐总纂：《潮州志》卷十五《丛谈志·物部·布绸纱绣》，汕头：潮州修志馆，1949 年。

为布。”①

这些纺织品也应用于日常生活，如《潮州志》载：“潮州妇女出行，则以丝巾或皂布丈余盖头蒙面，双垂至膝，时或两手翕张，状甚可怖，名曰文公帕，盖昌黎遗制。”② 此时已经有了丝巾和皂布。然而这些民俗穿戴都是历代累积，纵然当时存在也不一定就是如此形制，录此仅供参考而已。

综上所述，潮汕地区传统盛出蕉布，且是朝廷贡品，则在广东出口货物最大宗的纺织品中，潮州蕉布必然占有较大的份额。

应该说，相对于陶瓷产品所更具备的文物验证可能性，纺织品文物存在相对难以鉴别产地的问题。但仍有若干蛛丝马迹遗留，如揭阳梅云砖室墓出土的唐代四耳罐罐底有麻布残迹，这是生产器物时铺垫所用③。综上所述，以潮汕地区纺织品的规模和质量来看，很可能其外销规模要远大于陶瓷产品。

（四）海上丝绸之路始发点之一

潮汕地区自隋时已启肇端的海上贸易，到了唐代，随着社会发展而发展，海船、港口、外销货物事实存在，“海上丝绸之路”由是产生。隋唐的潮州逐渐成为“海上丝绸之路始发港之一”④。

此时的潮州港已经相当活跃。据《广东省志·对外经济贸易志》：“唐代，潮州也随广州发达的海外贸易而开始成为广东地区又一对外经济贸易的港口。……南海和大食蕃商时常到潮州港进行贸易，《全唐书》载称：‘波斯古逻本国二舶，顺风而至。亦云诸蕃君长，远慕望风，宝舶荐臻，倍于恒数。’‘除供进备物之外，并任蕃商列肆而市，交通夷夏，富庶于人。’足见潮州港外商已相当活跃。”⑤

隋唐的广州是中国南海漫长海岸的一大港口，也是最大的国际贸易港口之一，内外商旅、各国使节大都在此进出。唐朝政府在广州首次设立了市舶使，掌管海上往来的船舶贸易，接待蕃客和征税，其外贸收益甚至在唐王朝财政税收中占有不容忽视的位置。如唐末，黄巢起义军围攻广州，唐王朝为失掉海外贸易的巨额收入而慨叹“南海市舶利不赀，贼得益富，而国用屈”⑥。一地之失便慨叹

---

① （清）屈大均撰：《广东新语》，北京：中华书局，1985 年，第 423、425 页。

② 饶宗颐总纂：《潮州志》卷十五《丛谈类·物部·文公帕》，汕头：潮州修志馆，1949 年。

③ 揭阳博物馆编：《揭阳文物志》，内部出版，1985 年，第 56 页。

④ 广东省地方史志编纂委员会编：《广东省志·船舶工业志》，广州：广东人民出版社，2000 年，第 42 页。

⑤ 广东省地方史志编纂委员会编：《广东省志·对外经济贸易志》，广州：广东人民出版社，1996 年，第 26 页。该处所引“《全唐书》”，应为《全唐文》卷 515，题为唐王虔休所作的《进岭南王馆市舶使院图表》，今改；该文有“海阳旧馆，前临广江”句，海阳正是唐代潮州府治。载（清）董诰等编：《全唐文》，北京：中华书局，1983 年，第 5235 页。

⑥ （宋）欧阳修、宋祁撰：《新唐书》，北京：中华书局，1975 年，第 6454 页。

“国用屈”，可见广州外贸收益之丰和影响之巨。此时期的广州港口已能容纳近千艘海舶。如大历五年（770），进入广州的商船竟达4 000余艘，每日平均有11艘之多。随着各国往来的日益密切，抵达广州的外国商船也逐渐增多，“蛮胡贾人舶交海中”。据《中国与阿拉伯之间的历史关系》载，广州港往来海舶“有南海舶、西南夷舶、海道商舶、番舶、南海番舶、蛮舶、西域舶、昆仑舶、昆仑乘舶、波斯舶、婆罗门舶和狮子舶等”①。来往船舶，名目繁多，谓之“舶交海中，不知其数，大舶参天，万舶争先”，一片壮丽图景。《羊城古钞》记载，当时来广州的商人很多，有些年份达数十万人，出现了“蛮声喧夜市，海邑润朝台”“常闻岛夷俗，犀象满城邑”② 的繁荣景象。

潮州与广州相距不远，海路至迟在汉元鼎五年（前112）便畅通无阻。此时潮州作为岭南道一个下州，向岭南道的治所、“海上丝绸之路”上举足轻重的关键点广州靠拢，潮州港成为广州港的支线，是很自然的事。如唐文宗《太和八年疾愈德音》称：“南海蕃舶本以慕化而来，固在接以恩仁，使其感悦……其岭南、福建及扬州蕃客，宜委节度观察使常加存问，除舶脚收市进奉外，任其来往通流，自为交易，不得重加率税。”③ 这里的“岭南”，便是指涵括潮汕地区在内的整个岭南道。

中唐之后，潮汕地区开发态势良好，陶瓷、丝绸麻纺等行业迅速崛起。而当时整个广东的出口商品主要是丝绸、茶叶、瓷器、纸张、金银器、铁器、铜钱和雕刻品等，这其中的丝绸、瓷器，相信不少是由潮汕地区的港口输出。而不管是直接出洋抑或转运广州港再出口，潮汕地区的港口如潮州港、凤岭港等都是一个重要节点，或说起始点之一，在当时的“海上丝绸之路”上发挥着自己的作用。

第三节　海商、唐人及出洋

一、海商及唐人

随着海上丝绸之路的兴起，从事海上贸易的商人逐渐增多，于是“海商”一词开始出现。

“海”“商”连用，并且清晰地指向现普遍理解上之“海上商人、海上商贸行为”意义的，笔者认为应该始于唐代。唐代诗人王建的《汴路即事》诗中有：

① 转引自广东省地方史志编纂委员会编：《广东省志·对外经济贸易志》，广州：广东人民出版社，1996年，第27页。

② 转引自广东省地方史志编纂委员会编：《广东省志·对外经济贸易志》，广州：广东人民出版社，1996年，第25页。

③ （清）董诰等编：《全唐文》，北京：中华书局，1983年，第785页。

“千里河烟直，青槐夹岸长。天涯同此路，人语各殊方。草市迎江货，津桥税海商。回看故宫柳，憔悴不成行。”[①] 细考此诗，是典型的律诗，首、末不用对偶外，中间颔联、颈联必是对偶，而其正好对仗工整。“海商”对“江货”处，“货”与“商”都只能是作名词解，则“海商”是从事海上贸易活动的人。据此，此时“海商”一词已进入文学作品，并且其意义便是海上商人、海上商贸的从事者。可见专门从事这种行业的人已不罕见，海事贸易也显活跃。

海商为了贸易需要，或会寄寓外洋，而贸易的交流，则带动了交通线路的拓展，进一步促进了人口的交流。

唐代应该是有规模移居外国的开始。盛唐之后，历史上的海外华侨华人多自称“唐人”[②]，对祖国的习惯称呼则是“唐山”[③]，外国人也同样视之，华人聚居点由此自称并被称为“唐人街”等，都应该与唐代人口外移有关。而东南亚潮人，在1949年中华人民共和国成立以前，也毫无例外都是以“唐人”自居，至20世纪80年代，尚有新编潮剧《回唐山》风靡各地。但这并不等于说所有在外国生活的华裔，其先祖都是从唐代“过番”的，倘若真是唐代出洋者，其后裔相信也已融入当地社会了。

二、潮人出洋

隋唐时期既然出于贸易需要已存在实际海外来往，港口、交通又不再成为障碍。那么，为了生意方便，潮人往来海外、暂驻如海路已通的台湾乃至更远，也便顺理可推。毕竟，若非重大事件，志籍未必记录，而关于海外交通，在早期正史中，几乎仅有朝贡出使、军事行动等涉及官方活动的介绍，且修志者对外洋的了解未必如近海者，因此涉及民间商贸活动、人员往来的记载向来少之又少。应该注意的是，资料的缺失全国皆同，并非仅仅潮汕如此。

虽然严格意义上的史料未见录载，然而我们还是可以从同时期的文学作品中得出这个结论：至迟在元和十四年（819）韩愈刺潮时，潮汕地区人口出洋颇为普遍，主要以经商为主。

韩愈《送郑尚书序》载：“隶府之州离府远者至三千里，悬隔山海，使必数

---

① （唐）王建：《汴路即事》，载（清）彭定求等校点：《全唐诗》，北京：中华书局，1960年，第3392页。

② 辞海编辑委员会编：《辞海》（第六版缩印本），上海：上海辞书出版社，2010年，第1839页。“唐人”条：唐代盛时，声誉远及海外，后来海外各国因称中国人为“唐人”。《明史·外国五·真腊传》：“唐人者，诸番呼华人之称也，凡海外诸国尽然。”王士禛《池北偶谈·汉人唐人秦人》：“昔予在礼部，见四夷进贡之使，或谓中国为汉人，或曰唐人。谓唐人者，如荷兰、暹罗诸国。盖自唐始通中国，故相沿云尔。”又，华侨亦多自称唐人。

③ 辞海编辑委员会编：《辞海》（第六版缩印本），上海：上海辞书出版社，2010年，第1839页。“唐山”条：唐代以后华侨、华裔对祖国的习惯称呼。

月而后能至。蛮夷悍轻，易怨以变，其南州皆岸大海。多洲岛，飘风一日踔数千里，漫澜不见踪迹。……其海外杂国若耽浮罗、流求、毛人、夷亶之州，林邑、扶南、真腊、干陀利之属，东南际天地以万数。或时候风潮朝贡，蛮胡贾人舶交海中。”①

《送郑尚书序》写于长庆三年（823）。当时，工部尚书郑权调为刑部尚书兼御史大夫出任岭南节度使，韩愈因曾刺潮，便为其介绍了一些包括潮汕地区在内的岭南情况。应该说，此时距韩愈离潮三年有余，其记忆犹新是无疑的；而好友郑权即将身临实地，具有强烈儒家责任感的韩愈不可能胡编乱造。考虑这些因素，便可以将此文内容看成类似“纪实”的作品。那么，这也就是对当时客观实际的反映。

“蛮夷”是韩愈对包括潮汕地区在内的岭南土著的蔑称，可参见本书多个引文，在此不再赘言。“蛮胡贾人舶交海中”，即潮汕地区海商与海外商人在海上交易。由此可见，潮汕地区人口的出洋在此时已经不少。而“海上丝绸之路”至迟在隋时开启后，至此已然习以为常。

上引中，韩愈概略举要了海外多个地方，倘若将文艺作品的泛指“较真”分析，而以正史指实的话，则大约是：“耽浮罗”应为“耽罗”，据《元史·耽罗》中的“耽罗，高丽与国也”② 句等，应在今韩国济州一带；“毛人”，据《新唐书·日本》中的“日本乃小国……又妄夸其国都方数千里，南、西尽海，东、北限大山，其外即毛人云”③ 句，则应该在今日本境内；至于“流求”“夷亶之州”，大约是台湾和东海一带岛屿，不赘述；“林邑”，据《晋书·林邑国》中的“林邑国本汉时象林县，则马援铸柱之处也，去南海三千里”④ 句，则是在今越南中部；“扶南”，据《晋书·扶南国》中的“扶南西去林邑三千余里，在海大湾中，其境应广袤三千里”⑤ 句，是与扶南相邻近，也是在中南半岛；“真腊”，据《隋书·真腊》中的“真腊国，在林邑西南，本扶南之属国也，去日南郡舟行六十日”⑥ 句，其境应在今柬埔寨境内；“干陀利”，据《南史·海南诸国》中的“干陀利国在南海州上”⑦ 句等，则是在今南太平洋苏门答腊岛。如此看来，此时潮汕地区土著可以说与东亚、东南亚都有交联，甚至有人去往这些地方也属于正常。虽然这些可能是韩愈泛泛而指，但也不能排除是其刺潮时了解到的具体情况。

---

① （唐）韩愈：《送郑尚书序》，载（唐）韩愈著，马其昶校注，马茂元整理：《韩昌黎文集校注》，上海：上海古籍出版社，1988 年，第 283 ~ 284 页。

② （明）宋濂撰：《元史》，北京：中华书局，1976 年，第 4624 页。

③ （宋）欧阳修、宋祁撰：《新唐书》，北京：中华书局，1975 年，第 6208 页。

④ （唐）房玄龄等撰：《晋书》，北京：中华书局，1974 年，第 2545 页。

⑤ （唐）房玄龄等撰：《晋书》，北京：中华书局，1974 年，第 2574 页。

⑥ （唐）魏徵、令狐德棻等撰：《隋书》，北京：中华书局，1973 年，第 1835 页。

⑦ （唐）李延寿撰：《南史》，北京：中华书局，1975 年，第 1959 页。

此外，上引所及的出洋原因，除了文末直指的“贾人舶交”，即商贸活动之外，还有一个隐含的社会因素，便是因“蛮夷悍轻，易怨以变”，只要土著稍微觉得社会环境有所不利，马上便会“飘风一日踔数千里，漫澜不见踪迹”。

不见踪迹，则必有从此不回者。就算有回故籍，也须待季风回转之时，其间必是寄寓海外的。

有观点认为潮人下南洋便是始于唐代，如《汕头市志·华侨》：“唐代潮州（海阳），外国船舶已有到潮州口岸停泊装卸易货，也有潮人抵达暹罗（泰国）。”[①] 虽然其说未列依据，但综上所述，却是不无道理的。

① 广东省汕头市地方志编纂委员会编：《汕头市志》（第四册），北京：新华出版社，1999 年，第 542 页。

第三章
宋元：海交频繁

宋元时期，潮汕地区的人文、经济等各方面都已取得长足的发展，海上交通和商业贸易促进了潮汕地区的繁荣。频繁的对外交往，使此时期的海外移民机会增多。

第一节　殷给甲邻郡

两宋时期，潮汕地区人口增多，社会经济建设进入全面发展时期。这自然是得益于中晚唐时期的迅速开发。

潮汕地区在此期的发展更加迅速。当然，如前所说，社会发达与否，取决于比较对象。如在广南东路，则此期的潮汕地区堪称繁华：政治上，难免有封建制度下必然存在的动荡，但一至北宋，便有苏轼“至于今，号称易治”① 的论断；文化上，则是州学、书院、私学俱全，科举踊跃，且随着全国兴文化偶像的大势，神化韩愈、推崇“八贤”，是所谓“从此方舆载人物，海滨邹鲁是潮阳”②；经济上，发展速度较邻近地区要快，外贸方面更甚，所谓“岸海介闽，舶通瓯吴，及诸蕃国。人物辐集，而又地平土沃，饶鱼盐。以故殷给甲邻郡”③。

这里只就与主题有强相关关系的对外贸易展开简述。实际上，上引的经济方面，已经是涉外经济列前。所谓“岸海介闽，舶通瓯吴，及诸蕃国”，虽然是文学描述，但从潮汕地区的地理位置和历史经验方面考虑，倘若外贸不发达，恐怕也难以实现“甲邻郡”。

---

① （宋）苏轼：《潮州韩文公庙碑》，载（唐）韩愈著，马其昶校注，马茂元整理：《韩昌黎文集校注》，上海：上海古籍出版社，第758～760页。

② （宋）陈尧佐：《送人登第归潮阳》，载（清）吴颖纂修：《潮州府志》，潮州：潮州市地方志办公室，2003年，第306页。

③ （元）周伯琦：《肃政箴》，载《〈永乐大典〉卷05343（潮字）卷05345（潮字）辑录本》，潮州：潮州市地方志办公室、韩山师范学院图书馆，2000年，第116页。

按《广东省志·对外经济贸易志》的说法，广东全省在宋元时期的对外贸易十分活跃，广州是北宋外贸第一港口，“在宋代海外贸易中占有极其重要的地位。在全国对外贸易总额中，广州占有压倒性的份额”①。

而作为海上丝绸之路的始发地之一，自唐朝开始，潮汕地区的纺织品、瓷器等外销行业都已颇为发达，本期更是扩大了规模，无论深度还是广度，都有更大的发展；矿物制品在潮汕地区无论是新兴产业还是前已有之，至宋代已然颇具规模，如锡矿，潮州便名列全国八产区之一。

一、纺织品

纺织品方面，潮汕地区继续发展蕉布在行内的优势，而桑蚕作业，则延续唐朝的发展态势。

据《宋史·地理志》载：“潮州，下，潮阳郡，军事。元丰户七万四千六百八十二。贡蕉布、甲香、鲛鱼皮。”② 此时潮州蕉布与唐代一样，仍然是宫廷贡品。

《宋史·地理志》中，广南东路及广南西路在北宋时有 40 个州府，在南宋时一共有 36 个州府。据各州府上贡数据统计，贡绢的有韶州、循州、南雄州 3 个州，贡布的有潮州、连州、梅州、英德 4 个州府。其中，潮州是唯一一个上贡蕉布的州。③ 由此可见潮汕地区在纺织行业，尤其是在蕉布方面依然延续着唐代的行业领先地位。当然这只是就南方而言。

此时期潮汕地区大规模兴修水利灌溉工程，大大小小的工程建设延续整个宋代。如北宋时潮州地区开凿疏浚了三利溪，受惠潮阳、揭阳、海阳三县，“是溪之长百一十五里，东抵韩江西流入于港，……农夫利于田，商贾利于行，漕运者不之海而之溪，辞白浪于沧溟，谢长风于大舶”④。如南宋水利堤围建设更甚于前，其整治“鳄（恶）溪”韩江，补旧堤，筑新堤，宋理宗时期筑成的新堤高一丈二尺，为珠江堤三倍高。这些工程成为潮汕地区农业得以空前发展的重要保障，也对潮汕地区蕉、葛、麻、桑的种植大有裨益，这是可以预见的。

此时期桑麻种植在潮汕地区似乎十分普遍，并且不仅仅在州治之处。如雍正《揭阳县志·艺文》收有宋人彭延年退隐后的诗作《浦口村居好》五首，其中有：“浦口村居好，凭高望处赊。稻田千万顷，农舍两三家。樵路通云磴，溪船

---

① 广东省地方史志编纂委员会编：《广东省志·对外经济贸易志》，广州：广东人民出版社，1996 年，第 27 ~ 28 页。

② （元）脱脱等撰：《宋史》，北京：中华书局，1977 年，第 2236 页。

③ 以上统计据（元）脱脱等撰：《宋史》，北京：中华书局，1977 年，第 2235 ~ 2249 页。

④ （明）陈献章：《三利溪记》，载（清）吴颖纂修：《潮州府志》，潮州：潮州市地方志办公室，2003 年，第 365 页。

簇蓼花。太平无事日，处处尽桑麻。”[①] 浦口属今揭阳市，已经离宋代潮州州治有一段距离了，彭延年称登高一望处处桑麻，虽有文学描述成分，却也可见从事桑麻种植者不在少数。

桑的种植，主要是应用在桑蚕业。桑蚕业状况的另一个体现，是蚕的养殖情况。此时潮汕地区的养蚕技术并不落后。说见《太平御览·岭南道·潮州》载：“《郡国志》曰：稻得再熟，蚕亦五收，煮海为盐。”[②]

由此可见，潮汕地区的纺织行业已颇为发达，而纺织品的质量或许不仅仅表现在生产之前的布匹之类，而是有了更高层次的加工技术。

据饶宗颐《潮州志》载：“客族妇女，晴夏皆戴凉帽。制用竹织，其式为圆简，中开一空，以容顶髻，周围缀以绸帛，或以五纱、罗布分五幅折而下垂。既可以围遮头面，长夏操作，可以迎风障目。名曰凉帽，又曰苏公笠，眉山遗制也。按：东坡谪惠州，携朝云随侍，暇则令其艺圃莳花，故制此笠，嘉应妇女群相效之，今大埔丰顺妇女行之如故。”[③] 这大约是说，苏轼于绍圣元年（1094）贬至惠州后，其妾侍朝云带来中原的先进加工工艺制作了“苏公笠”，后逐步流行于岭南。

又据饶宗颐《潮州志》载：“宋时，潮州一富人行韩江之上。见二美少年，自言一兄一妹，孪生也。兄能捕鱼，妹专绣刺。富人欲犯之。不从，题诗于壁云：‘终日刺鸳鸯，懒把峨眉扫。且归水云乡，百年可偕老。’化双鸳鸯飞去。”[④]

上引两则，我们注意的是纺织工艺。从苏公笠的形制，可见北宋潮汕地区已经有了“绸帛”“五纱罗布”，这显然是需要较高层次的手工加工技术才能得来。而后引的“鸳鸯”一事，明确提出了“刺绣”，倘若排除“化双鸳鸯飞去”的神话色彩，则可见“刺绣”也在潮州出现了。

二、瓷器

瓷器方面，潮汕地区瓷器兴于唐而盛于宋。两宋时产量为广南路第一，产品大量出口。

据《广东潮州古瓷窑址调查》载，1922 年，在潮州城外西南约 5 千米的羊皮冈地方，掘出影青瓷造像四座和瓷香炉一件（原注：藏广东省文管会），这四座造像均刻有烧制年月、工匠姓名以及烧制地点，其中一座为治平四年（1067）、两座为熙宁元年（1068）、一座为熙宁二年（1069）。1954 年和 1956 年，故宫博物院先后两次派人进行实地调查，遗址位于原潮州市东郊的东桥乡韩山，又名笔

---

① （清）陈树芝纂修：《揭阳县志》，潮州：潮州市地方志办公室，2003 年，第 378 页。

② （宋）李昉等撰：《太平御览》，北京：中华书局，1960 年，第 838 页。

③ 饶宗颐总纂：《潮州志》卷十五《丛谈类·物部·苏公笠》，汕头：潮州修志馆，1949 年。

④ 饶宗颐总纂：《潮州志》卷十五《丛谈类·异部·鸳鸯》，汕头：潮州修志馆，1949 年。

架山，潮州笔架山东南山脚至西北涸溪塔山脚四五千米处，均属于窑址的范围，碎片与匣钵广泛分布，遗址发现很广，可见当时瓷窑很多。潮州笔架山窑烧瓷的时限，应为北宋到元代。①

自1954年12月至1972年10月，广东省考古部门到潮州东、西、南、北四郊进行专门的瓷窑调查勘探，1978年作出考古结论《潮州唐宋窑址初探》，发现“南郊洪厝埠窑址的第二层、竹园墩窑址第二层，西郊凤山窑址，北郊田东园窑址、瓮片山窑址、竹竿山窑址、象鼻山窑址均属北宋年代”②。

文字记录和金石铭刻上也有佐证，以白瓷窑为例：文献记录上，《永乐大典》引《三阳志》载：“郡以东，其地曰白瓷窑、曰水南，去城不五七里。”③ 金石材料上，据《潮州开元寺藏铜钟铭文》载，政和四年（1114）潮州开元寺铸造大铜钟时便有：“白瓷窑住弟子刘兢、王敏、王长、慎德、邝一娘各舍钱五贯文，各祈平安。”④

其实，结合以上故宫博物院及广东省考古部门的考古发现，便可作出判断：北宋时潮州州治周围皆有瓷窑。其时瓷业之盛显而易见。

因此，《广东省志·经济综述》认为：“潮州的笔架山窑、韩山窑居广南瓷器生产之冠，有白瓷窑、百窑村之称。”⑤

同样比较一下，按《宋史·地理志》的记载，广南东路在北宋时包括“府一：肇庆。州十四：广、韶、循、潮、连、梅、南雄、英、贺、封、新、康、南恩、惠。县四十三”。在南宋时包括“府三：肇庆、德庆、英德。州十一：广、韶、循、潮、连、封、新、南恩、梅、雄、惠”。广南西路北宋时有25州，南宋时有20州2府。⑥ 整个广南路在两宋大约包括今广东、广西、海南。参考这个范围，可更为深刻地了解到宋代潮州瓷业在当时中国的行业位置。

这些潮州瓷器主要销往国外。推断的依据主要是考古资料，在所出土的器物中有西洋人头像、西洋狗等专为外国人设计的器物；在印度尼西亚、菲律宾、马来西亚、巴基斯坦、伊拉克、朝鲜、日本等地都发现、发掘了不少宋代潮州古瓷器。除此之外，从生产的规模上推断，产品也当主要用于外销，因为当时潮州及周边地区无法消费这么多的瓷器。⑦

---

① 参见杨辉柄：《广东潮州古瓷窑址调查》，载《考古》，1979年第5期。

② 参见曾广亿：《潮州唐宋窑址初探》，载陈历明编：《潮汕考古文集》，汕头：汕头大学出版社，1993年，第220～241页。

③ （明）解缙总编：《潮州府·风俗形胜》，载《〈永乐大典〉卷05343（潮字）卷05345（潮字）辑录本》，潮州：潮州市地方志办公室、韩山师范学院图书馆，2000年，第24页。

④ 黄挺、马明达：《潮汕金石文征》（宋元卷），广州：广东人民出版社，1999年，第73页。

⑤ 参见广东省地方史志编纂委员会编：《广东省志·经济综述》，广州：广东人民出版社，2004年，第10页。

⑥ （元）脱脱等撰：《宋史》，北京：中华书局，1977年，第2235～2249页。

⑦ 黄挺、陈占山：《潮汕史》（上），广州：广东人民出版社，2001年，第138页。

《广东省志·经济综述》也称："宋元时期广东瓷器大量出口，今天在日本、菲律宾、印度尼西亚乃至巴基斯坦、阿曼等国家都发现过此一时期广东的陶瓷产品。"[①] 在香港、海南等地和西沙群岛附近海底，多年来都发现有潮州窑产瓷器残片，时间有宋有明，可见潮州瓷此时期已然畅销海外。

三、矿物制品

《潮州志》称："潮州矿产见于史籍与近今所开采者，凡金、银、铜、铅、铁、锡、钨、铋、钼、锰、镝、煤、磁土、玻璃、砂、水晶、硫磺、冻石蜡、建筑石材十九种，就中以锡、钨、磁土、石材蕴藏最为富。"[②]

在宋代，潮汕地区的矿产开发已颇见兴旺，锡矿更是全国八大产锡区之一。如《元丰九域志》载："海阳。……疆丰济一银场，横冲、黄冈、锦田三锡场。"[③] 该银场未知何时开启，三个锡场中横冲、黄冈则是在大中祥符八年（1015），锦田锡场可能稍后。说见《宋会要》："潮州海阳县横冲场，大中祥符八年置；黄冈场，八年置。""潮州海阳县锦田场。"[④] 潮汕地区锡的产量，在当时应是规模颇大的，《宋史》载全国产锡仅仅7州1军，其中便包括有潮州："锡产河南、南康、虔、道、贺、潮、循七州，南安军，有九场。"[⑤] 这里的排序显然是根据地理位置而非产量。

又《宋史》载："政和元年，……广东漕司复奏：'……潮州丰政、……凡十六场，请并如旧。……'从之。"[⑥] 说明潮州丰政场在政和元年（1111）便已存在，该场所产可能包括锡矿和铜矿。

又《潮州志》称："锡为潮州首要矿产，自宋迄今代有开采。""银为往代重要矿产，宋时已有开采。""绍兴末岁铅产六千斤有奇（朝野杂记）。""磁土产区以韩江流域之大埔、丰顺、潮安、饶平为主，此外惠来亦有之，而以潮安、大埔产最富，潮安宋时已有开采。"[⑦] 除了锡矿，宋代的银、铅、磁土生产也颇见兴旺。

按《广东省志·对外经济贸易志》的说法，宋代与亚非各国交易的最大宗出口商品，是包括金、银、铜、锡等在内的矿物制品。该志虽然没有明确的潮汕

---

① 参见广东省地方史志编纂委员会编：《广东省志·经济综述》，广州：广东人民出版社，2004年，第11页。

② 饶宗颐总纂：《潮州志》卷六《物产志·矿物》，汕头：潮州修志馆，1949年。

③ （宋）王存撰，王文楚、魏嵩山点校：《元丰九域志》，北京：中华书局，1984年，第411页。

④ 《宋会要·食货》卷33之"锡"，转引自（宋）王存撰，王文楚、魏嵩山点校：《元丰九域志》，北京：中华书局，1984年，第453页。

⑤ （元）脱脱等撰：《宋史》，北京：中华书局，1977年，第4523页。

⑥ （元）脱脱等撰：《宋史》，北京：中华书局，1977年，第4527页。

⑦ 饶宗颐总纂：《潮州志》卷六《物产志·矿物》，汕头：潮州修志馆，1949年。

地区产品出口的记载，但同样也未载别地产品专供出口的情况。[①] 因此，以上述潮州的矿藏开发状况，完全有理由相信，宋代潮州产金银器件应有外销品，可能某些还在同类出口产品中占有不小的份额，如锡器。

第二节　商贸港口及海船

一、港口

宋元时期的商贸港口，主要有潮州港、凤岭港、南澳港、鮀浦港、揭阳港、辟望港等。

上期已经涉及潮州港和晚唐初兴的凤岭港。由于地理变化，古潮州港入宋之后渐渐淤积湮废，凤岭港则成为此期潮汕地区大港。如前所述，凤岭港始于唐代，至今仍保留着“永兴街”石匾，其上署“兴国丁丑”四字，可知永兴街辟建于北宋太宗太平兴国二年（977），这可看出港口在北宋时期的兴盛。据乾隆《潮州府志·山川》载，凤岭港“距城十五里，南洋大洲港之北，自韩江发源而来，凡来往之客舟多泊于此”[②]。又据《澄海县志》载，20 世纪 30 年代以来，该区域发现的宋代文物数量繁多，约略如下：1932 年，凤岭港出土一批船板；1934 年，在“永兴街”成记巷头“梅园”挖井时，发掘到一批成叠宋碗；1936 年，在“梅轩”建屋清基中，又发现成叠宋碗；1948 年，东洲堤崩塌，乡民在港湾（傍程洋岗乡处）挑运几百担夹杂大量宋瓷片瓦砾的沙土填垒东洲堤；1950 年，在古港东面管陇村打索埔发现缆绳工场，遗址规模达五六千平方米，并出土大量巨缆，目击者称有“拳头大，碗口粗”，因腐朽无法收集标本；1946 年冬、1958 年冬、1975 年冬，三次在港湾发现大船桅，已腐蚀；1955 年，港湾东面管陇村前出土大船桅，桅尾直径有 40 ~ 50 厘米；1960 年，在离港湾不远的建炎大道一侧发掘到大锚一个，质地为生铁，重一吨多；1958 年至 1960 年，又在港湾外沿的莲上内底村外发现大批宋瓷片、船板、铜镜等物；1982 年文物普查中，在该港收集宋瓷片多件。现该港西面的冠山乡中，仍有古船压在房屋下面未出土。从文物发现地点看，该港规模相当大，也相当繁荣。[③]

---

① 广东省地方史志编纂委员会编：《广东省志·对外经济贸易志》，广州：广东人民出版社，1996 年，第 27 ~ 28 页。

② （清）周硕勋纂修：《潮州府志》，潮州：潮州市地方志办公室、潮州市档案馆，2001 年，第 54 页。

③ 参见黄挺、杜经国：《潮汕古代商贸港口研究》，载潮汕历史文化研究中心、汕头大学潮汕文化研究中心编：《潮学研究》（第一辑），汕头：汕头大学出版社，1994 年，第 53 ~ 58 页。

此外，宋代本地的主要外贸港口还有南澳港、鮀浦港、揭阳港、辟望港等，[①] 这些港口自然也可停靠远洋船舶。

如南澳港，据陈天资《东里志·祠庙》“天后宫”条载：“（天后宫）一在深澳，宋时番舶建。”[②] 表明南澳岛上的深澳港宋代便有海船停泊，船主们不惜钱财专门兴建了奉祀妈祖的宫庙，显然并非供零星海船偶一停泊而已。并且，值得注意的是“番舶建”，即往来外洋的商船主所建，因此可见此时的南澳港与外洋的联系颇为频繁。

如鮀浦港，在宋代是小江盐场的重要生产基地之一，而小江盐场至迟在南宋初年便是潮州三所盐场之首，“居当时广东各盐场的第四位”[③]。正是由于盐业的兴旺而带动港口的建设，至元代，鮀浦港的地位进一步得到提高，是进入辟望港的必经之处，往来外洋船舶，应该也有停靠。

二、造船

宋代，中央政府对民间发展海外贸易和造船业采取鼓励政策，造船业得到充分发展。潮汕地区在此时已然具备造大型船能力，而成为官方指定造船基地的时间，则不迟于南宋乾道年间（1165—1173），甚至可以前溯至唐宋时期。

据考古资料记载，1950 年起，在澄海管陇村打索埔陆续发现宋代缆绳工场遗址，并出土了大量巨缆，之后韩江三角洲中部澄海境内南峙山、冠山前后的古凤岭港遗址出土有大量宋代海船残骸，残留部件包括船板、船桅、船锚等，而这些遗址或遗存物品的大概年代有的为北宋，有的是唐宋。[④]

如果说，唐时潮汕的木兰舟尚算民间制造的、规模不大或者数量不多的话，那么，至迟在南宋，潮汕地区便成为官方战船生产基地之一，能够大量制造较具规模的海舶。

已知与此相关的最早一条文献，来自刘克庄为潮阳知县林埏撰写的《林沅州墓志铭》，称：“潮阳时，有旨造战舰。”由于是第一条涉及潮汕地区成为官方造船基地情况的文献，意味着潮汕地区造船能力已有一定水平，自然具有历史意义。因此，做些简单解读。

首先，本次“有旨造战舰”的时间是在林沅州任职潮阳知县的期间，但考诸各文献，尚未发现林沅州任职的具体时间。因此，只能推导《林沅州墓志铭》撰写时间为南宋嘉定癸未（1223），也就是林沅州卒后的第 28 个年头，这从

---

① 参见黄挺、杜经国：《潮汕古代商贸港口研究》，载潮汕历史文化研究中心、汕头大学潮汕文化研究中心编：《潮学研究》（第一辑），汕头：汕头大学出版社，1994 年，第 53～58 页。

② （明）陈天资编修：《东里志》，潮州：饶平县地方志办公室，2004 年，第 36 页。

③ 吴榕青：《宋代潮州的盐业》，载《韩山师范学院学报》，1997 年第 3 期。

④ 参见黄挺：《潮商文化》，北京：华文出版社，2008 年，第 124 页。

“公殁二十有八年，嘉定癸未，克庄始志其墓而为铭”句可知；《林沅州墓志铭》又有“菱元丙辰八月十日卒，年六十九”句，即卒于庆元丙辰（1196），生于建炎戊申（1128）；在潮阳任后，林沅州还任沅州（治所在今湖南芷江侗族自治县一带）知府等，说见“知潮阳县，除提领户部犒赏所，知沅州，秩满乞闲，主管云台观，改冲佑观”句。依照时间推算，其在南宋乾道年间任潮阳知县最为合理。也就是说，大约在南宋乾道年间，潮阳受命造战舰。

其次，潮汕地区成为官方造船基地的时间，必然在此条记载之前。因为对于这个事关军机的兵部任务，潮州府居然是“州不出一钱，符县白科”，即要潮阳县民白出科役造船，而不付酬劳，并且在林埏提出困难时，潮州府方面是大为震怒，见“公为书条其不便，守怒，呵责愈峻”句。这可见潮州府对于造船任务已成习惯——起码并非首次，或不止潮阳一县接此任务，州官才会不特别加以重视。则潮汕地区首次接受官方造船任务的时间，实际上完全可以再向前推。①

最后，能成为官方造船基地意味着潮汕地区已熟练掌握造船技术，并具有工具和专门场所等。同样，时间也应前推，即在南宋乾道年间林埏任潮阳知县之前。

至于宋时广东海船的规模，据《广东省志·船舶工业志》记载，宋时广南路的造船工场和造船作坊分布于广州、南恩州、琼州、端州、惠州和潮州等沿海、沿江地区。此时海船的建造趋于大型化，《梦粱录》载：“海商之舰，大小不等，大者五千料，可载五六百人；中等二千料至一千料，亦可载二三百人；余者谓之‘钻风’，大小八橹或六橹，每舰可载百余人。”②

到了元代，造船技术继续发展，此时广东海船更具规模。至元二十一年（1284），意大利人马可·波罗在《马可·波罗行纪》中记述：“海船之往来波斯湾、中国海间者，华船最大，多广州、泉州所造。”③ 约在14世纪40年代，摩洛哥人伊本·白图泰来华，其游记中载：中国的船只分三等，大的称做艟克，复数是朱努克，中者为艚，小者为舸舸姆；大船有三至十帆，帆系用藤篾编织，状如席而常挂不落，每船能载千人，都在泉州、广州制造。④

潮州是广东官方造船基地之一，同为广东官方造船基地广州出产的船，已可载人以千计，潮州船只的规模可以广州船为参考，想必也相差不多。

---

① （宋）刘克庄：《林沅州墓志铭》，《后村集》（文渊阁四库本）卷37，台北：台湾商务印书馆，1986年。

② 转引自（宋）吴自牧著，符均、张社国校注：《梦粱录》，西安：三秦出版社，2004年，第184页。

③ 转引自广东省地方史志编纂委员会编：《广东省志·船舶工业志》，广州：广东人民出版社，2000年，第9页。

④ ［摩洛哥］伊本·白图泰著，马金鹏译：《伊本·白图泰游记》（校订本），银川：宁夏人民出版社，2000年，第486页。

三、船队

潮汕地区在宋元时已经有大量的海舶，正史中首次有关大规模潮汕船队的记载来自元代。

《元史·世祖六》“至元十六年（1279）”条载：“（二月）庚寅，张弘范以降臣陈懿兄弟破贼有功，且出战船百艘从征宋二王，请授懿招讨使兼潮州路军民总管，及其弟忠、义、勇为管军总管。”①

《元史·世祖九》“至元二十年（1283）”条载：“（十一月）癸丑，总管陈义愿自备海船三十艘，以备征进。诏授义万户，佩虎符。义初名五虎，起自海盗。内附后，其兄为招讨，义为总管。”②

以上两则大概说的是：宋元更迭之际，潮汕地区海盗出身的陈懿兄弟因助元攻宋，之后又献船有功等，得授官衔。

应该注意的是，当时陈懿兄弟已拥有100艘战船，并且陈义还献出30艘海船给元兵作征战之用。这样的船队规模有多大？要知道，在宋元旷日持久的“襄樊战役”之水战中，宋军不过2 000艘战船增援，还是内河船只，最后一次大型水战——崖山水战，虽号称战船数千，其中大部分却是渔船、舢板救急充数。③陈懿兄弟在粤东的“战船百艘”“海船三十艘”无疑数量可观，而古代战船普遍也可装货商用，非战时，陈懿兄弟的船队必然也是一支远洋海运贸易的“集团军”。

事实上，不仅豪强拥有众多船只，潮汕地区民间的船只数量也不在少数。如元代翰林修撰周伯琦路过潮州时写的《行部潮阳》便有所体现，其中“卤田宿麦翻秋浪，楼舶飞帆障暮云”④句，可见当时潮汕地区楼船数量之众多。

第三节　航海技术和远洋航线

两宋时期航海技术有了显著的提高，这促进了远洋航线的开辟，也使中外海上交通贸易有了更好的发展。

在航海指引及方向辨析上，宋代以前，一般是凭自然天象、天体识别，夜以星月认路，日倚太阳辨向。至北宋时期，航海技术有了重大突破，已能利用指南

---

① （明）宋濂撰：《元史》，北京：中华书局，1976年，第209页。

② （明）宋濂撰：《元史》，北京：中华书局，1976年，第258页。

③ 参见张铁牛、高晓星：《中国古代海军史》，北京：八一出版社，1993年，第117～123页。

④ （元）周伯琦：《行部潮阳》，载（清）林杭学纂修：《潮州府志·艺文志》，潮州：潮州市地方志办公室，2000年，第693页。

针航行。而指南针的应用，在南宋时期发展成罗盘形构。随着精确度的提高，依靠指南针指示方向越来越广泛应用在海上航行活动中，11 世纪末至 12 世纪初，在中国海船上已经十分普遍。指南针应用于航海，是航海史上一件具有划时代意义的大事，也是世界人类文明史上的重大突破，12 世纪末，中国的指南针经阿拉伯人传入欧洲，才促成世界航海时代的到来。①

同时，两宋的综合航海技术也得到充实和发展。在航海技术趋于成熟的隋唐五代时期，人们已能熟练运用季风航行，天文、气象知识和洋流、地理导航水平都有一定的提高，对潮汐也能进行正确解释。至宋代，宋人更编制出较为科学的潮汐表，也有明确文字记载的航海图，宋末成书的《海道经》流传至今，将其图文对照，便可顺利到达目的地。海道图的产生和出现，是历代海洋知识不断积累的结果，为远航提供了更多的技术工具与技术知识。宋人且懂得利用长绳系砣测量海深，从砣底所黏附的海底泥沙判断航行位置及情况。并较之前代更能利用季风航行，其驾驭风力的技术也具有相当水平。在海上航行安全方面，也有一定的保障措施，如利用信鸽作为海上通信工具；进行水下修补船只，防止渗漏致沉。由于航海技术的不断提高，两宋时期的对外海上交通更为安全，航向更为稳确，航行时间也大为缩短。宋元两代，中国的航海都处于世界先进水平。②

得益于航海事业的迅速发展，潮汕地区的海洋交通在宋元两代更胜前朝。此时潮汕的海路航线，除了隋代已熟悉的台湾澎湖外，还可趁西南季风北上到达日本，途中停泊处很多，如台湾、江南、山东、朝鲜半岛等，在补给的同时也可进行贸易活动。

如“潮州—登州”航线，延伸至东亚。

苏东坡于北宋元祐八年（1093）写成的《北海十二石记》，便记载有“潮州—登州（位于山东半岛）”航线：“登州下临大海，目力所及，沙门、鼍矶、车牛、大竹、小竹凡五岛。惟沙门最近，兀然焦枯。其余皆紫翠巉绝，出没涛中，真神仙所宅也。上生石芝，草木皆奇玮，多不识名者。又多美石，五采斑斓，或作金文。熙宁已酉岁，李天章为登守，吴子野往从之游。时解贰卿致政，退居于登，使人入诸岛取石，得十二株，皆秀色粲然。适有舶在岸下，将转海至潮。子野请于解公，尽得十二石以归，置所居岁寒堂下。近世好事能致石者多矣，未有取北海而置南海者也。元祐八年八月十五日，东坡居士苏轼记。”③

该文是苏东坡追记潮州名士吴子野（名复古，号远游）在砣矶岛采石和北石渡海南运的故事。吴子野辞官后于宋熙宁二年（1069）到登州游玩，见登州雅石，遂运回潮州家中。这里的“适有舶在岸下，将转海至潮”句，证实“潮

① 参见张铁牛、高晓星：《中国古代海军史》，北京：八一出版社，1993 年，第 72、112 页。
② 参见张铁牛、高晓星：《中国古代海军史》，北京：八一出版社，1993 年，第 72、112 页。
③ （宋）苏东坡著，崔承运主编：《苏轼散文选集》，天津：百花文艺出版社，2004 年，第 225 页。

州—登州”航线早就开通了，而且十分顺畅，毫无困难可言。否则，哪怕是一点点的海路阻碍，以苏东坡行文习惯，想必会大书特书、惊天动地，以渲染名士求雅物之不畏艰难，更衬托吴子野之雅兴。

其实，此时自潮汕地区至登州是十分正常的，因为潮汕地区自南北朝与江浙海路便早已贯通，才有孙恩、卢循武装动乱时多次浮海下广州。此期，洪迈《夷坚志·夷坚支庚卷第三·绍兴官人》又载：“绍兴末，兴化有官人仕于潮阳，任满浮海归。”① 像“潮州—登州”航线，是江浙线的顺延，十分顺理成章。

上可至登州，再上则可达日本。而事实上，有不少宋代潮州窑生产的瓷器此时已经输入日本。广东省博物馆原馆长杨式挺于1993年访问日本，在东京、大阪等地参观，看到一些在当地出土的青白釉瓷器与宋代潮州窑同类产品极其相似。② 这可佐证潮汕的东亚航线早就存在，此时已趋成熟。

又如“吉阳军—潮州”航线，延伸至安南、南洋。

洪迈《夷坚志·夷坚支庚卷第三·林宝慈》载：“海南四州生黎，虽不受征徭，而事守令甚谨。……林梅卿尚书之子宝慈，知吉阳军。当此日，嘉黎人之勤，延待之礼，过倍常岁。酋殊以为感。……广西漕使唐夙憾龚，而迁怒于林……林有性命之忧，走仆往黎母山，告急求救。酋立择壮勇三百众，兼程解围，尽取林一家置船上，浮海东遁，至于潮阳。……后数月，林自潮雇两丁荷轿趋福州，谒乡帅陈丞相，具白其故。”③

上引大约是说，林宝慈任职海南吉阳军（今海南三亚一带）时，与海南的黎族土著关系不错，广西漕使因事迁怒于林宝慈，竟动刀兵，林宝慈遂向黎族酋长求救。在后者的帮助下，林宝慈乘船直下潮阳，再从陆路辗转回到福州。

洪迈曾任直读院学士、端明殿学士等职，并兼修国史，其《夷坚志》是研究宋代社会史的有用资料。陆游推重此书：“岂惟堪史补，端足擅文豪。”清代著名学者阮元也说：“书中神怪荒诞之谈居其大半，然遗文轶事可资考镜者，亦往往杂出其间。”④ 应该说，《夷坚志》的史料价值是颇高的。在这里，就透露了当时已经存在一条“吉阳军—潮州”海上航线的信息。

不过，《文献通考·四裔考九·占城》对于林宝慈丢官一事有另一种说法，即：“淳熙二年，诏帅臣张栻草书付琼管司，谕以中国马自来不许出外界，令还所掠人口等，自今不得生事。知吉阳军林宝慈令王三俊指引占城国人买马图利。令本司取勘具奏。”⑤

这是说，海外贸易由宋廷专营，不许官民私营，而中国马匹更是从来严禁出

① （宋）洪迈撰，何卓点校：《夷坚志》，北京：中华书局，1981年，第1153页。
② 参见黄挺：《潮商文化》，北京：华文出版社，2008年，第128页。
③ （宋）洪迈撰，何卓点校：《夷坚志》，北京：中华书局，1981年，第1158页。
④ 参见（宋）洪迈撰，何卓点校：《夷坚志》，北京：中华书局，1981年，点校说明。
⑤ （元）马端临撰：《文献通考》，北京：中华书局，1986年，第2610页。

口，作为地方高官的林宝慈，派人勾结占城商人私卖马匹，事败后畏罪出走。在这里不讨论林宝慈是被诬还是真犯法，我们想知道的是他离开的时间，即他走“吉阳军—潮州”航线的时间是“淳熙二年”。

综合上述，南宋淳熙二年（1175）“吉阳军—潮州”海上航线畅通且时人常走。既然从潮州可以沿海路直达海南岛南端，借东北风到达安南便是显而易见的，而从中南半岛去到南洋群岛则更非难事。

再如“潮州—交趾”航线，延伸至南洋。

诸方志多有录载一则“交趾道士”的故事，顺治《潮州府志·轶事部》有载：“金山上有交趾道士，年近百岁，渡海船坏，结庵于此。养一鸡，大如倒挂子，日置枕间，啼则睡觉。又一胡孙，小如虾蟆，以线系几案间，道士饭已，即登几食其余。又有龟，状如钱，置金盒中，时出戏衣褶。常题一诗云：流动乾坤影，花沾雨露香；白云飞碧汉，玄鸟过沧浪；月照柴扉静，蛙鸣鼓角忙；龟鱼呈瑞气，无物污禅房。僧惠洪见之，戏曰：公小国中引道师也。后莫知所之。”①

该则材料是说，有一位来自交趾的道士寓居在潮州金山上，他养有鸡、猴、龟，都呈袖珍，十分神奇。其中，“交趾道士”说明他来自交趾；“渡海船坏”“玄鸟过沧浪”，则说明是沿海路而来，因海事事故寄寓潮州金山；“后莫知所之”，则是又离开了。

现存四部府志中，嘉靖府志未载此事；上引顺治府志载于《轶事部》，康熙府志因袭前志收于《杂记》，两者都未载时间，但收录体例都是依照时间顺序，由于夹插于宋代事例中因此可断为“宋”；乾隆府志则载于“唐”，内容大体相同。② 那么，此事是发生在宋代还是唐代呢？

考本文内容，应该是来自清初王士禛的《香祖笔记》卷五“交趾老道士”，不过《香祖笔记》未言发生于唐代；又，原文提到交趾道士与“僧惠洪”接触，惠洪是北宋名僧，其作品《冷斋夜话》卷八“道士畜三物”有提到交趾道士事。既然惠洪和尚能与交趾道士交谈，则必然是发生在宋代而不是唐代（此外，《冷斋夜话》提到此事的地点是发生在“万安军南并海石崖中”）。又，文中“倒挂子”是一种小鸟，常为宋人提及，如苏轼的《西江月·梅花》有：“海仙时遣探芳丛，倒挂绿毛么凤。”③ 如《萍洲可谈》有：“海南诸国有倒挂雀，尾羽备五色，状如鹦鹉，形小似雀，夜则倒悬其身。”④ 综上所述，乾隆《潮州府志》记“唐”时事是错误的。

---

① （清）吴颖纂修：《潮州府志》，潮州：潮州市地方志办公室，2003 年，第 294 页。

② 参见（清）周硕勋纂修：《潮州府志》，潮州：潮州市地方志办公室、潮州市档案馆，2001 年，第 648 页。

③ （宋）苏东坡著，傅成、穆俦标点：《苏轼全集》，上海：上海古籍出版社，2000 年，第 798 页。

④ （宋）朱彧撰：《萍洲可谈》，载（清）梁廷枏、（汉）杨孚等著，杨伟群校点：《南越五主传及其它七种》，广州：广东人民出版社，1982 年，第 102 页。

这事既然发生在宋代，则此时交趾至潮州海上航线已通。这也是可以推测的，因为按安南渡口的传说，唐代潮汕地区航线已可直通中南半岛。

至元代，出现了潮汕地区至南洋航线比较具体的记录。

汪大渊的《岛夷志略》载："石塘之骨，由潮州而生。迤逦如长蛇，横亘海中，越海诸国。俗云万里石塘。……一脉至爪哇，一脉至脖泥及古里地闷，一脉至西洋遐昆仑之地。"①

上引所描写的其实是潮州通往南洋的航线。从潮州出发，向西南航行，经过东沙群岛和西沙群岛，分三条航路：继续前行，可以抵达越南湄公河口外的昆仑岛；船头稍偏东可以抵达爪哇岛；再偏东可以抵达加里曼丹岛。②

这继续前行抵达越南湄公河口外的昆仑岛的航线，在潮汕地区其他材料上也有见到，如《韩江闻见录》载："大海之外，有万里长沙、千里石塘。石塘舟不可近，绝往来。船至此，人无生还矣。云在长沙东南，又云其间有三门，可出入，然难测。长沙虽险，沙多石少，产海参，尚去安南不远。潮平波定时，安南海客有航小海舟来取海参者。"③

汪大渊在1330年和1337年两度漂洋过海，亲身经历南洋和西洋二百多个地方。《岛夷志略》便是他亲历的异域地理、风土、物产等的实际记录。

因此，此条海路，自然是当时航线从业者所熟悉及正常航行的。

大量文物和考古发现可以为这种推测提供有力的物证。广东省博物馆和考古研究所的专家们根据自己考察和参加的考古发掘活动，指出在香港、海南岛和西沙群岛等地区与泰国、马来西亚、新加坡、印度尼西亚和菲律宾等东南亚国家，都发现过肯定是或者近似于北宋潮州窑产品的瓷器。其中，在新加坡发现并收藏在新加坡国家博物馆的青白釉鲤鱼形壶，和在马来西亚怡保采集的、现藏于上海博物馆的青白釉瓜棱腹小瓶，都是宋代潮州窑代表性的产品。此外，虽然无直接证据说明潮人远航南亚，但据日本三上次男的名著《陶瓷之路》中提到的一些华南、闽广或广东窑烧制的瓷器，如巴基斯坦浦尔遗址出土的"清晰地浮凸着雕有莲花瓣的华南白瓷片"、斯里兰卡克加拉出土的"青白瓷柑子形小壶和四脚的香炉"、耶珀胡弗出土的青白瓷碗和青瓷小牧羊狗，都可能是潮州笔架山窑的产品。不过，在南亚发现的这些瓷器，也不排除是海商从东南亚转销过去的。④

综上所述，至宋元两代，潮汕的海上交通线已可直航东亚、东南亚，乃至存在已经到达南亚的可能性。

---

① （元）汪大渊著，苏继庼注释：《岛夷志略校释》，北京：中华书局，1981年，第318页。

② 黄挺：《潮商文化》，北京：华文出版社，2008年，第119页。

③ （清）郑昌时著，吴二持校注：《韩江闻见录》，上海：上海古籍出版社，1995年，第188页。

④ 参见黄挺：《潮商文化》，北京：华文出版社，2008年，第128～129页。

第四节　交流和出洋

一、文献中的潮“番”交流

至宋元两代，潮汕港口众多，港埠繁荣，海船规模庞大，海上航线畅通，潮人步履几可纵横四海，“及诸蕃国”。同时，也有番舶到来，这些内容在文献中都有不同程度的体现。

（一）正史记载中首次与南洋商人的联系

正史中明确出现了第一条潮人与南洋商人发生联系的记录，发生在北宋，事见《宋史》。

《宋史·外国传·三佛齐传》载：“太平兴国五年……是年，潮州言，三佛齐国蕃商李甫诲乘舶船载香药、犀角、象牙至海口，会风势不便，飘船六十日至潮州，其香药悉送广州。”①

“太平兴国五年”即公元980年。“三佛齐”，即室利佛逝国，是公元7世纪兴于印度尼西亚苏门答腊的古国。“室利佛逝”来自梵语 srivijaya，意为“光荣胜利”；都城今巨港；盛时势力达西爪哇、马来半岛、加里曼丹西部，控制中国、印度、阿拉伯国家交通贸易要冲。在7—12世纪，三佛齐在东南亚占主导地位。又，宋代以后的史籍，该国被称“三佛齐”。②

从上引中的“风势不便”，可说明是事出偶然。首先，可以再次证实此时潮汕地区港口之安然停泊远洋大船，根本不在话下。其次，从“飘船”事件的过程及结果作稍微深入的分析，可约略明白三佛齐海商对潮汕地区水路是熟悉的，进而可知早有海路来往。

按宋代木帆船航海，很大程度上受到风力、洋流、星日指引物等自然因素的制约。远洋航行一旦“风势不便”，通常是先抛弃船上重物取得平衡，如《梦溪笔谈》所载，李士衡出使高丽归来，“至海中遇大风，船欲倾覆，舟人大恐，请尽弃所载，不尔船重必难免。副使仓遑，悉取船中之物投之海中，便不暇拣择，约投及半，风息船定”③。抛物后能“船定”，这是比较幸运的。如果船不定只能就近停靠避风港，找不找得到要视地理位置而定，如《岭外代答》中“象鼻砂”条所载：“福建、两浙滨海多港，忽遇恶风，则急近投港；若广西海岸皆砂土，

---

① （元）脱脱等撰：《宋史》，北京：中华书局，1977年，第14089页。

② 参见辞海编辑委员会编：《辞海》（第六版缩印本），上海：上海辞书出版社，2010年，第1598、1727页。

③ （宋）沈括撰，张富祥译注：《〈梦溪笔谈〉译注》，北京：中华书局，2009年，第114页。

无多港澳，暴风卒起，无所逃匿。"① 碰上地理条件不便，就只能听天由命。但即使是这样，在来得及的情况下，船上人员也必然是先抛弃重物以取得暂时安稳。

而在上引《宋史》之"飘风潮州"事件的记载中，并没有伴以大量抛货行动，只有"飘船六十日至潮州"，还存有"香药、犀角、象牙"的情况。

会不会抛货而不报或者有抛货而未录？这样的可能性几乎不存在。因为：

一方面，当时朝贡货品、数量等都有严格登记，船停潮州后还需上报，而"香药悉送广州"市舶司可知；又《宋会要辑稿》有："番舶为风飘着沿海州界……录货物。"② 若当时有抛货，或者说有大规模抛货，正史应有言及。

另一方面，《萍洲可谈》中载："官市价微……故商人病之。舶至，未经抽解，敢私取物货者，虽一毫皆没其余货，科罪有差，故商人莫敢犯。"③ 则是说，按当时来货与官方贸易，价格一般较低，故商人长期存在少报、瞒报货量而后私下进行民间交易的行为。鉴于此，官方政令严厉打击，是"虽一毫皆没其余货"，以让商人不敢犯。如按"飘风潮州"漂泊海上两个月事件，商人正可凭借这个理由以遇难抛货为名，少报数量甚至不报货物以求更大利益，哪会如实申报。

如上所述，"飘风潮州"事件未见抛货，从客观上说明当时海上险情尚不足以致命。主观上，则说明"三佛齐国蕃商李甫海"船上的掌舵者是十分镇定、自信的——两个月时间的海上漂流并不算短，而船上人员的镇定、自信，自然是来自于对水路的熟悉，由此可推之前曾往来此处。

（二）方志中的番商泊南澳

在方志中，本时期已经有了外国船只频繁到港的记录。时在宋代，事见万历《东里志》。前节引用该记载，仅是说明潮汕地区存在港口，此处稍加深入介绍。

《东里志·疆域·祠庙》中"天后宫"条载："天后宫。……一在深澳，宋时番舶建。时加修理。晏总兵移建于海岸。"④

"天后宫"，即奉祀天后的宗教场所。天后为道教神祇，这里指妈祖，原型为林姓女子，北宋开始被神格化，最初是在闽、潮海商间传播，后逐渐被视为"海商之神"，于今在沿海地区更是被广泛信奉的无所不能的神祇。"深澳"，位于潮汕地区南澳岛，南澳岛孤悬海外，一直是海上丝绸之路的重要节点，"自义

---

① （宋）周去非著，杨武泉校注：《〈岭外代答〉校注》，北京：中华书局，1999 年，第 37 页。

② （清）徐松辑：《宋会要辑稿》，北京：中华书局，1957 年，第 3367 页。

③ （宋）朱彧撰：《萍洲可谈》，载（清）梁廷枏、（汉）杨孚等著，杨伟群校点：《南越五主传及其它七种》，广州：广东人民出版社，1982 年，第 99 页。

④ （明）陈天资编修：《东里志》，潮州：饶平县地方志办公室，2004 年，第 36 页。

安浮海，则必维舟岛屿，隆、深、云、青四澳，皆所经历矣”①。

上引的关键字眼，在于“番舶”。

“番舶”一词，指外国船只，唐时便普遍出现。如《新唐书·孔戣传》载：“蕃舶泊步（埠）有下碇税。始至有阅货宴。”② 它并未有歧义，从来不存在“往来外国的船舶称为番舶”的说法。在《东里志》成书的明万历朝（该书成书于万历二年，即 1574 年）更是如此——当时海上武装商贸集团横行，即使是林凤、林道乾等长期往来外洋者，其所乘坐的船舶也未见文献称为“番舶”者。因此，也无须考虑《东里志》修志时“番舶”词义会有不同。因此，《辞海》释为：“番舶，亦称‘蕃舶’、‘夷舶’。中国旧时指外国来华的船舶。”③ 从此可知，番舶必是外国船舶无疑。

“番舶”自然不会自己建宫庙，这个无须赘言。而“番舶”是外国船舶，因此，深澳天后宫的“番舶建”便是“番舶主建”，即为外国商人所建。

上引材料大意是：宋代时，有外国船舶主在南澳岛上的深澳兴建了一座天后宫，该宫庙常有修缮护理，后被移到更近海的地方。这样，显而易见的是：宋代时已经有外国船舶来到潮汕地区南澳，并且不只是一回两回，而是比较频繁且长期持续着，才会专门兴建宗教场所，并能“时加修理”。

由于该记载较为简略，又宫庙早被迁徙另建，也未存有金石资料可供利用，故难以断定倡建者是早期侨寓（或者说长期活动于外国）的潮籍华侨，还是长期与华人交易而受到妈祖信仰熏陶的外国商人。如果是前者，则说明此时已经有潮人移居外国；如果是后者，则表明海上商业交流之频繁。也可以简单点理解：番舶为“番人”船只，则宋代必有“番人”海商经常性停靠潮汕地区。

（三）占稻背后的信息

此外，还有一些文献隐约透露出潮人到达外埠的情况。如在北宋，便有一则关于“占稻”的记录，透露出北宋时期潮人与海外的交往情况。

在现存完整的四种府志中，都有记载潮汕的谷类引自中南半岛者，其中，较早的前三种方志或称安南，或称引种自占城，见：

嘉靖《潮州府志·杂记·物产》载：“谷：白早、赤早、安南、乌种、早秫。”④

顺治《潮州府志·物产考》载：“谷之属为赤早，为白早，为乌种，为早秫，为大秫，为尖秫，为白占，为黄占，为赤脚占。其云‘占’者，盖宋时分

① （明）陈天资编修：《东里志》，潮州：饶平县地方志办公室，2004 年，第 45 页。
② （宋）欧阳修、宋祁撰：《新唐书》，北京：中华书局，1975 年，第 5009 页。
③ 辞海编辑委员会编：《辞海》（第六版缩印本），上海：上海辞书出版社，2010 年，第 461 页。
④ （明）郭春震纂修：《潮州府志》，潮州：潮州市地方志办公室，2003 年，第 124 页。

种自占城也。"①

康熙《潮州府志·物产考》载："谷之属：赤早，为白早，为乌种，为早秫，为大秫，为尖秫，为白占，为黄占，为赤脚占。其云'占'者，盖宋时分种自占城也。"②

倘若仅仅依靠这些记载，则可说此时潮人已经到达中南半岛上的安南、占城，因为"盖宋时分种自占城也"句已经直言潮州的"占稻"是宋时引自占城。退一步说，也可以说潮人与中南半岛早已存在贸易联系。

然而，乾隆《潮州府志·物产考·谷》则称："禾稻绮错粤东，春种夏收者，谓之早稻；再下种而十月获者，谓之晚稻。有赤、白二种。又有占稻，俗名黄占、白占、赤占、埔占。考宋真宗时，以福建田多高仰，闻占城国之稻耐旱，遣使求其种，得十石，使民莳之。潮界于闽，故得其种云。"③

这里，乾隆《潮州府志》引黄佐《粤会赋》的说法，认为潮州的"占稻"是间接引自福建，则潮人与中南半岛存在贸易联系的说法就无从谈起。

这样，问题就出现了，"占稻"究竟是不是从福建间接传来的呢？也就是说，乾隆府志反映情况的真实度如何，笔者认为这仅仅是乾隆《潮州府志》修志者自己的想法。略析如下：

第一，乾隆《潮州府志》自称引自黄佐的《粤会赋》。但就笔者查看，黄佐的《粤会赋》并没有相关内容：《粤会赋》涉及广东东南的只是说海货，涉及海外输入的只是谈奇珍异宝，涉及广东稻谷物产的就是"山泽之沃，钟为土毛；禾稻绮错，秔稌穞秷。塍埒交经，枕海连皋"句等。④ 不知修志者是否另有所本。

第二，乾隆《潮州府志》既然自称依据黄佐，黄佐主修的嘉靖《广东通志》理应有所涉及，但是也未见。嘉靖《广东通志·土产》载："惟黏则出于交趾，宋世始令民间种之。其品甚繁，诸郡皆有。"⑤ 这是说黏出于中南半岛的交趾，没有丝毫涉及由潮州引自福建的记录。按《广东通志》自明至清连初稿共有6种刊行，大概叙述都是这样。如第一种的嘉靖《广东通志初稿·土产》载："黏，始得之番舶，宋世以交趾种令岭南播之。此品最为繁盛。"⑥ 如最后一种的道光《广东通志》："粤东宜稻，名类最众。……黏米种出占城，本曰占城稻。一名

---

① （清）吴颖纂修：《潮州府志》，潮州：潮州市地方志办公室，2003年，第51页。

② （清）林杭学纂修：《潮州府志》，潮州：潮州市地方志办公室，2000年，第463页。

③ （清）周硕勋纂修：《潮州府志》，潮州：潮州市地方志办公室、潮州市档案馆，2001年，第953页。

④ 参见黄佐：《粤会赋》，载（清）仇巨川纂，陈宪猷校注：《羊城古钞》，广州：广东人民出版社，1993年，第15～59页。

⑤ （明）黄佐纂修：《广东通志》，广州：广东省地方志办公室，1997年，第573页。

⑥ （明）戴璟主修，（明）张岳等纂修：《广东通志初稿》，北京：北京图书馆出版社，2010年，第520页。

籼。五月收，晚者九月收，水田种之止一熟，有赤白黄斑诸色。”[①] 看来，乾隆府志的引用是错误的。反而成书最早的嘉靖十四年（1535）《广东通志》，在记载中直言“始得之番舶”，否定了乾隆府志的“潮界于闽，故得其种”。

第三，乾隆《潮州府志》此处所载内容，与正史存在相悖之处。按占城稻移植中国，最早见诸正史的记录来自《宋史·食货》：“大中祥符四年……帝以江、淮、两浙稍旱即水田不登，遣使就福建取占城稻三万斛，分给三路为种，择民田之高仰者莳之，盖旱稻也。内出种法，命转运使揭榜示民。”[②] 又，《宋会要辑稿·食货》也称：“大中祥符五年五月，遣使福建州取占城稻三万斛。”这明确指出占米来自占城并且是福建引入，宋真宗派人到福建取种，再分发江、淮、两浙三地，由朝廷传授种植技术（记录未涉及潮州的占稻事）。但在乾隆府志所描述中，仿佛是朝廷“以福建田多高仰，闻占城国之稻耐旱，遣使求其种”，即朝廷直接遣使占城“求其种”，这便是与正史记载不相符了。

第四，乾隆《潮州府志》的错讹多有先例。参见上述“交趾道士”条。限于篇幅，这里再举一例。潮汕地区超真观始建于唐咸亨二年（或咸亨三年），始建者为道教天师道道士陈假庵，这是嘉靖《潮州府志》、隆庆《潮阳县志》两部现可见最早方志所录的。但嘉靖府志记为“唐咸淳”，而唐无“咸淳”年号，由此埋下了伏笔；顺治《潮州府志》便改成“唐咸通”年间建；后继的康熙《潮州府志》估计觉得难以定夺，则干脆不注始建年代；乾隆《潮州府志》最为爽快，大笔一挥便改成“宋咸淳间建”。[③] 结果，超真观从唐代被移至宋代，由672年左右建被乾隆《潮州府志》移至1270年左右建，此时离始建者陈假庵去世达5个世纪之久。关于超真观，其他各资料记载还有不少。[④] 总之，乾隆府志虽然资料丰富、参考价值大，但晚出者似乎是讲得多争议也多，甚至出现若干疏漏（别地的方志也存在这种情况），也是可以理解的。

综上所述，乾隆《潮州府志》所述“占稻”经闽进入恐怕依据不足，其内容与正史相悖，其结论与《广东通志》矛盾，而该志又屡有误载先例。因此其所谓“潮界于闽，故得其种”不可信。事实上就所见也只有它一家记载，是真

---

① （清）阮元修，（清）陈昌齐等纂：《广东通志》卷九十五《舆地略》，载《续修四库全书》编纂委员会编：《续修四库全书〈广东通志〉》，上海：上海古籍出版社，1997年，第187页。

② （元）脱脱等撰：《宋史》，北京：中华书局，1977年，第4162页。

③ 参见（明）郭春震纂修：《潮州府志》，潮州：潮州市地方志办公室，2003年，第124页；（明）黄一龙纂修：《潮阳县志》，潮州：潮州市地方志办公室，2005年，第97页；（清）吴颖纂修：《潮州府志》，潮州：潮州市地方志办公室，2003年，第292页；（清）林杭学纂修：《潮州府志》，潮州：潮州市地方志办公室，2000年，第477页；（清）周硕勋纂修：《潮州府志》，潮州：潮州市地方志办公室、潮州市档案馆，2001年，第179页。

④ 关于超真观建于唐代的记录，还可见：《四库全书》第四七三册《大明一统志·潮州府·寺观》：“（潮阳县）超真观：在东山，唐咸亨中建。”《四库全书》第四八二册《钦定大清一统志·潮州府·寺观》：“超真观：在潮阳县东东山，唐咸亨中建。”《四部丛刊续编》史部卷四四〇至卷四五九《嘉庆重修一统志·潮州府·寺观》载：“超真观：在潮阳县东东山，唐咸亨中建。”

正的“一家之言。”

由此，我们可以将各种材料所载的“分种自占城”，和最早《广东通志初稿》的“始得之番舶”句结合，得出这个结论：潮汕地区的占米来自与中南半岛的直接交易，也许是潮人海商到达该地，也许是该地海商运到潮汕地区。其中，最有可能是“番舶”运来的。[①]

《广东省志·农业志》中“大事记”则直接判断：“宋代早期从占城引进水稻品种占城稻。”[②]

二、“住蕃”及潮人所至

一切航海设施的具备，必然是源于出洋交通的需要；海上商业贸易的频繁，必然会有暂驻、寄寓者的产生，甚至成为较普遍的社会现象，此时自然会形成一个特定的词汇加以表述，于是唐代出现“海商”“唐人”等词汇，宋代亦出现新词“住蕃”。

“住蕃”，大意是指去海外贸易，当年不回国者。有的“住蕃”甚至“十年不归”。

说见朱彧的《萍洲可谈》：“北人过海外，是岁不还者，谓之‘住蕃’。诸国人至广州，是岁不归者，谓之‘住唐’。广人举债总一倍，约舶过回偿，住蕃虽十年不归，息亦不增。”[③]

这里必须说明的是，《萍洲可谈》中的“北人”一词共计出现 3 次，其词义全部都是指向相对于番人的华人，并非指北方人。

新词“住蕃”“住唐”的出现，可见当时中国海商至外国经商，不归、迟归的情况不在少数，并且在沿海港口区域形成一种普遍的社会现象。而到中国经商的外国人同样不少，因此也形成了“住唐”一词。

此时以“住”字成词，以区别于一般的卸货、进货等交易完即启程的海商，某种程度上已经有了“移居”乃至现代意义上“移民”的味道——倘若住蕃“十年不归”，或于异国繁衍后裔，则很难说不算现代意义上的“移民”，亦大体上不背离现代意义上的“华侨”定义。此外，材料中显示出“广人”在海外经商厚利之下，“举债总一倍”在所不计，海上风险也不在话下——除了海上风

① 另，《永乐大典》引《三阳志》，未载由来，但称潮汕地区的谷“贩而之他州曰金城米”，其中的“金城”怀疑是“占城”，因为其他府志再无此称呼；则此时反而是潮汕地区贩出的称为占米了。载《〈永乐大典〉卷 05343（潮字）卷 05345（潮字）辑录本》，潮州：潮州市地方志办公室、韩山师范学院图书馆，2000 年，第 52 页。

② 广东省地方史志编纂委员会编：《广东省志·农业志》，广州：广东人民出版社，2002 年，第 24 页。

③（宋）朱彧撰：《萍洲可谈》，载（清）梁廷枏、（汉）杨孚等著，杨伟群校点：《南越五主传及其它七种》，广州：广东人民出版社，1982 年，第 100 ~ 101 页。

险，即使顺利到达也难言安全，因“商人言船大人众则敢往，海外多盗贼，且掠非诣其国者，如诣占城，或失路误入真腊，则尽没其舶货，缚北人卖之，云‘尔本不来此间’”①。则更可看出此时广东人往来外洋的趋之若鹜、广泛存在以及中外海上贸易的活跃程度。

以上是因商贸而出洋者，还有一些因政治、社会动乱等因素而离开者，基本上都是发生在宋元更迭之际。

当时宋室将倾，元兵一路南下，潮汕地区惨遭兵火，于是产生一批背井离乡的人，主要来自几个方面：首先，是南宋原摧锋寨正将、后权州事马发在潮州城抗击元军，至元十五年（1278）二月二十九日城破，潮州遭元军屠城，幸存者四出。其次，是当时南宋君臣一路南遁，文天祥率残部转战潮阳，至元十五年十二月溃败被擒，有残兵逃难。再次，是地方豪强畲大娘、陈吊眼等武装集团对元兵进行阻击，失利后有部属逃亡。

几股人流，由于家乡不靖，而海外交通又具备，或有进入外国的，其中，可能进入中南半岛者为多。至今，印支三国（即越南、柬埔寨和老挝）潮人后裔中，仍存在不少潮州屠城、先祖离乡的说法，恐非空穴来风。

总之，本期潮人足迹已达外洋。至于有没有潮人“住蕃”，相信是存在的，虽然没有十分明确的早期文献可供佐证。

这很大一部分原因，是因为早期文献罕有涉及移民海外的情况，如有，也多是不分籍属。如上述宋代的《萍洲可谈》是称“北人”，又如元代的《真腊风土记》，据笔者统计，全书一共出现 17 处“唐人”②，从“近亦有脱骗欺负唐人，由去人之多故也”③ 句，可知“唐人”到达真腊人数之多。但并没有再述及“唐人”是何籍属。这里，真腊约今柬埔寨地区，位于中南半岛，按唐时已有安南渡口，宋元航路成熟，占城、交趾米稻等信息，无不指向该处。因此《真腊风土记》所指的“唐人”，想必是包含潮人的。

晚出一些志书对此亦有表述：

如《潮州志》载：“元时三佛齐已有闽粤人足迹。”④

如《广东省志·华侨志》载：“根据已发现的考古资料，12—14 世纪苏门答腊岛东北海岸的中国城（Kota China）。”⑤ 既然有了唐人街，那么作为下南洋主力的潮人，如果这个时候没人在那里从事商业活动，反而是比较奇怪的。

如《汕头市志·华侨》载：“宋元两朝……随着对外贸易的往来，有一部分

① （宋）朱彧撰：《萍洲可谈》，载（清）梁廷枏、（汉）杨孚等著，杨伟群校点：《南越五主传及其它七种》，广州：广东人民出版社，1982 年，第 100 页。

② 参见（元）周达观著，夏鼐校注：《真腊风土记校注》，北京：中华书局，1981 年。

③ （元）周达观著，夏鼐校注：《真腊风土记校注》，北京：中华书局，1981 年，第 174 页。

④ 饶宗颐总纂：《潮州志》卷十四《交通志·水运》，汕头：潮州修志馆，1949 年。

⑤ 广东省地方史志编纂委员会编：《广东省志·华侨志》，广州：广东人民出版社，1996 年，第 91 页。

潮汕人在通商之国居留下来。”[①]

其实，所谓“岸海介闽，舶通瓯吴，及诸蕃国”[②]，已经说明了宋元时期潮汕地区海商已达外洋，又综合上引三处晚出志书，则应该有潮人“住蕃”，成为早期移民。

① 广东省汕头市地方志编纂委员会编：《汕头市志》（第四册），北京：新华出版社，1999 年，第 542 页。

② （元）周伯琦：《肃政箴》，载《〈永乐大典〉卷05343（潮字）卷05345（潮字）辑录本》，潮州：潮州市地方志办公室、韩山师范学院图书馆，2000 年，第 116 页。

第四章 明代：批量移殖

明代，潮汕地区社会经济得到进一步发展，海洋商业文化已然形成。此期，传统的外销行业依然兴旺，造船业发达，港口众多，南澳岛甚至成为中国的私商交易中心。

在逐步形成海洋商业文化社会的过程中，明前期已经出现了潮人移居海外的清楚记录，至明中后期，更是产生了潮人大量移居海外的现象。

第一节　海洋商业文化社会的形成

明代，特别是从嘉靖中期开始，中国的社会经济向商品经济倾斜。农业商品化程度提高；手工业区域分工与专业化有所发展；流通市场扩大，区域性商人集团活跃；工商业市镇在长江三角洲等先进经济区兴起。这种社会经济面貌的变迁，在南中国，形成了一股“海洋商业文化”的气派。海上私市贸易发达的潮州，自然也汇入这股社会发展的新潮流。①

而潮州府自明初仅有海阳、潮阳、揭阳、程乡 4 县，到万历时增加澄海、饶平、平远、大埔、惠来、普宁 6 县，崇祯时又增加镇平，共 11 县，这自然是与社会环境、经济发展有关。至迟在万历时，潮州已堪称繁华大邑，万历年间成书的《广志绎》称：“潮，国初止领县四：海阳、潮阳、揭阳、程乡，今增设澄海、饶平、平远、大埔、惠来、普宁六邑，此他郡所无”，“今之潮非昔矣，闾阎殷富，士女繁华，裘马管弦，不减上国”。② 可供参考。

一、外贸行业

明代潮汕地区的外销产品品种增多，内容更趋丰富。

---

① 黄挺：《潮商文化》，北京：华文出版社，2008 年，第 135 页。

② （明）王士性撰，吕景琳点校：《广志绎》，北京：中华书局，1981 年，第 101 页。

如传统的潮州陶瓷业，入明时虽曾一度衰落，但到嘉靖年间，在饶平九村和海阳枫溪等地又重新兴旺。饶平九村在文物普查中发现窑址近20处，所生产的青花瓷器都是盘、碗、碟等日用瓷，胎骨较薄、质坚色白、图案题材多样，有人物、花果、禽鸟及各种动物，边缘装饰着各种锦纹、菊瓣，显得活泼多姿。在烧制过程中，为了防止叠釉胶粘，圈足用细砂垫底，烧制之后，形成“砂足”。这个特点，成了鉴定明代潮汕地区生产的青花瓷的标志。[①] 由此独特标志考诸东南亚、东亚出土的文物，可知潮汕地区至少九村一带所产的青花日用瓷，当时已远销东南亚国家及东亚等地。

又如纺织制品，嘉靖《潮州府志》卷八《物产》记载潮汕地区出产的麻织品有苎布、葛布、青麻布、黄麻布、蕉布、竹布6种，丝织品有绸绢、天蚕绸2种。麻织品是传统产品，当时潮州七县都有生产蕉布。海阳则产绸绢，专销海外。[②] 在嘉靖时，“潮七县称市集者繁多”，海阳的集市上“居积最者惟绸绢，往往杂以造丝，又稀薄不可衣，而黠民以此昂其价于诸番，因而为患”。“潮阳云葛，价逾五金”。[③] 这大约是因为当时潮汕地区所产纺织品外销供不应求，才会出现商人弃信取巧、欺负“诸番”的现象。不过，葛布在明代确实是贵重之物，清代成书的《阅世编》曾对此进行追述：“在前朝（指明朝），非缙绅士大夫不服葛，而价亦甚贵。佳者每匹值银三两，长不过三丈一、二尺，次者亦不下五、六分一尺。自顺治而后，服葛者日众，而葛价亦日贱。”[④]

如矿产制品，在明代也是广东出口货物中大宗，尤其是铁器。而潮州产理应占据一定份额，因为此时潮汕地区矿场开发堪称发达，并且炼铁尤多。

万历《广东通志》称：“潮矿冶出海阳等五县，每年听各县商民采山置冶。每冶一座，岁纳军饷银二十三两，前去收矿炼铁。各山座数不等，计通共饷银一千两。海阳县丰政都山场约二十座，揭阳县蓝田山场一二座，程乡县松口山场五六座，大埔县清远湴洲山场约十座，平远县长田山场约十余座。”[⑤] 则若凭此志记载，此时官方掌握的炼铁山场有50多座。

嘉靖初年两广总督姚镆在《督抚事宜·禁兴炉冶》中称：“广东惠、潮二府，接连江西、福建二省，先年盗贼相继为害；盖由各处射利之徒广置炉冶，通计约三、四十处，每冶招引各省流民、逃军、逃囚，多则四、五百人，少则二、三百人不等，以煽铁为由，动辄倚众恃强，或流劫乡村，放火杀人，或奸夺妻

---

① 参见黄挺：《潮商文化》，北京：华文出版社，2008年，第136页。

② 参见嘉靖《潮州府志》卷八《物产》：“布帛：苎布、葛布、青麻布、黄麻布、蕉布（七县同）、绸绢（出海阳）、天蚕绸（出程乡）、竹布。”载（明）郭春震纂修：《潮州府志》，潮州：潮州市地方志办公室，2003年，第126页。

③ （明）郭春震纂修：《潮州府志》，潮州：潮州市地方志办公室，2003年，第32页。

④ （清）叶梦珠撰，来新夏点校：《阅世编》，北京：中华书局，2007年，第185页。

⑤ （明）郭棐等纂修：《广东通志·潮州府·矿冶》，载潮州市地方志办公室辑录：《明清一统志/万历广东通志·潮州府》，潮州：潮州市地方志办公室，2005年，第105～106页。

女，虏掠财畜，为患地方，已非一日。”① 则似乎潮汕地区还存在一些私自开矿者，他们无序开发，甚至行非法之事，造成治安危害。而当时惠州、潮州二府的铁矿场数量总计三四十处，每处 200～500 人，则这些“以煽铁为由，动辄倚众恃强”的铁矿场所产铁的数量也不算少。

二、造船业

潮州与广州、高州一样，都是明代广东的主要造船业中心②，胡宗宪《广福浙兵船会哨论》便谈到“广东之高、潮等地造船”。当时广东造船分布在广州、南海、东莞、新会、香山澳（今澳门）、高州、吴川、琼州、潮州、南澳等地，建造的出海帆船，在形制上大同小异，统称为“广船”。船型特征为：尖头，圆形开尾式船尾，舵置于尾开槽内。舵叶上开有菱形孔，在不减低舵效应的情况下能减少舵的扭矩，减轻了操舵的力量，这是设计上的一大创新。广船船型随地区的不同而略有差异，潮州的白艚是广船的主要类别。而广船又是全国三大海船船型之首（其他是福船、沙船）。潮州白艚，郑大郁《经国雄略》称“船底圆平，行水不深，船架收敛，不碍风力，即在洪涛中，可使戗风”，能够“望深洋而行，往来无恙，而又迅速”，适合在海中行驶，因此“贩异国出洋者皆用此船”，即为海上武装商贸集团所常用。③

在明初，明政府便规定凡是二桅以上的船只都属违禁之列，更在万历十七年（1589）颁“定限船之法”，控制造船的数量及尺度，但潮汕民间的违制私造船从来不绝，这是潮汕地区强大的海上武装商贸集团产生的基础之一，也让往来东西洋的商贸活跃场面成为现实、潮人的成批量海外移民成为可能。同时应该指出的是，明代的航海已综合使用天体定向和定位、罗盘指向、物标导航、计程、计时等技术，处于世界领先水平，“明代造船业和航海事业，达到了中国古代航海事业的顶端”④。

潮州船作为广船的主要类别之一，而广船又是全国三大海船之首，加之潮人久谙海事，掌握同时代造船及航海的最先进技术是很自然的。

---

① （明）姚镆撰：《东泉文集》，载四库全书存目丛书编纂委员会编：《四库全书存目丛书·集部》（第 46 册），济南：齐鲁书社，1997 年，第 740 页。

② 广东省地方史志编纂委员会编：《广东省志·水运志》，广州：广东人民出版社，2006 年，第 29 页。

③ 参见张铁牛、高晓星：《中国古代海军史》，北京：八一出版社，1993 年，第 149 页；广东省地方史志编纂委员会编：《广东省志·船舶工业志》，广州：广东人民出版社，2000 年，第 55 页。

④ 参见张铁牛、高晓星：《中国古代海军史》，北京：八一出版社，1993 年，第 151 页。

三、港口

潮汕地区此时的港口有柘林港、深澳、青澳、长沙尾澳、云澳港、大埕港、伍塘港、东陇港、大洲港、飞钱港、旗岭港、大港、辟望港、鮀浦港、厦岭港、新港、庵埠港、后溪港、海门港、贡巷港、溪尾港、靖海港、赤沙澳、神泉港、石井澳、铅锡澳。① 其中的柘林港与南澳岛诸港（深澳、青澳、长沙尾澳、云澳港），是对外贸易的主要港口。柘林港位于闽粤交界柘林湾处，“切近漳州界，外抵暹罗诸蕃”②，是海舶由闽入粤的门户，嘉靖《潮州府志》称：“暹罗、诸倭及海寇常泊巨舟为患。”③ 则说明商船多有停泊。所谓“柘林前金门一道，上据白沙墩，下距黄芒、南洋，外跨隆、南、云、青四澳，内则延袤黄冈、海山、钱塘、樟林等处乡村，闽广货舟所经，本地鱼盐所萃，颇有贸易之利”④。

南澳岛诸港，扼闽广海路，航线直通东西洋，早在隋代便可能是隋军浮海击流求的出发点或中途停泊点，宋时便有远洋海船停泊。明代前期出于海防考虑，两次将南澳居民内徙：洪武二十四年（1391），因南澳民顽梗，尽发海门千户所充军；永乐间，因倭寇劫掠，难以防御，又将南澳居民徙入苏湾下二都安插。⑤ 但仍海商云集。万历三年（1575），巡抚刘尧诲在《请设南澳总兵疏》中称：“南澳地险而沃，百谷所生，百货所聚，惟地非分土，事在两邻，故往往为贼逋逃薮，而修船制器，市药裹粮，百无所忌。……居者专积蓄，行者工掳掠。今欲为两省久安计必先治南澳。”⑥ 清杜臻《海防述略》亦载：“嘉隆间倭泊于此互市，广捕急则奔闽，闽捕急则奔广。”⑦ 明人郑若曾在《筹海图编》中载，浙江市舶司撤销后，日本私舶“富者与福人潜通，改聚南澳，至今未已，虽驱之寇不欲也”。日本商人“定期于四月终至，五月终去，不论货之尽与不尽也。其交易乃搭棚于地，铺板而陈所置货物，甚为清雅。刀枪之类，悉在舟中”。并且还常常驾着小舟，溯韩江而上，直抵潮州府城外广济桥下，接买货物。⑧

南澳在明代中期中国海外交通史上占有特别重要的位置，甚至是全国海上武装商贸集团的聚集点、交易点。林道乾、许朝光、吴平、曾一本等本地海上武装

---

① 黄挺：《移民与潮汕和东南亚的文化交流》，载《海交史研究》，1998 年第 1 期。

② 转引自黄挺、陈占山：《潮汕史》（上），广州：广东人民出版社，2001 年，第 327 页。

③ （明）郭春震纂修：《潮州府志》，潮州：潮州市地方志办公室，2003 年，第 20 页。

④ （明）陈天资编修：《东里志》，潮州：饶平县地方志办公室，2004 年，第 122 页。

⑤ 黄挺、杜经国：《潮汕古代商贸港口研究》，载潮汕历史文化研究中心、汕头大学潮汕文化研究中心编：《潮学研究》（第一辑），汕头：汕头大学出版社，1994 年，第 53 ~ 58 页。

⑥ （清）刘抃纂修：《饶平县志》，潮州：潮州市地方志办公室，2002 年，第 76 页。

⑦ （清）杜臻撰：《海防述略》，载新文丰出版公司编辑部：《丛书集成新编》（第 97 册），台北：新文丰出版公司，1985 年，第 85 页。

⑧ 参见黄挺、陈占山：《潮汕史》（上），广州：广东人民出版社，2001 年，第 328 页。

商贸集团都曾在南澳建寨设市。

2007 年，在距离南澳主岛东南约 2 海里的“三点金”海域的岛屿与半潮礁之间，发现有“南澳Ⅰ号”（初名为“南海Ⅱ号”，后国家文物局更此名）古沉船，其年代上限明嘉靖朝，下限明万历朝，推测在万历（1573—1619）间沉没，可能是自漳州月港出发，经停南澳，目的地则是东南亚。经 2010—2012 年三次打捞，该船出水文物近 3 万件，以瓷器最多，其次为陶器、铁器、铜器、锡器等，尚有至少 4 门火炮和疑似炮弹的圆形凝结物，其中瓷器主要出自福建平和窑。该船长 27 米，宽 7. 8 米，共有 25 个舱位，是迄今发现明代沉船中舱位最多的。这在一定程度上反映了南澳在本期中国海交的地位。

第二节　海禁政策与潮人外出

这一时期，逐步形成的海洋商业文化自然是潮人外出的主要原因。然而，大时代背景下的海禁政策，更是促成了不少潮人一去不返，成为现代意义上的“海外移民”。

一、海禁与反弹

明政府出于政权稳固的考虑，自明初便实行海禁政策，海禁实施的直接对象，便是濒海之民。虽然在各个阶段禁令宽严不一，执行力度松紧有异，但有明一代，除了由明政府直接掌控的朝贡贸易外，绝大部分时间是以严刑峻法禁止民间海上商贸活动的。然而，中国沿海居民一直以来“靠海吃海”，如潮汕地区在隋大业六年（610）之前便存在海上贸易并逐步向海洋文化商业社会发展，此种海禁有悖于当时的社会意愿。因此，整个明代的海禁政策罕有效果，法令之外的海上商贸活动始终不断，且社会反弹强烈，导致私商公然对抗政府。

禁止民间不得无故私自下海的政策，可能自元末便已存在，入明更显严苛。朱元璋于洪武四年（1371）十二月便有诏：“仍禁濒海民不得私出海。”[①] “仍禁”，说明之前便有禁令。此后，朱元璋又数次诏令“片板不得入海”。这可能是出于立国未稳、防止来自海上攻击的考虑。但是，颁布这样的禁令未必就能使国家安宁。如潮汕地区在洪武朝前八年便数次发生与海相关的动乱。洪武二年（1369），“倭寇惠、潮诸州”[②]。洪武五年（1372）二月初一，潮汕地区海盗寇据

---

① 《明实录·太祖实录》卷 70，洪武四年十二月丙戌，《明太祖实录》，台北：“中央研究院”历史语言研究所，1962 年，第 999 页。

② （清）吴颖纂修：《潮州府志》，潮州：潮州市地方志办公室，2003 年，第 253 页。

揭阳、潮阳，潮阳卫指挥佥事王友等讨平，“获贼众一千一百六十余人，马百匹、牛千头”①。洪武七年（1374）正月，明政府命靖海侯吴祯任总兵官，都督佥事于显任副总兵官，领江阴、广洋、横海、水军四卫舟师，出海巡捕海寇，包括潮州在内的太仓、杭、温、台、明、福、漳、泉等沿海诸卫官军悉听节制。② 这时已海禁森严了。但翌年十二月，又有倭夷劫掠潮州濒海居民，时潮州卫指挥佥事李德等奉命率舟师沿海追捕，倭夷反而乘虚上岸。事后，李德因作战不力一罪而被逮至京师斩首，开了明代潮汕地区地方高级武将因“抗倭”不力而被押斩京师的先河。③

此后，围绕海禁、抗倭，沿海地区时有动荡。至宣德七年（1432）二月初一巡按广东监察御史陈汭的上奏中，透露出广东海面不靖已经比较严重的情况，军备亦显不适宜：原来设立的日常官军 5 000 人、海船 50 艘出海巡捕制度，经过 20 多年的因袭已经被海寇熟知，且海船多被漂没，实在无益警备。因此广东方面希望仿效福建设立水寨，地点定于潮州、碣石、南海、广海等八处。因为此时“广东海洋广阔，海寇屡出为患”④。由此可见当时之局势，小股的海商仍出没海面，成为官方眼中的海寇。应该说，早期的“倭”多是日本方面的浪人盗贼，但中后期的“倭”多是假倭，几乎都是以中国海商为主的武装集团，即使官方志书中“倭”“海寇”混用，但并不影响其性质的区分。

潮汕地区很早就存在与官兵公然对抗的海上武装商贸集团，到了嘉靖朝后期，更有多股实力强劲者纵横海上。他们亦商亦寇，视禁令为无物，官兵盛时则或“远遁”或“受抚”，势力坐大则“行王者之事”，甚至“自号人主”。这些记载，在本地方志中屡屡出现。而“贼势”之大，即使是嘉靖朝首屈一指的边臣翁万达也无能为力，他在回鮀浦时痛骂地方官员：“海寇日益为害，鮀浦恐有变，其形已具。语之有司，如水沃石，良可寤叹。弊邦横政，昏天黑日，聚贿者纵贼，惧势徇情者纵贼，暗于事者纵贼。贼白日行于市，莫敢何问也。寒居草登，贼艘日夜过其门而欲入者屡屡，业已避之。”⑤

嘉靖《潮州府志》中，编修者总结了官兵不能彻底剿灭倭寇的原因，谓

① 参见《明实录·太祖实录》卷 72，洪武五年二月己卯朔，《明太祖实录》，台北：“中央研究院”历史语言研究所，1962 年，第 1324 页。

② 参见《明实录·太祖实录》卷 87，洪武七年正月甲戌，《明太祖实录》，台北：“中央研究院”历史语言研究所，1962 年，第 1545 页。

③ 参见《明实录·太祖实录》卷 102，洪武八年十二月癸巳，《明太祖实录》，台北：“中央研究院”历史语言研究所，1962 年，第 1724 页。

④ 参见《明实录·宣宗实录》卷 87，宣德七年二月庚寅，《明宣宗实录》，台北：“中央研究院”历史语言研究所，1962 年，第 1996 页。

⑤ （明）翁万达撰：《翁万达集·文集》卷 16《与邹一山兄书（十二）》，转引自陈春声：《从倭乱到迁海——明末清初潮州地方动乱与乡村社会变迁》，载《明清论丛》（第 2 辑），北京：紫禁城出版社，2000 年，第 73 ~ 106 页。

“其故有三：一曰窝藏，谓滨海势要之家，为其渊薮，事觉则多方蔽护，以计脱免；一曰接济，谓黠民窥其乡道，载鱼米互相贸易，以瞻彼日用；一曰通番，谓闽粤滨海诸郡人驾双桅，挟私货，百十为群，往来东西洋，携诸番奇货，因而不靖，肆抢掠”①。

隆庆《潮阳县志》修志者认为：“漳、泉、温、台与土著亡命之徒往往逃遁海岛……论者谓其祸始于巨室之通番，继于小民之接济，而成于守哨官之首鼠伏匿不敢战。”②

这些分析是否中肯，不是本书的主题。这里关心的是这些材料所透露出的信息：当时滨海之民掩护蔽薮、配合贸易乃至私自结伴出海十分普遍，可见一时间潮汕沿海要地大有全民皆“贼”之势。至此，贼商不分，正如陈春声先生在《明清之际潮州的海盗与私人海上贸易》中所述：“在当时急剧动荡的社会环境下，原有的社会秩序和礼法制度受到了严重的挑战，‘民’与‘盗’的界限变得模糊起来。”③

这样的状态直到万历朝，在好几次数省合力，甚至国际合作的情况下，明官兵消灭或击垮几股重要武装集团势力后才暂时有所消停，但万历后期又见乱象，直至明末清初才渐趋安定。

其实，在这些动乱中，无不蕴含着东西洋商业活动之迹象，而潮汕海上武装商贸集团履迹遍及东西洋，导致兵“寇”间无休无止的海战追逐，客观上更加剧了人口流动趋势。日本、吕宋、交趾、苏门答腊、柬埔寨、暹罗、三佛齐、安南等地都是潮人所及之地，如林凤、林道乾等人最终寓居海外，建立殖民据点。

此外，上引“闽粤滨海诸郡人驾双桅，挟私货，百十为群，往来东西洋”的状况在当时可说是民间常态。因此，可说潮人来往外埠，并侨寓当地，在整个明代是持续不断的。潮人真正较具规模地移居海外，也是在明代。

二、海禁背景下明前期的移民

明前期，文献和考古发现都出现了确凿的潮人移民记录，在《明实录》中，至明宪宗成化朝（1465—1487），便有至少 13 则事关潮汕地区海域、海事的记录，潮人往来海外，如入邻室。其中一些若稍加辨析，可确知移民风潮已启。下仅举最初的两例，一例为移民“主动”归来，一例为海商“被迫”出海。之所以将主动和被迫打上引号，因为这其实都是软硬兼施的海禁政策下的产物。

---

① （明）郭春震纂修：《潮州府志》，潮州：潮州市地方志办公室，2003 年，第 20 页。
② （明）黄一龙纂修：《潮阳县志》，潮州：潮州市地方志办公室，2005 年，第 25 页。
③ 陈春声：《明清之际潮州的海盗与私人海上贸易》，载《文史知识》，1997 年第 9 期。

（一）海外移民归来

文献中最早的明确海外移民落籍潮州的记录，见《明实录》所载："白屿洋都总管林来等来归。初，来逃居海岛中，自称总管；潮州卫卒周狗儿尝至其地，得其情，诣阙请奉命往招之；至是以来等来朝。凡户三百六十五，口八百有奇，命隶籍潮州。赐来及狗儿等钞币遣还。"①

此事所记时间为"永乐五年正月壬申"，即1407年2月24日。当时的大环境是：明成祖朱棣上位后，实施的海禁政策比朱元璋时更严。他一方面于永乐二年（1404）"下令禁民间海船，原有海船者悉改为平头船。所在有司防其出入"②；另一方面招归海外移民回国，如永乐四年（1406）三月诏令："尔等本皆良民，为有司虐害，不得已逃移海岛劫掠苟活，流离失业，积有岁年。天理良心，未尝泯灭。思还故乡，畏罪未敢。朕比闻之，良用恻然。兹特遣人赍敕谕尔：凡前所犯，悉经赦宥，譬之春冰，涣然消释。宜即还乡复业，毋怀疑虑，以取后悔。"③ 这两方面，一是禁止造船及将原有船只改为不宜远航的平头船，官方监视居民出入海，海商再无交通工具出洋，海外移民未有接济无法从事赖以为生的贸易活动；二是通过各国朝贡威逼移民回国，以免失去控制日久成祸。郑和于永乐三年（1405）起七下西洋，相信其中一个因素也是出于这样的考虑。

在这个大环境下，潮州卫卒周狗儿成功劝说了移居海岛的林来等人回归明朝，落籍潮州。"白屿洋都"未详所指，④ 但必然是在海外，如果在广东附近，便不只是周狗儿一人"尝至其地"了。自洪武七年（1374）严厉的巡海制度实施以来，这60年间官兵应该都曾到过近海的每个地区，此地若在近海，怎会是一个小卫卒曾到而别人未能到的？这功劳也不是他可领的。毕竟是明成祖刚颁招还诏令，时间不足一年便有成绩，而且365户800多人在当时不是一个小数目。据《明实录》载，这是颁令后第一宗回归的实例——事实上，最终也就数例回归，还是番国押送回的，如永乐七年（1409）暹罗国王迫于明政府的压力，遣坤

---

① 《明实录·太宗实录》卷63，永乐五年正月壬申，《明太宗实录》，台北："中央研究院"历史语言研究所，1962年，第904页。

② 《明实录·太宗实录》卷27，永乐二年正月辛酉，《明太宗实录》，台北："中央研究院"历史语言研究所，1962年，第497页。

③ 《明实录·太宗实录》卷52，永乐四年三月丁巳，《明太宗实录》，台北："中央研究院"历史语言研究所，1962年，第786页。

④ 据光绪《香山县志》卷十四《列传》"何定江"条称，何定江嘉庆五年（1800）补授福建金门镇总兵后，当年"十二月在东涌外洋、七年二月在永宁洋、四月在乌丘洋、五月在铜山乌石堋洋又在乌丘外洋、十月在白屿洋又在崇武洋、八年闰二月在钩钓湾拿获盗犯及救因被劫商船共八次"。其中的"白屿洋"为金门镇总兵所辖，应在台湾海峡一带，自然也是本书所言"海外"。但方志难以取信又正文称"白屿洋都"，仅是相近。载（清）陈澧纂，（清）田明曜修：《香山县志》，三颂堂光绪刻本影印，第339页。

文琨入贡时顺便将“流移海岛，遂入暹罗”的何八观遣回中国。[①]

又，按林来自称的“总管”看，似乎他们从元代便出去了。因为“总管”作为一个地方行政、军事首长的职衔，最近的是在元代，明代的“总管”则是宫内总管太监之类。因此，林来有可能外出已久，才会认为“总管”仍是镇守一方的大员而继续沿袭。

但应该指出的是，林来等人出走前籍属不详，因此也难以以潮人移民定义。但他们确是落户潮州，因此也算是潮人。

《明实录》还有一则记载，永乐三年（1405）正月戊午：“遣行人谭胜受、千户杨信等，往旧港招抚逃民梁道明等。旧港在南海，与爪哇邻。道明，广东人，挈家窜居于彼者累年。广东、福建军民从之者至数千人，推道明为首。指挥孙铉尝使海南诸番，遇道明子二奴，挟与俱来。遂遣胜受等偕二奴赍敕招谕之。”[②]

上引中，明政府的官员行径类同劫持人质，这也可见此期官员立功心切。此外，梁道明部下有广东、福建军民数千人，其中若有潮人也毫不奇怪。不过，梁道明虽然回归，其大部分部下还是留在旧港。

（二）犯禁出走

已知的第一条可以明确潮人移民海外的文献记录，便是海禁政策的直接衍生物，移民目的地是南洋爪哇。

据《明实录》记载，明正统九年二月己亥（1444 年 3 月 8 日），“广东潮州府民滨海者，纠诱傍郡亡赖五十五人，私下海，通货爪哇国，因而叛附爪哇者二十二人，其余俱归；复具舟将发，知府王源获其四人以闻。上命巡按御史同按察司官并收未获者户长鞠状，果有踪迹，严锢之。具奏处置”[③]。

“爪哇”是爪哇岛，今印尼首都雅加达便在该岛。爪哇在元末便是“地广人稠，实甲兵器械，乃为东洋诸番之冲要”[④] 了。“知府王源”是潮州的知府，明宣德十年（1435）上任，卸任后，潮人还立有生祠，岁时祀之。[⑤]

上引即是说，以潮人为主的 55 位海商无视禁令，与爪哇通商，有 22 人留在爪哇，在 1444 年准备再次出行时（潮汕地区 3 月风汛可达南洋），被官方查获 4 人，并上报。明英宗命巡按御史同按察司逮捕那些“未获”者的家属，进行审

---

① 参见《明实录·太宗实录》卷 97，永乐七年十月己亥，《明太宗实录》，台北：“中央研究院”历史语言研究所，1962 年，第 1279 页。

② 参见《明实录·太宗实录》卷 38，永乐三年正月戊午，《明太宗实录》，台北：“中央研究院”历史语言研究所，1962 年，第 645 页。

③ 参见《明实录·英宗实录》卷 113，正统九年二月己亥，《明英宗实录》，台北：“中央研究院”历史语言研究所，1962 年，第 2277 页。

④ （明）费信著，冯承钧校注：《星槎胜览校注》，北京：中华书局，1954 年，第 13 页。

⑤ 参见（明）郭春震纂修：《潮州府志》，潮州：潮州市地方志办公室，2003 年，第 63 页。

讯，证实果然有“叛附爪哇”这回事。

这段记载虽然简略，却也明确了如下几点：首先，主犯是“潮州府民”，跟从者中有邻近府县的人；其次，这次行动是在本地入海港口，因此才由潮州知府王源查办并捕获；再次，经过审讯，确实有“叛附爪哇”的事情存在——这次审讯还是明英宗朱祁镇直接下令查办复核的，其严肃性和真实性毋庸置疑。综上所述，在爪哇居留的22人，必然是潮人居多。

此外，这则材料还可以佐证历代潮人“出洋经商必有留异乡者”的判断，并且所占比例还不少：首先，“通货爪哇国”，说明这些人是前往爪哇通商；其次，55人前往爪哇，就有22人留居爪哇，比例高达40%。在此时船舶、交通线路更为成熟的情况下，尚且有40%的经商者留在当地，则前代通商外洋者，留在当地的自然也不在少数。

看看当时爪哇的情况。

曾随郑和三次下西洋的通事（翻译官）马欢，在1450年左右成书的《瀛涯胜览·爪哇》中载有其亲历见闻：

“（爪哇杜板）此处约千余家以上，皆头目为主，其间多有中国广东及漳州人留居此地。”

“（爪哇新村）至今村主广东人也，约有千余家，各处番人多到此处买卖。”

“（爪哇）国有三等人，一等回回人……一等唐人，皆是广东、漳、泉等处人窜居此地，食用亦美洁，多有从回回教门受戒持斋者。一等土人……”①

上引三处，无不说明当时居住爪哇的中国人不在少数。至于这些人中有多少潮人，以笔者统计，《瀛涯胜览》3次提及“中国人”，1次提及“唐人”，具体到各籍移民有6次。除上引外，另3次出现在《瀛涯胜览·旧港国》中，分别是：“国人多是广东、漳、泉州人逃居此地”，“昔洪武年间广东人陈祖义等全家逃于此处，充为头目，甚是豪横”，“有施进卿者，亦广东人也”。②

也就是说，全书提及中国籍属人口有：漳（州）人3处，泉（州）人2处，广东（人）6处，余无其他籍人。③

而广东籍中并不细分潮、梅、肇各属，因此没法排除此时潮人在爪哇、旧港的存在。同理，文中提及的新村村主、海盗豪强陈祖义、施进卿等，都有可能是潮人。

又，同样随郑和下西洋的巩珍，在1434年成书的《西洋番国志·爪哇》中，对爪哇的情况也有介绍：“中国铜钱通使。杜板，番名赌班，此地约千余家，中国广东及漳州人多逃居于此。”“杜板向东行半日许至新村，番名革儿昔。此地

---

① （明）马欢撰：《瀛涯胜览》，北京：中华书局，1985年，第16、17、19～20页。

② （明）马欢撰：《瀛涯胜览》，北京：中华书局，1985年，第25～26页。

③ 数字统计据（明）马欢撰：《瀛涯胜览》，北京：中华书局，1985年；参见（明）马欢原著，万明校注：《明钞本〈瀛涯胜览〉校注》，北京：海洋出版社，2005年。

原为枯滩，因中国逃来，遂为新村，至今村主广东人也。约千余家。各处番舡皆聚此。”“国人多富，（爪哇）皆用中国铜钱。”①

这种对广东籍属不加细分的情况，在明人此时期的论述中十分普遍，此期成书的中国交通史上重要文献“三图一书”——《瀛涯胜览》《星槎胜览》《西洋番国志》都是如此：即使出现中国人、唐人、广东人，都没有细分至广东各属。

但是，与上引《明实录》王源逮捕私下海案相对应，则足以说明此时在爪哇生活的潮人已经不在少数。

（三）走向四海

像上则“叛附爪哇”的事例，只是因为潮人往爪哇贸易后，再次回来备货被捕，致潮府官员报功“以闻”，才得以载入文献。这完全可以视为一个偶然事件，也可认为是商贸活动中众多“叛附”南洋事件的一个缩影。

而在目的地南洋，也有碑刻资料可供实证。如 1949 年 12 月，在新加坡淡申律义顺村附近发现一古墓，碑上镌有“义叙，明考朝元程公之墓”，右边刻有“达豪赤港乡”②，饶宗颐先生据此推测明代已经有潮州人在新马寄居。③

“达豪”即达濠，现为汕头市濠江区达濠街道，“赤港乡”名在明隆庆《潮阳县志》亦有出现，其东、西各接达濠村、青蓝村，达濠街道便是以这三个村为主体组成，其自宋末便有人烟。④ 应该说，这个结论是有道理的。

达濠程朝元在新加坡的坟墓，是迄今为止东南亚地区发现最早的潮汕华侨的坟墓。此墓的发现表明，至迟在明代便有潮汕人前往新马谋生，并且终老新加坡。同时还表明，墓主程朝元客死他乡后，其后人或同乡按家乡风俗葬之，并立碑，可见当时潮汕移民已在那里形成群落，说明此时潮人移居南洋者已有不少。比较遗憾的是，该墓没有透露出更为详细的年代信息。

《明史·外国五》有闽人深入菲律宾内地定居的记述：“先是闽人以其地近且饶富，商贩者至数万人，往往久居不返，至长子孙。”⑤ 这里虽然说的是闽人，但潮人一样往来频繁且距离南洋也是“其地近”，则潮人在新加坡乃至南洋“往往久居不返，至长子孙”的记载，可以与程朝元墓碑实物相印证。

事实上，潮人足迹不仅至南洋，还到达东亚。如海上商贸集团首领许栋、许朝光就往来日本，《东里志》直言“贩日本”⑥，如《五杂俎》：“广之惠，潮、

① （明）巩珍撰，向达校注：《西洋番国志》，北京：中华书局，1961 年，第 7、10 页。

② 广东省汕头市地方志编纂委员会编：《汕头市志》（第四册），北京：新华出版社，1999 年，第 542 页。

③ 黄挺：《移民与潮汕和东南亚的文化交流》，载《海交史研究》，1998 年第 1 期。

④ 参见汕头市达濠区地名志编纂委员会编：《汕头市达濠区地名志》，内部出版，1988 年，第 17 页。

⑤ （清）张廷玉等撰：《明史》，北京：中华书局，1974 年，第 8370 页。

⑥ （明）陈天资编修：《东里志》，潮州：饶平县地方志办公室，2004 年，第 62 页。

琼、崖驵狯之徒，冒险射利，视海如陆，视日本如邻室耳，往来贸易，彼此无间。”① 也就是滨海三五成群、私通外国商人之民，在商业利益驱动下，完全忽视了地域距离。那么，在同样的逐利念头下，免不了有移居或驻扎贸易地，长期从事收购、中介等商业活动的潮人。至少，在等待季风适宜时，必然得驻足于此。

又如《明经世文编》录有成化十四年（1478）广东左布政使彭韶的疏奏，称：“南澳港泊界在闽广之交，私番船只，寒来暑往，官军虽捕，未尝断绝。”②

南澳港上私番船只泛滥，虽然官军禁止，却无法阻止海上商贸行为，可见此时潮人往来海外，已经是习以为常。

再如《明实录》载成化二十年十二月辛未（1485 年 1 月 4 日）“有通番巨舟三十七艘，泊广东潮州府界，备倭都指挥佥事姚英、巡视海道按察副使赵弘奏，分巡佥事翁晏领官军捕之，生擒三十余人，斩首八十五级”③。

成化二十年与前引相隔不久，则佐证了“未尝断绝”的记载。上引 37 艘船足以称得上是一支颇具规模的船队，更何况是“巨舟”。而官兵所报仅仅是生擒 30 余人，斩首 85 级，总计不足 120 人，也未有通常所见的“堕海无算”等官方惯用记录术语，可见是大多数人、舟都走脱了。这些生还者，想必是走向四海的。

第三节 “北虏南潮”和批量海外移民

潮人在海外建立“殖民据点”④、较为集中地成批移居海外的记载，来自于以林凤、林道乾、张琏为首的三股海上武装商贸集团。当然，肯定也存在其他名气较小的集团寄寓海外。

一、“北虏南潮”与著名海商集团

有明一代，因海禁而间接触发或直接催生的“山海盗寇之变”，自明初洪武年间便已开始。据《潮州志·大事志》的记载，整个明代一共出现 120 余宗潮州

① （明）谢肇淛撰：《五杂俎》，上海：上海书店出版社，2009 年，第 28 页。

② （明）彭韶：《边方大体事疏（停止两广进献）》，载（明）陈子龙辑编：《明经世文编》，北京：中华书局，1962 年，第 710 页。

③ 《明实录·宪宗实录》卷 259，成化二十年十二月辛未，《明宪宗实录》，台北：“中央研究院”历史语言研究所，1962 年，第 4375 页。

④ “林道乾、林凤等先后在加里曼丹、吕宋等地建立过殖民据点。也有记载说张琏和吴平兵败以后到了三佛齐和安南。”参见陈春声：《明清之际潮州的海盗与私人海上贸易》，载《文史知识》，1997 年第 9 期。

盗寇倭祸及官军平寇御倭事件：洪武十四年（1381）至嘉靖三十年（1551），这170年间发生了近30宗；嘉靖三十一年（1552）到崇祯十七年（1644），这92年间发生了90余宗。[①]

其中，嘉靖三十一年（1552）至万历六年（1578），情况尤其严重，时人郭子章在《请增盐甲补京银议》中总结：“（万历）七年以后，寇渐骚除，民渐耕耨，则（万历）六年以前，潮中莽为盗区。”[②] 其在《诸有司教四条》中又称：“嘉靖中赤子弄兵，四郊多垒。今议者论国大势，辄曰‘北卤南潮’。夫埒潮于卤，此亦地方之厚辱也。”[③]

“北卤（虏）南潮”想来有夸大之处，一般以“北虏南倭”概括嘉靖、万历时的全国局势：正德十六年（1521）至万历十年（1582），北方鞑靼首领俺答汗日益强大，不时率兵南下骚扰，是为“北虏”；而嘉靖二年（1523），日本两大封建主的贡使在宁波发生冲突，乘机大肆焚掠，明政府遂停止贸易，并收紧禁海令，随后遭激烈反弹，东南沿海持续大乱，是为“南倭”。[④] 当时明政府一概以打击外敌入侵的态度对付“北虏南倭”，然而“南倭”主体其实是中国海上商贸集团，其直接诱因则主要是海禁，如《万历野获编》有论：“我朝书生辈，不知军国大计，动云禁绝通番以杜寇患。不知闽广大家，正利官府之禁，为私占之地。如嘉靖间闽浙遭倭祸，皆起于豪右之潜通岛夷。始不过贸易牟利耳，继而强夺其宝货，靳不与直。以故积愤称兵。”[⑤]

林道乾、张琏、林凤等海上武装商贸集团正是在“北卤（虏）南潮”时期崛起，并活跃于东南沿海以及周边各国，“南倭”所及就是他们的活动范围。也就是说，无论是“北虏南倭”还是“北卤南潮”，他们都是其中最有影响力的代表之一。同时，他们也是中国华侨史、中国“殖民史”上的必录人物，有学者如梁启超甚至称之为“中国殖民伟人”。

林道乾，乾隆《潮州府志·征抚》大略载有其生平：“惠来人。少为县吏，机变险诈，智虑超于诸寇，性嗜杀，所过无不残灭。……先是嘉靖四十五年三月，攻诏安山南厩下等村，都督俞大猷逐之，遁入北港。大兵不敢进，留偏师驻澎湖守之。道乾不乐居北港，遂恣杀土番，取膏血造船，从安平镇二鲲身遁往占城。……万历元年，总督殷正茂荡平山寇，乘胜捣之，道乾势促，奔投倭寨，总

---

① 统计数字转引自黄挺、陈占山：《潮汕史》（上），广州：广东人民出版社，2001年，第284~285页。

② （明）郭子章：《请增盐甲补京银议》，载《潮中杂纪》，潮州：潮州市地方志办公室，2003年，第45页。

③ （明）郭子章：《诸有司教四条》，载《潮中杂纪》，潮州：潮州市地方志办公室，2003年，第35页。

④ 参见辞海编辑委员会编：《辞海》（第六版缩印本），上海：上海辞书出版社，2010年，第1985页。

⑤ （明）沈德符撰：《万历野获编》，北京：中华书局，1959年，第317页。

兵张勋大举破其巢，道乾赴水死。”①

但其中的“赴水死”，与正史及诸多文献记录有所抵触。如《明史·外国四》载：“万历四年（1576），官军追海寇林道乾至其国。”② 又《明神宗实录》“万历六年（1578）”条载：“海贼林道乾驾船泊潮阳河渡门港，令贼徒具状告报……及被虏逃回之人称虏去于万历六年六月打暹罗国乌椎船不胜，贼众杀死甚多，被番赶逐，乏银乏人，议复回河渡门旧巢，取原埋银物，议要打劫海门各所，候东风一转，即欲驾回外夷。”③ 同书“万历八年（1580）”条载：“海贼林道乾者窃据海岛中，出没为患。将士不能穷追，而大泥、暹罗为之窟穴。既而逼胁大泥、侵暴暹罗；有通事言彼国愿往擒自效。”④

像这样的录载还有一些，无不指向官兵的谎报或方志的误载，正如时人李贽所述，林道乾一直未死，而是“横行海上，三十余年”⑤。也如黎光明所言，所谓林道乾被消灭，其实是一出闹剧，所谓“投水磔尸，固《潮州府志》之谰言，而经国擒贼，又《福建通志》之诬语矣”⑥。

林道乾寓居过很多地方，台湾岛、柬埔寨、泰国南部等地都留有他的传说。《广东省志·华侨志》直接立论：“长期在广东、福建沿海领导海上武装商贸集团反抗明朝的林道乾，反抗失败后，也于万历元年（1573）率余部数千人逃到柬埔寨，后转到暹罗南部的北大年定居，在当地建立了道乾港。”⑦ 又“林道乾率余部 2 000 多人逃到安南、柬埔寨，转暹罗北大年定居”⑧。说明林道乾带出的手下数量可观，无论“数千人”还是“2 000 多人”，与首领同为潮人的数量应不会少。

张琏，康熙《潮州府志》载：“张琏者，饶平库吏。乘倭煽乱，聚众焚劫，知县林丛槐往抚之，为所拘留。势日张。……流毒江西、福建、广东三省。”⑨ 之后，张琏于嘉靖三十九年（1560）自号“飞龙人主”，改元造历。

康熙《潮州府志》又称，在明朝兵部统筹下，于嘉靖四十年（1561）集结粤、闽、赣三省官兵 76 000 余人联合会剿张琏集团，官兵一路凯歌，于嘉靖四

---

① （清）周硕勋纂修：《潮州府志》，潮州：潮州市地方志办公室、潮州市档案馆，2001 年，第 935 页。

② （清）张廷玉等撰：《明史》，北京：中华书局，1974 年，第 8370 页。

③ 《明实录·神宗实录》卷 79，万历六年九月己未，《明神宗实录》，台北：“中央研究院”历史语言研究所，1962 年，第 1692 页。

④ 《明实录·神宗实录》卷 99，万历九年闰四月壬子，《明神宗实录》，台北：“中央研究院”历史语言研究所，1962 年，第 1976 页。

⑤ （明）李贽著：《焚书 续焚书》，北京：中华书局，1974 年，第 431 页。

⑥ 参见黎光明：《“斐律宾史上李马奔‘Limahong’之真人考”补正（并附“林道乾事迹考”补正）》，载《燕京学报》，1931 年第 10 期。

⑦ 广东省地方史志编纂委员会编：《广东省志·华侨志》，广州：广东人民出版社，1996 年，第 55 页。

⑧ 广东省地方史志编纂委员会编：《广东省志·华侨志》，广州：广东人民出版社，1996 年，第 15 页。

⑨ （清）林杭学纂修：《潮州府志》，潮州：潮州市地方志办公室，2000 年。

十一年（1562）击溃张琏集团，并处死张琏，即“捷闻。琏磔于市”①。

然而这条关于官兵处死张琏的材料，也显得比较可疑。因为正史中存有不同说法，《明史·外国五》载：“嘉靖末，广东大盗张琏作乱，官军已报克获。万历五年，商人诣旧港者，见琏列肆为蕃舶长，漳、泉人多附之，犹中国市舶官云。”② 也就是说在官兵“处死”张琏的15年后，居然有商人见到他在旧港担任蕃舶长一职，手下华侨众多。

《中国殖民史》经过一番分析后认为：“琏亦未被杀于官军，而逃往南洋。中国海盗，据官吏报告，业已捕获，而实际逃往海外，除琏而外尚有林道乾，以彼例此，则琏之自潮州逃往海外，亡命苏岛，为可能之事。”③

梁启超在《中国殖民八大伟人传》中亦称：“（张琏）盖败后潜逸，复以力据有此国云。”④

《广东省志·华侨志》直接立论：“嘉靖三十七年（1558），广东潮、梅地区爆发农民起义，起义领袖张琏（饶平人）在起义失败后，于嘉靖四十一年（1562）……率余部逃到三佛齐国的旧港，并出任当地管理市舶官。”⑤ 这里，张琏“率余部”逃往旧港，余部里面自然少不了潮属人口。

林凤，乾隆《潮州府志》载为“饶平人”。⑥ 林凤是中西交流史上极其重要的人物，他促成了历史上中国与西班牙的首次交往，西班牙也因之成为大航海时代继葡萄牙后第二个向中国派使臣的欧洲国家。关于林凤的材料，西方记载历来不少，但由外文转译中文后出现了“李马奔”“李马芳”“林旺”等译名，自日本学者藤田丰八及中国学者张星烺考订后，始得以释疑。⑦

汤开建以孤本《督抚疏议》为中心，结合中西文献对林凤事迹作了详考，遂令林凤在隆庆、万历时期的活动场景得以连贯呈现。相对林道乾、张琏不是很清晰的史料及今人论著，林凤的事迹较为丰满。以下据汤开建研究成果，将林凤在海外活动部分独立成一小节，则当时海上武装商贸集团殖民行事可略窥一斑。

---

① （清）林杭学纂修：《潮州府志》，潮州：潮州市地方志办公室，2000年。

② （清）张廷玉等撰：《明史》，北京：中华书局，1974年，第8408页。

③ 李长傅：《中国殖民史》，上海：商务印书馆，民国二十六年（1937），第141页。

④ 梁启超：《饮冰室专集之八：中国殖民八大伟人传》，北京：中华书局，民国二十五年（1936），第1~2页。

⑤ 广东省地方史志编纂委员会编：《广东省志·华侨志》，广州：广东人民出版社，1996年，第54页。

⑥ （清）周硕勋纂修：《潮州府志》，潮州：潮州市地方志办公室、潮州市档案馆，2001年，第935页。

⑦ 参见李长傅：《斐律宾史上李马奔之真人考补遗》，载《燕京学报》，1931年第9期。黎光明：《“斐律宾史上李马奔‘Limahong’之真人考”补正（并附“林道乾事迹考”补正）》，载《燕京学报》，1931年第10期。张星烺：《斐律宾史上“李马奔”Limahong之真人考》，载《燕京学报》，1930年第8期。

二、林凤集团的移民事例

林凤事迹最早见于隆庆二年（1568），最晚见于万历四年（1576）。下文依据汤开建《明隆万之际粤东巨盗林凤事迹详考——以刘尧诲〈督抚疏议〉中林凤史料为中心》的研究成果，整理林凤海外活动部分。①

隆庆六年（1572），林凤屯驻惠州白沙湖。此时有部属近 600 人，白艚、乌船 40 余艘。万历元年八月初十（1573 年 9 月 5 日），栖泊台湾澎湖，这是林凤首次到达海外，不排除其有殖民澎湖，建立根据地的想法。

万历二年五月三十日（1574 年 6 月 18 日），林凤再入澎湖，这时已经有部属逾 10 000 人、船 100 余艘；同年六月初八（6 月 26 日），撤离澎湖；同年六月初十（6 月 28 日），进入魍港（今台湾省台南市东），并至新港（今台湾省台南市南），其间与台湾土著发生战争；同年七月十四日（7 月 31 日），离开新港后到达澎湖，其间与明军、台湾土著联军接战；同年十一月初二（11 月 14 日），又到新港。由于后来明军见到约有 1 000 男女可能因缺粮致亡，因此推断林凤集团此次离开时，有留下部分人口在澎湖。

万历二年十一月初七（1574 年 11 月 19 日），林凤集团离开新港，拟南下马尼拉。有数个原因促成他的这个行动：一是官兵所迫、台澎不宜发展；二是在台澎一带期间，林凤曾俘获两艘马尼拉返航商船，了解到马尼拉大略情况；三是其部属颜佑谦熟知吕宋番情。后两点可佐证此时国人与马尼拉通商频繁，当地也有华侨寄寓。

林凤集团下南洋时的规模，西文材料称“大小船只 62 艘，陆上部队 2 000 余人，水手 2 000 余人，妇女 1 500 人，共 5 500 余人，包括各种工匠、农人及其他技术人员”②，中文材料或称“有船六十余只”，或称至马尼拉时有“五千五百人”。

这几个数据大致吻合。林凤离开时，与半年前入台澎时相比人口减少近一半。究其原因，一方面来自与明军、台湾土著的战斗减员；另一方面则是留置部

---

① “中文文献中，关于林凤之事迹，《明史》并无专载；《明实录》之穆宗、神宗部分有零星记载；《广东通志》《福建通志》《琼州府志》《潮州府志》《潮阳县志》《澄海县志》及《惠来县志》保留了林凤的部分记录；《万历武功录》有一个较为完整的《林凤传》（瞿九思：《万历武功录》卷 3《广东》，万历壬子序刊本，第 53 ~ 57 页）；俞大猷《正气堂集》及《张居正集》有一批涉及林凤的奏疏与信函；另有是此前未公开披露的孤本刘尧诲《督抚疏议》中 9 条疏文。”下文全部依据汤开建先生的研究成果，涉及人口留置或移民相关，笔者稍加分析。说明：A. 西文文献所引加注，中文文献所引不再注出；B. 依惯例，阿拉伯数字纪年为公元纪年。参见汤开建：《明隆万之际粤东巨盗林凤事迹详考——以刘尧诲〈督抚疏议〉中林凤史料为中心》，载《历史研究》，2012 年第 6 期，第 43 ~ 65 页。

② Francisco de Sande, “Relation of the Filipinas Islands”, in E. H. Blair and J. A. Robertson, eds., *The Philippine Islands 1493 - 1803*, Cleveland, Ohio: The Arthur H. Clark Company, 1903, vol. 4, pp. 25, 38. 转引自汤开建：《明隆万之际粤东巨盗林凤事迹详考——以刘尧诲〈督抚疏议〉中林凤史料为中心》，载《历史研究》，2012 年第 6 期，第 53 页。

分人口。按明确记载，林凤在台澎期间也只是损失3艘船，人船尽毁而已，另有10艘小船300人被明政府和台湾土著联军围攻，300人可围者，纵被全灭亦不多。因此，留船留人于台澎一带的可能性不小，毕竟有明军追至澎湖时所见到的“澎湖枕尸遍野，不下千余”为证，可说明林凤有留人口于澎湖的事实。

此外，西方资料提到所带人口包括妇女、各种工匠、农人、技术人员等，这是十分重要的信息。在历代正史、方志、文人笔记中，船队稍驻则曰“劫掠”，船队成员则称“贼党”，从未涉及船队船员构成者的其他信息。这条材料透露出：或许包括林凤在内的所有海上武装商贸集团的成员组成都是如此——他们在经商、“掳掠”的同时，也时刻准备着殖民，设置据点。

1574年11月23日，林凤集团的船队驶至吕宋岛伊禄古近海，消灭了一艘西班牙战船及全船22名士兵，收缴到西式青铜炮。11月29日夜，船队抵达马尼拉湾口之科雷希多岛。30日上午8时，林凤部众正式进攻位于马尼拉地峡西北端的炮台和菲督官邸，一番激战下击毙西班牙军队守将戈蒂等，并“把遇到的东西都烧光和摧毁，呼喊胜利”，之后撤退。此役战斗减员80余人。12月2日，林凤亲率船队抵马尼拉港，有1 000～1 500名士兵上岸，久攻不下，失利撤退。此役包括主要将领日本人庄公在内阵亡200余人。

两次攻打马尼拉，多种西文材料记录都称林凤战斗减员不足300人，中文材料仅《督抚疏议·谕夷剿贼捷音疏》提及，内容基本吻合，唯“中番人鸟铳而死者四五百人”句，人数出入近200人，很可能是在林军败退中有部分人散失，但不排除潮人留居当地的可能。

两攻马尼拉不获后，林凤移师距马尼拉40里格的傍佳施栏河口，于距河口4里格的上游之地设置基地营寨，并建筑要塞。傍佳施栏的西边不远处就是中文材料中的“玳瑁港”，《万历武功录》《苍梧总督军门志》《广东倭变记》等都有林凤据玳瑁筑城称王的记载。

1575年3月23日，菲督命撒示度为司令官，统率西兵250名、番兵2 500人，分乘59艘船从马尼拉出发，于3月30日清晨抵达傍佳施栏河口。先头部队在沿河上溯时与35艘林军船只相遇，林军35艘船全部被西军烧毁。上午10时，西军展开进攻，持续一天，杀死林军100余人，捕获妇幼70余人，辄被林军击退。翌日（31日），西军二次进攻，仍无功而退。在这两次战斗中，西军先头部队在河道上焚毁林军35艘船时未见伤、亡、虏记录，林军是“一见到西班牙人即惶恐逃亡”，船上人员去向不详，船只又全被烧毁，交通工具既失，回程远而不便，必有部分人在河道附近上岸，然后散居当地。

此后，西军遂在附近扎寨驻守，林凤则安于城内。直到下月明军调番兵参战前未见大战事。双方僵持不下，遂成军事对峙状态。

万历三年三月十二日（1575年4月22日）稍前，一艘西军运粮船于仁牙因湾麻里恶港与以明军王望高（西文资料译为“Omocon”）为领队的一艘明战船相遇，王望高通过华人 Sinsay 翻译沟通，遂被引导至傍佳施栏会见司令官撒示度。王望高许诺后者，若消灭林凤，将赐以重赏，并在京城建一牌坊以作表彰。王望高随后到达马尼拉，与菲督维撒里达成联手消灭林凤的协议。

按，王望高等来吕宋，是福建方面至迟在万历二年闰十二月初十（1575 年 1 月 21 日）前得到各种哨报，派来一探虚实的，随行尚有林克顺、周英的哨船各一艘。王望高带有大量礼物、给札付和降发军令牌面等，被授权可以给赏番酋、调番兵灭贼等。而西方资料中的“Sinsay”是闽南语“先生”的音译，此人即为中文资料中所称在那里经商的漳州府海澄县人林必秀。

万历三年三月十八日至二十八日（1575 年 4 月 28 日至 5 月 8 日），王望高在番酋支持下调集了 5 000 名番兵、200 艘战船，中西携手，向玳瑁港内的林凤军队大举进攻。经过 10 天的浴血鏖战，林凤集团所余人口不足一千，且多是妇幼，能战不足三四百人，最后退守玳瑁城，陷入战则无兵、守则无食、逃则无船的惨烈窘境，然而玳瑁城始终未失。

出于五月汛期已至，及西班牙急于凭此功劳与明朝交好以求商贸等因素，且中西双方坚信林凤绝无走脱的可能，王望高遂留下周英的哨船协攻，自己则带俘虏及作为使者的西方传教士回国。

之后，在约 4 个月的围困中，林凤在玳瑁城内伐木造船，数量为 30 ~ 33 艘。1575 年 8 月 2 日至 4 日中的一天，林凤船队突然溯河而出，西兵惊慌失措，害怕受迂回攻击，因而坚守不敢出，林凤遂安然入海北上。

1575 年 8 月 14 日左右，林凤先抵澎湖，后入台湾。至 10 月 27 日，由台湾直入潮州求抚，明官方下令不谈招抚，务使林凤集团片帆不留。由于此前闽省报兵部时过于自信，料林凤必死，此时又见林凤重来，边官大窘之下遂咒誓必杀。之后闽粤合力一路围追堵截，于 11 月 13 日在淡水外洋击溃林凤船 23 艘，擒斩 200 余人。

此役也是有记录的闽粤二省对林凤集团的最后一战，但林凤仍然走脱。

万历三年（1575）十一月间，林凤集团又出没于柘林、靖海、碣石，且增船至 150 多艘。

万历四年（1576）三月，林凤集团有部属 2 000 余人乞抚官兵，林凤则再走外洋，此后不知所终。

上列最后两事，林凤与官方都未有战斗记录，但可以作个测算：150 艘船的人数可达上万，减去最后求抚的 2 000 余人，余数应该在数千乃至近万。由于《明实录》中有“广贼林凤弃众投番，抚散余党二千”句，“弃众”二字隐约显示其出走时跟随人数不多，因此不宜高估，这可能是两年间有一部分走失或先行投番。但是，林凤离开时必然有一主座船及若干小辅船。鉴于当时已修整四个月左右，仅按其主座船计，乘坐 500 人以上是十分正常的，而以其在马尼拉所带人员之组成看，也必有妇人、各种工匠、农民、技术人员等，这些人则必然是随着林凤移殖他处。

万历十七年（1589），《明神宗实录》载有林凤早期爪牙李茂拥众据海南岛之事，顺及林凤，说李茂、林凤各据海岛。《万历武功录》载有当年明军剿灭李茂集团事，但没有林凤消息，应该是明兵力未及林凤所居海岛，或者林凤又是走脱。据西文文献记载，“林凤被福建水师击败，遂逃往暹罗，但暹王害怕明廷问罪，不敢予以庇护，其他邻近国家亦持这一态度。因此，林凤无家可归，遂流浪各地，不知所终”①。

如是，则是林凤另觅荒岛垦殖移寓，建立殖民点。有了因轰动东西方而导致被联手绞杀的失败经验后，完全有理由相信林凤这次重演的“不知所终”是殖民成功了。

据笔者 2011 年秋在汕头市了解到：菲律宾一“蔡”姓人家自称远祖“阿凤”400 多年前率众下南洋，虽“金银满船”但荒岛无处可用，后子孙繁衍，其近祖则是百多年前辗转落脚菲律宾北伊罗戈省。“蔡”姓人家并自称远祖应该姓“林”，何时、何人改今姓则不清楚。年代久远，权当传闻。

第四节　阶段小结

海洋商业文化社会的演变过程及最终形成，令潮汕与海外的联系前所未有地频繁、紧密；有明一代的海禁政策与民众谋生逐利的生存矛盾，令潮人海外移居的出现史无前例地呈批量化状态。所谓“中国与南洋交通也，官民异趣；官方虽出政治作用，民间则受经济支配”②，正是最好的说明。

相对于唐宋零星外出的情况，潮人的漂洋过海几乎贯穿了整个明代，滞留、侨寓、寄居海外者一直持续不断，以至到了明代中后期，在南洋出现潮人海上武装商贸集团建立的殖民据点。

这些外出人口主要是商人以及海上武装商贸集团的成员。应该指出的是，商贸集团的成员构成，不一定都是商人、武装人员及水手，如上文所引，林凤集团的船队上便有“各种工匠、农人及其他技术人员”③。

明代的移民，与前代开拓东南亚的潮人一样，为清代以后大量的成规模的移民潮奠定了基础。

---

① Gregorio F. Zaide，The Philippines since Pre-Spanish Times，转引自汤开建：《明隆万之际粤东巨盗林凤事迹详考——以刘尧诲〈督抚疏议〉中林凤史料为中心》，载《历史研究》，2012 年第 6 期，第 64 ~ 65 页。

② ［新加坡］许云樵：《南洋史》（上册），新加坡：星洲世界书局有限公司，1961 年，第 13 页。

③ Francisco de Sande，“Relation of the Filipinas Islands”，in E. H. Blair and J. A. Robertson，eds.，*The Philippine Islands 1493 – 1803*，Cleveland，Ohio：The Arthur H. Clark Company，1903，vol. 4，pp. 25，38. 转引自汤开建：《明隆万之际粤东巨盗林凤事迹详考——以刘尧诲〈督抚疏议〉中林凤史料为中心》，载《历史研究》，2012 年第 6 期，第 53 页。

第五章
清初：战火移民潮

清代，是潮汕地区大规模向海外移民的时期。在清初，即明清交替至台湾明郑政权灭亡的这段时间里，郑成功收复台湾以及明郑集团对抗清王朝的斗争，直接催生了潮人移民潮。这股移民潮主要来自从军征战以及“掳掠”，后随附台湾。人数之多，保守估计不下数万，其中妇女更不在少数。

应该说，这近 40 年的移民潮，更多的是时局动荡、干戈迭起的附加产物，移民行为多是出于被动、非自愿的情况。而本时期移民目的地，除了绝大部分是台湾地区外，也有若干流向东亚、东南亚的。

第一节　社会状况

清初潮汕地区的社会状况是：由明末延续下来的动乱状态未曾有半刻停歇，初时更是陷入时人所谓的“潮属不清不明，土豪拥据，自相残并”[①] 局面。

政权更迭、反清复明斗争、豪强林立且时明时清反复无常、郑成功复台据台并以潮汕地区为抗清前线等因素，无不影响着潮汕地区的正常社会秩序及生产发展，直至康熙二十二年（1683）台湾归入清朝版图并且东南海禁渐呈松弛之前，都是如此。

其中，清政府掌控潮汕地区后推行的严厉迁界政策，更是被称为粤东自古以来“生灵之祸，莫惨于此”，屈大均《广东新语》卷二《地语·迁海》有如下描述：

“粤东濒海，其民多居水乡，十里许辄有万家之村，千家之砦，自唐、宋以来，田庐丘墓，子孙世守之勿替，鱼盐蜃蛤之利，藉为生命。岁壬寅二月，忽有迁民之令。满洲科尔坤、介山二大人者，亲行边徼，令滨海民悉徙内地五十里，以绝接济台湾之患。于是麾兵折界，期三日尽夷其地，空其人，民弃资携累，仓

① （清）杨英撰：《从征实录》，载《台湾文献丛刊》（第六辑），台北：台湾大通书局，1987 年，第 4 页。

促奔逃，野处露栖，死亡载道者以数十万计，明年癸卯，华大人来巡边界，再迁其民。其八月，伊、吕二大人复来巡界。明年甲辰三月，特大人又来巡界。遑遑然以海防为事，民未尽空为虑，皆以台湾未平故也。先是人民被迁者以为不久即归，尚不忍舍离骨肉，至是飘零日久，养生无计，于是父子夫妻相弃，痛哭分携，斗粟一儿，百钱一女，豪民大贾，致有不损锱铢不烦粒米而得人全室以归者。其丁壮者去为兵，老弱者辗转沟壑，或合家饮毒，或尽孥投河。有司视如蝼蚁，无安插之恩，亲戚视如泥沙，无周全之谊。于是八郡之民死者又以数十万计。民既尽迁，于是毁屋庐以作长城，掘坟茔而为深堑，五里一墩，十里一台，东起大虎门，西迄防城，地方三千余里，以为大界，民有阑出咫尺者，执而诛戮之，而民之以误出墙外死者，又不知几何万矣。自有粤东以来，生灵之祸莫惨于此。"①

本地府县志对此也有所介绍，如康熙《潮州府志·海潮揭饶惠澄六县迁地之事》载："边海多寇患，屡躏内地。康熙元年，……巡勘六县。海滨筑小堤为界，令居民迁入堤内，越界者死，而海寇犹滋蔓也。三年，……再巡勘。海阳迁去龙溪、上莆、东莆、南桂四都，秋溪、江东、水南三都之半；潮阳迁去直浦、竹山、招收、砂浦、隆井五都，附廓、峡山、举练三都之半；揭阳迁去地美一都，桃山半都；饶平迁去隆眼、宣化、信宁三都；惠来迁去大坭、隆井二郡，惠来、西头、龙溪三都之半；澄海迁去上外、中外、下外、蓬州、鳄浦、鮀江六都，仅存苏湾一都，至五年而全县毕裁，设墩台戍卒以守。七年，抚院王来任上复地之疏，督院周有德毅然行之，民始庆苏生。"② 该志成书于康熙二十三年（1684），作为官方志书又处康熙朝，修志者囿于时局只能用春秋笔法，其所记地方官周有德的"毅然行之"和"民始庆苏生"句，仍透露出了迁界期间民间的惨状。从这个意义上说，"披沥"上疏的王来任和"毅然"开禁的周有德，绝对是千古难得的父母官。③ 又，至隔代成书的雍正《海阳县志·迁界始末》稍敢于直言："巡勘海潮揭饶惠澄六县海滨，筑小堤为界，令居民迁入内地，越界者

① （清）屈大均：《迁海》，载（清）屈大均著，李育中等注：《〈广东新语〉注》，广州：广东人民出版社，1991 年，第 49 ~ 50 页。

② （清）林杭学纂修：《潮州府志》，潮州：潮州市地方志办公室，2000 年，第 177 页。

③ 参见：广东巡抚王来任遗疏："臣上有六旬之老母，下有黄口无知之诸孤，均不足念。……至死不言，不几仍负生罪于地下乎！……粤东边界急宜展也。粤负山面海，疆土原不甚广。今概于边海之地，再迁流离数十万之民，每年抛弃地丁钱粮三十余万亩。地迁矣，又在设重兵以守其界内之地，立界之所，筑墩台，树桩栅，每年每月又用人夫、土木修整，动用不赀，不费公家丝毫，皆出之民力。未迁之民，日苦于派答。流离之民，各无栖止，死丧频闻，欲民不困苦，其可得乎？……设兵原以捍卫封疆而资战守，今避寇侵掠，虑百姓而资盗粮，不见安壤上策；乃缩地迁民，弃门户而守堂奥，臣未之前闻也。"两广总督周有德上疏："窃惟粤东沿海地方，设立边界，将界外之民迁之界内。……但悬早开一日，早救一日之命。立随泣下，处处皆然。……臣今身任地方之责，目睹流离之惨，若候会勘之后方请安插，恐时日尚缓，不能待命。……臣不得不陈情形，为民请命！"载（清）江日昇撰：《台湾外记》，福州：福建人民出版社，1983 年，第 201 ~ 204 页。

死。……尔时舆迁之民琐尾，少者转徙他邦，老者死填沟壑，甚而掺掺女手执钵街渠，青青子衿混迹佣竖，一二壮悍者袖刃夺食。”①

此阶段社会动荡不安，潮汕地区经济大受影响。拥有深澳、青澳、云澳、隆澳诸港口的南澳岛是潮汕地区最受瞩目之处。它“从明初开始就没有任何官方机构管理”②，也没有编入里甲、交纳赋税的“编户齐民”，清初，更是游离于政府权力之外，延续着其海上走私贸易理想集散地之地位。郑成功更以南澳为反清据点，在进攻大陆的同时接洽私商，以敷供给，南澳也成为其海上贸易的重要基地。由此，清朝政权基本覆盖潮汕地区后，便实行严厉的海禁政策，其力度比前代有过之而无不及，如雍正《广东通志》载顺治十二年（1655）六月，规定“无号票文引及私制二桅以上大船往外洋贸易者，俱置重典”③，顺治十八年（1661）规定“禁沿海官兵不许出界贸易”④，且多次“申严洋禁”。又迁界令迭出，如南澳岛和大陆沿海数十里居民全部内迁等。各种“坚壁清野”式的禁令，使海上贸易运输一片凋敝。⑤ 此阶段，明中后期时几近沿海皆“寇”（商）的场面已不复见，仅有少数集团能够经营贸易：一个是基本独揽了通洋之利的郑成功集团，另一个是为数不多的豪强如“豪强边臣”许龙、苏利，还有就是官方名义下的如刘进忠等。虽然海上商贸收缩，但北上日本，南下暹罗、广南等海外贸易仍然持续不断。

这段时期的造船业陷于停滞，这是由于海禁规定不许民间私造船舶，如雍正《广东通志》载，顺治十七年（1660）“申严洋禁”规定：“禁海滨双桅沙船，不许民间私造，违者视通贼律。”⑥ 严厉时甚至规定将所有民间沿海船只悉行烧毁。这样的政策令船业发展大受影响，仅有少数人具备延续船舶生产的实力，但都来自各豪强。官造船的情况，如康熙十八年（1679），“十一月，平南将军赖塔和福建总督姚启圣奏请要潮州将修好鸟船十一只，并新造舢艚一百零六只，又碣石总兵苗之秀鸟船二十一只，赖塔捐造七十四只，限期配拨官兵、炮械”⑦。造船业荒废，航海技术更谈不上发展。

---

① （清）张士琏纂修：《海阳县志》，潮州：潮州市地方志办公室，2002 年，第 47 页。

② 陈春声：《明清之际潮州的海盗与私人海上贸易》，载《文史知识》，1997 年第 9 期。

③ （清）郝玉麟纂修：《广东通志·编年志》，载潮州市地方志办公室编：《雍正广东通志潮事选》（四库全书·史部 562—564 册），潮州：潮州市地方志办公室，2002 年，第 25 页。

④ （清）郝玉麟纂修：《广东通志·编年志》，载潮州市地方志办公室编：《雍正广东通志潮事选》（四库全书·史部 562—564 册），潮州：潮州市地方志办公室，2002 年，第 25 页。

⑤ 广东省地方史志编纂委员会编：《广东省志·水运志》，广州：广东人民出版社，2006 年，第 204 页。

⑥ （清）郝玉麟纂修：《广东通志·编年志》，载潮州市地方志办公室编：《雍正广东通志潮事选》（四库全书·史部 562—564 册），潮州：潮州市地方志办公室，2002 年，第 25 页。

⑦ 厦门大学台湾研究所、中国第一历史档案馆编辑部主编：《清代台湾档案史料丛刊》之《忧畏轩奏疏》，转引自郑绪荣辑编：《郑成功在潮州活动资料》，汕头：潮汕历史文化研究中心，2007 年，第 334 页。

第二节 台潮人口迁徙

一、郑成功时期

郑成功，据《辞海》介绍："郑成功（1624—1662），明清之际收复台湾的名将。本名森，字大木，福建南安人。郑芝龙之子。南明弘光时监生。隆武帝赐姓朱，号国姓爷。永历帝封为延平郡王。1646 年阻父降清不成，起兵抗清，移师南澳。后以金门、厦门为根据地，连年出击粤江浙等地。永历十三年（1659）与张煌言合兵，进入长江围攻南京，兵败退守厦门。永历十五年（1661），率领将士数万人自厦门出发，经澎湖，于台湾禾寮港登陆，围攻荷兰总督所在地赤嵌城，经过 8 个月的战斗，康熙元年（1662）二月一日，荷兰总督投降，台湾重回祖国怀抱。"①

郑成功起兵之初，其所率士兵大部分为潮籍。据乾隆《潮州府志·郑成功之变》载，在顺治三年（1646）郑芝龙降清入京之后，"我师（清兵）挟芝龙北去，成功遂与所善陈辉、张进乘二舰入海，收兵南澳，得数千人"②。这数千人，是早期郑成功最主要的兵力。由于在福州隆武朝郑成功其实未掌实权，更兼郑芝龙降清、隆武崩溃，因此郑成功力量弱小，在上南澳时仅有 90 多人跟从，《台湾通史》记载："成功虽遇主列爵，实未尝一日与兵权……愿从者九十余人，乘二巨舰，断缆行，收兵南澳，得数千人。"③《靖海志》载："时成功往南澳募兵，而兵将战舰，百无一备。"④《清史稿》亦谓："成功谋举兵，兵寡，如南澳募兵，得数千人。"⑤ 兵寡、百无一备，都透露出 20 余岁的郑成功实力不足，全赖这次

① 辞海编辑委员会编：《辞海》（第六版缩印本），上海：上海辞书出版社，2010 年，第 2431 页。

② （清）周硕勋纂修：《潮州府志》，潮州：潮州市地方志办公室、潮州市档案馆，2001 年，第 944 页。

③ 连横著：《台湾通史》，北京：商务印书馆，2010 年，第 25 页。

④ （清）彭孙贻：《靖海志》卷 1，转引自郑绪荣辑编：《郑成功在潮州活动资料》，汕头：潮汕历史文化研究中心，2007 年，第 45 页。

⑤ （清）赵尔巽等撰：《清史稿》卷 224《列传十一·郑成功》，北京：中华书局，1977 年，第 9159 页。

南澳招募数千人才有较为可观的兵员规模。[①] 随后该部分赴厦门操习练兵。

这数千人，也许有一部分是从别处聚集来的郑芝龙旧部，但是，既然是在潮汕地区招募，距南澳最近处也是潮属村寨，更重要的是顺治三年（1646）海禁未兴，潮属地区“非清非明，土豪拥据”，几陷无政府状态。因此这“数千人”中，绝大部分是潮人，且南澳本地居多，是毫无疑问的。

南澳征兵之后，郑成功集团多次“掳掠”“索饷”。在这些军事行动中，便招募、聚集了不少潮人随军，其来源大概可分两个方面。

一方面来自郑成功集团。如顺治五年（1648），《揭阳县志·兵事》载，郑成功叔父郑鸿逵“四月中，率舟师三千余人、艨艟大小二百余只至潮阳港口外，九贼军引至揭邑。……以揭为伪巢，蹂躏四年余。乃去”[②]。该部4年多的时间里据揭阳，至顺治十年（1653）闰八月，清兵始“大发兵讨之，寇始退”，但顺治十一年（1654）八月，陈豹等“复拥贼兵八万、船千余艘，突入揭阳城”。此后，直到顺治十三年（1656）春，清兵才再次“大败之，寇始遁，诸盗亦渐扑灭”。郑成功集团占据揭阳时间跨度长达8年，募集、“掳掠”人口以为军用是自然而然的事。

另一方面来自郑成功本人率军。郑成功自顺治六年（1649）起，“侦潮州濒海诸县有年，积蓄稍饶，驾舟索饷，岁以为常”[③]。其中，攻城掠寨，得到的潮属兵员也不少。

郑成功亲自带兵到潮州，从各方志材料看至少有6次，前几次可能出于树立威风、震慑群豪的需要，所以作出了残酷的屠杀行为，如顺治七年（1650）屠潮阳和平、溪头寨，将员山寨、和尚寮等“掘平之，男妇一尽剿杀无遗”[④]；如顺治八年（1651）在泼水狮头山“围杀避乱乡民，血流三十里，至石港尚红”[⑤]；如顺治十四年（1657）在乌汀寨“屠男女六万余人，活着仅百余人”[⑥] 等。后来

---

① 按南澳收兵情况，历来有肯定说、否定说、含糊说三种记载。明确记载的有周硕勋《潮州府志》，齐翀《南澳志》，赵尔巽《清史稿》，连横《台湾通史》，阮旻锡《海上见闻录》，黄宗羲《郑成功传》《赐姓始末》，夏琳《闽海纪要》，吴伟业《鹿樵纪闻》，杨陆荣《三藩纪事本末》，郑亦邹《郑成功传》，彭孙贻《靖海志》，不著撰人《闽海纪要》，郑达《野史无文》，邵廷采《东南纪事》，钱澄之《所知录》，李天根《爝火录》。未有言及的有江日昇《台湾外记》、计六奇《明季南略》、查继佐《小腆纪年》、倪在田《续明纪事本末》、沈云《台湾郑氏始末》。含糊说“率所部入海”的有顾炎武《明季三朝野史》、西亭凌雪《南天痕》、邹漪《明季遗闻》、瞿其美《粤游见闻》、林时对《荷牐丛谈》。据考，郑成功收兵南澳是毫无疑问的。参见郑绪荣：《郑成功转战潮州初探》，载郑绪荣辑编：《郑成功在潮州活动资料》，汕头：潮汕历史文化研究中心，2007年，第377~408页。

② （清）陈树芝纂修：《揭阳县志》，潮州：潮州市地方志办公室，2003年，第154页。

③ 参见（清）吴颖纂修：《潮州府志》，潮州：潮州市地方志办公室，2003年，第271页；（清）周硕勋纂修：《潮州府志》，潮州：潮州市地方志办公室、潮州市档案馆，2001年，第944~945页。

④ （清）杨英撰：《从征实录》，载《台湾文献丛刊》（第六辑），台北：台湾大通书局，1987年，第7~8页。

⑤ （清）萧麟趾纂修：《普宁县志》，潮州：潮州市地方志办公室，2007年，第387页。

⑥ 饶宗颐总纂：《潮州志》卷八《大事志二》，汕头：潮州修志馆，1949年。

则基本是以征服为主，当然也有“劫略（掠）”之行为，其中包括“抓丁”，虽然所掠人数没有具体记载，但这种情况是必然存在的。如《潮州志·大事志二》载：“（顺治十五年）夏四月，成功攻澄海县，陷之。……澄海知县祖之麟、守将刘振忠、教谕邝应运、典史江景云开门降。成功收城中军一千余人隶毛下。”①便是收编了城中的1 000多名士兵。如《潮州志·大事志二》载：“（顺治十五年）三月，郑成功遣右虎卫陈鹏统兵南下攻许龙，许龙率舟师出御失利，鹏掠其边民而回。”② 许龙是当时的地方豪强，自明末便驻南洋，经营日久，相对繁荣，这里的“掠其边民”，应该不在少数。

此外，还有跟随郑氏集团的潮人，即因本地豪强的归顺而带来的人口，这部分的人数可谓数以万计。

如，接受郑成功集团代明室册封的“九军贼”。“九军贼”为揭阳诸生刘公显于顺治二年聚众创立，顺治三年（1646）九月便攻陷揭阳县城，十一月初三攻打潮州府，死伤数百后败退，后于十一月八日“九军贼数万围攻乔林寨，几二月”，同时还有“揭九军贼三万余会潮阳泧水、洋乌”③。这些加起来，以5万人计是较为保守的。至顺治六年（1649），九军贼刘公显配合郑鸿逵与潮州府兵作战，人数仍多，是谓“九军籍鸿逵之船铳、鸿逵赖九军之多伙”④，后在合作中直接进入郑成功集团，《澄海县志》载：“（顺治七年）六月，郑成功率群盗黄海如、陈斌、刘公显等犯潮州府。”⑤

如，以澄海人黄海如为首的武装集团。《澄海县志》载：“顺治六年，舟过饶平县，黄海如引破南洋。”⑥ 他于顺治二年（1645）“闰六月初三日，率众犯潮州府，各县群盗蜂起附之，四厢屋宇尽毁，奸徒内应，潮郡将危”⑦。又于顺治七年（1650）六月，“勾引闽寇数万围府城者，五旬不解”⑧。具备这样的大阵仗，可见其实力非同一般。

又，郑成功引兵进入潮州后，逐一攻击各路豪强并吸收集团成员。这部分人应该最多，因为潮汕地区此期史料最常见，也可以说规模最大的8个武装集团中有6个被郑成功所征服。

《闽海纪要》载：“（顺治六年）冬十一月……黄海如、陈斌为巨寇，归成功。至是，导成功，遂入南阳，分兵剿许龙（原作‘隆’，避郑芝龙讳）诸贼及

---

① 饶宗颐总纂：《潮州志》卷八《大事志二》，汕头：潮州修志馆，1949年。
② 饶宗颐总纂：《潮州志》卷八《大事志二》，汕头：潮州修志馆，1949年。
③ （清）陈树芝纂修：《揭阳县志》，潮州：潮州市地方志办公室，2003年，第151页。
④ （清）陈树芝纂修：《揭阳县志》，潮州：潮州市地方志办公室，2003年，第154页。
⑤ （清）王岱纂修：《澄海县志》，潮州：潮州市地方志办公室，2004年，第166页。
⑥ （清）王岱纂修：《澄海县志》，潮州：潮州市地方志办公室，2004年，第166页。
⑦ （清）林杭学纂修：《潮州府志》，潮州：潮州市地方志办公室，2000年，第172页。
⑧ （清）林杭学纂修：《潮州府志》，潮州：潮州市地方志办公室，2000年，第172页。

达濠、新墟等寨，悉平之。”① 当时，豪强林立，较大的有7股势力，加上吴六奇走后复据大埔的江龙，一共为8股。《靖海志》载，“（顺治六年）时潮属多土豪拥据，三吴坝有吴六奇、黄岗有黄海如、南洋有许龙、澄海有杨广、海山有朱尧、潮阳有张礼、碣石有苏利等”②。黄海如集团已经归顺郑成功，并配合郑成功打败许龙（许龙后投清）集团，于是郑成功收了约两股势力；杨广、朱尧等随后分别投降，再收两股势力；“张礼拒命，立破其达濠、霞美二寨，进攻青林寨，张礼乞降，准其归命”③，又收了一股势力。于是，潮汕地区的大豪强，除了吴六奇、苏利外，几乎都是郑成功集团的兵员。

吴六奇集团归明永历帝旗下后随军出征，又一豪强江龙崛起于吴六奇故地大埔，在被围困时，江龙溃围奔投郑成功，郑成功又多了一股势力。至于苏利集团，郑成功于顺治七年（1650）“击碣石苏利，为所败而去”④，则是未能降服。

这样，合计8股豪强中，郑成功集团已然收有6股。余下的吴六奇集团于顺治七年正月又再易帜降清⑤；苏利也于顺治七年降清⑥，后左右逢源，“阴持两端”，被清军于康熙二年（1663）“讨平之”⑦。

至此，可以说，当时潮汕地区豪强不是投向清政权，便是跟随郑成功集团，这些豪强及其部下人数极为可观。

以上几股加入郑成功集团的潮属人员，他们有的在潮汕地区战死，如江龙在“顺治十一年十月，随闽寇来攻乌石寨，为寨民铳击死”⑧；有的在内讧中被杀，如黄海如于顺治七年“为闽寇所戮”⑨；有的在外地征战中兵败战死，如黄海如部下的“贼中枭将”“巨寇”陈斌，在征战浙江中被清兵所杀；⑩ 也有一些跟随郑成功收复台湾。那些得以幸存的中下层兵勇，在郑成功收复台湾后便留驻台湾。

---

① （清）夏琳：《闽海纪要》卷上之《成功伐潮州》，转引自郑绪荣辑编：《郑成功在潮州活动资料》，汕头：潮汕历史文化研究中心，2007年，第87页。

② （清）彭孙贻：《靖海志》卷1，转引自郑绪荣辑编：《郑成功在潮州活动资料》，汕头：潮汕历史文化研究中心，2007年，第87页。

③ （清）夏琳：《闽海纪要》卷上之《成功伐潮州》，转引自郑绪荣辑编：《郑成功在潮州活动资料》，汕头：潮汕历史文化研究中心，2007年，第87页。

④ （清）王岱纂修：《澄海县志》，潮州：潮州市地方志办公室，2004年，第167页。

⑤ 参见《清史传列选》（一），转引自郑绪荣辑编：《郑成功在潮州活动资料》，汕头：潮汕历史文化研究中心，2007年，第81页。

⑥ 参见《清史传列选》（一），转引自郑绪荣辑编：《郑成功在潮州活动资料》，汕头：潮汕历史文化研究中心，2007年，第81页。

⑦ 参见（清）郑亦邹：《郑成功传》卷上，转引自郑绪荣辑编：《郑成功在潮州活动资料》，汕头：潮汕历史文化研究中心，2007年，第94页。

⑧ （清）林杭学纂修：《潮州府志》，潮州：潮州市地方志办公室，2000年，第175页。

⑨ （清）王岱纂修：《澄海县志》，潮州：潮州市地方志办公室，2004年，第166页。

⑩ 参见（清）周硕勋纂修：《潮州府志》，潮州：潮州市地方志办公室、潮州市档案馆，2001年，第943～944页。

二、明郑台湾时期与邱辉的掳掠

郑成功于顺治十八年（1661）率主要兵力渡海征台，击败原侵占台湾的荷兰殖民者后，于康熙元年（1662）二月正式收复台湾。同年五月，郑成功卒，身后台湾政局呈短暂混乱状态。原镇守厦门的郑成功长子郑经于十一月整兵浮海渡台，数经反复，在郑氏内斗中取得胜利，遂主理台湾事务。当时台湾名义上仍奉大明为正统，因此本书视为“明郑政权”。

康熙二年（1663），清饶镇总兵吴六奇说服驻兵南澳的明郑政权杜辉等部降清，于是“自康熙二年十一月南澳镇杜辉、吴升投诚于清，至康熙三年三月张尧夫等投诚止，前后共计招收明将镇187员，兵丁4 354名，眷属3 692名，渡过百姓男女3万余口，驾来大小战船97只，澳地遂墟”[①]。潮汕局部稍见安宁。

康熙十二年（1673）十一月，云南吴三桂反清，翌年福建耿精忠亦反，耿精忠旧部、时任清政府潮州总兵的刘进忠随后响应，献潮州十一邑于耿精忠。清政府遂召集兵力夹攻潮州，耿精忠驰兵救援，又被素来有隙的明郑政权渡海入闽阻击，且郑经亲自带队。潮州刘进忠面对清政府的大兵压境，孤立无援之下遂投向明郑政权。之后台、潮合兵拒清，潮汕地区兵火延绵。

康熙十六年（1677）六月，刘进忠又降清，翌年马三奇任清潮州总兵。此时反清势力已弱。而随着清政权在闽粤的巩固和壮大，明郑政权僻居台湾，更陷孤立。在潮汕地区，主要是明郑政权邱辉部盘踞达濠，继续斗争。

正是在邱辉崛起并盘踞达濠期间，又产生了一波较大的移民潮。

邱辉，潮阳人，生年不详。邱辉的崛起至迟在康熙四年（1665），当时澄海人魏五“受台湾郑寇伪札，拥众千人游弋海上”四五年，被“邱辉设计杀之，尽并其众”[②]。敢于击溃受台湾明郑政权领导的船队，说明邱辉此时尚未归顺明郑政权，自然也未参加郑成功的复台战争。同时，邱辉这次消灭魏五集团的战斗也令各方势力侧目，是所谓“海上一震”。

邱辉真正归顺台湾明郑政权，则是在4年后。《台湾外记》载：康熙八年（1669），“邱辉自踞达濠有年，横行无忌，……辉欲以其众归郑经，遣人到厦，谋之江胜。胜许为汲引，辉具启投，胜为转陈，称：‘邱辉年少勇猛，船只广多，士兵精壮。……’经得启，下六官酌议。……以为义武镇，遣人赍印札，到达濠授辉”[③]。

---

① 饶宗颐总纂：《潮州志》卷八《大事志二》，汕头：潮州修志馆，1949年。

② （清）林杭学纂修：《潮州府志》，潮州：潮州市地方志办公室，2000年，第179页。

③ （清）江日昇撰：《台湾外记》，福州：福建人民出版社，1983年，第210页。邱辉投入明郑政权，距离郑成功逝世已有7年，有不少论述认为邱辉在郑成功时便已加入，甚至参与郑成功北伐、复台驱荷斗争等，还被视为“英雄”，这都是缺乏依据的。

记载中十分明确，邱辉是于康熙八年（1669）才通过台湾驻厦门的江胜引荐而投归明郑政权的。其中“年少勇猛”句，正好对应了康熙《潮州府志》的“自少投台湾为贼”[①]。这只能说明邱辉此时年龄不大，并不能说明他少时便投台湾。

在本期移民潮中，邱辉集团可以说扮演着至关重要的角色。邱辉本身是潮阳人，又长期活动于潮汕地区，相信其所带兵力也是以潮籍人口为主。这部分人后来进入台湾，在为明郑政权征战中消耗甚多。而数量更为庞大的移民是包括以数万计妇女在内的大量“掳掠”人口，十余年来持续输入台湾，以及邱辉离开大陆时几乎“席卷”整个达濠驻地人口而去。这些才是潮汕地区本阶段人口迁徙的重点。

这两部分，略述如下：

一部分体现在邱辉盘踞达濠时，劫掠人口输入台湾，仅妇女人口动辄便以数万计，竟致台湾“室家日多”。

康熙《潮州府志》载：“丘（邱）辉，绰号臭红肉，潮阳人，自少投台湾为贼，沿海劫掠十余年。……流劫海阳、潮阳、揭阳、澄海、惠来、普宁数百十乡寨，掳去妇女前后不啻数万，以貌之好丑估价听赎，否则卖台湾为婢妾，男子则卖为奴，或以代牛，病者立杀之。僵尸遍野。”[②] 嘉庆《澄海县志》也有类似记录：“掳男女数万，以貌之好丑判价之低昂，张姓名通衢听赎，如其值则归之。否则，女卖台湾为婢，男则鬻为奴。或以代耕牛，老、病者立杀之。僵尸遍野，从来寇祸未有如辉之残毒者。”[③]

《台湾外记》载：“（邱辉）所有虏掠妇女，悉系台湾船只贩卖，因而室家日多。”[④]

上引两种材料两相对照：潮汕的地方志书说是邱辉劫掠了数万人口，仅妇女就以万计，除了被赎回的都卖往台湾；台湾方面则说全部是台湾买去，妇女的持续输入，令台湾人口户数大增。

此外，上面的材料都称是“卖”，而不是“送”，这可看出是邱辉未归明郑政权时所为。

在邱辉投向明郑政权的隔年，康熙《潮州府志》称：“庚戌（1670）以后，（邱辉）受台湾伪札，公然开府于达濠，置市廛数百间，擅一府鱼盐之利，潮商买盐上广济桥贩卖，非有贼票不敢出港也。”[⑤] 说明邱辉已经凭票交易，比较规

---

① （清）林杭学纂修：《潮州府志》，潮州：潮州市地方志办公室，2000 年，第 179 页。

② （清）林杭学纂修：《潮州府志》，潮州：潮州市地方志办公室，2000 年，第 179 页。

③ （清）李书吉纂修：《澄海县志》，载《中国地方志集成·广东府县志辑·嘉庆澄海县志/光绪海阳县志》，上海：上海书店出版社，2003 年，第 261 页。

④ （清）江日昇撰：《台湾外记》，福州：福建人民出版社，1983 年，第 210 页。

⑤ （清）林杭学纂修：《潮州府志》，潮州：潮州市地方志办公室，2000 年，第 179 页。

矩了。此后，他盘踞达濠近十年，其间受明郑政权指派又协助刘进忠抗清，曾镇守潮阳、惠来，兵源充足不必“拉壮丁”。而明确“日事劫掠”等具体情节的记录，各文献就再没出现。

其实，按常理推测，作为接济明郑政权的大陆前线领导者，邱辉再明目张胆从事“日事劫掠”，继续其在潮汕地区前无古人的大规模劫掠人口行径，必然会影响到民间贸易及达濠的经营，进而妨碍到明郑政权的政治声誉和反清大业。因此，邱辉加入明郑政权后有所收敛，并做到“善为交通接济，货物兴贩，而台日盛”①，这是完全可以理解的。

另一部分，体现在邱辉离开达濠时，在自身几无损失的情况下“席卷”整埠人口迁往台湾本岛，去程途中还劫掠千余妇女。

康熙十九年（1680），邱辉在达濠“焚其巢”后随郑经驻厦门。自己焚巢，则说明未有多大战斗减员，是主动率众而去合兵明郑。厦门破，郑经回台湾，邱辉则回师达濠继续“日事劫掠”，劫掠的自然包括大量的人口——此时继续劫掠，看来是“焚其巢”后便思退路了，果然在同年清兵集中力量围攻达濠时，邱辉立即“席卷而去”。

这最后一场的战斗，各种材料都未记载官兵具体擒俘战绩，如《海阳县志》载：“十九年，海寇败遁，辉焚巢随之厦门，二月念七日（即二月廿七日，1680年3月27日）厦门破，辉还据达濠，日事劫掠，提镇遣副将蔡茂植、周琬剿之，相持数月，辉战败退。”② 这则材料仅仅是言及“辉战败退”，有悖官方方志往往大书功劳的惯例，从侧面说明邱辉损失不大，并再次说明是先有预谋的。还有一个材料可供佐证，见《潮州志》载：“（邱）辉料启圣必移师南澳，达濠孤军恐难保守，欲移民东渡。”③ 可见在清兵未至之前，邱辉便打算东渡了。

《台湾外记》录有邱辉与江胜的对话，可知“席卷”而走台湾类似于整体人口迁徙：“启圣与正色大队舟师悉在铜山，将欲进剿。邱辉向胜（江胜）谋曰：‘今者铜山、粤东虽无舟楫，而启圣必移师南澳、达濠，孤军恐难与敌。欲将埠头居民悉移东都（台湾），何如？’胜曰：‘此万全之策。’辉、胜席卷而去，……”④ 此则材料明确记录了邱辉是带着所有达濠居民而去，而且是在清军将要进剿的时候，便先与江胜预谋，清兵未来便先“席卷而去”，则几无战斗减员。

由达濠出走途中，邱辉还“扬帆掳惠来、海丰妇女千余人”⑤。

---

① （清）江日昇撰：《台湾外记》，福州：福建人民出版社，1983年，第210页。

② （清）金一凤纂修：《海阳县志》，潮州：潮州市地方志办公室，2001年，第27页。

③ 饶宗颐总纂：《潮州志》卷八《大事志二》，汕头：潮州修志馆，1949年。

④ （清）江日昇撰：《台湾外记》，福州：福建人民出版社，1983年，第307页。

⑤ 参见（清）林杭学纂修：《潮州府志》，潮州：潮州市地方志办公室，2000年，第179页；（清）金一凤纂修：《海阳县志》，潮州：潮州市地方志办公室，2001年，第28页。

达濠埠往台湾，惯常的航线是从东、东南经澎湖列岛进入台湾本岛，邱辉却没有沿正常海路走，而是选择绕道西边的惠来，按《大明一统志》，是“（惠来）在府城南一百一十里”①；按《钦定大清一统志》，是“（惠来）在（潮州）府西南二百七十里，……东至潮阳界八十里……南至神泉司海岸十五里……东南至靖海所海岸六十里，西南至陆丰县界七十里……”② 无论如何，邱辉的实际路线都是西去约百里进惠来，再经陆丰海域又向西进入海丰地界（已属惠州府），才能“掳”妇女“千余人”。这可能也是邱辉兜一大圈才掉头东向的原因。

各书未见有官兵追截、迎敌的记载，雍正《惠来县志》甚至对康熙十九年的事只字不提，仅大肆歌颂知县张秉政如何在“十八年五月”率乡勇力拒邱辉，杀“贼魁二十余”③（粗窥潮汕诸方志，雍正《惠来县志》为官方颂功方面表现得较为突出，如“刘进忠之变”等）。可见邱辉撤出达濠后从容不迫，根本无败军之迹象。《海阳县志》且言他掳掠后“又入广海，将与周昌合伙，昌不纳，又还台湾”④。

很明显，这些体现邱辉往去自如的材料透露出一些信息：第一，佐证邱辉很可能是主动放弃达濠，去台湾时部属仍多；第二，坐实邱辉临走还带走大量妇女移民的事实。

邱辉后来战死于康熙二十二年（1683）清兵攻台之役，表现得颇为惨烈，《台湾外记》称其在清军围攻中往来冲锋，双足被逐一打断仍奋战至自杀：“惟邱辉一船，往来接应，挥炮乱击，其势雄猛，而江新、陈儒、曾成、陈义、施世骠、黄勇、许英、李光琅等合攻。儒搭钩钩住辉船，辉一刀砍断开去；其左足被观光炮打断，尚抖擞精神，船中跳舞，督其左右抛掷火罐、火桶、火箭、矢石以御，忽左右足俱为炮伤，负痛死战。迨见势迫，遂自抛火于官舱，药桶齐发，焚死。”⑤ 有论者认为邱辉有这样“英勇”的性格，不应该有大量掳掠妇女、老病者立杀之的凶残行为。其实，“残酷”往往与“英勇”相伴而生，因为他们通常都有超乎常人的感应阀。

综上所述，经邱辉部之手移居台湾的潮人数量极其庞大。这些人员到了台湾后被安插在台湾各地，《台湾外记》载：“时邱辉、江胜至台见（郑）经，经各分配屯地安插。”⑥ 其中，早期卖往台湾的是“病者立杀之。僵尸遍野”⑦。

---

①《大明一统志》卷80《潮州府》，载潮州市地方志办公室辑录：《明清一统志/万历广东通志·潮州府》，潮州：潮州市地方志办公室，2005年，第3页。

②《钦定大清一统志》卷344《潮州府》，载潮州市地方志办公室辑录：《明清一统志/万历广东通志·潮州府》，潮州：潮州市地方志办公室，2005年，第16页。

③（清）张玿美纂修：《惠来县志》，潮州：潮州市地方志办公室，2007年，163页。

④（清）金一凤纂修：《海阳县志》，潮州：潮州市地方志办公室，2001年，第27页。

⑤（清）江日昇撰：《台湾外记》，福州：福建人民出版社，1983年，第343~344页。

⑥（清）江日昇撰：《台湾外记》，福州：福建人民出版社，1983年，第307页。

⑦（清）林杭学纂修：《潮州府志》，潮州：潮州市地方志办公室，2000年，第179页。

尤应指出的是，在康熙《潮州府志》之《兵事》章中一共有 136 条记录，具体描述了至修志时历代潮汕兵事及盗寇动乱之事，作者直言邱辉是史上第一惨毒者。康熙《潮州府志》完稿时间为康熙二十三年（1684），距邱辉战死仅一年左右，应该较为可信；同书同作者，则记述上笔法应相对一致，像“臭红肉丘辉之变”这样详细记录“掳掠”数以万计妇女平民进行贩卖，甚至整埠“席卷”，临走再“掳”走大量妇女的行为，136 条记录中确实没有与之相类者。因此康熙《潮州府志》称：“从来寇祸，未有丘（邱）辉之惨毒者。”①

事实上，后来遭文明社会谴责的“卖猪仔”行为，还有不少是自愿的契约劳工，且罕见买卖妇幼的记录；日寇入潮，也未见如此作为；国民党残兵经潮汕地区出海，惊弓之鸟的胡琏兵团拉壮丁尚能做到“能抓不杀，不及妇孺”。而邱辉的行为，则是多方佐证、明确记录在案的。

也许可以说，邱辉是潮汕史上迄今为止最不人道的罪犯。当然，从海外移民角度来看，他唯一值得一书的是促进人员的流通——倘若认为这是贡献的话。

三、台湾人口的回流

据《台湾省通志》载，明郑政权在台湾存在的 20 多年间，台湾的汉族人口迅速增加到 12 万余人，超过了原住民的人数。② 从上述郑成功时期、台湾明郑政权时期各种移台人口看，这 12 万余人口中，如果说有 3 万 ~ 5 万人来自潮属诸县，似乎也并不为过。

康熙二十二年（1683），原明郑政权将领施琅率清兵攻击台湾，郑氏溃败降清，明郑政权遂亡。之后，台湾岛上大量人口回流大陆，数量可能“近有其半”。在康熙二十三年（1684）施琅的上疏中称：“自臣去岁奉旨荡平伪藩，伪文武官员、丁卒与各省难民相率还籍，近有其半。”③ 可见回流者之多。

这些回流人口中，估计潮人占了绝大多数。其原因正如上文所述，这些潮属人口都是被“掳掠”或裹挟而去，且进岛时间不长，如邱辉在康熙十九年（1680）迁徙达濠人口入台，仅三年不足，在并非自愿的情况下人口回流的可能性自然极大。

此外，由于潮人多为“盗寇”的历史已成世人印象，在闽海转战数十年的施琅眼中，为防止台湾成“盗薮”，严禁潮人渡台是正常的举措，《台海使槎录》载：“终将军施琅之世，严禁粤中惠、潮之民，不许渡台。盖恶惠、潮之地素为

① （清）林杭学纂修：《潮州府志》，潮州：潮州市地方志办公室，2000 年，第 179 页。

② 参见台湾省文献委员会编：《台湾省通志》卷 8《同胄志》，台北：台湾省文献委员会，1972 年，第 51 ~ 52 页。

③ （清）施琅：《壤地初辟疏》，载（清）施琅撰，王铎全校注：《靖海纪事》，福州：福建人民出版社，1983 年，第 129 页。

海盗渊薮，而积习未忘也。”①

这些，应该是现今潮人人口数量在台湾不占主流的最重要原因，倘若以此反推，便否认此时期存在的潮人移台潮，或者无视邱辉等人的掳掠行为，理由并不充分。

第三节 向其他地区的移民

移居台湾的人口，后来有一些未回原籍也未再驻留，他们或出于谋生考虑，或继续反清复明，辗转南洋。这其中，自然包含有原来移台的若干潮属人口。潮汕地区人口在此期也有外出海外者，其主要是来源于贸易活动。这两部分，造就了本时期潮人在东南亚、东亚的移民。

日本学者岩生成一在荷兰和日本的文献中发现，顺治七年（1650）和九年（1652）已经有潮州船到日本贸易。《华夷变态》和《唐通事会所日录》记载了在迁海界那一段时间里，潮州商船往来日本的事迹。据黄挺先生《潮商文化》的统计：从1663年至1677年，便存在6次有明确船号、起止日期、出发地、简要航海纪事等商船的记录。其中4艘船是从豪强许龙的南洋寨港口出发；另外1艘船是刘进忠所派，1艘船是尚之信所派。刘进忠、尚之信都是“时明时清”、反复无常的，也是名义上的潮州府最高官员。据《唐通事会所日录》载，在康熙三年（1664）之前，出现了几次碣石卫的贸易船，则应该是豪强苏利所有。②

这些对日贸易，还继承了明代海商的经营方式，在“中国—东南亚—日本”之间营造起一个海上贸易网络。北上日本，南下暹罗、广南贸易可说是当时较为普遍的贸易商路。冬季从潮州载货南下，到东南亚销售。夏天又从东南亚载货北上，经过中国沿海口岸，以长崎为终点港。如上述豪强许龙的“壹番潮州船”，1666年2月2日自潮州南洋出船到暹罗、广南，6月6日，启程回南洋。到了附近，已经无法回到南洋，只好到长崎。11月26日、27日分别自长崎出船回国。这些都说明在清初乱局情况下，包括地方官员、豪强集团等，都是边战边商，从未停止过出洋贸易行为。

即使是海禁、迁界最严厉的时间段，仍然有潮人冒险移居东南亚。如饶宗颐先生《潮州居民及其早期海外移殖》便载有这样的事例：“揭阳湖山罗氏族谱说，他的祖先罗用岐，曾于康熙十三年（1674）至吧城。这时正值迁界时期，可

---

① 黄叔璥：《台海使槎录》，转引自李祖基：《论清代移民台湾之政策——兼评〈中国移民史〉之“台湾的移民垦殖”》，载《历史研究》，2001年第3期。

② 参见黄挺：《潮商文化》，北京：华文出版社，2008年，第139～142页。

见尚有漏网之辈。”① 文中的“吧城”即荷属东印度巴达维亚。有 1 人则有 1 船，且此时期的出洋，一去而不能归，可以说是真正意义上的移民。

首部华侨史著作《南洋华侨史略》这样述说：“明清过渡时代南渡最多者，漳、泉、惠、潮诸郡人。大都不了然其家谱籍贯者，亦漳、泉、惠、潮诸郡人。职是之故也。嗟乎！漳、泉、惠、潮人乎！我漳、泉、惠、潮之同胞乎！尔数典而忘其祖乎？尔忘满清政府之杀尔祖若宗乎？礼曰：‘父仇不共戴天。’父者出于祖者也，父仇既不可与共天，祖仇当亦如之。”②

上引处后几句有作者出于革命宣传需要而煽情之说辞。这里只是说明，“明清过渡”时期中国移民南洋者不在少数，其中最多的包括潮人，只是时代久远，又经海禁而通信隔绝等缘故，因此不少移民已普遍融入当地社会。应该指出的是，该书署名“炉魂君赠序”中有“羲胤去冬返自南洋”，作者自序中又有“去日京而之阁婆古国”“两载于兹矣”等句，说明作者是曾身在南洋并作了深入考察，其结论并非泛泛而言。

第四节　阶段小结

综上所述，清初阶段潮人的海外移居，以台湾地区为主，兼及东南亚、东亚等处，堪称形成早期移民潮。但与历次移民不同的是，在此期作为主流的台湾移民人口中，除了一部分留驻当地外，有很大一部分是复回故土，当然，也有若干谋求“反清复明”而二次移民东南亚的。

① 转引自郑可茵、赵学萍、吴里阳辑编点校：《汕头开埠及开埠前后社情资料》，汕头：潮汕历史文化研究中心等，2003 年，第 60 页。

② 羲皇正胤：《南洋华侨史略》，载《民报》，日本秘密印行（标称“法国巴黎濮吕街四号”），1910 年第 25、26 号。

第六章
清代开海：大规模移民

康熙二十二年（1683），清政府将台湾纳入版图，次年，清政府正式停止海禁，“百姓乐于沿海居住，原因海上可以贸易捕鱼，先因海寇，故海禁不开。今海氛廓清，更何所待。……直隶、山东、江南、浙江、福建、广东各省，先定海禁处分之例，应尽停止。若有违禁将硝、磺、军器等物私载出洋贸易者，仍照例处分”。康熙二十四年（1685）重申：“今海内一统，寰宇宁谧，满汉人民相同一体，令出洋贸易，以彰富庶之治，得旨开海贸易。”① 同年，清政府又设立江（松江）、浙（宁波）、闽（泉州）和粤（广州）四个海关，管理海上贸易事务。潮州的海阳、潮阳、揭阳、饶平、澄海、惠来等地都有粤海关税口。此后，虽有反复，但再未真正实行严格海禁，雍正五年（1727）宣布废除南洋禁海令后更是如此。②

海禁的松弛和社会大局的相对稳定，令潮汕地区自明朝开始的“山海盗寇”局面渐告结束，潮汕社会秩序良性恢复，海洋文化商业社会得以发展。这样，海上商贸活动日趋活跃，如《粤海关志》所载，自康熙二十三年（1684）开海贸易后，“粤东之海，东起潮州，西尽廉，南尽琼崖。凡分三路，在在均有出海门户。自海禁既开，帆樯鳞集”③。

随着海上商贸的活跃，从清代开海至鸦片战争后、汕头开埠（1860）前的170多年时间里，潮汕地区逐渐出现规模空前的海外移民浪潮，尤其是中暹大米贸易的开展和潮裔郑信执政于暹罗吞武里王朝（1769—1782）期间，形成了一个潮人移居暹罗高峰期。

在本阶段中后期，海外潮人移民社会业已出现。

---

① （清）嵇璜、刘墉等撰，（清）纪昀等校：《清朝文献通考》，台北：新兴书局，1965年，第5155、5156页。

② 参见黄启臣：《清代前期海外贸易的发展》，载《历史研究》，1986年第4期。

③ （清）梁廷枏撰：《粤海关志》卷5《口岸一》，载《四库全书·史部·政书类》，三颂堂影印本，第509页。

第一节　港口、造船及外贸形势

经过明清更迭之际的动荡，潮汕地区自康熙二十三年（1684）停止海禁后社会安定，对外贸易空前发达，这可从港口业、造船业的迅猛发展得到佐证。

一、港口业

这段时期潮汕地区口岸众多，这从《粤海关志》的记载中便可看出。康熙二十四年（1685）清政府设定粤海关，当时厘定关榷官制，有兼管，有简充，但天下海关“惟广东粤海，专设监督，诚重其任也”。粤海关除了省城大关和澳门总口外，分别在惠州、潮州、高州、琼州及雷廉设置5个总口，潮州的总口称“庵埠总口”。粤海关的31个正税口中9个在潮州，22个挂号口中10个在潮州，这10个挂号口分别是：庵埠总口下的汕头、双溪、溪东3口，潮阳正税口下的后溪、海门、达濠3口，澄海正税口下的南洋、卡路2口，东陇正税口下的樟林1口，黄冈正税口下的乌塘1口。所谓“是非有往来之利，无覆溺之虞”①。这些挂号口负责报关登记、填写税单和收纳关税，能列为挂号口的港口，自然是当地主要的进出口港口。

潮汕地区此期影响最大的港口为樟林港及沙汕头，前者是潮人下南洋的最主要出发地。

樟林大约位于今汕头市澄海区北部，樟林港就在韩江北溪的出海口。在海关等级方面，它属于潮汕地区“总税口”庵埠总口管辖的“正税口”东陇口之下的一个挂号口。② 不过樟林人货多且来往频繁，逐渐成为最为耀眼的口岸，遂有不少文献将后期的樟林港和东陇港等同视之，并且有将樟林港的延伸停泊点旗岭称为“旗岭港”，甚至将旗岭港、东陇港视为同一港，见嘉庆二十年（1815）刊行的《澄海县志》载：“旗岭港距城北十五里南洋，大洲港之北，合东陇港为一港，凡往来客舟多泊于此。东陇港距城北二十里，在东陇村外，自韩江而来，至隆都合樟林之水而入海。”③

---

① 参见（清）梁廷枏撰：《粤海关志》卷5《口岸一》，载《四库全书·史部·政书类》，三颂堂影印本，第509~510页；（清）梁廷枏撰：《粤海关志》卷6《口岸二·庵埠总口图》，载《四库全书·史部·政书类》，三颂堂影印本，第532页。

② 参见（清）梁廷枏撰：《粤海关志》卷6《口岸二·东陇口图·樟林附》，载《四库全书·史部·政书类》，三颂堂影印本，第536页。

③ （清）李书吉纂修：《澄海县志》，载《中国地方志集成·广东府县志辑·嘉庆澄海县志/光绪海阳县志》，上海：上海书店出版社，2002年，第70页。

据黄挺先生《潮商文化》的梳理，樟林和樟林港的崛起概况大略如下：

明代嘉靖三十五年（1556）樟林寨创建，港口转移到樟林。到了天启三年（1623），樟林始建商埠。康熙七年（1668）海界展复，重修了被破坏的樟林寨城，并将东陇河泊所迁到城里。雍正九年（1731），裁去东陇河泊所，改置樟林巡检司。樟林的地位上升了，过往的海船也越来越多。乾隆年间，樟林港发展得非常繁盛。乾隆七年（1742），澄海知县杨天德出告示招商民盖建铺屋102间，事见乾隆五十六年（1791）所立《樟林扩埠碑记》。此时候，清政府开始鼓励本国商人从暹罗等地运米回粤，正是中暹大米贸易给樟林港带来了迅速发展的机遇。樟林埠很快变成一个有六社八街的大市镇。常住人口有七八万之多。到了嘉庆以后，又修建了新兴街和元通街，大塘桥以南的一段官路（铺仔前街）也发展起商业铺号，更显繁荣。①

樟林港是本期潮人移民的主要出发地，一直到鸦片战争后、汕头开埠，该港在潮汕地区移民潮中都占有举足轻重的地位。

沙汕头，是本期地方志书对汕头口岸的称呼，在《粤海关志》中官方的说法是“汕头”口。它虽然与樟林口一样是挂号小口，但直属于庵埠总口，海关行政等级上应该与樟林口的上属东陇口相仿。② 在明中叶，沙汕头已有渔船聚集，至迟到嘉庆间，沙汕头与樟林成为潮汕地区两个最大的商贸港，以至于东陇被称为“北汕头”。嘉庆《澄海县志》载:“数十年来，或徙泊珠池，或转泊涂泊，今则尽出沙汕头、东陇港两埠矣”“北汕头，即东陇，城东北二十里”，而其盛况是“每当春秋风信，东西两港以及溪东、南陇、沙汕头、东陇港之间，扬航捆载而来者，不下千万计”。③ 由此可见嘉庆时汕头港口之繁华，而本期的出洋贸易，也多有从这里进出者。该港的概况详见下章。

除了樟林港和沙汕头外，本期的主要港口还有南港、庵埠、海门、达濠等。

南港，在当时澄海县境内。它位于澄海县城东南外，乾隆《潮州府志》载：“南港……外即大海，有小莱芜山坐镇口外，为商、渔船只出入咽喉。”④ 嘉庆《澄海县志》载：“南港距城南五里，自横陇溪南流至大牙，分一派经上窖、沈洲、外砂等村入海。”开海后，往来南北的商船多在这里停泊，并形成墟市，“南港内者，曰白砂埠，距城东南一十里。……渔船所泊，建铺千百，竟聚为埠”。⑤

---

① 参见黄挺：《潮商文化》，北京：华文出版社，2008年，第145页。

② 参见（清）梁廷枏撰：《粤海关志》卷6《口岸二·目录》《口岸二·庵埠总口图》，载《四库全书·史部·政书类》，三颂堂影印本，第530、532页。

③ （清）李书吉纂修：《澄海县志》，载《中国地方志集成·广东府县志辑·嘉庆澄海县志/光绪海阳县志》，上海：上海书店出版社，2002年，第75、76页。

④ （清）周硕勋纂修：《潮州府志》，潮州：潮州市地方志办公室、潮州市档案馆，2001年，第833页。

⑤ （清）李书吉纂修：《澄海县志》，载《中国地方志集成·广东府县志辑·嘉庆澄海县志/光绪海阳县志》，上海：上海书店出版社，2003年，第71、75页。

庵埠，在当时海阳县境内。它位于韩江下游梅溪西侧，梅溪向南出海又分两汊：一个由溪东港出海，一个由鸥汀港（亦称东港）出海。因此海上交通相当便利。大约在明代后期，庵埠的海上贸易已有一定基础，当时梅溪出海处东港、西港与溪东港都形成埠市，是所谓“商贾舟船所聚，兴贩所集”。康熙二十四年（1685）粤海关创立，便设有庵埠总口，该总口是潮汕地区海关的最高管理机构。① 由于商贸繁荣，雍正时已经将潮州府通判移驻此地，雍正《海阳县志·龙都溪图考》载：“以吴越八闽之舶，时挟资来游，丛聚日众，移通判以驻其地。”② 乾隆时，庵埠港“地当海、澄交界，实为海、揭、潮、澄四县之通市，商贾舟楫辐”③，成为繁华之处。

海门和达濠在当时的潮阳县境内，由于都处于海路要道、商贸繁华之地，两地分别于明洪武二十七年（1394）、康熙五十六年（1717）建有海门城、达濠城，又先后形成海门市、达濠市这两个潮阳境内较为大型的集墟。粤海关成立后，潮阳正税口三个挂号小口中便有海门和达濠，可见其出入船舶及人货来往还是较多的。海门被《韩江闻见录》称为潮州境内海信最准者，所谓“我邑潮信应月，惟海门为最准”。而达濠，在本期更是“艘舶鳞编”。④

综上所述，此期潮汕地区的对外贸易极其发达，其中以樟林、沙汕头为主的澄海县境的港口占了极大的份额。所谓“自展复以来，海不扬波，富商巨贾卒操奇赢，兴贩他省，上溯津门，下通台厦，象犀金玉与夫锦绣皮币之属，千艘万舶，悉由澄分达诸邑。其自海南诸郡转输米石者尤为全潮所仰给”⑤。

二、造船业

清代至本阶段末，潮汕地区海船在广东省属于数量最大、装载最多者。外国人称汕头港口开出的潮汕地区外贸木船为特大船队，能运载一万担（500 吨）左右的大木船十分多，“在汕头和安南、交趾支那、海峡属地以及暹罗诸港之间贸易”，“在汕头向外开放贸易以前，这个船队曾在该港口居民中留下事业心很强、

① 参见（清）梁廷枏撰：《粤海关志》卷 6《口岸二·目录》《口岸二·庵埠总口图》，载《四库全书·史部·政书类》，三颂堂影印本，第 530、532 页。

② （清）张士琏纂修：《海阳县志》，潮州：潮州市地方志办公室，2002 年，第 29 页。

③ （清）周硕勋纂修：《潮州府志》，潮州：潮州市地方志办公室、潮州市档案馆，2001 年，第 834 页。

④ 参见（清）周恒重修：《潮阳县志》，汕州：潮阳市地方志编纂委员会办公室，2000 年，第 24、28、40 ~ 41 页；（清）郑昌时著，吴二持校注：《韩江闻见录》，上海：上海古籍出版社，1995 年，第 191 页。

⑤ （清）李书吉纂修：《澄海县志》，载《中国地方志集成·广东府县志辑·嘉庆澄海县志/光绪海阳县志》，上海：上海书店出版社，2003 年，第 76 页。

航海本领极高的美名”。[1]

此时的造船业，从技术方面看，清初已显停滞迹象，之后有清一代，中国古代造船及航海事业原本在世界的领先地位，逐渐被西欧各国赶超，这与清代对民间造船的限制，束缚了社会技术力量的自由发展而导致行业处于较为低端的发展状态有一定的关系。

在潮汕地区，开海后仍存在针对海船修造及管理的种种限制。康熙二十三年（1684），解禁（海禁）当年便限制出海船舶载重量在500石以下。[2] 康熙四十二年（1703），又限制出海船舶只准用双桅，梁头（大桅之前隔舱板的横梁，也就是船体最宽处）不得超过一丈八尺，船工不能超过28名。造船之前，还必须经过州县长官审查，造船者的确是财产殷实的良民，再由保甲、宗族和邻右当堂画押作为保人，然后才可以着手修造。康熙五十六年（1717）规定：“嗣后洋船初造时，报明海关监督，地方官亲验印烙、取船户甘结，并将船只丈尺、客商姓名、货物、往某处贸易，填给船单，令沿海口岸文武官照单严查，按月册报督抚存案。”[3] 雍正五年（1727）海禁重开之后，船只的尺寸和船工的人数都逾越了原来的规定，限制条件这才逐渐放宽。

尽管如此，由于政治稳定，经济发展迅速，沿海、内河水运繁荣，潮汕地区的造船业仍有较大发展。

潮汕地区的造船业在广东全省占有重要位置。此期广东的造船工场主要分布于广州、东莞、顺德、高州、海口、清澜、乐会、潮州、潮阳、澄海（含东陇、南洋、卡路）、惠州、汕尾、南澳等地，所造海船种类颇多。按制造地区来区分，分别为：广东船、潮州船、高州船、海南船。[4] 这13个主要造船基地中，潮汕地区便有潮州、潮阳、澄海、南澳4个，份额约占全省的31%。仅乾隆以后在澄海县注册的双桅远洋商船，其数量至少是3位数。具体到樟林港的商人，已拥有几十艘海上贸易船，由此可见潮汕地区造船业的规模。雍正二年（1724），广东官府设五大营造船厂，分别为：广州府厂（设于广州河南）、潮州府厂（设于庵埠）、琼州府厂（设于海口）、高州府厂（设于芷芋，后在龙门设分厂）、运司厂（设于广州）。[5] 设于庵埠的潮州府厂名列广东官方造船厂第二位，由此可见潮州

---

① 参见 Trade Reports，汕头，1879，pp. 206 – 207，转引自聂宝璋编：《中国近代航运史资料（1840—1895）·第一辑》（下册），上海：上海人民出版社，1983年，第1310～1311页。

② 广东省地方史志编纂委员会编：《广东省志·船舶工业志》（光盘版），广州：广东省科技音像出版社，1996年，第44页。

③ 《清实录·圣祖实录》卷271，康熙五十六年正月庚辰，《清实录》第六册《圣祖实录》（三），北京：中华书局，1985年，第659页。

④ 广东省地方史志编纂委员会编：《广东省志·船舶工业志》，广州：广东人民出版社，2000年，第44页。

⑤ 广东省地方史志编纂委员会编：《广东省志·船舶工业志》，广州：广东人民出版社，2000年，第10页。

造船的技术力量在全省的地位。

潮汕地区所产艚船仍然是广东主要海运船舶之一。此时期的艚船，据屈大均《广东新语》描述："其漂洋者曰白艚、乌艚，合铁力大木为之。形如槽然，故曰艚。首尾又状海鳅（鲸），白者有两黑眼，乌者有两白眼。海鳅远见以为同类，不吞噬。"① 又据《粤中见闻》载："至于下海，风涛多险，船须厚重。船底从一木以为梁，舱横数木以为担。有梁、担则船坚劲，食水可深，风涛不能掀簸。扬篷而行，不费人力。"② 此期船型大约如此，但早先船体所用为铁力木，由于清政府准许海商从暹罗造船回国，后来就多采用楠木、麻栗木等。

同时，潮汕地区此时有了位于暹罗的海外造船基地。

可能在康熙开海不久，便有海商到外国造船，因为在康熙三十三年（1694）便有禁令，说见《清朝文献通考》："三十三年，禁商人在外国造船、私带军器。"③ 依常理推测，应该是造船之风已起才会下禁令。如是，则造船点应该在暹罗，因为海商在海外造船点几乎都在暹罗。

在大米贸易前期，便有关于潮人参与暹罗船业的记载。如《清实录》载："有船商金协顺、陈澄发装载暹罗国货物来粤贸易，……饬传暹罗国贡使丕雅史滑厘询问。据称金协顺、陈澄发二船，委系由该国新造来粤，因该国民人不谙营运，是以多请福潮船户代驾。"④ 这里，所谓新造、代驾的船舶，就是暹罗方面委托福建、潮州人所造。清政府允许并鼓励内地商人往暹罗买米造船，因为这比暹罗商人自行运米输入更为便利和快捷。不少潮商遂利用当地优质的柚木和廉价劳动力的优势，到暹罗参与造船，船造成后再运米回国贩卖，有的甚至连船带米一并出售，获利更厚。到曼谷王朝，"根据拉玛二世（1809—1824 年在位）的统计数字，暹罗官吏有帆船 25 艘，华侨有 48 艘"⑤。另一个数据是，"在 1821 年左右，华侨在暹罗投资所制造的帆船为数已达 136 只"⑥。拉玛三世（1824—1851 年在位）曾在曼谷然那哇寺修造了一个中国式帆船的模型，用以表彰华侨创造的不可磨灭的功绩。

当时暹罗与潮汕联系频繁，潮人又是暹罗华侨中的主要人口，往来最为活

---

① （清）屈大均：《战船》，载（清）屈大均著，李育中等注：《〈广东新语〉注》，广州：广东人民出版社，1991 年，第 479 页。

② （清）范端昂撰，汤志岳点校、注释：《粤中见闻》，广州：广东高等教育出版社，1988 年，第 271 页。

③ （清）嵇璜、刘墉等撰，（清）纪昀等校：《清朝文献通考》，台北：新兴书局，1965 年，第 5155 页。

④ 《清实录·仁宗实录》卷 185，嘉庆十二年九月丁未，《清实录》第三十册《仁宗实录》（三），北京：中华书局，1985 年，第 434 页。

⑤ ［泰］提拉沙瓦：《在泰国：为什么泰人做生意做不过中国人》（泰文），转引自中山大学东南亚史研究所编：《泰国史》，广州：广东人民出版社，1987 年，第 146 页。

⑥ ［苏格兰］克劳佛特：《印度半岛史》（卷 3），转引自田汝康：《十七世纪至十九世纪中叶中国帆船在东南亚洲航运和商业上的地位》，载《历史研究》，1956 年第 8 期。

跃，出于材料优良、造价低廉、手续简便等综合因素考虑，暹罗遂成为潮汕的造船基地。尤其是俗称“红头船”的广东船舶，便有不少为暹罗所造。红头船建造大者约万金，小者亦四五千金，来往樟林港的红头船大多数是在暹罗建造的。[①] 如西方资料显示：吞武里王朝时期，与皇室关系密切的潮州人王来虎（Ong Lai－hu，或黄赖夫），其子满盛（Mua Seng，或茂盛），每年至少装配10～15艘船到广州贸易，并在尖竹汶建造两艘新船，获得清政府牌照后便往返贸易；王来虎的另一个儿子尖竹汶富商林伍（Lin Ngou）负责装配皇家帆船，每年往返中国贸易。[②] 类似王家这样的例子，应该不在少数。1971年，澄海东里南洲出土一艘红头船，船身长39米，宽13米，5层船舱，49片壁板，船的木料便是泰国楠木，使用铜钉拼接。[③] 这应该是潮人在泰国所造船只。

红头船并非潮汕所特有，而是雍正元年（1723）时清政府所规定的船型：“雍正元年题准，出海商渔船，自船头起至鹿耳梁头止，大桅上截一半各照省分油饰：江南用青油漆饰，白色钩字；浙江用白油漆饰，绿色钩字；福建用绿油漆饰，红色钩字；广东用红油漆饰，青色钩字。船头两披刊刻‘某省某州县某字某号’字样。沿海汛口及巡哨官弁凡遇商渔船，验系照依各本省油饰刊刻字号者，即系民船，当即放行。如无油饰刊刻字号，即系匪船，拘留究讯。”[④] 可见这个规定始于雍正元年，一开始是用于官兵辨析、防止山海盗寇。

潮汕地区民船的样式和数量，可从出土文物中窥其大概。1971年、1972年先后在澄海东里南畔洲河滩、和洲河滩各出土了1艘清代洋船。南畔洲河滩出土的船舶，船长39米（11丈7尺），宽13米（3丈9尺），有5层舱房；和洲河滩出土的船舶，残长28米（8丈4尺），船舷编号刻记标明是双桅船。对照沈能毅的《中国帆船法式》记载的艚船样式，南畔洲河滩出土的船舶，载重估计达到400吨。和洲河滩出土的船舶，可作当时红头船数量参考：该船船舷有“广东省潮州府领□字双桅一百四十五号蔡万利商船”字样，中间的缺字据考证为“澄”字，则由其登记号可以推出，仅澄海县注册的远洋船舶数量，至少是三位数。[⑤]

又，乾隆四十一年（1776）十一月，两广总督杨廷璋奏称“粤东商渔大小

---

① 参见［泰］杨作为：《泰国华人社会与经济之变化和泰中经济合作前景》，载汕头华侨历史学会编：《汕头侨史论丛》（第四辑），汕头：汕头华侨历史学会，1999年，第18页。

② Sarasin Viraphol, *Tribute and Profit*: *Sino Siamese Trade 1652 – 1853*, Cambridge: Harvard University Press, 1977, pp. 163 – 164。转引自黄素芳：《吞武里王朝时期的泰国华人社会及其特点》，载《广东工业大学学报》（社会科学版），2012年第6期。

③ 澄海县博物馆：《澄海县文物志》，转引自邱立诚、杨式挺：《从考古文物资料探索潮汕地区的古代海上“丝绸之路”》，载潮汕历史文化研究中心、汕头大学潮汕文化研究中心编：《潮学研究》（第二辑），汕头：汕头大学出版社，1994年，第44页。

④ 参见（清）张廷玉等纂修《钦定大清会典则例》卷114《兵部》“海船制造之禁”条。

⑤ 参见黄挺：《潮商文化》，北京：华文出版社，2008年，第151页。

船只，每州县不下一二千”[①]。这个数字也可以作为参考（顺便提及，此时期不少文献的“粤东”，指的是广东，这里也如此）。另，乾隆五十年六月二十八日（1785 年 8 月 2 日），澄海县樟林海商陈万金装载槟榔驾船北上，因遇风漂流至琉球王国，事见《历代宝案》档案：“乾隆五十年十二月十四日有海船一只，漂至运天地方。询据船户陈万金称：‘万金系广东潮州府澄海县商人，共计三十八名，驾澄字五百二十三号船只，乾隆五十年六月二十八日装载槟榔，本县开船。”[②] 这里，陈万金驾驶的船只编号为“澄”字 523 号，可见乾隆五十年时官方注册的澄海县船舶不少于 523 艘。

《广东航运史》更是直接立论：“清代广东的海船以潮州为最大最多，最大的海船载重 500 吨左右，一般在 100 吨至 300 吨之间。鸦片战争前，汕头一带的潮州海船进行着大量的远洋和沿海运输。……潮州海上运输的大型海船曾被外国人称为‘特大船队’。”[③]

三、外贸形势

本阶段的世界大势和潮汕地区局势十分适宜潮汕地区外贸发展。

此时国际大势：17 世纪后半期，西方早期殖民者葡萄牙和西班牙的海上霸权都已经衰落，后起的荷兰也已度过了海外扩张的高峰期，正处于衰落过程中；并且荷兰的主要精力放在印度及东印度群岛，同时还朝夕枕戈，忙于同新兴的英国争夺殖民地和海上霸权等，无暇他顾。

潮汕地区的局势则是：自明末以来，垄断沿海商贸活动达百数十年的郑成功家族海商集团，已经悄然退出历史舞台。

商贸对象之间相互竞争以及原来垄断者的退出，无疑给了众多潮商以快速发展的机会。而得益于设施完善、政局稳定以及开海政策等，还有承袭明代以来便已形成的海洋商业文化传统，潮人海上贸易活动再度活跃更是顺理成章的事，潮汕地区外贸规模空前庞大。

其实，从上述的港口及船业介绍可清楚预见本地外贸之兴旺：全国唯一专设监督的海关为粤海关，粤海关 22 个挂号口便有 10 个在潮汕地区，约占 45%；广东 13 个造船基地便有 4 个在潮汕地区，约占全省的 31%，且在海外有造船基地便于来往。

至乾隆朝及以后，潮汕地区更是海舶东西、货通南北。潮商的贸易商品主要

---

① 《清实录·高宗实录》卷 773，乾隆三十一年十一月丙申，《清实录》第十八册《高宗实录》（十），北京：中华书局，1985 年，第 494 页。

② 转引自陈春声：《〈历代宝案〉所见之清代商人的海上贸易活动》，载潮汕历史文化研究中心编：《潮学研究》（第九辑），广州：花城出版社，2001 年，第 104 页。

③ 蒋祖缘主编：《广东航运史》（近代部分），北京：人民交通出版社，1989 年，第 28 页。

有大米、香料、烟草、鸦片、陶瓷、蔗糖、大豆、铁器、建筑材料、棉花、纺织品、纸张、水果、槟榔、海产品等；贸易形式是以转口为主兼传统自产产品的出口；贸易范围是在环中国海周边的埠市之间乃至海外商港，编织了一个庞大的商业网络；主要的海外贸易对象，则由清初的东亚（日本为主）逐步转移至暹罗为主的整个东南亚。

无论是纵向对比还是横向比较，此阶段潮汕地区外贸形势均处于极其良好的状态。这也令潮汕地区的社会经济得到良性发展，按《广东省志》的说法是："乾隆年间，潮州城'商贾辐辏，海船云集'，附近各县和闽、赣商人都来这里经商，成为粤东的商业中心。'不务农业'的城市和近郊居民发展到'十万户'，成为当时广东省内仅次于广州城的第二大城。"①

第二节　出洋规定

海外商贸必然会使华人滞留外地，这些人对于清政府来说鞭长莫及，却又因熟悉境内情况而可能会如前一样构成威胁，这令清政府极为担心。开海之初，"加意防范，预为措置"成为清政府应对移民的主要措施。

在康熙二十三年（1684）开海时，便对"出洋贸易"给出了附加条件："山东、江南、浙江、广东各海口，除夹带违禁货物仍照例治罪外，商民人等，有欲出洋贸易者，呈明地方官，登记姓名，取具保结，给发执照，将船身烙号刊名，令守口官弁查验，准其出入贸易。"② 这条规定的执行，使清政府对出洋商贸人员有了一定的掌握和管理。

同时，出于政权稳固的考虑，清政府还多次派人到贸易地刺探情报，并随时调整政策。如康熙时，熟悉海岛的陈昴便曾"奉施将军令，出入东、西洋，招访郑氏有无遁匿遗人，凡五载"③。5 年后，陈昴被擢广东副都统。又如康熙三十九年（1700），康熙因为"风闻动静"，派人往日本刺探消息且要求"千万不可露出行迹"，翌年，杭州织造乌林达莫尔森假扮商人密访日本，依照康熙"回到日即速报"的特别指示，马不停蹄回京，"十月初六日回至宁波，十一日至杭州，十五日至苏州，十六日即从苏州起行进京"④。康熙对海外风险的重视由此可见。雍

---

① 广东省地方史志编纂委员会编：《广东省志·经济综述》，广州：广东人民出版社，2004 年，第 88 页。

② 参见（清）张廷玉等纂修《钦定大清会典则例》卷 114《兵部》"海船制造之禁"条。

③ （清）陈伦炯撰，李长傅校注：《〈海国闻见录〉校注》，郑州：中州古籍出版社，1985 年，自序。按，陈昴为陈伦炯父亲，陈伦炯提及"先公……擢广东副都统"。

④ 中国第一历史档案馆编：《康熙朝汉文朱批奏折汇编》（第一册），北京：档案出版社，1984 年，第 55 ~ 67 页。

正在后来谈到此事，说日本“懦弱恭顺”①，因此中日贸易得以继续。

可能是发现了什么不利苗头，清政府于康熙五十六年（1717）规定：“凡商船照旧令往东洋贸易外，其南洋吕宋、噶喇巴等处，不许前往贸易。”② 这条规定是明令禁止与南洋吕宋、噶喇巴等来往，清政府应该是得到消息，为防止这几处成为“海贼之薮”而预先防范。

总之，这些都是对“郑氏遗人”之类的担忧，以及对自身政权稳固的担忧，客观上影响了华人海外移民的进程。

此时的局势是海上贸易规模不断壮大，随商船出海移居外国，或偷渡移居外国的人口日益增多。地方的巡海兵船数量少，对违禁偷渡者颇显无能为力。清政府遂在不同时期出台了涉及外贸及华人移民外国的规定。

如康熙五十六年（1717）规定，倘若私卖船只、多带米粮、偷越禁地等留在外国的，“将知情同去之人枷号三月，该督行文外国，将留下之人令其解回立斩”③。

如康熙五十九年（1720）规定，“禁止出洋商船携带炮位、武器”④。

又如雍正五年（1727）规定：“入洋贸易人民，三年之内，准其回籍。其五十六年以后私去者，不得徇纵入口。久已遵行在案，又现住外洋之船，或去来人数不符，或年貌互异者，即系顶替私回。应严饬守口官、于洋船回时。点对照票，细加稽查。如有情弊，将船户及汛口官员分别治罪。……方今洋禁新开，禁约不可不严，以免内地民人贪冒漂流之渐。其从前逗留外洋之人，不准回籍。”⑤

上引材料还透露出是“按五十六年的定例”，并且康熙五十六年执行时便有“几及二千余人，是出洋之人，皆已陆续返棹”。⑥

至乾隆七年（1742），颁布诏令：“广东地狭民稠。……商船往贩诸番者，以三年为限，如逾期始归，即将舵、水、人等，不许再行出洋。其外洋汛地，如有停泊洋船，查验船照。已阅多年者，将该船勒令入口，交地方官查讯详报。”⑦

从逗留外国3年以上者不准回籍，到本条规定准许逾期回来（但不准再出洋），可看出出洋规定已经有所放松。

---

①（清）王之春撰，赵春晨点校：《清朝柔远记》，北京：中华书局，1989年，第73页。

②《清实录·圣祖实录》卷271，康熙五十六年正月庚辰，《清实录》第六册《圣祖实录》（三），北京：中华书局，1985年，第659页。

③《清实录·圣祖实录》卷271，康熙五十六年正月庚辰，《清实录》第六册《圣祖实录》（三），北京：中华书局，1985年，第659页。

④（清）嵇璜、刘墉等撰，（清）纪昀等校：《清朝文献通考》，台北：新兴书局，1965年，第5158页。

⑤《清实录·世宗实录》卷58，雍正五年六月丁未，《清实录》第七册《世宗实录》（一），北京：中华书局，1985年，第893页。

⑥《清实录·世宗实录》卷58，雍正五年六月丁未，《清实录》第七册《世宗实录》（一），北京：中华书局，1985年，第893页。

⑦《清实录·高宗实录》卷176，乾隆七年十月庚寅，《清实录》第十一册《高宗实录》（三），北京：中华书局，1985年，第265~266页。

事实上，即使有清政府这些严厉的附加政策，也未能阻止沿海海商外出，现实情况依然是“开洋贸易之民，源源不绝”，且反而因“少逾时限，即不得返归故土”而导致更多的海外滞留。

于是，乾隆十九年（1754）规定：“凡出洋贸易之人，无论年份远近，概准回籍。仍令于沿海地区出示晓谕，令其不必迟疑观望。”至此，延续多年的附加限制终于放宽。虽然还是需要“查明缘由，出具保结”等，但回籍基本不成问题。而且这则规定还更进一步禁止了地方官员骚扰侨民，“其自番地回籍、携有赀货者。如地方官役借端索扰。该上司访参治罪”。①

清政府还采取实际行动放宽限制。澄海商人林泮、林五私通海盗，在嘉庆九年（1804）冬被处决并抄家，《清实录》载：“林泮、林五二犯交结盗首，接济洋匪。尤为罪大恶极。……问拟斩枭。以昭炯戒。”严刑之下，“潮州所属，自严加惩创之后，去冬至今并无械斗重案。可见地方匪徒，虽极凶顽，亦知畏法”。② 该案两上《清实录》，也算是轰动一时，这是与当时大环境有关的。1788年台湾林爽文反清失败不久，乾隆便对洋匪十分敏感，林泮等早在乾隆五十三年（1788）四月丙辰之前便因疑与林爽文勾结而被捕，说见《清实录》“贼目林泮等口供内有‘官兵从前查拏会匪时，将伊等房屋烧毁，因而纠约林爽文戕官谋逆’之语”③，只是拖到嘉庆九年才真正结案而已。

总之，虽然严格意义上来说某些禁令仍在，但在多年的“角力”中，清政府终于面对现实，作出了不小的让步，这对海外移居行为起了推波助澜的作用。

当然，从另一个角度看，这些放松恰好说明出外行为的屡禁不止以及源源不绝。同样的，三令五申的不准回籍、不准回故土等规定的实施，意味着只要人在海外，超出限期不归便成为真正意义上的移民，因为只要逾期回归，便是触犯清政府的禁令。这在客观上造成了海外移民的增多。

第三节　贸易和移民

潮汕地区此期从事海事贸易者十分普遍，所谓“民之贾十三，而官之贾十七……遍于山海之间，或坐或行，近而广之十郡，远而东西二洋，无不有也。民

---

① 《清实录·高宗实录》卷472，乾隆十九年九月丙戌，《清实录》第十四册《高宗实录》（六），北京：中华书局，1985年，第1107页。

② 《清实录·仁宗实录》卷141，嘉庆十年三月丁酉，《清实录》第二十九册《仁宗实录》（二），北京：中华书局，1985年，第929页。该条有“去冬至今”句见引处，因此林泮等应是上一年即嘉庆九年冬被处决。

③ 参见《清实录·高宗实录》卷1303，乾隆五十三年四月丙辰，《清实录》第二十五册《高宗实录》（十七），北京：中华书局，1985年，第541页。

贾于官，官复贾于民，官与贾固无别也，贾与官亦复无别”①。而海外经济交易圈，实际上仍延续之前“上东亚，下南洋”的海上贸易网络。东亚远达日本，而南洋，则以泰国为主要贸易中心点。本阶段的移民高峰，正是在活跃的中暹贸易中产生。

一、延续不断的东亚贸易

开海之初，潮汕地区与东亚的贸易联系仍然紧密，商船沿海岸线北上至日本，沿途卸货装货，一路贸易。从《华夷变态》中的记录，可略窥当时的状况。

《华夷变态》保存有康熙二十五年（1686）到康熙三十六年（1697）间，41 艘次船舶从潮州起航到日本经商的记录，透露出一些当时的贸易情况：

如造船贸易，康熙二十六年（1687），第 117 番船在南澳造船，然后在潮州载货出洋，船上人员 76 人。

如直航时间，康熙三十年（1691），第 58 番船仅用了 9 天便抵达日本，船上人员 66 人。

如贸易形式，所有船舶几乎都有经停沿途港口，卖出补进船上货物，一路交易，才运抵日本。

如海路航程，由于沿途靠岸买卖，因此航程多数都在 10 多天到 20 天左右，有 6 次超过两个月，其中 5 次是飘风造成，最长为 84 日，是由于南下北上航程远且遇海难。

如航海贸易风险，41 艘次船中有 11 艘次遇洋风恶流而偏离航线或漂歇他处，康熙三十二年（1693）第 62 番船出现“洋中遇风，抛舍货物”情况。另，康熙二十七年（1688）有 2 艘次船提及“潮州为边土，盗贼出入之所”（此时距开海 10 年）。不过在 12 年 41 艘次船的记录中，仅康熙三十三年（1694）第 59 番船“遇贼，银、衣服等被夺走”。

如贸易内容，从潮州装载输出的主要是砂糖、丝货，有好几次显示“丝货（丝织品）卖尽”，贸易商只能到浙江、普陀山配货，可见当时潮州丝货的热销程度。

潮汕地区此时的海外经济交易圈，实际上仍延续之前“潮州—日本—南洋”海上贸易网络，这从《华夷变态》中可看出：

如康熙三十五年（1696）第 73 番宋居朥船，实际上是潮州船，这艘船前一年十二月由南澳出发，运载丝货到暹罗宋居朥销售，再从宋居朥运载货物到达日本长崎。

---

① （清）屈大均：《贪吏》，载（清）屈大均撰：《广东新语》，北京：中华书局，1985 年，第 304 ~ 305 页。

又如康熙三十年（1691）第57番六昆船，也是潮州船，前一年载货到长崎，当年十二月返航，先抵普陀山，大概是办了丝货，直接到六昆贸易，没有回到潮州，这一年四月，又从六昆载货出发，五月到达厦门，加载一些织物和黑砂糖，再到日本。①

在东亚，潮商和当时琉球群岛②的琉球王国的商业联系也很密切。有关琉球王国的档案汇编《历代宝案》，便记载了大量潮州商船“漂流”到该处的情况。经学者研究，所谓的“漂流”到那里，其实也是以此为借口进行商业活动。“滨下武志就指出存在名为‘漂流’，实际上进行贸易的情况。”③

为何要以“漂流”为名？这是因为中、琉之间存在着海难互助机制。琉球王国对因海难而漂流至本地的中国船民及商人予以救助，并协助他们返回中国大陆，这便被中国和琉球王国的海商利用作为走私合法化的渠道。据台湾大学出版的《历代宝案》中有关清代因海难漂流到琉球王国的60艘中国船只的详细记载，其中6艘广东船全部来自潮州，而这个统计只是嘉庆至道光年间，在乾隆时还有一些潮州商船的记载。④

这也有时代背景的因素。当时海上贸易活动日趋频繁，日本江户幕府为防止国内白银不断外流，于1715年（即清康熙五十四年）公布“正德令”，限制性规定清朝船只入港每年不得超过30艘，贸易每年不得超过6 000贯。⑤ 这一法令基本上制止了额外的船只入港及走私贸易。而江户幕府为对琉球王国实施更有力的控制，采取了各种优惠政策，尤其是在支付给琉球王国白银的问题上给予了日本国内所没有的优待，遂令琉球王国白银供应充足，潮商也有不少转向了对琉球王国的贸易。⑥ 因此，在此时期潮商往返琉球王国应该很普遍。

从资料上看，对琉球王国的贸易，其实也是东亚贸易的一环，也就是潮商沿途买卖、进货出货的市场之一。如《历代宝案》中樟林海商陈万金“漂流”琉球王国后领取返国执照的抄件：“琉球国中山府知府毛，为知会事。据本国山北

① 黄挺：《潮商文化》，北京：华文出版社，2008年，第142～144页；焦鹏：《清初潮州的对日贸易》，载黄挺主编：《潮学研究》（第十三辑），汕头：汕头大学出版社，2006年，第67～97页。

② 琉球群岛，亦称“西南诸岛”，为日本西南部岛群。位于九州岛与中国台湾岛之间。呈东北—西南向，包括大隅、吐噶喇、奄美、冲绳、先岛五组群岛。前三组即萨南诸岛，属鹿儿岛县；其余常亦称“琉球诸岛”。见辞海编辑委员会编：《辞海》（第六版缩印本），上海：上海辞书出版社，2010年，第1183页。

③ 参见陈春声：《〈历代宝案〉所见之清代商人的海上贸易活动》，载潮汕历史文化研究中心编：《潮学研究》（第九辑），广州：花城出版社，2001年，第103～104页。

④ 参见陈春声：《〈历代宝案〉所见之清代商人的海上贸易活动》，载潮汕历史文化研究中心编：《潮学研究》（第九辑），广州：花城出版社，2001年，第103～104页。

⑤ ［日］依田熹家：《简明日本通史》，转引自王元林、刘强：《清前中期潮州对外贸易研究》，载《汕头大学学报》（人文社会科学版），2005年第2期。

⑥ 王元林、刘强：《清前中期潮州对外贸易研究》，载《汕头大学学报》（人文社会科学版），2005年第2期。

地方官报称，乾隆五十年十二月十四日有海船一只，漂至运天地方。询据船户陈万金口称：'万金系广东潮州府澄海县商人，共计三十八名，驾澄字五百二十三号船只，乾隆五十年六月二十八日装载槟榔，本县开船，七月十五日到天津府兑换贸易。十月初七日其处出口，十一月初六日往到盛京省奉天府宁海县置买黄豆。十一月二十八日开船，十二月初二日到山东大石岛山，同日放洋，要回本县。不拟初三日突遭西风大作，波浪猛起，砍弃桅篷，丢掉豆货，任风漂流。十二日夜漂到贵国叶壁山地方，十四日彼山民搭坐本船，引到贵辖地方'等语。即给米粮柴水等件等情前来。随委员役引导万金船只，经于本年正月初五日转驾来中山泊村地方。业经照例发馆安顿，给予廪饩，抚恤养赡。"① 在这则记载中，潮商陈万金商船于1785年8月2日自樟林港载槟榔出海，8月19日到天津，11月8日在天津出海北上，12月7日到奉天府宁海县进了一批黄豆，12月29日出海，1786年1月1日抵达山东大石岛山，同日离开，翌日遇海难，1月11日漂至琉球群岛等；后又于乾隆五十一年（1786）三月领照回国，随带物件便包括天后娘娘一位、千里眼将一位、顺风耳将一位、女婢二位等。陈万金等回国后，次年就捐款参与新围天后宫的修建。②

在《华夷变态》《历代宝案》中还记录有很多类似贸易状况的例子，随着商贸的持续进行，则必然会产生更多的移民。

二、中暹大米贸易和移民高峰

雍正二年（1724）开始实施的中暹大米贸易，让潮汕地区与暹罗的交往空前频繁，也促使更多潮人移居暹罗。

《广东省志》称："潮汕地区在对暹贸易中走在前头，澄海县的樟林港很快便成为潮汕地区同暹罗进行'红头船贸易'的繁荣商港。每年冬季，红头船从樟林港出发，把瓷器、潮绣、木雕、竹器等手工艺品和菜籽等农产品运销暹罗，又从暹罗运回大米、香料、药材、铅、锡等物产。也有些红头船留暹不归。随红头船到暹罗的，还有大批破产农民和手工业者，其中不少人是农艺能手或精于木工、造船的能工巧匠，他们留居暹罗成为新移民。在开展'红头船贸易'的百多年间，移居暹罗的潮州人不断增加，在暹罗华侨中，潮州人人数逐步占了优势。"③

① 转引自陈春声：《〈历代宝案〉所见之清代商人的海上贸易活动》，载潮汕历史文化研究中心编：《潮学研究》（第九辑），广州：花城出版社，2001年，第100～108页。

② 参见陈春声：《〈历代宝案〉所见之清代商人的海上贸易活动》，载潮汕历史文化研究中心编：《潮学研究》（第九辑），广州：花城出版社，2001年，第104～105页。

③ 广东省地方史志编纂委员会编：《广东省志·华侨志》，广州：广东人民出版社，1996年，第56页。

（一）中暹大米贸易

中暹大米贸易，主要起因在于此阶段全国时局安宁，人口增多，而全国的粮米形势，是江浙闽粤地区耕地稀少，产米不敷民食，经常米价腾贵，闽粤更是“逼近海岸，山多田少，民稠土狭，产谷稀少”①。在这一背景下，清政府不得不考虑民生问题。

暹罗方面，则是粮米充足，米价便宜。据康熙六十一年（1722）暹罗贡使的说法，“该国米用内地斗量，每石价值二三钱”②，这比之内地丰年的每石一两二三钱，歉收年每石一两八九钱，显然便宜得多。③ 鉴于此，康熙六十一年六月，暹罗遣使进贡，康熙诏令：“朕闻暹罗国米甚丰足，价亦甚贱，若于福建、广东、宁波三处，各运米十万石来此贸易，于地方有益。此三十万石米，系为公前来，不必收税。”④

也就是说，清政府自1722年便议定免税进口暹罗米30万石。有了这样的优惠政策，暹罗商人自然踊跃贩米。雍正二年（1724）十月，暹商第一批大米抵达，此后，虽然某些年份因政治因素等偶有中断，但直至乾隆四十年（1775）之前，基本上是连年输入不止。

潮汕本为产粮区，之前也一直是粮食输出地。

宋代，潮汕地区大米便有贩卖其他州府，《三阳志》载：“州地居东南而暖，谷尝再熟。其熟于夏五、六月者曰早禾，冬十月者曰晚禾，曰稳禾，类是赤糙米。贩之他州曰金城米。”⑤《宋史·辛弃疾传》记绍熙二年（1191）辛氏任福州兼福建安抚使时的备米食情况，“闽中土狭民稠，岁俭则籴于广”⑥。这里的“广”即指相邻的广东潮汕地区。光绪《海阳县志》载明万历二十一年（1593）时，“巡按广东御史王有功禁治闽商私籴。闽商白艚至广辄多买米，以私各岛，牙户利其重赀，相与为奸，米价辄腾，民哗，有功治商逐艚，民乃定”⑦。可见此时潮汕米仍不缺。崇祯《揭阳县志》便载有榕江流域“平原沃野，高下别壤，宜稻宜黍。……所以潮之饔飧，半取资于兹土。担负舟移，日计千百。而南澳一

① 《清实录·高宗实录》卷54，乾隆二年闰九月辛未，《清实录》第九册《高宗实录》（一），北京：中华书局，1985年，第901页。

② （清）梁廷枏：《海国四说》，北京：中华书局，1993年，第181页。

③ 参见汤开建、田渝：《雍乾时期中国与暹罗的大米贸易》，载《中国经济史研究》，2004年第1期。

④ 《清实录·圣祖实录》卷298，康熙六十一年六月壬戌，《清实录》第六册《圣祖实录》（三），北京：中华书局，1985年，第885页。

⑤ （明）解缙总编：《潮州府·土产土贡》，载《〈永乐大典〉卷05343（潮字）卷05345（潮字）辑录本》，潮州：潮州市地方志办公室、韩山师范学院图书馆，2000年，第52页。

⑥ （元）脱脱等撰：《宋史》，北京：中华书局，1977年，第12164页。

⑦ （清）卢蔚猷纂修：《海阳县志》，潮州：潮州市地方志办公室、潮州市档案馆，2001年，第238页。

岛，告籴岁烦文移，菽粟水火，利波于邻”[①]，可知明末揭阳粮食便近销近邻。

但在康熙到嘉庆期间，民不敷食情况同样出现，整个潮汕地区需要依赖进口才能解决粮食不足的问题。这主要是由于人口增长、一些耕地转种其他经济作物。而雍正二年（1724）后，暹罗大米输入，由于进口米价较之本地更为便宜，各地农民减少产量，更导致潮汕地区从传统的粮食生产、出口区变为粮食进口区。之后清政府继续鼓励大米进口，且屡加优惠，尤呈推波助澜之势。

如乾隆六年（1741），广东巡抚王安国令粤海关监督劝谕内地商民购米运回，免征米豆税，“商民尤为踊跃，每一洋船回，各带二、三千石不等”[②]。

如乾隆七年（1742）六月至八月，合计进口米二万三千余石。同年九月，乾隆诏令：“暹罗商人运米至闽……免征船货税银。”[③]

如乾隆八年（1743）八月诏令：“嗣后凡遇外洋货船来闽粤等省贸易，带米一万石以上者，著免其船货税银十分之五；带米五千石以上者，免其船货税银十分之三。”[④]

如乾隆十六年（1751），规定“凡内地商民，有自备资本领照赴暹罗等国运米回闽粜济，数在二千石以内者，循例由督抚分别奖励，如运至二千石以上者，按数分别生监、民人，奏请赏给职衔顶戴”[⑤]。

为了降低成本，乾隆十二年（1747），清政府发给内地商民往暹买米造船印照，准许米商直接在暹罗造船，以便装米回运。于是，借助早已谙熟的海路以及良好的港口、交通运输，潮商以清政府大米贸易优惠政策为契机，频繁往来暹罗，从事大量入口转口贸易以牟利，终于开创了一条以潮汕地区和暹罗为中心点的商业路径，也带动了人员的流动。

在这样的优惠政策下，潮汕地区大米进口量大增，米价也很便宜。乾隆二十年（1755），福州等夏秋亢旱导致米价大涨，福建方上疏请在浙江、广东两省进米，浙江定在平阳，广东便定在潮州。此时似乎因大米贸易而出海的人太多，海禁有所收紧，清政府回复中特别强调：“闽省被灾，准其赴潮州等处买米接济，如有借端通海者，事觉，将该督抚及押运官一并治罪。”[⑥]

---

① 此段见（清）陈树芝纂修：《揭阳县志》，潮州：潮州市地方志办公室，2003 年，第 210 页。原文“平原沃野，高下别壤，宜稻宜黍。衰笠耆子，如闻管子之训。所以潮之饔飧，半取资于兹土。担负舟移，日计千百。而南澳一岛，告籴岁烦文移，菽粟水火，利波于邻”。为陈树芝引用崇祯版《揭阳县志》。

② 广东巡抚为粤米价昂准由暹罗等处进口发卖奏折。转引自汤开建、田渝：《雍乾时期中国与暹罗的大米贸易》，载《中国经济史研究》，2004 年第 1 期。

③ 参见《清实录·高宗实录》卷 200，乾隆八年九月甲申，《清实录》第一一一册《高宗实录》（三），北京：中华书局，1985 年，第 567 页。

④ 《清实录·高宗实录》卷200，乾隆八年九月甲申，《清实录》第一一一册《高宗实录》（三），北京：中华书局，1985 年，第 567 页。

⑤ 李鹏年：《略论乾隆年间从暹罗运米进口》，转引自汤开建、田渝：《雍乾时期中国与暹罗的大米贸易》，载《中国经济史研究》，2004 年第 1 期。

⑥ （清）嵇璜、刘墉等撰，（清）纪昀等校：《清朝文献通考》，台北：新兴书局，1965 年，第5170 页。

清政府大力鼓励的中暹大米贸易持续了近50年后渐现衰落。至乾隆四十年（1775）后，福建再不见暹米进口，而广东方面则主要从吕宋进口大米。[①] 这是由于18世纪下半叶，缅暹战争爆发，暹罗国土大部被缅甸占领，大米输出几乎停滞；再则由于沿海海盗势力又一次崛起，清政府担心这些由华人水手及华商操纵的中暹贸易“运米济匪”，遂“停发沿海地区商米出海运米执照”。[②]

由于清政府对从暹罗入米不再优惠，而与吕宋之间的粮食贸易，经过中暹贸易中断期的市场培植已呈现取代之势。此时，中暹的大米贸易虽然未歇，但是失去了政府的支持，又产生了市场竞争，已不再有之前的盛况。

大米贸易的渐歇，使中国和暹罗的贸易向更深层次发展，贸易内容更加广泛。其实，之前暹罗华商（也包括潮籍商人）将粮食等运至潮州后，“其有阻滞不能及时回国者，均换载糖斤赴江浙行销，由县给予护牌以凭各口岸查验”[③]。返航时再装载江浙一带的丝绸，山东、天津一带各种豆饼之类的食品直接返回暹罗。据统计，1821年至1827年，暹罗同中国贸易的帆船约有140艘，总吨位约35 000吨，贸易额达61万铢。[④] 又，19世纪20年代，暹罗向中国输出，每年约60 000担胡椒、30 000担糖、16 000担虫胶、30 000担苏木、10 000担象牙、500担小豆蔻，还有毛皮、大米、柚木、锡等。暹罗从中国运进瓷器、茶叶和丝织品等。据泰国文献的记载，曼谷王朝初期同中国的贸易中所获利润高达百分之三百。[⑤]

（二）中暹贸易间的移民

这一波持续近50年的中暹大米贸易造成大量的潮人移居暹罗，而至大米贸易渐呈衰落后，潮商又扩大了贸易领域和贸易规模，取得了辉煌的成就，移民也络绎不绝。

早在实际开展中暹大米贸易的首年，即雍正二年（1724），随暹罗贡船而来的徐宽等96名华人便请求免回原籍，并得到许可。

《清实录》载有雍正对广东奏报的批示：“广东巡抚希尧奏报：‘暹罗国王入贡稻种果树等物，应令进献。并运米来广货卖。其来船捎目九十六人本系汉人。今皆求免回籍。’……其运来米石，令地方官照粤省见在时价速行发卖。不许行户任意低昂。如贱买贵卖。……其压船随带货物，一概免征税银。来船捎目徐宽

① 汤开建、田渝：《雍乾时期中国与暹罗的大米贸易》，载《中国经济史研究》，2004年第1期。

② 《清实录·仁宗实录》卷185，嘉庆十二年九月己亥，《清实录》第三十册《仁宗实录》（三），北京：中华书局，1985年，第436页。

③ “中央研究院”历史语言研究所编：《明清史料》影印本（庚编下册），转引自王元林、刘强：《清前中期潮州对外贸易研究》，载《汕头大学学报》（人文社会科学版），2005年第2期。

④ 参见［苏］尼·瓦·烈勃里科娃著，王易今等译：《泰国近代史纲》（1768—1917），北京：商务印书馆，1974年，第160页。

⑤ 中山大学东南亚史研究所编：《泰国史》，广州：广东人民出版社，1987年，第145页。

等九十六名，虽系广东、福建、江西等省民人，然住居该国历经数代，各有亲属，实难勒令迁归。著照所请，免令回籍，仍在该国居住，以示宽大之典。”①

上引材料中，这96名暹罗商人由于从事中暹大米贸易有功，雍正同意他们不用回籍。类似这样的例子，当时应该不在少数，如《清实录》载：“有船商金协顺、陈澄发装载暹罗国货物来粤贸易，并请于起货后，装载粤省货物回赴暹罗。经地方官查明，金协顺系福建同安县人，陈澄发系广东澄海县人。”②

而需要注意的是，前引中的96人都是“历经数代，各有亲属”，这说明早在雍正之前居住在暹罗的华人已经不在少数。而更重要的是，雍正皇帝同意“免令回籍，仍在该国居住”，透露了清政府不再强令“回籍”的态度，这无疑对海外移民起到激励作用。之后因商而继续移居暹罗的人逐渐习以为常，这些人大多在暹罗结婚生子，成家立业。

出生于澄海中外莆都华富村（今属汕头市澄海区上华镇）的郑镛，正是在雍正初年南渡暹罗，先居阿瑜陀耶城贩卖水果，后来包揽暹罗赌税逐渐发达，并娶暹罗女洛央为妻，1734年生下暹王郑信。③

郑信，《辞海》作郑昭：“郑昭（1734—1782），广东澄海人（今汕头市澄海区）。原名郑信。生于暹罗（今泰国），曾入王宫任御前侍卫。1767年，缅军入侵，灭阿瑜陀耶王朝。同年，他率众进行复国斗争，被拥为暹王，建立吞武里王朝。后统一暹罗。今泰国建有郑王纪念碑，泰国政府定每年的12月28日为‘郑王节’。”④ 其执政期间安置难民、恢复生产，如“入山搜寻象牙、犀角等物，给赡难民”⑤；又大力发展外贸，在其执政中后期，清政府连按惯例不许输出的军火也同意让其买回，如“况郑昭本籍广东，以内地民人……再，前因暹罗两次求买硫磺、铁锅等，俱经加恩允准。此后该处若再需用，仍当准其买回”⑥。

郑信建立的吞武里王朝一共存在16年，由于具有特殊的同乡关系，不少潮商被暹罗朝廷委以重任，担当朝贡品的筹措和运输工作。随着朝贡贸易关系的进行，潮汕地区民间贸易蓬勃发展，逐渐成为南洋，特别是暹罗与华南市场的大米贸易的重要中介。到了郑信执政后期，暹罗出口大米的政策已然取消，却促进了

---

① 《清实录·世宗实录》卷25，雍正二年十月己亥，《清实录》第七册《世宗实录》（一），北京：中华书局，1985年，第398页。

② 《清实录·仁宗实录》卷185，嘉庆十二年九月丁未，《清实录》第三十册《仁宗实录》（三），北京：中华书局，1985年，第434页。

③ 参见［美］戴维·K. 怀亚特著，郭继光译：《泰国史》，上海：东方出版中心，2009年，第111页。

④ 辞海编辑委员会编：《辞海》（第六版缩印本），上海：上海辞书出版社，2010年，第2433页。

⑤ 《清实录·高宗实录》卷817，乾隆三十三年八月甲戌，《清实录》第十八册《高宗实录》（十），北京：中华书局，1985年，第1071页。

⑥ 《清实录·高宗实录》卷1036，乾隆四十二年七月乙亥，《清实录》第二十一册《高宗实录》（一三），北京：中华书局，1985年，第885页。

其他货物的出入口和转口贸易。潮商普遍将潮汕地区瓷器、纺织、木雕、竹器等手工艺品和菜籽等农产品运销暹罗，又从暹罗运回大米、香料、中药材、铅、锡等物产，并以潮汕或暹罗为中心点向两头延伸，使贸易范围遍及东亚及东南亚各地。这样，双方的贸易内容更为丰富，贸易规模也更为庞大，

由于与郑信的关系，潮人被称为“皇族华人”，如泰国学者在《吞武里王朝和曼谷王朝初期泰国社会中的潮州人》所载：“（潮人）比其他华人群体更受尊崇。提起‘皇族华人’时，自然会被理解为系指潮州人。……其实潮州籍之所以间接受到如此尊崇，乃由于郑信王系泰—潮州籍华人混血儿之故。”①

贸易的繁荣，伴随而来的是移民数量的增长。加上此时潮人被理解为“皇族华人”，在当地有较高的社会地位，更促成了大量的潮人移民进入，他们大多留驻当地，继续贸易。

如《清朝文献通考》载雍正五年（1727）时便“数年以来，附洋船而回者甚少。朕思此辈都系不安分之人，若听其去来任意，伊等益无顾忌……嗣后应定限期，若逾限不回，是其人甘心流移外方，无可悯惜，朕亦不许令其复回籍”②。

也就是说，仅仅大米贸易开始数年之后，便出洋的多，回来的少，而且回来的还是因贸易而来，交易完又走。如前所述，清政府的对策是限期回来，倘若逾期则永远不准再回籍。

如《清实录》载：“澄海商民领照赴暹罗等国买米，接济内地民食，虽行之已阅四十余年，但此项米船，据报回棹者不过十之五六。”③

也就是说，从事大米贸易的半个世纪内，由澄海出洋的商民回国比例仅仅占一半略强，余下的则是侨居当地。而所谓的“澄海商民”，其实指的几乎是当时的整个潮汕地区，因为潮汕地区出洋主要由澄海樟林港下船。

这个盛况，正如日本资料所称的“潮州人移民暹罗络绎于途”④。

此后，尽管暹罗改朝换代，但是由于已经在当地社会积累了坚实的生存基础，潮人在暹罗依然强势。曼谷王朝拉玛三世初期，据估计，“每年移民泰国的中国侨民有 6 000 至 8 000 人，其中主要是潮人”⑤。辑成于道光朝（1821—1850）的《海国图志·东南洋海岸各国三》载：“华人驻此娶番女，唐人之数多于土番，惟潮州人为官属，封爵，理国政，掌财赋。”⑥ 可见此时潮人已经很好

① 转引自冷东：《郑信与暹罗吞武里王朝的内政外交》，载汕头华侨历史学会编：《汕头侨史论丛》（第三辑），汕头：汕头华侨历史学会，1998 年，第 139 页。

② （清）嵇璜、刘墉等撰，（清）纪昀等校：《清朝文献通考》，台北：新兴书局，1965 年，第 5159 页。

③ 《清实录·仁宗实录》卷 185，嘉庆十二年九月丁未，《清实录》第三十册《仁宗实录》（三），北京：中华书局，1985 年，第 436 页。

④ ［日］郡司喜一：《17 世纪的日暹关系》，转引自黄素芳：《吞武里王朝时期的泰国华人社会及其特点》，载《广东工业大学学报》（社会科学版），2012 年第 6 期。

⑤ 参见林伦伦：《潮语和泰语的双向借词及其演变发展》，载《民族语文》，2006 年第 2 期。

⑥ （清）魏源撰，陈华、常绍温等点校注释：《海国图志》，长沙：岳麓书社，1998 年，第 399 页。

地融入当地，并形成潮人移民社会。

据《汕头市志·华侨》的说法："道光元年（1821）侨居暹罗的华侨有44万人，咸丰四年（1854）增加至150万人，其中约60%是从樟林港去的。"①

第四节　东南亚潮人社会的出现

本阶段，除了业已形成潮人移民社会的泰国外，在东南亚不少国家，也聚集了一定规模的潮属移民，这同样主要是因商贸而形成。

清政府的规定令广州成为中国第一大港；大米贸易的活跃令广州成为对东南亚贸易的中心口岸。乾隆二十二年（1757）十一月初十，清政府宣布：撤销宁波、泉州、松江三海关的贸易，仅允准外国商人"将来只许在广东收泊交易"②，"嗣后口岸定于广东"③，遂使广州于此后80余年中，成为中国最大的外贸商港。中暹大米贸易，又造就了暹罗在东南亚举足轻重的中心港口地位，西方材料称"曼谷事实上就是中国与东南亚贸易的中心口岸"，"曼谷是好望角以东仅次于加尔各答和广州的第三个重要港口"。④

潮州与广州处于同省，又在泰国华侨中占主导地位，与当时这两个亚洲最大港有着千丝万缕之密切关系的潮商，显而易见在贸易活动上更是游刃有余。他们以本土至暹罗为主轴线，或两个中心点，延伸、扩散至东亚、中国沿海、东南亚。

这个潮属贸易船队规模如何？《历代宝案》中提到，在乾隆五十年（1785），"澄字523号"商船海航遇难而漂流到琉球王国，可见仅澄海一地便有不止523艘船，整个潮汕地区的船舶数量可于此略窥。此外，一些海外商船的实际业主也是潮人。Charles Gtitzlaff曾这样记述道光年间暹罗与中国的海上贸易船队："船只共约八十艘……这样的船叫白头船，通常系在暹罗修造，载重约二百九十至三百吨，由广东省东部潮州人驾驶。这些帆船大部分归曼谷的华侨或暹罗的贵族。前者派遣自己的亲戚，常常是女婿，到船上做货物管理员；后者所派定的货物管理员，由亲属们担保。"从海外潮人强烈的乡土观念角度考虑，我们毫不怀疑那

---

① 广东省汕头市地方志编纂委员会编：《汕头市志》（第四册），北京：新华出版社，1999年，第542页。

② 《清实录·高宗实录》卷550，乾隆二十二年十一月戊戌，《清实录》第十五册《高宗实录》（七），北京：中华书局，1985年，第1024页。

③ 《清实录·高宗实录》卷550，乾隆二十二年十一月戊戌，《清实录》第十五册《高宗实录》（七），北京：中华书局，1985年，第1025页。

④ ［美］施坚雅著，许华等译：《泰国华人社会：历史的分析》，转引自汤开建、田渝：《雍乾时期中国与暹罗的大米贸易》，载《中国经济史研究》，2004年第1期。

些与货物管理员（船长）有亲戚关系的华侨船主就是“广东省东部潮州人”。[①]

从潮汕地区出发的庞大船队，北上东亚，南下南洋，是当时中国海运的主要力量。海上商贸由此展开，潮人移民凭此发展，两者同步进行。此阶段，依其出发点，可粗略分为两大部分：以本土为中心扩散出去的、以暹罗为相对中心延伸的。

以本土为中心扩散出去的。如《皇朝政典类纂》所载，在道光九年（1829）到新加坡贸易的中国商船一共有 9 艘，其中从广州去的 1 艘、潮州去的 2 艘、上海去的 2 艘、厦门去的 4 艘，共载货量为 47 000 担。[②] 如西方材料中载有：道光十年（1830）从广东的潮州、海康、惠州、徐闻、江门、海南，福建的厦门、青城，浙江的宁波，江苏的上海、苏州等地驶往日本、菲律宾群岛、苏禄群岛、西里伯群岛、马六甲群岛、婆罗洲、爪哇、苏门答腊、新加坡、马来亚半岛、暹罗、安南、柬埔寨等地贸易的中国船只，一共达到 222 艘。[③] 这里潮州列为首位，可见上述所列的外洋贸易目的地，应该有不少都是潮商必到之处。嘉庆《澄海县志》卷十四《赋税》记载了当时的贸易征税，“至海关税务，统之监督，计通省额征税银四万三千七百五十两有奇，澄以弹丸黑子之地，几操全粤五分之一，洵濒海一大都会也”[④]。该志成书于嘉庆十九年（1814）七月，则在此时或稍前，仅仅是澄海一地便占全省关税的 20%，可见当时潮汕地区贸易之盛，人、货进出之频繁。而海外贸易及海外移民，至嘉庆时期已然是潮汕社会之常态，嘉庆《澄海县志》卷六《风俗》载：“潮属九邑，最第地狭人众，土田所入，纵大有年不足供三月粮，濒海居民所恃以资生者而为常业者，非商贩外洋即鱼盐本港者。”[⑤] 在这里“商贩外洋”被列为潮人的风俗。

以暹罗为相对中心延伸的。如西方材料载：“在 1821 年左右，华侨在暹罗投资所制造的帆船为数已达 136 只，其中 82 只从事暹罗和中国之间的贸易，另 54 只往返暹罗与越南、马来亚、爪哇之间从事贸易的。所有船只的总吨位达三万九多吨。”[⑥] 作为暹罗华侨的最主要商业族群，潮商自然在“往返暹罗与越南、马来亚、爪哇之间从事贸易”中占了不少份额。如香港地区，正好处在中暹贸易线

① 参见黄挺：《潮商文化》，北京：华文出版社，2008 年，第 152 页。

② 参见《皇朝政典类纂》卷 117，转引自黄启臣：《清代前期海外贸易的发展》，载《历史研究》，1986 年第 4 期。

③ First Report from the Select Committee of the Commons on the Affairs of the East India Company，转引自黄启臣：《清代前期海外贸易的发展》，载《历史研究》，1986 年第 4 期。

④ （清）李书吉纂修：《澄海县志》，载《中国地方志集成 · 广东府县志辑 · 嘉庆澄海县志/光绪海阳县志》，上海：上海书店出版社，2003 年，第 115 页。

⑤ （清）李书吉纂修：《澄海县志》，载《中国地方志集成 · 广东府县志辑 · 嘉庆澄海县志/光绪海阳县志》，上海：上海书店出版社，2003 年，第 63 页。

⑥ ［苏格兰］克劳佛特：《印度半岛史》，转引自田汝康：《十七世纪至十九世纪中叶中国帆船在东南亚洲航运和商业上的地位》，载《历史研究》，1956 年第 8 期。

节点、海航线中间点，久居暹罗的潮商在 1841 年香港甫开埠时便挟资入港，颇具远见地于 1843 年和 1851 年成立了首二家南北行，南北行贸易是香港早期经济发展的生力军。[①] 这里，既然暹罗潮属船只与越南、马来亚、爪哇等地有长期贸易，则如长驻香港并开商行一样，已有不少由暹罗出发而因商寄寓该处的潮人。

船队及贸易带来了大量的移民，加上其他至东南亚从事垦殖作业者，此时在东南亚各国，不少地区已经出现了潮人移民社会。

如马来西亚，乾隆年间成书的《海录》有："雷哩国在柔佛西南海中……土番较强盛，潮州人多贸易于此。"[②] 马来西亚从 18 世纪末起，便存在并活跃着以潮人为主或与潮人关系密不可分的潮郡义兴、大伯公会等社团组织。

如新加坡，在 1800 年英军进入之前便有潮人存在，至 1845 年，澄海人佘有进召集原潮州府澄海和揭阳等县乡人共同捐资合组义安公司，并在一定程度上掌握了当地的经济命脉。

如印尼，清嘉庆二十一年（1816）荷兰人接管邦加岛后，到香港、澳门和汕头招募华工前往开采锡矿，[③] 包括潮人在内的"印尼泗水惠潮嘉会馆"的前身也于 1820 年成立。

如越南，1814 年，当地政府已将华侨分为广肇、福建、潮州、海南四帮（后又增加客家帮合为五帮），各设帮公所。[④] 潮州帮公所成员与故土商业联系频繁，在道光朝尤甚，这可从大量安南夷钱流入以及潮州私铸安南夷钱并流行沿海中看出。道光八年（1828）十一月："御史张曾奏：'风闻广东省行使钱文，内有光中通宝、景盛通宝，两种最多，间有景兴通宝、景兴巨宝、景兴大宝、嘉隆通宝，谓之夷钱。搀杂行使，十居六七，潮州尤甚。并有数处专使夷钱。内地奸民利其钱质浇薄，依样仿铸'等语。广东、福建滨海地方俱与外夷接壤，各该夷人通市贸易，自应以银易换制钱，岂可令外夷钱文公然于内地搀杂行使，且有奸民利其钱质浇薄，依样仿铸。"[⑤] 清政府对此自然严加缉查究办，但似乎真伪难辨，情况愈演愈烈。至道光十六年（1836）九月："据称广东潮州府一带洋面，海船到日，携带外国景兴光中二样钱文。钱质薄小，每一千文，计重不过三斤，较之制钱分两轻至一半。广东省纹银一两，市价换制钱一千四百余文，在外国换景兴光中钱，每两可换二千余文。乡愚贪其多换，相沿成风。始则搀杂制钱并

① 参见王绵长：《泰国华商：开创南北行及其对香港转口贸易的贡献》，载《汕头大学学报》（人文社会科学版），2003 年第 1 期。

② （清）谢清高述，（清）杨炳南记，冯承钧注释：《〈海录〉注》，北京：中华书局，1955 年，第 16 页。

③ 广东省地方史志编纂委员会编：《广东省志 · 华侨志》，广州：广东人民出版社，1996 年，第 19 页。

④ 尤建设：《试析十七世纪后期至十九世纪中期越南封建政府的华人华侨政策》，载《西南大学学报》（人文社会科学版），2006 年第 6 期。

⑤ 《清实录 · 宣宗实录》卷 146，道光八年十一月壬寅，《清实录》第三十五册《宣宗实录》（三），北京：中华书局，1985 年，第 234 页。

用，今则止用景兴光中、暨私铸小钱，并有将制钱销毁，搀和沙泥，私铸景兴光中小钱……广东省有私铸景兴光中小钱者，更为目无法纪。著邓廷桢等严饬所属，务须明定章程，设立官局，计值收买，将外国钱文尽行销毁。明切晓谕，俾小民共知懔遵。傥有仍蹈前愆，即行从严惩办。并转饬文武员弁。在南澳大汕头□□庵埠一带地面，海船到日，实力稽查。如有偷带景兴光中钱文，立即缉拏究办。傥敢奉行不力或受贿纵容并藉端需索，即著指名严参惩处。以绝弊源而清钱法。"① 这一回，道光帝更是在下谕中注明查缉地点及细则，试图彻底消灭此风，亦似乎取得成效。翌年（1837）二月："查明潮州府属尚无私铸夷钱小钱等弊。惟南澳、潮阳等处口岸皆可寄泊海船，其店铺搀用夷钱实所不免。现在筹议章程，设法收买。著该督等即通饬所属，于城乡设局收买。予限一年。责成保甲。令将市间行使小钱夷钱，一并缴出。由该地方官每斤给制钱一百文，依限缴销净尽。取具甘结存案。并出示晓谕。傥再有私藏行使等弊，一经查出，即从严惩办，并将铺屋查封入官。并著粤海关监督严饬各洋商，于夷船进口，详细验明。设有偷带夷钱来粤，即晓以天朝禁令，不准开舱，饬令带回。该国如违。惟洋商是问。"②这样严查，似乎成效不错，不过，几年后这些夷钱仍然存在并扩散至沿海地区，道光二十年（1840）："福建漳泉地方所用钱文，多系安南土贼伪号，内地不应有此。近年以来日积日多，兑换无非夷钱，沿海奸民遂多私铸。……漳泉二府行用夷钱，有光中、景盛、景兴等种。民间私图便利，相沿成风，遂忘例禁。此项夷钱或由外夷流入内地，或由广东潮州、嘉应州，福建漳、泉二府奸民私铸。"对于继续流通的夷钱，由于始作俑者是潮州，清政府锁定的严打对象首选自然是潮州，道光帝谕："著广东巡抚严饬潮州府、嘉应州等处，查明有无私铸私贩，不分畛域一体严禁断，不准日久生懈，以重钱法而杜奸弊。"③ 以上引文皆从道光朝《清实录》析出，潮州由安南夷钱流入至私铸夷钱流通，都可说明两地贸易来往之密切，而正是这种频繁的交往，促成了更多的移民，遂在越南逐渐出现了潮人移民社会。

应该指出的是，潮汕地区至中南半岛一直是走海路，本期有潮人快到暹罗时发生飘风事故，遂从陆路折回，被录入志异，遂知此事。嘉庆时人郑昌时所作的《韩江闻见录·暹罗陆归》载："潮之海客，舟往暹罗，云水程百零六更，更六十里，是六千三百六十里也。然四川后壁，实有陆路相通，但梗不可行，多绝人烟处，鬼物恶兽时阻之。又迂曲不啻数万里也。吾邑有陈生者，……因谋贸易，

① 《清实录·宣宗实录》卷289，道光十六年九月丙申，《清实录》第三十七册《宣宗实录》（五），北京：中华书局，1985年，第453页。

② 《清实录·宣宗实录》卷294，道光十七年二月甲子，《清实录》第三十七册《宣宗实录》（五），北京：中华书局，1985年，第558页。

③ 《清实录·宣宗实录》卷333，道光二十年四月乙亥，《清实录》第三十八册《宣宗实录》（六），北京：中华书局，1985年，第55～56页。

从海客之暹罗。将至矣，旋失风，任飘去。至一所，舟坏上岸，与同行数十人投生。”后来他们中有20多人走脱，一路屡经绝无人烟的原始山林，还遇到穴居土人、语言不通的番人等，回到潮州同行存活仅数人，陆路行程一年，“归潮州，计行程逾一载矣”。①

移民也并非一帆风顺，除了惊涛骇浪的自然风险，还有一些政治风险。如在18世纪，荷属东印度当局在巴达维亚（今雅加达）发生大规模屠杀华人的事件。此次事件中，华侨被杀近万人，史称“红溪惨案”：1740年10月，荷兰殖民当局出动军警捕捉华侨，遣往锡兰（今斯里兰卡），并洗劫、杀害华侨。华侨遂移居城郊进行抗暴斗争。由于叛徒泄密，荷兰殖民者于10月9日起对华侨进行持续一周的屠杀。全城华侨大多遭难，残存者撤往爪哇岛中东部，和当地人民一起坚持近三年的抗荷斗争。② 面对这件事，清政府却置之不理，乾隆声称：“天朝弃民，不惜背祖宗庐墓，出洋谋利，朝廷概不闻问云。”③ 虽然未有资料具体谈及潮人在此次受害华人中所占比例的大小，但相信潮人遇害是必然存在的。

第五节　阶段小结

综上所述，自清代开海至鸦片战争后、汕头开埠前，是潮人大规模移居海外的时期。此段时期的移民潮，是由海上商贸带动，商人占绝大多数，但也包括从事其他职业者。移民潮的主要目的地是泰国，也扩散至东南亚各国，并且在一些地方出现了若干个潮人移民社会。

---

①（清）郑昌时著，吴二持校注：《韩江闻见录》，上海：上海古籍出版社，1995年，第184～185页。

② 参见辞海编辑委员会编：《辞海》（第六版缩印本），上海：上海辞书出版社，2010年，第743页。

③ 李长傅：《中国殖民史》，上海：商务印书馆，民国二十六年（1937），第171页。

第七章

鸦片战争后、汕头开埠至中华人民共和国成立："海外—潮汕"的形成

1842 年 6 月第一次鸦片战争结束，中国逐步沦为半殖民地半封建社会。随着中国独立自主地位的丧失和传统自然经济的解体，潮汕社会环境亦因之嬗变，出洋贸易、务工等现象持续增多。1860 年汕头开埠后，更产生了规模空前的潮人海外移民潮。

本阶段潮人漂洋过海，主要目的地为东南亚各国、中国港澳台地区，以及东亚、南北美等世界各地。他们与之前已侨寓当地的潮人移民一起为侨居地的发展作出贡献。同时，在这些移居国、地区逐渐形成潮人的聚集点、定居社区等后，所谓的"海外—潮汕"局面真正形成了。

第一节　空前繁荣的海运事业

此阶段，潮汕地区对外海港及外贸流通主要集中在汕头港和东陇（樟林）港，但后者只是在前期尚显兴旺，很快便让位于汕头港。在造船业上，本阶段早期时潮汕地区仍然是广东主要的造船基地，民间造船业也很兴盛，不过整个中国的造船技术已经远远落后于世界先进水平，至本阶段的后期造船业逐渐销声匿迹。取而代之的是汕头开埠后的万国商轮云集，造就了潮汕地区空前繁荣的海运事业。

一、汕头港

汕头港是本阶段最大规模、最重要的港口。嘉庆年间（1796—1820），汕头港便与东陇（樟林）港并列为潮汕地区两大商贸港口，至咸丰年间（1851—1861），又取得领先地位。在开埠前，汕头港已然是知名于世的远东港口。

汕头旧称沙汕头，位于韩江西溪分汊梅溪河出海口东侧，前临牛田洋，北通

榕江，西对练水，为韩江出海之泥沙冲积而成。

至迟在明中叶，汕头已经是渔船聚集之地。清初，“乃潮揭商船进口之要道”①，已为船舶必经港口。② 康熙二十三年（1684）停止海禁，“盖自复界后，与暹罗帆樯络绎，遂日趋繁荣也”③。康熙二十四年（1685）清政府设定粤海关，后来便有了征税重地汕头口，直属于该关七大总口之一的潮州庵埠总口，“汕头口……在海阳县，同为庵埠总口所管辖”④。康熙五十六年（1717），已成为潮汕地区较具规模的港口及海防重地，“沙汕头炮台一座，营房二十一间，设炮八位，康熙五十六年建，兵三十九名”⑤。著于康熙末年的《潮州海防图说》称：“潮属港澳虽多，商艘往来，不过旗岭、汕头、神泉、甲子，他皆非所恋也。”⑥ 旗岭，也被视为东陇（樟林）港的一部分。可见在康熙末年，汕头港俨然是潮汕地区排名仅次于东陇（樟林）港的第二大海港。

清嘉庆二十年（1815）以前，汕头已经是潮汕地区的大港和重要商埠。其为潮汕地区海道出入门户，“沙汕头，地临大海，风涛荡涤，有淤泥浮出，作沙汕数道，前有海澳，由放鸡山而入，东对莱芜，西通潮阳之达濠、后溪，为海道出入门户”。沟通各港，远贩外洋，“邑自展复以来，海不扬波，富商巨贾卒操奇赢，兴贩他省，上泝津门，下通台厦，象犀金玉与夫锦绣皮币之属，千艘万舶，悉由澄分达诸邑。其自海南诸郡转输米石者尤为全潮所仰给。每当春秋风信，东西两港以及溪东、南关、沙汕头、东陇港之间扬帆捆载而来者不下千百计”。它是商船停泊总汇点和海防要隘，“沙汕头口距城西南三十五里，在蓬洲都，即沙汕头前海澳也。有淤泥浮出作沙汕数道，乃商船工停泊之总汇，东出大海，西达潮阳之达濠、后溪。西北通揭阳之北炮台，为海防要隘”。由于商船云集，汕头也成为海盗觊觎的目标，“嘉庆十四年（1809）六月，（海盗朱渥）六月初三日，率匪船七十余只突入沙汕头港，焚劫商船。……至二十有二日始行退去”。同时，也形成了潮汕地区排名第一的大商埠，“沧海桑田，变迁无定，数十年来，或徙泊珠池，或转泊涂泊。今则尽出沙汕头、东陇港两埠矣”。⑦

---

① （清）周硕勋纂修：《潮州府志》卷34《关隘》，潮州：潮州市地方志办公室、潮州市档案馆，2001年，第833页。

② 饶宗颐：《汕头释名》，载黄挺编：《饶宗颐潮汕地方史论集》，汕头：汕头大学出版社，1996年，第276页。

③ 参见饶宗颐：《汕头释名》，载黄挺编：《饶宗颐潮汕地方史论集》，汕头：汕头大学出版社，1996年，第276页。

④ 参见（清）梁廷枏撰：《粤海关志》卷6《口岸二·庵埠总口图》，载《四库全书·史部·政书类》，三颂堂影印本，第532页。

⑤ （清）周硕勋纂修：《潮州府志》卷36《兵防》，潮州：潮州市地方志办公室、潮州市档案馆，2001年，第861页。

⑥ （清）蓝鼎元撰，郑焕隆选编校注：《蓝鼎元论潮文集》，深圳：海天出版社，1993年，第54页。

⑦ （清）李书吉纂修：《澄海县志》，载《中国地方志集成·广东府县志辑·嘉庆澄海县志/光绪海阳县志》，上海：上海书店出版社，2003年，第39、70、75、76、261～262页。

嘉庆时，汕头港与东陇（樟林）港成为潮汕地区两个最大的商贸港，由于自然条件的改变致使港口淤积、围垦以及其他原因，东陇（樟林）港逐渐没落。至嘉庆二十年（1815），汕头埠由于地理位置优越，港口规模迅速扩大，已经压倒东陇（樟林）港，是船舶进入潮州洋面的要港。清政府稽查海道也必提及此处。如道光十六年（1836）九月查夷钱流入，便下谕要求地方官："在南澳、大汕头、庵埠一带地面，海船到日，实力稽查。"①

不过，此时东陇（樟林）港仍占据举足轻重的位置，如嘉庆二十四年（1819）樟林镇建风伯庙，碑记称："樟林，澄之钜镇也。旧无风伯庙，自余宰是邦，越五岁而庙始建焉。夫建庙者何？祈风若也。建于樟林者何？澄滨大海，民多业于海，樟林尤河海交会之墟，闽商浙客，巨舰高桅，扬帆挂席，出入往来之处也。"②

至19世纪40年代鸦片战争时，汕头港已俨然成为潮汕地区第一大港，并逐渐闻名世界。1857年英资怡和洋行约瑟夫渣甸向英政府代表报告："一个未经条约承认的非常重要的港口就是汕头港。汕头为广东沿海北部位于韩江口的一个最好的寄碇港。"③ 而英国外交档案保留着的、1858年英国驻华全权专使额尔金之通信称：他亲眼见到外国商船在汕头装卸货，又据悉1857年这一年有120只外国商船出入汕头。④ 恩格斯在1858年称："由于开放五个通商口岸，使广州的一部分贸易转移到了上海。其他的口岸差不多都没有什么贸易，而汕头这个唯一有一点商业意义的口岸，又不属于那五个开放的口岸。"⑤ 可知此时汕头港已经闻名于世，遂有西方殖民者要求设立通商口岸之举。

1860年开埠后，汕头港不仅是潮汕地区第一港口，还成为国内名列前茅的大港。同治四年（1865），原设于妈屿岛的潮海关公署迁进汕头市区，⑥ 同年出台的潮海关《海关章程》，官方认定汕头港的范围是："包括一条从塔岛经过鹿屿的南端至南岸的顶尖礁，从东北北（正北以东22°30′）至西南南（正南以西20°31′）的线内以及另一条距离汕头炮台西部1英里半的以北至南的线内的这一

---

① 《清实录·宣宗实录》卷289，道光十六年九月丙申，《清实录》第三十七册《宣宗实录》（五），北京：中华书局，1985年，第453页。

② 尹佩绅：《凤山记序·拨充风伯庙祭祀香灯章程碑记》，转引自陈春声：《信仰空间与社区历史的演变——以樟林的神庙系统为例》，载《清史研究》，1999年第2期。

③ 姚贤镐编：《中国近代对外贸易史资料（1840—1895）》（第一册），北京：中华书局，1962年，第454～455页。

④ 陈瀚笙主编，卢文迪、陈泽宪、彭家礼编：《华工出国史料汇编第四辑：关于华工出国的中外综合性著作》，北京：中华书局，1981年，第184页。

⑤ ［德］恩格斯：《俄国在远东的成功》，载［德］马克思、恩格斯著，中共中央马克思、恩格斯、列宁、斯大林著作编译局译：《马克思恩格斯全集》（第12卷），北京：人民出版社，1962年，第663页。

⑥ 参见周修东：《争地案与各方利益在外交上的折冲——光绪年间德国鲁麟洋行汕头海坪争地案略考》，载《潮海关史事丛考》，北京：中国海关出版社，2013年，第80页。

部分韩江（或称汕头河）。”[1] 这可说是此时对汕头港的规范界定范围。

汕头港生机勃勃，当时的潮海关税务司辛盛这样描述：“汕头的重要性，首先在于商业。居民基本上都是商人。它拥有一个极为优美的自然港口，由两条河流汇入一个宽阔的海湾形成。两条河都有相当长的一段航道可通小船。这些优越的条件，使地方上出现了各种生机。有些汽船停泊在港中，借助驳船装卸货物；其他一些船则系靠在趸船边，络绎不绝的苦力将大量的糖或豆饼一件一件地扛在肩上进行装卸。朝着海面有一长排大仓库，进出口货物可在此暂时‘栖身’。”[2]

根据以汕头港为征税区的潮海关的原始资料，可略窥汕头港此时的繁华。

根据1864年至清王朝覆灭的1911年一共48年的数据统计：进口货物共值67 226万银圆，出口货物共值18 642万银圆，出现贸易逆差48 584万银圆；潮海关征收各种税款5 080万关平两，约合7 958万银圆；1911年进出口贸易总值在全国通商口岸列第七位。[3]

1900年以后，潮海关每年关税平均约150万关平两，占全国关税收入的4%左右，在全国各关中列为第五位，仅次于上海、天津、广州、汉口等关。[4]

20世纪30年代起，汕头港更是进入空前鼎盛时期。在往来外洋船舶及转载货物吨数上，1932年至1937年连续6年均列当年全国第三位；1938年列全国第四位；1939年列全国第六位；日侵期间封港无计；1946年至1947年连续两年列全国第四位；1948年列全国第六位；1949年1—10月列全国第三位。[5]

在20世纪30年代至中华人民共和国成立前，汕头港大部分时间在往来外洋进出口船舶艘次及吨位上仅次于上海港及广州港，详见表7－1[6]：

---

① 汕头海关编志办公室编纂：《汕头海关志》，汕头：汕头海关编志办公室，1998年，第150页。

② ［英］辛盛著，中国海关学会汕头海关小组译：《1882—1891年潮海关十年报告》，载中国海关学会汕头海关小组、汕头市地方志编纂委员会办公室编：《潮海关史料汇编》，内部资料，1988年，第1页。

③ 汕头海关编志办公室编纂：《汕头海关志》，汕头：汕头海关编志办公室，1998年，第114页。

④ 汕头海关编志办公室编纂：《汕头海关志》，汕头：汕头海关编志办公室，1998年，第114页。

⑤ 具体内容可参见《1932—1949年汕头口岸进出口船舶艘次及吨位统计表》备注栏。载中国海关学会汕头海关小组、汕头市地方志编纂委员会办公室编：《潮海关史料汇编》，内部资料，1988年，第141～145页。

⑥ 本表整理辑录自中国海关学会汕头海关小组、汕头市地方志编纂委员会办公室编：《潮海关史料汇编》，内部资料，1988年，第141～145页；汕头海关编志办公室编纂：《汕头海关志》，汕头：汕头海关编志办公室，1998年，第318～319页。

表 7－1　1932—1949 年汕头口岸往来外洋进出口船舶艘次及吨位表

年份	往来外洋						全国口岸排名
	进口		出口		进出合计		
	艘次	吨	艘次	吨	艘次	吨	
1932 年	1 079	1 541 079	1 131	1 617 051	2 210	3 158 130	第三位
1933 年	1 296	1 848 128	1 352	1 917 623	2 648	3 765 751	第三位
1934 年	1 245	1 774 614	1 233	1 824 664	2 478	3 599 278	第三位
1935 年	1 413	2 059 495	1 448	2 111 090	2 861	4 170 585	第三位
1936 年	1 246	1 951 746	1 305	2 041 932	2 551	3 993 678	第三位
1937 年	893	1 447 352	940	1 525 542	1 833	2 972 894	第三位
1938 年	675	1 105 688	695	1 118 620	1 370	2 224 308	第四位
1939 年	404	577 904	462	666 572	866	1 244 476	第六位
1940 年							
1941 年							
1942 年	33	48 726	25	40 210	58	88 936	第十位
1943 年							
1944 年							
1945 年							
1946 年	426	268 776	360	262 068	786	530 844	第四位
1947 年	588	560 414	503	559 273	1091	1 119 687	第四位
1948 年	344	599 801	319	507 137	663	1 106 938	第六位
1949 年 1—10 月	298	526 137	265	460 240	563	986 377	第三位
合计	9 940	14 309 860	10 038	14 652 022	19 978	28 961 882	

以上仅仅是往来外洋的统计，大约相当于当代语境下的“进出口”数据（排名也是以此为依据），并不包括往来国内各口岸船舶吨数的数据。倘若加上，则其他数据如下：

在往来艘次上：自 1860 年开埠时的 161 艘次，到 1900 年的 11 474 艘次，突破 1 万艘次，1923 年又达到 137 740 艘次。

在吨数上：1860 年开埠时为 59 236 吨；1872 年达到 566 257 吨，已突破 50 万吨；1882 年达到 1 149 832 吨，突破百万吨；1905 年再突破 600 万吨；1930 年达到顶峰，录得 8 803 545 吨；在 20 世纪 30 年代的鼎盛期，多年在 600 万吨左右徘徊。

此外，还不包括逃过海关监管的走私数据。海关资料显示：自汕头开埠后于

1860 年 4 月首次查获走私鸦片，[①] 至 1930 年前，每年查获案件都在百来宗至数百宗，1931 年至 1939 年则“潮海关所辖关区范围内走私活动相当严重”，如 1938 年达到 1 922 宗。[②] 在潮汕地区向有“犯禁”传统和不乏军阀土豪、西方殖民势力、日本帝国主义势力配合走私的情况下，较之当时潮海关薄弱的缉私力量，则未查获案件在百十倍以上也不足为奇。倘若将这些纳入总计，则更能佐证本阶段汕头口岸的繁荣。

二、造船业

在造船业方面，鸦片战争前后广东有 4 个水师船厂，其中之一便设置于潮州庵埠。庵埠造船基地仅次于广州河南的船厂，位列第二，属于官方重要造船基地。民营造船，直至鸦片战争后，广州及沿海的潮州、惠州、高州、雷州、琼州等地仍有私人建造出洋木帆船，行驶于东南亚及日本等地区。主要的船型有：明代及清乾隆、嘉庆年间始建，近代续造的乌艚、白艚、捞缯、米艇、红单船、拖风、广艇、快蟹、八桨等；道光年间始建的远洋大帆船、大盐舡、海波船、罗咋船、草乌船等。这些 2～3 桅的海船，大者载重千余吨，小者载重十多吨。[③]

然而，中国造船业在此时已落后于西方，这些总体上仍基于手工生产的产品，无论军用商用，都无法同先进工业国家机械化生产、新式配置的航海船舶相提并论。因此，出现本地航海民船因竞争不过轮船而数量逐渐递减的情况：

《1882—1891 年潮海关十年报告》中提及：1858 年，不下 400 只；1869 年，减少至 300 只左右；1882 年，仅剩下 110 只。至 1891 年汇报当年，不超过 80 只。作者预计再过 5 年趋于消亡。[④]

《1892—1901 年潮海关十年报告》提到，这些航海帆船继续减少，但“和许多预言相反，远未达到消失的地步”，而是穿行于广州、海口、高州、雷州、廉州、宁波、胶州、厦门等中国沿海，已经不适合远洋。[⑤]

《1860—1931 年汕头口岸进出口船舶艘次及吨位统计表》中，统计出入境的

---

① 汕头海关编志办公室编纂：《汕头海关志》，汕头：汕头海关编志办公室，1998 年，第 255 页。

② 参见汕头海关编志办公室编纂：《汕头海关志》，汕头：汕头海关编志办公室，1998 年，第 240 页。

③ 广东省地方史志编纂委员会编：《广东省志·船舶工业志》，广州：广东人民出版社，2000 年，第 47、51 页。

④ 参见［英］辛盛著，中国海关学会汕头海关小组译：《1882—1891 年潮海关十年报告》，载中国海关学会汕头海关小组、汕头市地方志编纂委员会办公室编：《潮海关史料汇编》，内部资料，1988 年，第 17 页。

⑤ 参见［英］甘博著，中国海关学会汕头海关小组译：《1892—1901 年潮海关十年报告》，载中国海关学会汕头海关小组、汕头市地方志编纂委员会办公室编：《潮海关史料汇编》，内部资料，1988 年，第 56～57 页。

帆船，自1888年至1896年，仅1894年有8艘次，其余都在5艘次以内；1897年至1902年更是连一艘次都没有。①

至此，作为远洋海航的帆船已经消亡或说近于消亡。

汕头港被日军占领前期，有少数商人冒险启用传统帆船，但也仅仅是航行于中国沿海如温州、厦门、香港、广州之间，且数量不多，持续时间不长。这些启用的传统帆船，可视为潮汕地区传统远洋船舶制造业的最后辉煌。

有必要缅怀一下这支伴随着历代潮人漂洋过海、与千万潮侨生死相依的南中国海特大木帆船队。在它们接近消亡而又回天乏力时的状况，西方资料中亦有涉及。如一份写于1879年的史料，便提及有着“事业心很强、航海本领极强美誉”的“汕头”船队，在当年还有60～65艘木船在运营，分为三类：载重100～150吨的约15艘，载运白糖、纸张、粗瓷器和医药等北上，沿途在牛庄、芝罘和天津等港口卖出买入，最后载棉花等返汕，通常每年往返两次；载重150～250吨的约50艘，在广东沿海贸易，出港时仅载压舱物，再到廉州、琼州等港口运出花生、花生饼、食油、木材以及肉桂等沿途买卖，回程在香港或广州等地采购货物，幸运的话每年能跑三趟；载重500吨以上的两艘，其中一艘可能要作废了，另一艘航行东南亚各地，有时走上海、天津等地，每年往返一次。资料还提及，船主已经不再认真保养船只，觉得另租外国帆船或轮船运营更合算。最后，作者为之感叹：这些“过去特大船队的幸存者”，看来也将“被列入历史遗物了”。②

到了20世纪30年代，木帆船出海已经停留在记忆中，当时已84岁的潮州归侨称：“我小的时候，记得村内有红头船8艘开往南洋的，北到天津、上海，南往曼谷。北往时载潮柑，南行时运豆、茶、丝等货。最大的船坐二百余人。自汕头开船，差不多一个月才到暹罗。”③

不过，至今仍有潮侨后裔念及先人的“红头船”，类似“一溪目汁一船人，一条浴布去过番；船去船来人知转，记得父母共唐山”④ 这样的潮语歌谣，依然流行于海外潮人社会。

三、海运业

在海洋运输上，潮汕地区在此期大部分时间里的海运能力与规模都处于国内

① 参见《1860—1931年汕头口岸进出口船舶艘次及吨位统计表》，载中国海关学会汕头海关小组、汕头市地方志编纂委员会办公室编：《潮海关史料汇编》，内部资料，1988年，第137～138页。

② 参见Trade Reports，汕头，1879，pp. 206 - 207，转引自聂宝璋编：《中国近代航运史资料（1840—1895）·第一辑》（下册），上海：上海人民出版社，1983年，第1311页。

③ 陈达：《南洋华侨与闽粤社会》，北京：商务印书馆，2011年，第54～55页。

④ 大意是送行者对出洋人的临别叮嘱，要其不忘故里。末二句或作“钱银知寄人知转，勿忘父母共妻房”。参见林朝虹、林伦伦编著：《全本潮汕方言歌谣评注》，广州：花城出版社，2012年，第223页。

前列。

早在1849年至1859年，半岛东方轮船公司的小轮船曾在香港、汕头、厦门和福州之间试航。1863年10月，英资德忌利士洋行联同半岛东方轮船公司等发起创办了省港澳轮船公司，先后开辟了香港、汕头、福州、厦门以及台湾之间的定期航班，成为“香港—汕头”轮船航线之始。①

大英轮船公司随后不久也运营此航线，在1865—1866年间，西方材料称：“汕头和厦门所运来的货物大批装在英国轮船上，定期航行在香港与福州之间的英国轮船共有六只。”② 可见此时有6艘英籍轮船营业。这些轮船航班周期短，载运量大，因此，汕头港的进出口船只和吨数便日趋增长：同治三年（1864）进出口船只共941艘次，货量为338 805吨；同治四年（1865）为1 169艘次，货量为444 056吨。③ 不过，受市场竞争和西方资本主义国家经济危机的影响，大英轮船公司于1866年退出此航线。

1867年之前，只有英籍轮船进出汕头港，此年开始有了美国轮船，1868年又有德国雷特公司的轮船，1871年再增加西班牙、俄国的轮船。各国轮船公司竞争激烈，致1870年创办的中国海峡公司所属轮船，两年不到便在竞争中消失了。按1871年的海关记录，当年出入境有英国轮船434艘次、美国轮船28艘次、德国轮船4艘次、西班牙轮船2艘次、俄国轮船6艘次；帆船则有英、美、德、俄、法、荷兰、丹麦、挪威、瑞典、暹罗十国船舶。④ 轮船、帆船合计的话，1871年有11个国家的船舶进出汕头港。

此后，汕头港的轮船运输已成主流，德、美、法、俄等九国船舶相继入汕营运。从同治六年（1867）至光绪三十三年（1907），在汕头港的航运机构有英国渣甸汽船公司、德忌利士汽船公司、日本大阪商船会社、英国印度支那航业公司（怡和）、英国伦敦中国航业公司（太古）、法国雷特公司、荷兰渣华轮船公司。

至20世纪30年代初，汕头港已有怡和、太古、渔华、中暹、民生等十多家轮船公司和招商局汕头分局（该局成立于1873年）。⑤ 据1864年至清王朝覆灭的1911年共计48年的统计：共有16个国家（地区）的47 439艘外轮进入汕头

---

① 参见［英］G. B. 安德葛：《香港史》，转引自卢受采、卢冬青：《香港经济史》（公元前约4000—公元2000年），北京：人民出版社，2004年，第80～81页。

② 参见Commercial Reports，福州，1865－1866，p. 40。转引自聂宝璋编：《中国近代航运史资料（1840—1895）·第一辑》（下册），上海：上海人民出版社，1983年，第1272页。

③ 《各口海关贸易报告册》（英文），汕头，1866年，第55页。转引自蒋祖缘主编：《广东航运史》（近代部分），北京：人民交通出版社，1989年，第14页。

④ 参见《各口海关贸易报告册》（英文），1866年、1868年、1871年“汕头港进出口船只统计表”。转引自蒋祖缘主编：《广东航运史》（近代部分），北京：人民交通出版社，1989年，第17页。

⑤ 参见广东省汕头市地方志编纂委员会编：《汕头市志》（第三册），北京：新华出版社，1999年，第266页。

口岸（其中 80% 以上为英籍），船舶吨位达 6 471 万吨。[①] 此后迅猛发展，直至 20 世纪 30 年代达到鼎盛期。

1939 年 6 月 21 日，日军从汕头港登陆，侵占汕头市，控制海关，关闭港口，并停止一切港口贸易。尔后，日军每周只允许一艘外国船靠港，而且只能是输入专门供应外国人的物资、邮件和旅客。日本商船则在日军的掌控下，逐渐开始靠港贸易，1939 年底至 1940 年 11 月，有近十艘不定期的日本商船在汕头开展贸易。而汕头港，一般情况下没有日军驻汕政务部签发的特准证，货物不准进港。特准证只发给日本人和中国台湾商人，在特殊情况下才发给外国商人用于进口少量自用物品和煤炭。汕头商人与外国商人的贸易活动，都要通过日本和中国台湾设立的在汕公司办理。

这段时间里，外国船舶纷纷回国，各船行陆续停业。潮汕地区的海运业务被日伪政权控制，本地私人海轮多数到香港避难，仅存招商局汕头股份有限公司、太古、怡和三家船行，但也极少有船来汕，遂有少数商人在日据前期冒险启用帆船，行驶于温州、厦门、香港、广州之间。

1941 年 12 月，太平洋战争爆发。汕头港与外港的航线停航，加上汕头市的铁路、公路多数被破坏，整个潮汕地区内外交通闭塞，港口贸易一片萧条。

1945 年抗战胜利，汕头各轮船行及船务机构等迅速恢复业务，港口贸易逐渐复苏。初时有小船舶运送少量货物到香港、台湾地区。同年 11 月，美军派遣扫雷艇至汕头水域，清除日军入侵时布设的水雷。英国也于同年 9 月在香港组建远东联航局，将香港变为对华航运基地，1946 年交由英商轮船公司独立经营。当年英轮可以自由进出包括广州、汕头、海口在内的 18 个沿海口岸。[②]

稍后，包括怡和公司汉阳号、高春号等轮船和招商局的轮船在内的各国船舶相继来汕。汕头港又见起色，1946 年已录得往来外洋的入口旅客有 2 555 人次，出口旅客有 48 228 人次；录得往来外洋的进出船舶有 786 艘次，进出货物有 530 844 吨。汕头港在各港同处萧条的情况下位列全国第四。虽然远远不及之前的规模，却也可见恢复速度之快，亦可见之前业务积累之雄厚。汕头海运事业遂又持续了几年的繁荣。

应该说明的是，上述一些外国轮船的经营者或部分出资者，其实不少是本地商人，这些商人或者直接租用外国船只，或者与外方合作经营，都挂着外国国旗进出本港。这造成官方数据未能准确显示，因此目前广东、汕头相关志籍都未能记录它们的存在。

以这种形式运营的船舶最早出现于何时不得而知，但在 1902 年至 1911 年十

---

① 汕头海关编志办公室编纂：《汕头海关志》，汕头：汕头海关编志办公室，1998 年，第 114 页。

② 广东省地方史志编纂委员会编：《广东省志·水运志》（光盘版），广州：广东省科技音像出版社，1996 年，第 30 页。

年间的后半期，汕头港新增的四艘大轮船全部如此。说见《1902—1911 年潮海关十年报告》：“最近又有四艘大轮船加入这项运输任务。其中 3 艘是中国船，但挂的是英国旗。第 4 艘是由一个中国公司租用的‘俄罗斯志愿者队’的船只。”①

该份报告编写于 1911 年 12 月，透露出汕头最近增加的四艘大轮船都是中国船，三艘挂英国旗、一艘挂俄罗斯旗，即 100% 都是外籍，可见这种经营模式在晚清已经十分普遍。

这也可在当时的媒体报道中得到印证，1906 年 5 月 3 日的《时报》称：“航行于韩江之小蒸汽船，内河汽船会社有四：即汕潮揭公司、炎记轮船公司、德记洋行、元兴洋行是也。汕潮揭公司以下皆悬英国旗，惟元兴洋行系悬德旗。然其实际，皆各会社买办之华人经理。”②

此外，据《汕头市志·交通》载：“民国年间，开始有少数富商购置外海电船（轮船）与外国人抗争。最先是新安人刘树德于民国十年（1921）购德国旧炮舰 1 艘，改建为‘潮州号’货轮，航行汕头至香港。由于航速比外国轮快，所以当时营运颇佳。民国十三年（1924）民国政府将该船收归‘招商局’经营。此后，私人（商人）购置外海货轮不断增多，并自成‘船行’。……至民国二十二年（1933）汕头轮船行商号已达 70 多家（船务行），年营运额 2 亿元左右。”③

第二节　汕头开埠及移民合法化

1860 年 1 月 1 日，汕头开埠。这在潮汕史上意义重大，同时也是中外关系的重要事件。具体到潮人出洋侨寓这方面，则意味着：潮汕地区从元末开始近 700 年的、或松或严的海外迁徙限制，至此不复存在。潮人出洋，不再有本国法律层面上的障碍。

汕头开埠以及之后的移民合法化，对最终形成如今的“海内—潮汕、海外—潮汕”局面起到了关键性作用。

一、汕头开埠

1856 年 10 月，英国发动第二次鸦片战争。1857 年 12 月，英法联军攻陷广

---

① ［美］克立基著，中国海关学会汕头海关小组译：《1902—1911 年潮海关十年报告》，载中国海关学会汕头海关小组、汕头市地方志编纂委员会办公室编：《潮海关史料汇编》，内部资料，1988 年，第 66 页。

② 《时报》，丙午年（1906）四月初十。转引自姜振逵：《华侨与潮汕地区近代交通网络的构建》，载张应龙主编：《广东华侨与中外关系》，广州：广东人民出版社，2014 年，第 281 页。

③ 广东省汕头市地方志编纂委员会编：《汕头市志》（第三册），北京：新华出版社，1999 年，第 848 页。

州。1858年4月，英法联军北上，屯集白河口外，俄、美两国公使以调停人身份随行。

当时清政府倍感军事压力，遂派钦差大臣谭廷襄前往协商议和。俄国公使代表联军提出条件，其中有在广州、厦门、福州、宁波和上海等“五口通商”外再增加汕头的要求，“浙江、温州、海口及距厦门不远之山岛，有买卖处通商，据云暗地早已交易，惟求明定章程”①，其中的“厦门不远之山岛”，便是指汕头。后美国代表直言的“潮州之沙头”可以佐证，说见谭廷襄1858年5月8日送军机处的《米利坚条款》：“如粤之琼州、电白，潮州之沙头，闽之泉州、台湾之淡水，浙之温州等处，虽未奉有开港明文，然贸易亦已不少，土人大获其利。若此，各港并其他港口，均应定立开设章程，则国课可增，而不法之徒可弭矣。”②

此后，英、法、美三国便趋一致。清政府虽然几番坚持，但形势所迫，终于在5月下旬大沽炮台失守、天津城下干戈将起时，分别于1858年6月18日、26日、27日同美、英、法三国代表签订了《天津条约》。关于在潮州开埠通商的条文，也分别被载入了这三个《天津条约》之中。

按照约定，各国的《天津条约》须于一年后（即1859年6月后）互换批准书方能生效。然而，其间战事又起，中英、中法皆未如期换约，只有美国于1859年8月16日在北塘同清政府代表恒福互换中美《天津条约》批准书，换约时清政府要求美国“应俟英法两国一律定议之后，再开新章”③，美国一开始应承，但马上又后悔，且坚持明确时间为自咸丰九年十月九日起，“扣至两个月后，即开台湾、潮州两新港与美国商民贸易”④。咸丰九年十月九日（1859年11月3日）两个月后即咸丰九年十二月九日，是为公元1860年1月1日。

清政府代表何桂清多次交涉无果，清政府遂于咸丰九年十月二十一日（1859年11月15日）下谕：“所有潮州、台湾两口，准米国先行开市，并照新章完纳船只吨钞，其余新章税则等项，暂缓举行。”⑤

至此，汕头开埠已具备充分的法律依据。

---

① 中国史学会主编，齐思和、林树惠、田汝康、金重远等及故宫博物院明清档案部编：《中国近代史资料丛刊：第二次鸦片战争》（三），上海：上海人民出版社，1978年，第237页。

② 转引自中国史学会主编，齐思和、林树惠、田汝康、金重远等及故宫博物院明清档案部编：《中国近代史资料丛刊：第二次鸦片战争》（三），上海：上海人民出版社，1978年，第283页。

③ 张贵永主编：《中美关系史料》（嘉庆、道光、咸丰朝），转引自赵春晨：《汕头开埠史实考》，载潮汕历史文化研究中心、汕头大学潮汕文化研究中心编：《潮学研究》（第三辑），汕头：汕头大学出版社，1995年。

④ 中国史学会主编，齐思和、林树惠、田汝康、金重远等及故宫博物院明清档案部编：《中国近代史资料丛刊：第二次鸦片战争》（四），上海：上海人民出版社，1978年，第25页。

⑤ 中国史学会主编，齐思和、林树惠、田汝康、金重远等及故宫博物院明清档案部编：《中国近代史资料丛刊：第二次鸦片战争》（四），上海：上海人民出版社，1978年，第33页。

按照中美双方的约定，咸丰九年十二月九日（1860 年 1 月 1 日），汕头港如期对美国开市，正式成为对外开放的通商口岸。同日，在妈屿岛设立一个有别于原潮州海关的新海关。该新海关一般称为“潮海关”，亦称“洋关”，是近代中国继上海的“江海关”、广州的“粤海关”之后设立的第三个实行外籍税务司制度的海关。说见两广总督劳崇光等的上奏有言明开埠事：“……在于澄县属之汕头设立新关，于咸丰九年十二月初九日准米国先行开市。”① 又，在海关档案《粤海关存案公文杂稿簿 1851—1862》中，存有数份开埠照会札函，其中两份皆明确提及日期：“本年十二月初九日赴潮州开市。”② 两相对照，说明 1860 年 1 月 1 日已经执行了“开市”这一中美约定，而潮海关与汕头开埠密不可分，因此同日成立的潮海关，便是汕头开埠的标志。

这里还有一个问题，即条约中的“潮州开埠”与事实上“汕头开埠”的辩证关系。其实“汕头开埠”便是“潮州开埠”，两者为同一个概念。因为汕头当时不过是潮州府的一处外港，开埠通商就城市而言当然是指府城潮州，而贸易的具体地点则为汕头。所以中美、中英、中法《天津条约》中关于增辟通商口岸的名称都写作“潮州”，而不书“汕头”（其中，中英《天津条约》在潮州等城市名之后加“府城口”三字），这同通商口岸设于汕头并不矛盾，也不存在将通商口岸从潮州“改为汕头”的问题。上述签约各方的理解都是一致的。因此，当后来出现英领事要求入潮州城的纠纷（1860—1866）时，英国坚称“潮州府原为条约准开通商之区，如果合与我商之便，则本大臣以派官在城驻扎，英商亦准在彼居住，均不过条约所载应行之议”③，清政府也认为“潮州口岸原准通商，条约内载明准该国人随处游历，似不宜因此细故，致有借口”④。至于此后的中丹《天津条约》等直接写“汕头”是另一回事，并不涉及汕头开埠事。

汕头开埠后，英、法等国马上利用“援一体均沾之例”的不平等条约内容，要求与美国享受同等待遇。对此，当初中美就何时执行《天津条约》进行谈判时，清政府代表何桂清便有预料，何桂清当时且有上奏，称如果英、法等国提出这一要求，“臣自不便拒绝”，并提议“若该酋等并无照会前来，则仍置之不议，

① 太平天国历史博物馆编：《吴煦档案选编》（第 6 辑），转引自赵春晨：《汕头开埠史实考》，载潮汕历史文化研究中心、汕头大学潮汕文化研究中心编：《潮学研究》（第三辑），汕头：汕头大学出版社，1995 年。

② 参见周修东：《从海关角度可证汕头开埠时间为 1860 年 1 月 1 日》，载周修东：《潮海关史事丛考》，北京：中国海关出版社，2013 年，第 26 ~ 27 页。

③ 中国史学会主编，齐思和、林树惠、田汝康、金重远等及故宫博物院明清档案部编：《中国近代史资料丛刊：第二次鸦片战争》（五），上海：上海人民出版社，1978 年，第 483 页。

④ 中国史学会主编，齐思和、林树惠、田汝康、金重远等及故宫博物院明清档案部编：《中国近代史资料丛刊：第二次鸦片战争》（五），上海：上海人民出版社，1978 年，第 529 页。

以免迹涉求和”。[①] 即何桂清从“求和”有损国威角度考虑，建议清政府不作回复。汕头甫一开埠果然如此。两广总督劳崇光遂上奏英、法的开市要求，清廷果然不作明确答复，实际上便是加以默认。因此，在开埠后不久，汕头便实质性地对英、法等国开放。开放时间大致在 1860 年七八月间，这比英国首任驻潮州领事到汕头的时间来得更早。[②]

二、驻汕领馆及潮汕地区侨团

商埠开辟后，各国人士接踵而来，驻汕领事机构陆续出现。这些机构对于潮汕移民的影响，起码包括两个方面：一个在于华工出国的交涉、干涉；一个在于外贸频繁、潮人移民增多后带来的移民问题。

据《广东省志·外事志》载，自英国 1860 年始设驻汕头英国领事馆后，法国、美国、荷兰等 13 个国家先后在汕头成立领事机构，其总数仅次于广州（17 个）。机构的不少领事还兼任他国领事，兼任本国驻另一口岸或三个口岸以上领事的情况也很普遍。在汕头，这些领事主要交涉对象为惠潮嘉道，也会会晤督抚；交涉方式有会晤与行文两种。各国领事馆主要使命是维护该国在汕头的利益，向地方政府施加压力或干涉。在当时，华工出国问题是极具地方特色的交涉内容。民国之后，广东地方政权与中央政权关系随时变化，各国因时兴废，驻汕头的领事机构亦有所减少。至太平洋战争爆发前，各盟国已无领事机构，战后则仍有英、荷、挪等国领事驻汕。[③]

表 7－2　民国前各国驻汕头领事馆简况表[④]

驻汕领事馆	首任领事或代理领事	授任时间
英国	坚佐治	1860 年 6 月
法国	坚佐治兼任	1860 年 6 月
美国	Chas W. Bradley Jr.	1861 年
荷兰	李质逊	1864 年
德国	迪格士	1864 年

① 中国史学会主编，齐思和、林树惠、田汝康、金重远等及故宫博物院明清档案部编：《中国近代史资料丛刊：第二次鸦片战争》（四），上海：上海人民出版社，1978 年，第 265 页。

② 本节参见赵春晨：《汕头开埠史实考》，载潮汕历史文化研究中心、汕头大学潮汕文化研究中心编：《潮学研究》（第三辑），汕头：汕头大学出版社，1995 年。

③ 参见广东省地方史志编纂委员会编：《广东省志·外事志》，广州：广东人民出版社，2005 年，第 76～78 页。

④ 本表整理辑录自广东省地方史志编纂委员会编：《广东省志·外事志》，广州：广东人民出版社，2005 年，第 88～94 页。

(续上表)

驻汕领事馆	首任领事或代理领事	授任时间
丹麦	迪格士兼任	1864 年
瑞典	迪格士兼任	1867 年
挪威	迪格士兼任	1867 年
日本	林道三郎	1873 年
奥匈	额勒格里	1874 年 7 月
西班牙	贝黎那	1879 年
意大利	福罗秘东利	1899 年
比利时	韩蔓	1902 年 8 月

表 7-3　民国时期各国驻汕头领事馆简况表①

驻汕领事馆	首任领事	授任时间
法国	卜尔熙	1911 年
美国	韩森	1917 年
荷兰	Van Hevrn	1930 年 4 月
日本	户木根长之助	1930 年 12 月
挪威	武兰勒	1932 年 7 月
英国	布理嘉	1935 年
丹麦	武兰勒兼任	1938 年 10 月

随着海外潮人的增多，由其组成的社团也日渐增多，但在潮汕地区却一直没有华侨团体。在归侨增加以及潮侨往来逐渐频繁的情况下，岭东第一个华侨团体“岭东华侨互助社”应运而生。

岭东华侨互助社是由黄伟卿等一批归国华侨发起倡议而创建的，该社于 1928 年筹建，1929 年 8 月 13 日在汕头举行发起者全体会议，23 日宣告成立，总部设于汕头。其宗旨为：发扬侨胞互助精神，解除侨胞困难，组织侨胞力量，建设乡土，参与国事。其鼎盛时期拥有海内外分社共 29 个，社员 6 000 多人，这些社员的祖籍地主要分布在 5 个县：潮阳，2 000 人以上；澄海、潮安，各 500 人以上；普宁、揭阳，各 300 ~ 400 人。此外，尚有大埔、饶平、梅县、丰顺、惠来、汕头、永定、兴宁、平远、文昌、五华、宝安、南海、蕉岭、陆丰、琼东、南澳等籍社员。社员侨居海外各地，其数量如下：越南，约 1 100 人；暹罗，900 余人；

① 本表整理辑录自广东省地方史志编纂委员会编：《广东省志・外事志》，广州：广东人民出版社，2005 年，第 117 ~ 119 页。

新加坡，700 余人；香港，600 余人；三发坡、日里、槟榔屿、坤甸、勿里洞各 100 人以上；沙捞越、巴城、霹雳、怡保、澳门、三宝垄、苏门答腊、马六甲、爪哇、柔佛、仰光、万隆、泗水、巴黎、日本等各 40 人以下。①

根据国家有关侨务团体必须冠以所在地名称的规定，1934 年 8 月 23 日，岭东华侨互助社更名为“汕头南洋华侨互助社”，并继续扩充组织，发展会员。在潮汕沦陷期间，曾为抗日救亡作出贡献。1951 年，由汕头市侨务局接管。②

此外，1928 年 4 月，国民党揭阳县党部曾召开座谈会筹备成立华侨协会揭阳分会。1930 年，吉隆坡、新加坡华侨陈绳武、陈德开等和槟城华侨邹达三等发起成立实叻英荷各埠联谊社，地址在今潮州市湘桥区。1941 年，日伪政府组织成立伪岭东华侨协会。③ 1947 年，泰国潮州会馆在汕头设立办事处。至 1949 年中华人民共和国成立以前，还有潮汕马来亚华侨联合会、旅汕越南华侨青年联合会等华侨团体。④

三、移民合法化

汕头开埠，是清政府依照与英、法、美签订的《天津条约》而进行的；移民合法化，则是因《天津条约》相关条文及稍后的《北京条约》等约定而形成的。

咸丰十年九月十一日（1860 年 10 月 24 日）、咸丰十年九月十二日（1860 年 10 月 25 日），清政府又分别与英国、法国签订《北京条约》。前者第五款约定：“大清大皇帝允于即日降谕各省督抚大吏，以凡有华民情甘出口，或在英国所属各处，或在外洋别地承工，俱准与英民立约为凭，无论单身或愿携带家属一并赴通商各口，下英国船只，毫无禁阻。该省大吏亦宜时与大法钦差大臣查照各口地方情形，会定章程，为保全前项华工之意。”⑤ 后者第九款约定：“亦戊午年定约互换以后，大清大皇帝允于即日降谕各省督抚大吏，以凡有华民情甘出口，或在法国所属各处，或在外洋别地承工，俱准与法民立约为凭，无论单身或愿携家眷一并赴通商各口，下法国船只，毫无禁阻。该省大吏亦宜时与大英钦差大臣查照各口地方情形，会定章程，为保全前项华工之意。”⑥

---

① 参见张映秋：《岭东华侨互助社的建立和发展》，载汕头华侨历史学会编：《汕头侨史论丛》（第二辑），汕头：汕头华侨历史学会，1991 年，第 27 ~ 231 页。

② 参见袁伟强：《岭东互助社的建立及其作用》，载汕头华侨历史学会编：《汕头侨史论丛》（第二辑），汕头：汕头华侨历史学会，1991 年，第 39 ~ 41 页。

③ 房建昌：《1945 年以前日本人在汕头情况记述》，载中国人民政治协商会议汕头市委员会学习和文史委员会编：《汕头文史资料精选》（政治军事卷），香港：天马出版有限公司，2009 年，第 133 页。

④ 潮汕百科全书编委会编：《潮汕百科全书》，北京：中国大百科全书出版社，1994 年，第 50 页。

⑤ 汪毅、张承棨编：《近代中国史料丛刊续编：咸丰条约》，台北：文海出版社，1976 年，第 487 页。

⑥ 汪毅、张承棨编：《近代中国史料丛刊续编：咸丰条约》，台北：文海出版社，1976 年，第 505 ~ 506 页。

此后，同治二年（1863），清政府与荷兰签订的《中荷条约》，以及同治元年至三年（1862—1864）与葡萄牙、丹麦、西班牙、比利时分别签订的《天津条约》都有类似内容的明文约定，即各国都有权自由雇用华人出国务工，只要华工情愿，便不受清政府的限制。

1868 年 7 月 28 日，清政府与美国签订《中美续增条约》（亦称《蒲安臣条约》《中美天津条约续增条款》），条约规定："大清国与大美国切念人民前往各国，或愿常住入籍，或随时往来，总听其自便，不得禁阻。"①

上述 1860 年签订的中英《北京条约》，是清政府第一次以中央政权名义公开允许华工在"情甘出口"的情况下自由出洋，意味着清政府自开国之初就实行的禁止出洋政策被正式废除。② 其后的诸多条约对此规定也十分明确。

这些都标志着封建王朝对华人出洋的诸多禁令、限制等，在法理上已被突破，只要是自愿的，清政府便只能"听其自便"，不再拥有"禁阻"的权力，在事实上形成海外移民合法化。

具体到潮人出洋及移居方面，则自元末开始并长期持续着的各种出洋限制、诸般严酷海禁，至中美《天津条约》执行、汕头开埠以及中英《北京条约》签订后，已经再无法律障碍。

第三节　契约移民和"卖猪仔"

本阶段是潮人移民的高峰期，也是华人移居海外的高峰期。这个高峰期的出现与契约移民密切相关。虽然以这种方式出洋的，很可能在潮人移民中不占主流——严格上按现有材料也很难界定。但是，在全国范围内，几乎所有的华侨史研究都认为契约移民的输出，是形成现在海外华人社会的主因，而汕头港是契约移民输出的主要港口，甚至可能在 1853 年至 1860 年汕头开埠前这段时期内是中国内地华工出境最为集中的港口。鉴于此，本节专述"契约移民"相关问题。

一、相关概念

契约移民是一种移民方式。如果从移民行为是否受契约约束的情况划分，可分为契约移民与非契约移民两种方式。

所谓契约移民，大约是指：移民者与承办移民方在移民行为实施之前达成协

① 陈翰笙主编，中国第一历史档案馆、卢文迪等合编：《华工出国史料汇编第一辑：中国官文书选辑》，北京：中华书局，1985 年，第 1320 页。

② 参见陈翰笙主编，中国第一历史档案馆、卢文迪等合编：《华工出国史料汇编第一辑：中国官文书选辑》，北京：中华书局，1985 年，第 1320 页。

议，前者在成功到达目的地或办理完移民之后，必须以金钱、劳力或其他方式偿付后者。与“契约移民”相对应的，是“契约劳工”，即以劳力（劳力付出自然会涉及牺牲一定的时间、自由）作为偿付物；具体到中国人，则是“契约华工”。当然，这仅是简明而言。

这里，契约的签订程序最为重要，必须是建立在法律许可的基础上，并且是双方自愿的行为，同时还应遵循人道主义原则。

但在那个特定的时期，承办移民方通常是西方殖民主义者，他们出于剥削廉价劳动力的目的，基本无视契约签订的前提或原则，实施过程更是毫无人道可言，以致形成特指词汇“契约华工”。据《辞海》对“契约华工”的解释：“指被迫同美洲、东南亚当地雇主（殖民者、种植园主、矿场主等）签订卖身契约从事劳役的劳工。契约劳工制盛行于19世纪末至20世纪初。”① 如按《辞海》的定义，则“契约华工”并非自愿行为，而是“被迫”的。

契约华工被蔑称为“猪仔”。关于“猪仔”称呼的由来，林则徐在道光十九年（1839）的上章奏折中认为是：“夷船回国，间有无业贫民私相推引，受雇出洋，……当其在船之时，皆以木盆盛饭，呼此等搭船华民一同就食。其呼声与内地呼猪相似，故人目此船为买猪崽。”② 也就是说，林认为“猪仔”的称呼是出于形象方面的原因。贩卖华工出洋的行为则被称为“卖猪仔”，如1888年成书的《新加坡风土记》有载：“闽广沿海人民，至南洋各岛谋生，虽已日久，然皆贸易之商贾，……二十年来，西人开垦招工，佣值顿贵。于是贩卖人口出洋者，名曰卖猪仔。”③ 顺理成章的，专门从事买卖契约华工的场所被称为“猪仔馆”，贩运契约华工的船舶被称为“猪仔船”。

契约华工还有另一蔑称——“苦力”。这个蔑称在潮语和粤语中也称为“咕哩”，福建晋江方言则称为“龟里”。“苦力”称呼的由来，一般认为来源于英文Cooly或Coolie的音译，再溯源则是印地语quli（本意为雇工）。按《不列颠百科全书》对Coolie的解释是：“欧洲人对亚洲不熟练的劳工或搬运工人（特别是印度或中国这类移民）的轻蔑称呼。”同书又有“Cooly Trade”，译为“苦力贸易”，解释为：“苦力贸易始于19世纪40年代后期，当时世界范围的废除奴隶运动造成劳动力的缺乏，因而苦力贩子从中国（特别是从厦门和澳门等南方港口）向夏威夷、锡兰、马来亚和加勒比海地区这样一些需要廉价劳动力的发展中地方

---

① 辞海编辑委员会编：《辞海》（第六版缩印本），上海：上海辞书出版社，2010年，第3083～3084页。

② 载（清）林则徐著，中山大学历史系中国近代现代史教研组、研究室编：《林则徐集·奏稿》（中册），北京：中华书局，1965年，第679～680页。

③ （清）李钟珏：《新加坡风土记》，载《东南亚》，1997年第1期。

运送受契约束缚的劳工。”①

在这个范畴里，“猪仔”对应“苦力”，是一种称呼；贩卖“猪仔”（卖猪仔）与贩卖“苦力”（苦力贸易）是一种非人道的贸易行为。大体上，其实都是“掠卖华工”。因此“掠卖华工”与“苦力贸易”在新版《辞海》中成为一组同义词，说见该书对“掠卖华工”的解释：“亦称‘苦力贸易’。西方殖民者掠卖中国人民为奴隶的残暴行为。”②

应该注意的是，在现在的一些方言里，以上“卖猪仔”“苦力”等词汇也存在着其他的含义，并非仅仅特指那个时期的贩卖人口活动。如粤语中，“卖猪仔”指出卖人、玩弄人，也指在不知情的情况下被多次辗转贩卖的过程等；如潮语“苦力”，也指从事一些相对低贱的粗重体力工作等。这些含义是在词语的产生、演变过程中形成的（不排除在一开始便存在不同含义），与上面特定语境下的概念是两回事。

二、汕头出境的契约华工

（一）契约华工的由来

契约华工由来已久，它的出现与掳掠人口息息相关。

西方殖民者掠卖中国人口的较早文字记录，来自于1624年1月3日巴城总督巴达维亚向荷兰东印度公司的报告：“我们的人在澎湖搜集了中国人1 150名，一半因疾病、饥饿及强制劳动而死，剩有571名中国人乘Zienick Zee号舰来巴城。中途死去463名，到达的时候，又因水病（伤寒症?）死去65名，生存者只有33人。”③

18世纪末，英国占领槟榔屿之后，1800年槟榔屿已出现转卖契约华工的公开行情：立约劳动一年，售价墨西哥银30元。④

1800—1820年，英国东印度公司通过其驻广州的商馆，从广州黄埔和澳门多次偷运华工到槟榔屿、马六甲等地；另又雇用槟榔屿华人潜回广州或内地，替其招诱华工出国。⑤ 1837年的悉尼《先驱报》，已披露有英国人从厦门征得数名

① 转引自沈毅：《也谈猪仔贩运与苦力贸易异同问题——就教于〈华工出国史料汇编〉的〈序言〉作者》，载《东南亚研究》，1988年第4期。

② 辞海编辑委员会编：《辞海》（第六版缩印本），上海：上海辞书出版社，2010年，第2551页。

③ W. P. Groeneveldt, De Neders in China（1601－1624），转引自朱杰勤：《东南亚华侨史》，北京：高等教育出版社，1990年，第127～128页。

④ 参见陈翰笙主编，卢文迪、陈泽宪、彭家礼编：《华工出国史料汇编第四辑：关于华工出国的中外综合性著作》，北京：中华书局，1981年，第176页。

⑤ ［美］马士著，区宗华译，林树惠校，章文钦校注：《东印度公司对华贸易编年史1635—1834年》（第3卷），广州：广东人民出版社，2016年，第19～20页。

华人劳工到当地。①

中文材料中，万历四十二年（1614）俞安性勒石“禁买人口。凡新旧夷商，不许收买唐人子女”，透露出澳门已有交易。咸丰后更有大量记录，如咸丰十年（1860）耆龄奏称“夷人在粤东利诱内地匪徒，拐骗人口出洋，名为‘买猪仔’，由来已久，自咸丰七年（1857）夷人入城，此风更盛”，同治三年（1864）郭嵩焘上疏“英法各国开垦南洋诸岛，募人佣工。奸滑之民，因而略卖人口渔利。……动辄数十百人载出海外，与洋人交易”，光绪九年（1883）稍后成书的《粤游小志》称“诱愚民而出洋者谓之卖猪仔”等。②

（二）潮汕地区概况

（1）由汕头口岸出口契约华工的时间，不迟于1852年。初时在南澳，1853后转在妈屿为主。

美国驻厦门领事布拉德莱1853年3月向上级汇报时，称其统计出自1852年11月至1853年3月间，由南澳岛贩运近4 000人，目的地为古巴、秘鲁、澳大利亚等。此时转运口主要在南澳。布拉德莱还提到：“本省的移民，从1847年起是从厦门装船的。近年，在某种程度上，改在广东省东北部获得移民，并在南澳岛附近的某处，即汕头装船运出。移民们都订有按每月工资三四元、劳动五年至八年的契约。”③ 则此时转运港口已改在妈屿。

这则材料也是已知较早的华工由潮汕地区口岸出境的明确记载。

此后，美驻华公使伯驾1856年2月向上级汇报：1855年整年，从汕头贩运的外国船有12艘共6 388人。④ 另据亨德森所著《中国海的美国船》一书记述：“在1852年与1858年之间，当苦力贸易自澳门转移于汕头港口时，美国船只曾运出苦力4万名。”⑤

根据英美外交档案的资料文件，徐艺圃在《汕头地区早期华工出国概论》

① 林金枝：《华侨、华人移居澳大利亚史略》，载《华侨历史学会通讯》，1985年第4期。

② （清）印光任、张汝霖撰，赵春晨点校：《澳门记略》，广州：广东高等教育出版社，1988年，第22页；（清）文庆等纂辑：《筹办夷务始末（咸丰朝）》卷52，台北：台湾文海出版社，1963年，第35～36页；（清）郭嵩焘撰，杨坚校补：《郭嵩焘奏稿》，长沙：岳麓书社，1983年，第107～108页；（清）张心泰撰：《粤游小志》，载（清）王锡祺辑：《小方壶斋舆地丛钞》（第九帙），光绪十七年（1891）铅印本，第306页。

③ 参见陈翰笙主编，卢文迪、陈泽宪、彭家礼编：《华工出国史料汇编第三辑：美国外交和国会文件选译》，北京：中华书局，1981年，第95～98页。

④ 参见陈翰笙主编，卢文迪、陈泽宪、彭家礼编：《华工出国史料汇编第三辑：美国外交和国会文件选译》，北京：中华书局，1981年，第15～16页。

⑤ 转引自姚贤镐编：《中国近代对外贸易史资料（1840—1895）》，北京：中华书局，1962年，第457页。

一书中制作了1852年至1853年苦力贸易在汕头的船运情况表[①]，如下所示：

表7-4　1852年至1853年在汕头的苦力贸易船只汇总表

单位：人

时间	船籍	船名	载运苦力人数	运往地点
1852年11月	英国	印钦南号	355	哈瓦那
1852年11月	英国	艾林诺·兰开斯特号	260	悉尼
1852年12月	英国	汤姆·格列沙姆爵士号	347	哈瓦那
1852年12月	英国	澳大利亚号	445	英属西印度群岛
1853年2月	西班牙	圣安德列号	383	哈瓦那
1853年3月	英国	英娜拉哈斯丁号	329	英属西印度群岛
1852年2月	西班牙	贝拉·加列加号	390	哈瓦那
1853年3月	英国	麦地那号	450	哈瓦那
1853年3月	英国	尼泊尔号	500	秘鲁

应该指出的是，上引这份统计表信息并不完全，实际情况似乎更为严重。因为"1852年11月，一位英国船长同英属圭亚那贩运苦力的投机商订约，从这里掠贩了1 000名苦力，运往麦拉拉（Demerara），其中大部分是男童"[②]。此项并未显示在上引表格中。

（2）契约华工由汕头口岸出境的旺盛期是在1860年汕头开埠以及中英《北京条约》签订后。

由于此时契约移民事实上已经合法化，于是西方殖民者及本地人贩子更加肆无忌惮。他们利用合法化的幌子，采用拐卖、掳掠等手段来获取华工。这样的行为遍及全国，在潮汕地区也无二致，这可从潮汕地区的猪仔馆开设情况中略窥一斑。

19世纪50年代中期始于妈屿，汕头开埠后主要业务迁入汕头市区的美、英合资创办的德记洋行，是现见材料中最早设立的公开招工机构。至光绪二年（1876），汕头已有贩卖契约华工的客栈二三十家。[③]

这些机构的操作手法，一般是各国洋行接到东南亚等地区交来的购买"猪仔"的订货单后，便委托猪仔馆办理，猪仔馆再付款给贩卖人口集团或猪仔贩分

---

① 徐艺圃：《汕头地区早期华工出国概论》，载汕头华侨历史学会编：《汕头侨史论丛》（第一辑），汕头：汕头华侨历史学会，1986年，第54~55页。

② 参见朱士嘉编：《美国迫害华工史料》，北京：中华书局，1958年，第22页。

③ 参见陈翰笙主编，卢文迪、陈泽宪、彭家礼编：《华工出国史料汇编第四辑：关于华工出国的中外综合性著作》，北京：中华书局，1981年，第254页。

别到各地活动，用欺骗或暴力手段，搜括一批壮丁入猪仔馆。[①] 受强迫或被诓骗到汕头的“猪仔”多在客栈内被限制自由，一般都是签订“赊欠旅费”的卖身合同后，以“赊单工”的方式运到新加坡、槟榔屿两大集散港，再视情况留下或转口东南亚乃至世界各地。

从1888年起，荷兰成为购买契约华工的最大主顾。荷兰日里种植园主协会在汕头开办的元兴洋行，是贩卖华工的主要机构。1888年至1908年的20年间，便有13.2万名契约华工自汕头被贩运到苏门答腊东部的日里种植园。另据不完全统计，1876年至1898年间，从汕头口岸直达东南亚，和从汕头口岸经香港转运再达东南亚的中国人，一共有151.2万人。[②]

而据《美国迫害华工史料》的记载：1876—1898年，从汕头运往海峡殖民地的“旅客”就有796 284人，运往暹罗的有194 908人；1888年起，荷兰殖民者专门从汕头掠运华工，到苏门答腊德里地区烟叶种植园劳动，至1898年止，一共掠去华工56 025人；自1876年至1898年这22年间，从汕头运往上述东南亚各地的华工有1 512 020人。[③]

上述这些数字只是根据不完全统计所得，一些也存在前后因袭的情况。不过，仅就这些参考数据，亦可略窥当时的情况。

在这个汕头出境的旺盛期里，虽然清政府设立有汕头洋务公所（后改名为稽查汕头海口洋务局、汕头洋务保工局）为移民合法化后的华工出洋监督、管理机构，但不少官员不仅未履行职责，反而合伙腐败，中饱私囊。

如《赵尔巽全宗档案》中附的光绪三十三年（1907）禀文，有“向来汕头洋务私利，每名猪仔过堂要三元有奇，洋务获利之厚，以此可知”，“查向来汕头洋务素称优差……兹举其一，余可知矣。……前李大帅（指李鸿章）督粤时，汕头洋务之差原悉系督署文案杨某，时有梁某，名梦梧者，亦大帅旧人也。因向杨某关说转委伊往，岁中所入一切均分，反三年耳，梁某除一切费用外，尚获十万余金。均分者尚如是，不均分者，可知矣”。[④]

也就是说，汕头洋务之职是原来定为杨某担任，梁梦梧许诺分出一半非法收入为代价，取代杨某任职，三年后，除去一切费用，还能获利“十万余金”。从这里，一方面可看出官员的腐化，监管自然无从谈起；另一方面，每名猪仔过堂“三元有奇”，三年除费用能赚到“十万余金”，也从侧面证明了此时华工出洋人数之多。

---

① 参见朱杰勤：《东南亚华侨史》，北京：高等教育出版社，1990年，第131页。

② 参见陈翰笙主编，卢文迪、陈泽宪、彭家礼编：《华工出国史料汇编第四辑：关于华工出国的中外综合性著作》，北京：中华书局，1981年，第185页。

③ 参见朱士嘉编：《美国迫害华工史料》，北京：中华书局，1958年，第22～23页。

④ 转引自徐艺圃：《汕头地区早期华工出国概论》，载汕头华侨历史学会编：《汕头侨史论丛》（第一辑），汕头：汕头华侨历史学会，1986年，第74页。

（3）汕头口岸出口契约华工的结束是在二十世纪二三十年代。

辛亥革命后，民国政府出台严厉措施并进行强力有效的干预，再加上包括“一战”爆发在内等内外时局因素，潮汕地区的这段劳工贸易历史方始渐行消失。《1912—1921 年潮海关十年报告》中载：“大战一爆发，两艘最大的‘苦力’船停航，1915 年运营船只继续缩减。”① 这里的大战是指第一次世界大战，爆发于 1914 年 7 月中，至 1918 年 11 月结束。此则材料透露出此时由潮汕地区出境的苦力贸易已呈衰退现象。

应该注意的是，由汕头口岸出境的契约华工，并非完全是潮属人口。

如上所引的布拉德莱报告，提到是在“广东省东北部获得移民”；又如 1852 年 3 月，有 130 名华工从上海装运至厦门，再由厦门转运至汕头；再如 1855 年，有 1 901 名从福州招来的华工，由英国人招聘，用葡萄牙船装运而来，同年 3 月，有 240 名华工由英国船只从厦门运来。这些都不是潮人。

潮海关税务司克立基在 1911 年末的报告中提到：“约在 1862 年……之后，某些英国和其他外国公司，开始经营用轮船运送移民出境至海峡殖民地。……大部分出境移民来自惠州、嘉应州和潮州三个府。”②

当然，既然是由汕头出境，潮汕地区的人口自然也不少，如《韩江记》载：“咸丰戊午年（1858）正二月间，有洋船数十，买良民过洋者，名过咕哩（苦力）。初则平买，继则引诱，再则掳掠，海滨一带，更甚内地。沿海居民，无论舆夫乞丐及讨海搭蚋者，亦被掠去。”③

三、洋华参与

没有合法的幌子，契约劳工便难以大张旗鼓地盛行于世；没有急需劳工的买主以及攫取可观利润的中间商等，便不会产生利诱、拐骗等非法行为。

应该说，在整个操作过程中，需求方是主导因素——从档案、史料看，在初期和盛行期，几乎所有当时在汕的外资机构都曾不同程度地卷入其中。而不少华人的为虎作伥，更是起到了推波助澜的作用。如果没有这些势力庞大的“地头蛇”加入，难以想象外国人会承接到那么多的非法“业务”。

早在汕头开埠前，便有华人在妈屿开设行店，以贸易之名贩卖人口（当时汕头未开埠而《北京条约》亦未签，无论是否自愿，都是非法的），如杨俊洸在咸

① ［英］葛礼著，中国海关学会汕头海关小组译：《1912—1921 年潮海关十年报告》，载中国海关学会汕头海关小组、汕头市地方志编纂委员会办公室编：《潮海关史料汇编》，内部资料，1988 年，第 89 页。

② ［美］克立基著，中国海关学会汕头海关小组译：《1902—1911 年潮海关十年报告》，载中国海关学会汕头海关小组、汕头市地方志编纂委员会办公室编：《潮海关史料汇编》，内部资料，1988 年，第 81 页。

③ （清）林大川撰：《韩江记》，清咸丰七年（1857）刻本，卷八“搭蚋歌条”。

丰九年（1859）便开始行事。

粤督瑞麟就抓捕拐匪、江洋大盗杨俊洸团伙一事，于同治十三年八月初十（1874年9月20日）致咨文会奏于总理衙门："澄海等县杨俊洸，起意纠伙在妈屿外洋行劫事主林国珍船只。……杨俊洸，即阿六，香山人，市井莠民；曾为洋行买办，平日强横不法，潜在潮州、汕头埠，开张新兴行，辄将该处海坪擅自填筑，侵占官地，建造洋楼，冲碍商民会馆，并包抽海船钱文，接济匪乡军火，劣迹多端。先据新关委员暨该埠万年丰会馆各行商禀控，经臣等檄饬惠、潮、嘉道，潮州府督同署澄海县戴裕源、新关委员恩佑等，将该犯拿获到案。旋据署惠潮嘉道顾元勋、署潮州镇方耀等禀称，当提该犯杨俊洸讯明，将被告各案分别办结。查得该犯前于咸丰年间，在澄海、潮阳两县属交界之妈屿地方，开设行店，名为贸易，实则私贩人口出洋；遂于同年二月移入汕头开张福源行，旋改新兴字号。该犯倚恃曾当洋行买办，借势横霸，动辄从中播弄，遇事武断挟制。历年汕头一带私贩人口出洋之案，该犯无不包庇。被拐亲属畏其报复，莫敢控告。造至该犯获案，始据澄海县属华埔乡卢发等，以伊子卢如国等被该犯掠卖出洋……咸丰十一年，不记月日，起意诱卖并非情甘出国之卢如国等十八人出洋，并伙同伊兄杨承洸，即阿茂，伊弟杨颢光，即阿八等，于咸丰九、十、十一等年，贩卖人口出洋多次不讳。潮州府属澄海县汕头地方，中外杂处，人心浮动。该犯寄居汕头，胆敢在潮州犯事……于同治十三年五月二十九日请令就地正法。"

刑部案卷中亦附有该犯杨俊洸的口供笔录："我伙同胞兄杨阿茂、胞弟杨阿八在妈屿对面澳头地方，贩卖人口出洋多次。"①

上引二则中，香山人杨俊洸等，早在咸丰九年至十一年（1859—1861）便与兄弟杨承洸（又称"阿茂"）、杨颢光（又称"阿八"）组成家族式非法团伙，在妈屿开设名为贸易，实则接洽洋船、贩卖人口的行店，多次贩卖人口出洋，早年交易地点多在妈屿对面的澳头（今属汕头市濠江区）。汕头开埠后，杨俊洸将妈屿行店移入汕头市区，先名"福源行"，又改"新兴"字号（应是"新兴行"），成为专业买办，不仅自己贩卖，还包庇"历年汕头一带私贩人口出洋之案"。

杨俊洸被逮捕的直接原因是"纠伙在妈屿外洋行劫"，其余案件，则是在被捕后顺藤摸瓜查出来的，除了"行劫""包庇""私贩人口"外，官方查明的还有"擅自填筑，侵占官地，建造洋楼，冲碍商民会馆，并包抽海船钱文，接济匪乡军火"等罪行，可说是劣迹斑斑。杨俊洸的势力范围似乎是整个粤东，因此被捕后才有署惠潮嘉道顾元勋、署潮州镇方耀等禀称要将多宗案件一起清查，也因此才有"该犯寄居汕头，胆敢在潮州犯事"之判语。其具有如此庞大的势力，

① 转引自徐艺圃：《汕头地区早期华工出国概论》，载汕头华侨历史学会编：《汕头侨史论丛》（第一辑），汕头：汕头华侨历史学会，1986年，第63～64页。

相信与早年私贩人口的资源积累有关。

此类案件应该还有不少。如同治七年三月初六（1868 年 3 月 29 日），广东巡抚蒈龄抓获澄海县拐匪谢得周，罪名是“听从未获之谢亚调等起意诱拐方得才等二十一人，带往澳门，图卖出洋”[①]。谢得周应该还是“小猪仔头”（下级人贩子）一类的小角色，他的上家是官方未能捕获的掮客谢亚调。又如同治八年十二月二十五日（1870 年 1 月 26 日），官方在海丰县捕获了拐匪吴亚儆等，处以极刑。

而遍布汕头埠的具有“猪仔馆”性质的客栈、旅馆，其实际经营者大多数是华人。为这些客栈、旅馆服务的大、小“猪仔头”，更是基本如此。

如华人郭吉轩凭借当律师的儿子郭增鑫结交官府，开办名为“宝华兴”客栈的“猪仔馆”，肆无忌惮地贩卖人口。其运作大约是：首先，香港招工馆以每名猪仔 50 大洋（船费另计）的价格委托宝华兴招工；宝华兴以每名 30 大洋的价格承包给大“猪仔头”；后者再以每名 20 大洋价格承包给小“猪仔头”；小“猪仔头”则下乡寻找“猪仔”，为赚取利润，他们时常采用恫吓、拐骗等手段。其次，大、小“猪仔头”找到“猪仔”后便送达宝华兴，并领取佣金；宝华兴将“猪仔”集中运至停在海心的大木船以逃避检查，并等待洋轮接走；在或长或短的等待期间，宝华兴严密监管以防“猪仔”逃逸，供应粗劣干饭以防“猪仔”饿死，而船舱形同监牢，人多挤逼，伤残致死者多有。最后，洋轮抵达，宝华兴人、钱对账清款，便算交易完成。据材料统计，经宝华兴整批运出的猪仔死亡率极高，“500 猪仔，一般仅存 300 人左右”。1925 年，东征军抵汕时将郭吉轩就地枪决；1949 年中华人民共和国成立后，其子郭增鑫亦以“民族败类”“出卖国家利益罪”领死罪。[②]

这类客栈有不少还是客家人经营的。据《1882—1891 年潮海关十年报告》，长驻汕头埠的广东嘉应州、兴宁、长乐、平远、镇平、丰顺和福建永定的人口于 1882 年创建八属会馆，“在汕头的主要‘客家’商业是经营为出国移民开设的客栈，其中 11 名店主被选出组成一个委员会，还雇用了一名顾问，由委员会支付薪金”[③]。当时所谓的顾问，“责任是充当商人与官员之间的调解者……由有官衔的人担任”[④]。

综合以上材料，可以毫不讳言地说：不少华人在“猪仔贸易”中充当着极不光彩的角色。当然，“猪仔贸易”主要是殖民者的非人道需求及盘剥无度的贪

① 转引自徐艺圃：《汕头地区早期华工出国概论》，载汕头华侨历史学会编：《汕头侨史论丛》（第一辑），汕头：汕头华侨历史学会，1986 年，第 63 页。

② 参见邹啸天：《旧社会汕头客栈的一些黑店内幕》，广东政协文史资料研究委员会编：《广东文史资料选辑》（第三十九辑），广州：广东人民出版社，1983 年，第 196 ~ 198 页。

③ ［英］辛盛著，中国海关学会汕头海关小组译：《1882—1891 年潮海关十年报告》，载中国海关学会汕头海关小组、汕头市地方志编纂委员会办公室编：《潮海关史料汇编》，内部资料，1988 年，第 27 页。

④ ［英］辛盛著，中国海关学会汕头海关小组译：《1882—1891 年潮海关十年报告》，载中国海关学会汕头海关小组、汕头市地方志编纂委员会办公室编：《潮海关史料汇编》，内部资料，1988 年，第 24 页。

痿本性所引起的。正如马克思指出的，殖民者对“受骗契约华工横施暴行，‘以至杀害’”①，犯下了滔天罪行。

四、各方对契约移民的态度

在对待契约移民问题的立场上，中国官方（包括清政府和民国政府）与西方政府态度有所不同，但在总体上都是支持契约移民的。不过，各方虽然出发点有异且因时势而有所变化，但对于契约移民而滋生的卖猪仔、苦力贸易等行为，基本上都有一定程度的限制措施以及打击行动。

清政府时期，对于契约移民，从广东政府的默许到中央政权的签约合法化，都持基本认可的态度。

1852 年，英国驻广州领事曾向上级报告：“中国当局没有在任何方面对移民出洋进行干涉，一切有关移民出洋的行动都是公开进行的。”② 由此可看出清政府的默许态度。之后，地方政府发现契约移民几成贩卖奴隶，担心激起更大民变，便强调严厉打击欺瞒、诱拐、暴力等行为，也制定了相应的预防措施。

在广东，署理广东巡抚柏贵于 1859 年 4 月发布告示，“（华人）若实属情甘自愿，自可毋庸禁阻，令其任便与外人立约出洋”，同时宣布对拐卖人口活动进行“严处”。③ 如汕头开埠后的咸丰十年（1860）正月，署两广总督劳崇光向各国同时发出了准许招工出洋的照会，“其最要者，凡有自愿出洋之人，必须在中国地方官前当面声明，由地方官将合同逐句讲解给听”。黏附的招工章程规定了“只可在地方官所准之处开设公所”“并地方官查看合同规条”等种种保护华工的原则，整个签约过程由地方官员全程跟看且监督，直至“下船之后，如各工人内有故不肯前往”，还可以由地方官领回。④

广东政府也采取了实际行动。如在咸丰九年（1859）底，劳崇光曾将 18 名拐匪处死等。⑤ 1866 年，清政府在重申对诱卖人口的内地人，“首犯斩立决”，“从犯绞立决”的同时，与英、法签订了《续定招工章程条约》，对于华工的权利及招工过程中各国应负的责任都有约定，涵括了工期工时、工资伙食、往返路

---

① ［德］马克思：《英人在华的残暴行动》，载［德］马克思、恩格斯著，中共中央马克思、恩格斯、列宁、斯大林著作编译局译：《马克思恩格斯全集》（第 12 卷），北京：人民出版社，1962 年，第 178 页。

② 陈翰笙主编，卢文迪、陈泽宪、彭家礼编：《华工出国史料汇编第二辑：英国议会文件选译》，北京：中华书局，1980 年，第 170 页。

③ 陈翰笙主编，卢文迪、陈泽宪、彭家礼编：《华工出国史料汇编第二辑：英国议会文件选译》，北京：中华书局，1980 年，第 178 页。

④ 《劳崇光致华若翰照会》与《劳崇光公布外国招工出洋章程（12 条）》均转引自朱士嘉：《美国迫害华工史料》，北京：中华书局，1958 年，第 28～29 页。

⑤ 广东省地方史志编纂委员会编：《广东省志・外事志》，广州：广东人民出版社，2005 年，第 137 页。

费、满期安置、患病医治等内容，既具体化了招工程序和华工待遇，亦使外国在华招工进一步趋于正规化。① 此外，清政府还设立了监管机制。具体到潮汕地区，有为“保障侨民权益”而专设的监督检查机构：同治十一年（1872）七月，成立汕头洋务公所；光绪十年（1884），改为稽查汕头海口洋务局；宣统元年（1909），再改为汕头洋务保工局。② 潮汕地区官方也查办了不少案件，如上文所提的杨俊洸案，“猪仔头”谢得周、吴亚儆案等。不过腐朽的晚清政府是不可能有大的作为，囿于时局，“猪仔贸易”日益猖獗。

民国成立后，契约移民依然是合法的。但是卖猪仔行为，则为民国政府所严厉打击。

孙中山于民国元年（1912）三月十九日发布《令广东都督严禁贩卖“猪仔”文》：“惟禁止猪仔出口，尤为刻不容缓之事。民国既成，岂忍视同胞失所，不为拯救？除令外交部妥筹办法外，合亟令行该都督严行禁止，务使奸人绝迹，以重人道而崇国体。此令。”同日又发布《令外交部妥筹禁绝贩卖“猪仔”及保护华侨办法文》，强调：“除令广东都督严行禁止猪仔出口外，合亟令行该部妥筹杜绝贩卖及保护侨民办法，务使博爱平等之义实力推行。切切。此令。”③

具体到潮汕地区，民国政府于民国元年末，将晚清时期作为有限的汕头洋务保工局撤销，华工出国事务移交特派汕头交涉员公署办理。特派汕头交涉员公署配合警力，严格遵政府令行事，跟踪劳工买卖，监督各方，搜捕“客头”，查找“客馆”，终致卖猪仔行为逐渐减少。至民国十八年（1929）下半年，特派汕头交涉员公署裁撤。此时，卖猪仔行为也已在潮汕地区消失。之后，特派汕头交涉员公署有关华工出洋的职责由汕头市政府设立的妇孺出洋问话处负责，后又改由汕头市政府侨务股负责。民国三十五年（1946），广东省侨务委员会决议成立汕头侨务处，管理华侨出国事务。这些后续监督机构的有效管理，以及国际、国内形势的转变，令“卖猪仔”行为没有死灰复燃。

必须提及一下处于第一线的至关重要的监管者潮海关。从规章制度上看，潮海关对“猪仔贸易”的监管并非持消极态度，他们有严格的检查方法。如潮海关1890年便设立有“为出国谋生的华工办理立约签字盖戳手续”的海关招工公所，以避免经纪人从中挟制诓骗。④《汕头海关志》载：“对于载有成批‘苦力’华工的船只，在接受检查之前，船只代理人须向海关递交一份有船名、旗帜、目

① 参见《续定招工章程条约》，载王铁崖编：《中外旧约章汇编》，北京：生活·读书·新知三联书店，1982年，第242～246页。

② 参见广东省汕头市地方志编纂委员会编：《汕头市志》（第四册），北京：新华出版社，1999年，第595页。按，该书同治十一年作“1873年”，现改。

③ 中国社科院近代史研究所中华民国史研究室、中山大学历史系孙中山研究室、广东省社会科学院历史研究室合编：《孙中山全集》（第二卷），北京：中华书局，1982年，第251～252页。

④ 参见汕头海关编志办公室编纂：《汕头海关志》，汕头：汕头海关编志办公室，1998年，第171页。

的地、日期以及乘客数量等项内容的记录本，海关经办人在该本签章后发给该船代理人如实填写。旅客上船后先集中在船的一端接受海关检查（主要由医疗检查员进行），清点人数，最后由海关开出‘旅客证明书’，该船方可开航。”① 此制度自晚清一直执行至民国“猪仔贸易”消失。

此外，当时的部分西方国家政府或驻华高官，对此也有持反对意见的。

如时任港督的包令曾谓：“汕头及其附近一带为搜罗‘猪仔’苦力贩运出洋而产生的无法无天暴行，已达到不可想象的地步。”② 因此，英国政府虽然促成华工出洋合法化并设有招工专员，曾兼任西、葡、荷三国领事的英人德滴（J. Tait）还参与生意，致“卖猪仔”行为更为猖獗，但是不少资料也显示出其对苦力贸易的抨击，且英将巴夏礼等还曾数次率兵在广州捉拿人贩子，“特别反对本国商人和船主参与”。又如美国方面，其对禁止“卖猪仔”行为似乎更为积极，“屡次向中国官员献计，例如请官员将犯事船只的出关大印扣发、鼓励中外官员协同查办船只等”。③ 咸丰九年（1859）十二月至次年一月，美驻华官员还曾协同广东官方，将表示“决不甘愿出洋”“宁愿死也不再上船”的两批共432名被拐华人带下美籍猪仔船“米心扎”号。然而这些人毕竟照顾本国的利益、偏袒本国人，“米心扎”号船舶也被释放，并未将船主逮捕入刑。④ 类似的材料还有不少，但这些反对意见最终仍未能止住卖猪仔的泛滥。

应该说，姑且不论契约移民的是与非。无论从何种角度看，因之而来的贩卖人口式、奴隶交易式的恶劣行径，都是值得谴责的。1860 年 4 月《美国众议院第 657 号法案附案“苦力贸易”》中，也有简单直率的披露：“这些苦力都是买来的。事实上与非洲沿海黑奴一样，的确是一种物物交换和拍卖的对象。人们雇佣土著中国人到他们家里去诱骗那些抱着谋利的希望，有可能被说服离开其亲人的人。……他们有些是受骗，有些是被绑架。……当他们一旦被人贩子逮住关起来时，他们就是他的商品了。……通常把这事叫做‘卖猪仔’，而事实上，同卖生猪毫无二致。……至于这些凶狠的流氓，行为如此残酷，已丧尽天理，甚至已毫无人性。他们即使逃脱阳世的惩罚，必然要到冥间受罪。”⑤ 可见，由契约移民带来的苦力贸易、卖猪仔行为，从一开始便脱离了契约自由的精神，同时也有悖于人道主义原则。

---

① 汕头海关编志办公室编纂：《汕头海关志》，汕头：汕头海关编志办公室，1998 年，第 186 页。

② 陈翰笙主编，中国第一历史档案馆、卢文迪等合编：《华工出国史料汇编第一辑：中国官文书选辑》，北京：中华书局，1985 年，第 180 页。

③ 参见李家驹：《清政府对华工出洋的态度和政策》，载《近代史研究》，1989 年第 54 期；参见朱杰勤：《东南亚华侨史》，北京：高等教育出版社，1990 年，第 129 页。

④ 广东省地方史志编纂委员会编：《广东省志·外事志》，广州：广东人民出版社，2005 年，第 137～138页。

⑤ 陈瀚笙主编，卢文迪、陈泽宪、彭家礼编：《华工出国史料汇编第三辑：美国外交和国会文件选译》，北京：中华书局，1981 年，第 65～90 页。

第四节　海外潮人人口规模

鸦片战争到中华人民共和国成立前这段时间是中国人外迁的高峰期，这是毋庸置疑的。

不过，从 1840 年至 1949 年的中国海外移民过程中到底有多少人口外迁，各家说法从来莫衷一是。有关数据散见于当时的各种文件、书信、海关关册和档案中，大多数只有某一年或某一时期的数字，且多为估计数。这些估计数之间相差颇为悬殊，迄今学者都难以把握。仅以契约移民为例，陈翰笙《“猪仔”出洋》一文估计，18 世纪至 20 世纪从中国贩运到海外的“猪仔”不少于六七百万；朱杰勤《东南亚华侨史》一书则估计，从 19 世纪中叶到 20 世纪中叶，被拐骗出洋做苦工的中国人约有 100 万人。[①] 两个数字相差近 7 倍，人口差距达五六百万，陈、朱两位都是闻名海内外的专家学者，其估算差别，或许是对“移民”“短暂移居”等概念的不同理解而造成，但这样的悬殊结果，却也可见数量计算之难。

在潮汕地区同样如是：鸦片战争结束尤其是 1860 年汕头开埠后，直至 1949 年中华人民共和国成立前，出现了一波大规模的移民潮。这波移民潮绵延百年，长期持续，只在 20 世纪 30 年代初受世界性经济危机影响而出现低潮，在 20 世纪 40 年代前半段因为太平洋战争爆发而中断。

毫无疑问，这一阶段潮人出洋、移居海外的规模是空前的。然而，由于有关潮汕移民人口资料的欠缺度更甚于全国，具体的人数是多少，则更难把握。

现在涉及汕头开埠至中华人民共和国成立前的潮人外迁人数，有数条资料较常被引用，如下：

其一是黄挺《潮商文化》中的说法：“1860 年至 1949 年，经过汕头口岸移民港澳和东南亚的人数，在 140 万人左右，其中多数是潮汕人。”[②] 这里有实指“移民”，且是 140 万人左右。黄先生是史学名家、潮学专家，因此引用其观点者较多。又由于后一句有一个限制界定“其中多数是潮汕人”，因此引用者也有以“百多万”进行模糊表述的。

其二是《汕头市志》的说法。由于该书提供的数据并未明确时间，因此引用者常各截时段，各取所需。如：“自光绪三十年至民国二十四年（1904—

---

① 参见葛剑雄、曹树基等编著：《中国移民史》（第六卷），福州：福建人民出版社，1997 年，第 528～529 页。

② 黄挺：《潮商文化》，北京：华文出版社，2008 年，第 98 页。原注：“参阅中国海关学会汕头海关小组、汕头市地方志编纂委员会办公室编：《潮海关史料汇编》，内部资料，1988 年，第 238～251 页表（十）《1869—1934 年汕头口岸进出口旅客统计表》；又，饶宗颐总纂：《潮州志》卷十《户口志下·统计图表》，汕头：潮州修志馆，1949 年，有《潮州历年移民海外统计表》。”

1935），经汕头出国侨民共298万余人，归国侨民计146万余人。出国比归国人数多出151万余人，相当于当时潮梅人口的1/3。连同光绪以前出国人数合计不少于200万人。”① 可知至1935年约有200万人出国。又如：“同治八年至民国三十七年（1869—1948）的73年间，据有资料统计的58年推算，平均每年出国人数比回国人数多3万人。”② 这里所谓“73年”是排除了其间全缺记录年份后的时间，如果以平均3万人粗略计算，73年间有约210万人出国。又如按该书《清同治八年至民国三十七年（1869—1948年）从汕头口岸往东南亚各国华侨、华人出入境人数统计表》计：1869年至1948年11月间，除了当中若干年缺记录外，汕头口岸出入境人数相抵，共出超近184万人。③ 应该注意的是，《汕头市志》上引表述的都是采用“出国”“出超”而非移民、移居，并不排除人员来来往往之情况，因此具体数据无法折实。

其三是《潮州志》的说法。该志辑录有《潮州历年移民海外统计表》④，始自1869年终于1946年，其中多有缺，实录计39年。该表称“移民海外统计”，引用者遂可逐年累计析出需用移民数据。不过，表中有一些比较明显的漏记，修志者也称“间恐不实”；又修志者囿于时代条件而未能查阅潮海关系统的原始资料，辗转辑录之下难免有漏，虽然若干年份与潮海关记录完全相同，但大多年份却相差过半（可能加上其他口岸或只计“汕头市”出入人口）。此外，其统计单位为“人数”，但某些与潮海关原始记录相同的部分，潮海关是作“人次”，因此这些年份即使无误，也只能统计出出入人口数量，而非如表题所称的“移民”人数。

既然都无法确知结果，不如就本书的时间下限1949年中华人民共和国成立为止，将潮人移民总数作个估计。估数方式是：以一条最早见的明确的移民记录为基础，即至1911年，移居海外潮人人数达300万人；加上1912年至1949年粗略估计约100万人；至中华人民共和国成立时，海外移居人数在400万左右。现分析如下：

---

① 参见广东省汕头市地方志编纂委员会编：《汕头市志》（第四册），北京：新华出版社，1999年，第544页。按：光绪三十年至民国二十四年出超“151万余人”的数字比我们下面的估值要大得多。该数据多被引用，多篇文章称出自《侨务月报》1936年5、6月合刊：“查汕侨民出国人数，在国内各口岸当占第一位，自光绪三十年至民国二十四年，由汕出口侨民计二百九十八万余人，归国入口侨民计一百四十六万余人，出超为一百五十一万余人，占潮梅人口三分之一。”笔者未见原文。

② 参见广东省汕头市地方志编纂委员会编：《汕头市志》（第四册），北京：新华出版社，1999年，第548页。

③ 参见广东省汕头市地方志编纂委员会编：《汕头市志》（第四册），北京：新华出版社，1999年，第545～546页。

④ 饶宗颐总纂：《潮州志》卷十《户口志·统计图表·潮州历年移民海外统计表》，汕头：潮州修志馆，1949年。

一、截至民国成立，海外潮人300万

现存较早的潮人移居外国的明确人口数字，来自1911年12月31日潮海关税务司克立基编写于汕头的《1902—1911年潮海关十年报告》，报告中称："汕头地区从留居国外的移民得到不少好处，一位有资格的中国权威估计这些移民的人数（包括长期定居和临时移居）至少有300万人。"①

潮海关连续五期"十年一总结"的报告具有很强的专业性，远比一般文献可靠。该系列自1882年至1931年，50年间出五期报告，都由该关时任最高领导人即潮海关税务司主持编写，参与者每次都有近10人，从各份以英文拼写的姓名来看，是华人洋人兼有。每份报告内容分16～26项，囊括了关区所在地，即汕头（潮汕）地区含经济、医疗、教育、文化、军事、金融、交通、人口、宗教、物价工资、自然资源、城市建设等在内的市情回顾与前瞻，当然也包括潮海关的大事。报告目的，可能是为进一步对潮汕地区乃至中国的政治、经济、文化、军事进行掠夺服务，自然含有间谍用途。作为全面了解当时的社会情况的文献，这份报告还是比较可靠的。

克立基，美国人，1903年5月18日至6月9日任潮海关代理税务司，1909年5月17日至12月14日、1909年12月21日至1910年11月12日、1911年9月11日至1912年5月30日任潮海关税务司。他前后在汕头工作2年多，跨度约10个年头，算是比较熟悉本地情况。分析这份报告，海关内部有数据的则罗列注明，若无，通常用"据估计""保守数字"等字眼，且有溯源或引据。行文上对汕头也并未含有偏见，如1911年下半年潮汕地区进口鸦片量大降，土烟全无输入，鸦片税收跌至低谷，其表示了"对这个国家怀有良好祝愿的人士的敬佩"："（中国/汕头）经历了一个民族自己发动的反对国民恶习的成功创举——一件在任何其他国家的历史上根本无法比拟的事情。"② 这是他在本国税收受损，而又身为潮海关最高税务官的情况下作出的感叹，可见其客观的行文原则。

总之，该份报告多数立论有理有据、清晰明了，不失财税专业者之严谨。因此，其提出的"至少300万人"是有可信度的。虽然报告的消息来源是"一位有资格的中国权威"而未能溯源，但在那个世界各国都大体未建立完善的移民、国籍登记制度的年代，也只能靠专业人士推测的数据了。

---

① ［美］克立基著，中国海关学会汕头海关小组译：《1902—1911年潮海关十年报告》，载中国海关学会汕头海关小组、汕头市地方志编纂委员会办公室编：《潮海关史料汇编》，内部资料，1988年，第82页。

② ［美］克立基著，中国海关学会汕头海关小组译：《1902—1911年潮海关十年报告》，载中国海关学会汕头海关小组、汕头市地方志编纂委员会办公室编：《潮海关史料汇编》，内部资料，1988年，第68页。

在《1912—1921 年潮海关十年报告》中，英国人税务司葛礼基本承袭前说，称“1911 年汕头在海外移民估计有 300 万人”①。

考察潮海关这些具有专业性质的十年报告，如果前任有差错的话，后任一般会直言指出，如《1882—1891 年潮海关十年报告》中提及木航船“再过五年多一点时间，可能会看到一度兴旺的行业趋于消亡”②。而接下去的《1892—1901 年潮海关十年报告》则对此有不同见解：“和许多预言相反，远未达到消失的地步。”③ 又如在“1882—1891 年”和“1892—1901 年”这两个十年报告中都估计，汕头（非潮汕）的人口约四万人，1911 年没有作出估计，至《1912—1921 年潮海关十年报告》中，才明确“目前市政会已能提供人口普查数字，1921 年初为六万人”④。这也可看出后任并非盲目抄袭前任。

在此处，葛礼并非完全重复十年前克立基的观点，他删除了“至少”两字，余下“300 万”，这说明葛礼及其参与撰写的另 9 名关员（经对照，其中有一位外国人医务官编撰者曾参与上一报告的编写），对前任克立基的报告觉得大致可信，才保留了“300 万”这个数字。因此，我们也以 300 万计。

海关报告虽然具有专业性，但如果有佐证自然更能说明问题。另有一条在世界范围内被学术性文章极常引用的华工材料，可资参考。

陈翰笙主编的《华工出国史料汇编》中载：“据不完全统计，1876 年至 1898 年从汕头经香港或直达东南亚的中国人为 151.2 万人。”⑤

这条材料虽然称是“不完全统计”，但作为迄今研究契约华工方面最具盛名的大家学者之一，陈翰笙先生甚至将数据细至千位数，可见其是有较大把握的。倘若这 22 年间由汕头口岸出境的 151.2 万人中，有 50% 是潮人，人数就达到近 80 万。猪仔贸易至迟自 1852 年在汕头出现，至 1912 年中华民国成立时仍然旺盛。这近 60 年的时间里，前 22 年已有 80 万，之后再增百万也属正常。即使剔除掉其中的回国者、遇难者等，然而加上自汕头开埠后至中华人民共和国成立前更占主流的非契约移民，以及千百年来的移民总量，则至 1912 年有 300 万潮人在海外生活，丝毫不足为奇。

---

① ［英］葛礼著，中国海关学会汕头海关小组译：《1912—1921 年潮海关十年报告》，载中国海关学会汕头海关小组、汕头市地方志编纂委员会办公室编：《潮海关史料汇编》，内部资料，1988 年，第108 页。

② 参见［英］辛盛著，中国海关学会汕头海关小组译：《1882—1891 年潮海关十年报告》，载中国海关学会汕头海关小组、汕头市地方志编纂委员会办公室编：《潮海关史料汇编》，内部资料，1988 年，第 17 页。

③ 参见［美］甘博著，中国海关学会汕头海关小组译：《1892—1901 年潮海关十年报告》，载中国海关学会汕头海关小组、汕头市地方志编纂委员会办公室编：《潮海关史料汇编》，内部资料，1988 年，第 56 ~ 57 页。

④ ［英］葛礼著，中国海关学会汕头海关小组译：《1912—1921 年潮海关十年报告》，载中国海关学会汕头海关小组、汕头市地方志编纂委员会办公室编：《潮海关史料汇编》，内部资料，1988 年，第 92 页。

⑤ 陈翰笙主编，卢文迪、陈泽宪、彭家礼编：《华工出国史料汇编第四辑：关于华工出国的中外综合性著作》，北京：中华书局，1981 年，第 185 页。

二、民国元年至中华人民共和国成立，再增 100 万

民国元年至中华人民共和国成立，即 1912 年至 1949 年一共 38 年的时间里，究竟有多少长期定居和临时移居海外的潮人，同样没有一则完整材料，也未见有学者估算。笔者认为 38 年间，其数量大约是 100 万。

这 38 年中，大约自 1940 年至 1945 年这个时间段，由于日军侵占而致汕头港几近封港，人口进出微不足道。其间可分两种情况：初期，由于汕头被侵略者认为是"一向以抗日根据地、南洋华侨出生地、刺绣工业基地闻名"①，他们出于忌惮华侨及侨资参与、输入抗日力量等因素，对华侨采取控制和拉拢的手段，1940 年至 1941 年 5 月出境 20 104 人，入境 19 558 人，出超 546 人；后期太平洋战争爆发、东南亚潮侨主要定居地渐被纳入日本势力范围后，侵略者彻底改变拉拢华侨的态度，华侨出入遂几近停滞。② 剔除这 6 年，尚余的时间可按 1912 年至 1921 年、1922 年至 1939 年、1946 年至 1949 年这三个时间段来划分，笔者现按此三阶段估算如下：

第一阶段，大约自 1912 年至 1921 年，计 10 年。

这一阶段有较为可靠的材料可查，十年间留在海外的潮人移民可达 40 万。说见《1912—1921 年潮海关十年报告》："十年中留在海外的移民达五十五万人。大部分出国移民来自潮州府、潮阳、揭阳和饶平等人口稠密的沿海地区。来自嘉应（州）的习惯于采矿的山区人，则去霹雳产锡的矿山，而去德里烟草种植园的苦力则来自惠来及邻近地区的惠州府。"③ 这则材料中，55 万移民里面"潮州府、潮阳、揭阳和饶平"占大部分，则以 70% 计，可达 40 万。这 40 万的估算有另一个材料可供佐证："本港的贸易……特别是从 1880 年以来，由于人们眼见这些移民把他们的节余存款从海外汇回汕头以及许多回国者带来可观的家产，出国移民有增无减。1912 年达到高峰，共有十二万四千人迁往国外。"④ 也就是说，潮汕地区仅仅在 1912 年这一个年度，便有 12.4 万人迁往国外，那么，说余下（即使并非高峰期）的 9 年再增 27.6 万人移民，似乎还有保守之嫌。

---

① 朝鲜总督府警务局：《华中华南、北中美居住之朝鲜人概况》（日文资料），1940 年，转引自房建昌：《1945 年以前日本人在汕头情况记述》，载中国人民政治协商会议汕头市委员会学习和文史委员会编：《汕头文史资料精选》（政治军事卷），香港：天马出版有限公司，2009 年，第 127 页。

② 朝鲜总督府警务局：《华中华南、北中美居住之朝鲜人概况》（日文资料），1940 年，转引自房建昌：《1945 年以前日本人在汕头情况记述》，载中国人民政治协商会议汕头市委员会学习和文史委员会编：《汕头文史资料精选》（政治军事卷），香港：天马出版有限公司，2009 年，第 127、134 ~ 135 页。

③ ［英］葛礼著，中国海关学会汕头海关小组译：《1912—1921 年潮海关十年报告》，载中国海关学会汕头海关小组、汕头市地方志编纂委员会办公室编：《潮海关史料汇编》，内部资料，1988 年，第 93 页。

④ ［英］葛礼著，中国海关学会汕头海关小组译：《1912—1921 年潮海关十年报告》，载中国海关学会汕头海关小组、汕头市地方志编纂委员会办公室编：《潮海关史料汇编》，内部资料，1988 年，第 86 页。

应该指出的是，同为潮海关的数据，在最高长官报告中出现的记录与同期录得的出入口旅客人数差距并不一致。如上引写于1921年的十年报告中，提到1912年当年有“十二万四千人迁往国外”，但在《1869—1934年汕头口岸进出口旅客统计表》中，1912年出口152 114人次，入口120 367人次，出超仅为31 747人次。也就是说，统计表出超的数字，比报告记录的出国人数少了9万余人。而两者都来源于同时代录载，且编撰者都服务于同一个系统，必然都能看到各自的记录，那么应该怎么解释这种现象？最大的可能性应该是：潮海关的历年进出口岸旅客统计，只能统计到合法进出的人数，而大量的类似猪仔贩卖等流出者，一直都在躲避潮海关的监管。

有不少资料显示，“猪仔”运载出洋时是被关在船舱内失去自由的，揭阳蓝兜乡“光绪末年，乡民因生活日窘，纷纷出洋谋生，无钱购买船票者，买通水手藏人货仓，俗称‘坫船’”，“坫”（潮语读同“店”）有躲避之意[①]。无论什么原因，都是为了躲避海关的监管。因为“潮海关1890年接广东省督函令，并根据清政府总理衙门有关规定，在汕头设立海关招工公所，为出国谋生的华工办理立约签字盖戳手续，避免经纪人从中挟制诓骗，对华工所搭轮船，实行统一稽查工作”[②]。所以，目前各类出入外洋人员的统计表（如果最终溯源，这些数据大都来自潮海关记录[③]）仅可参考而已。

第二阶段，大约自1922年至1939年，计18年。

这阶段，由于没有更为可靠的原始材料可供参考，虽然上文已言及海关统计资料的不全面性，但也只能以此为主要参考依据。据《1869—1934年汕头口岸进出口旅客统计表》以及《潮海关史料汇编》可知，1922年至1934年往来外洋的，出口1 592 188人次，入口1 371 377人次，出超220 811人次。又，据《清同治八年至民国三十七年（1869—1948年）从汕头口岸往东南亚各国华侨、华人出入境人数统计表》可知，1935年至1949年往来外洋的，出口370 770人次，入口281 368人次，出超89 402人次。两者合计出超310 213人次。

1926年出现了有记录以来首次人口回流的记载：当年入口105 966人次，出口83 904人次，负增长达22 062人次（主要来自海峡地区，入口31 663人次，出口10 332人次，负增长21 331人次[④]）。1929年至1933年，规模空前的世界

---

① 参见李宏新：《潮韵》，汕头：汕头大学出版社，2008年，第163页。

② 汕头海关编志办公室编纂：《汕头海关志》，汕头：汕头海关编志办公室，1998年，第171页。

③ 《潮海关史料汇编》及《汕头海关志》附有十二个表格，这些表格在各种文本中多被整理引用。据《潮海关史料汇编》“所附十二个表格，主要根据海关总税务司署统计处编制的各种贸易统计年刊、季刊、月刊（如《汕头口岸贸易报告》《中国海关华洋贸易报告》）等有关潮海关部分整理译编而成”。参见中国海关学会汕头海关小组、汕头市地方志编纂委员会办公室编：《潮海关史料汇编》，内部资料，1988年，第135页。

④ 汕头海关编志办公室编纂：《汕头海关志》，汕头：汕头海关编志办公室，1998年，第371页。相关数据引自该书统计资料表（九）《1869—1934年汕头口岸进出口旅客统计表》。

经济危机大爆发，东南亚等地影响严重，当时有不少返回人口，大量商人及资金涌入潮汕地区——事实上，20 世纪 30 年代汕头鼎盛也与此有关，连续三年入口人次比出口还多：1931 年出口 80 202 人次，入口 81 962 人次，负增长 1 760 人次；1932 年出口 36 824 人次，入口 70 864 人次，负增长 34 040 人次；1933 年出口 44 858 人次，入口 59 722 人次，负增长 14 864 人次。此外，1937 年的“七七事变”，似乎也促进了潮人的回流，1937 年出口 68 661 人次，入口 69 474 人次，负增长 813 人次。这五次出口人次少于入口的现象，是潮汕地区有记录以来所未有的。

鉴于出现以上这些人口回流的现象，特别是汕头发展鼎盛的 20 世纪 30 年代，来往者以商贸人士居多，可知必然是有往有返造成出入口的数据增多，频繁流动的可能性加大；而以常理推测，经济之好转，必然会需要大量人力资源，既然本地可以谋生，则出洋便不是第一选择。此外，新加坡、马来亚宣布移民人口限制条例，也影响到潮人的移民活动。因此，实际估算上不宜高估。

而本阶段前期契约移民尚未停止，为躲避海关监管而“走私”出洋的可能性仍然存在；还有一些移民是没有足够的路费、伙食费而收买某些船员，藏身船舱出洋。如潮安归湖镇神前村人柯松木（又名柯树藩），于民国二十三年（1934）“坫船”到泰国，便是买通船员出洋的，后来他事业小成，参股火锯厂，曾侨批汇钱资助家人并屡行慈善，1949 年中华人民共和国成立后内外隔绝，柯松木遂于 1952 年在泰国另娶，从此再未回国。这自然没有纳入海关统计资料。

上例说明海关数据至此时尚未能完全反映实际情况。如按上引 1912 年，海关统计出超 3. 17 万人次，而实际外迁 12. 4 万人的比值（1：3. 91）来参照，则此时出超 310 213 人次，实际外迁人口可达一百多万。但这一阶段情况又有不同，只能说实际外迁人数多于海关出超统计的情况依然存在。

综合考虑，本阶段移民仍应高出同期海关数据显示的出超 310 213 人次，保守估计，大约为 40 万人。

第三阶段，大约自 1946 年至 1949 年，计 4 年。

据《清同治八年至民国三十七年（1869—1948 年）从汕头口岸往东南亚各国华侨、华人出入境人数统计表》，往来外洋的出入口记录，仅有 1946 年、1947 年 1—6 月份（缺入口数字），以及 1948 年 1—11 月的数据。以有完整数据的 1946 年为例：出口 48 228 人次，入口 2 555 人次，出入比例大约 19：1，未归人次达到 95%，这是史上未见的记录，堪称“有去无归”。如此，这些“人次”几乎可以“人”看待，即出超多少，大略相当于移民多少，纵差不错。则这三个数据记录的年份总计出超 129 125 人次，可以 12 万人计。

除了这几个有数据的时间段，尚有 1947 年下半年、1948 年 12 月份、1949 年全年的出入口数没有统计。参考以上数据，潮汕地区大量移居的态势必然得以延续。另可参考以下数据。

如泰国方面，泰国学者根据泰国出入境方面的信息，得出结论“1918—1955年间，中国移民迁移到泰国曾出现两次高潮，即在1923—1929年和1946—1947年间，特别是1950年泰政府规定外国移民入境限额之前”[①]。这里，我们只需要关注后半段，即“1946—1947年间，特别是1950年”的内容，既然是“高潮”还“特别是”，那么，汕头口岸1947年下半年、1948年12月份、1949年全年所缺记录，应该相当于1925年、1926年两年的34 832人次。这仅仅只是泰国一地。

如台湾方面，1949年下半年国民党政权溃败，军纪极差的胡琏兵团在路经潮汕地区时狂拉壮丁，其数量多的说法是“据统计，被拉丁往金门转台湾落籍的潮州兵，人数约在3万人左右”[②]，少的说法是据“不完全统计”被掠去的有“青年五六千人”，其中在普宁“掠1 937人”。[③] 这仅仅是1949年下半年台湾一地。

又1946—1949年，仅潮安县人移往东南亚的可能达3万人以上。以官塘籍、港华籍人为例，一方面这几个地方在中华人民共和国成立时人口大减，另一方面现居泰国陈姓、林姓族人皆称先祖都是当时出走，同行皆潮安“乡里人”，且船舶来往批次不少，亦非经正式渠道。

另有一个间接材料称：“1948年3月市政府刊登了一则消息：出国者累积日众，码头秩序不安，为防止黑市船票损害民众利益，初由侨务局依照赴暹新客登记号码编配购票出国，未尽收效。改用抽签办法，在报章公布，由当局派人到船公司对号对人对像给证购票。我们可以从这则消息，看到当年潮汕人民迫不及待，蜂拥出国的情景。”[④] 抽签决定去留，自愿移民者之多可见一斑。虽然此时“卖猪仔”早已杜绝，不存在因之而躲避海关监管，但是在出国的心思异常强烈而又抽签无果的情况下，也许“坫船”出口的情况又会再次出现，毕竟兵荒马乱监管不严，而潮汕地区也有此传统。相信这种自发的“有去无归”的情况，会在缺记录的剩余时间里大量存在。

综上所述，自1946年至1949年这4年间，原有数据为12万人，另计8万人可参考上述，则计20万潮人外迁应该是绰绰有余的。

---

① ［泰］杨作为：《泰国华人社会与经济之变化和泰中经济合作前景》，载汕头华侨历史学会编：《汕头侨史论丛》（第四辑），汕头：汕头华侨历史学会，1999年，第29页。

② 沈野：《潮州人在台湾》，载潮汕历史文化研究中心、汕头大学潮汕文化研究中心编：《潮学研究》（第六辑），汕头：汕头大学出版社，1997年，第575页。

③ 参见《团结报》1950年11月24日，转引自秦梓商：《胡琏兵团窜犯潮汕简况》，载中国人民政治协商会议汕头市委员会学习和文史委员会编：《汕头文史资料精选》（政治军事卷），香港：天马出版有限公司，2009年，第382页。

④ 林桂芳：《浅谈近代潮汕移民高潮的掀起》，载厦门市闽南文化研究会、汕头市潮汕历史文化研究中心、中共诏安县委员会：《闽南文化与潮汕文化比较研讨会论文集》，2005年，第80页。

三、结论及验证

综上所述，截至1949年，在海外生活的潮人数量在400万人左右。关于自然增殖的人口，至1911年界定的300万潮人移民中已经涵括了之前所有。原本可以从1911年计起，再增加数量，但是，考虑到此期东南亚各国多是战乱，又有如泰国荷属东印度群岛等“排华”情况发生，很可能有非正常死亡状况发生；再考虑到契约移民者不少，而“由于海外移民的人口自然增长率极低，在‘苦力贸易’时期，甚至呈负增长”①。两相抵消之后，自然增殖的人口数量不宜再行算上，估值仍然为400万人。此外，尚有由陆路出境的，如陈开泰徒步至香港②；也有在别的港口出海的，如高楚香先徒步至广州，再乘船往暹罗。③ 这些都已包括在内。

表7-5　中华人民共和国成立前潮侨数量估计表

时间		潮侨人数
至1911年		300万人
1912—1949年	1912—1921年	40万人
	1922—1939年	40万人
	1940—1945年	—
	1946—1949年	20万人
合计		400万人

这个估值，与一些书籍估算出来的数字出入不大。现取《广东省志》验证。

《广东省志》载东南亚广东籍华侨情况：“原来华侨最多的东南亚各国，随着华工和自由移民的大量移入，加上新华侨的自然增殖，华侨人口迅速增加，由19世纪初约100万人到20世纪中叶增至1 200万人④。其中祖籍广东的约占

① 葛剑雄、曹树基等编著：《中国移民史》（第六卷），福州：福建人民出版社，1997年，第538页。

② 潮州市沙溪人陈开泰于1845年徒步到香港，后经营“富珍斋”，成为最早在香港经营糕饼者。见陈中璇、陈健民：《香港富珍斋创始人陈开泰先生事略》，载中国人民政治协商会议广东省汕头市委员会文史资料委员会编：《汕头文史》（第八辑），汕头：汕头市政协文史资料研究委员会，1990年，第142页。

③ 高楚香年轻时徒步至广州，再乘商船到达暹罗，后成富商。张映秋：《泰国华侨高楚香与陈黉利家族的业绩》，载中国人民政治协商会议广东省汕头市委员会文史资料委员会编：《汕头文史》（第八辑），汕头：汕头市政协文史资料研究委员会，1990年，第26页。

④ “由于对华侨含义解释不一，对华侨人口的统计数字便有明显差异。据帕赛尔《南亚的中国人》估计，1947年东南亚华侨华人总人数为850.5万人（见《南洋问题资料译丛》，1957年第4期，第170页）。另据霍尔《东南亚史》估计，20世纪50年代中期东南亚华侨华人总数为1 016.5万人（见商务印书馆，1982年译本下册，第973页）。上述估计比较接近实际。”转引自广东省地方史志编纂委员会编：《广东省志·华侨志》（光盘版），广州：广东省科技音像出版社，1996年，第66页。

70%。"[①] 材料中估算东南亚1 200万华侨中广东占70%，则为840万，东南亚是潮人最主要的移民地，如果以广东籍东南亚华侨中潮人占40%计算，则可得336万人。

为什么可以按40%计算？因为历数广东最大的侨乡，亦即海外移民迁出人口规模，则以"珠江三角洲和潮汕平原最多，海南岛北部和兴梅地区次之"[②]。而除了东南亚外，潮人再罕有较成规模的聚居点。

反观整个广东籍移民，在其他地区也大量存在着，同书又载："北美洲的美国和加拿大，是广东人移居较多的国家。""中、南美洲也是广东籍华侨较多的地区。""美洲、欧洲、非洲、大洋洲和东南亚以外的亚洲地区，到1945年前后，华侨、华人总计有近100万人，祖籍广东的占80%以上。"[③]

图7-1　温哥华唐人街的千禧门（林伦伦摄影）

从现有材料看，许多广东籍移民占多数的华侨聚居地区，潮人极少，甚至绝大部分连一条明确记载也未见。潮汕平原名列广东第二大人口输出区，若说在这些地方，潮人占广东籍移民不足4%也不为过。此消彼长，因而可以推断：潮人在东南亚11国中占广东籍移民的40%。

东南亚11国有336万潮人，加上《广东省志》未列的中国香港、澳门、台湾地区，以及除了东南亚之外的其他地方的移民，则1949年海外潮人合计达到400万人，与《广东省志》的数据可谓相合。

---

① 广东省地方史志编纂委员会编：《广东省志·华侨志》，广州：广东人民出版社，1996年，第66页。

② 广东省地方史志编纂委员会编：《广东省志·华侨志》，广州：广东人民出版社，1996年，第184页。

③ 广东省地方史志编纂委员会编：《广东省志·华侨志》，广州：广东人民出版社，1996年，第70、72、74页。

四、汕头口岸旅客出入口数据

潮海关的旅客出入口统计是研究潮人移民的重要参考资料。虽然如前所述，它仅能涵括按章申报者，并不能全面反映情况。然而，庞大的潮人移民潮，于此亦可见一斑。兹整理统计表如下：

表 7-6　1869—1949 年汕头口岸往来海外旅客统计表①

单位：人次

年度	出口	入口	出超	出超最多地及数量	备注
1869 年	20 824	缺数据	20 824	新加坡 20 824	
1870 年	22 282	缺数据	22 282	新加坡 22 282	
1871 年	21 142	缺数据	21 142	新加坡 21 142	
1872 年	37 013	缺数据	37 013	新加坡 37 013	
1873 年	24 284	20 066	4 218	新加坡 12 054	
1874 年	23 046	17 533	5 513	新加坡 15 638	
1875 年	30 668	20 568	10 100	新加坡 19 979	
1876 年	37 635	21 813	15 822	新加坡 24 640	
1877 年	34 188	23 593	10 595	新加坡 19 972	
1878 年	37 963	26 875	11 088	新加坡 20 948	
1879 年	36 336	28 048	8 288	新加坡 15 990	
1880 年	38 005	28 013	9 992	新加坡 16 532	

① 本表资料来源：《1869—1934 年汕头口岸进出口旅客统计表》，载汕头海关编志办公室编纂：《汕头海关志》，汕头：汕头海关编志办公室，1998 年，第 366 ~ 371 页；《1869—1934 年汕头口岸进出口旅客统计表》，载中国海关学会汕头海关小组、汕头市地方志编纂委员会办公室编：《潮海关史料汇编》，内部资料，1988 年，第 238 ~ 251 页；［美］富乐嘉著，中国海关学会汕头海关小组译：《1922—1931 年潮海关十年报告》，载中国海关学会汕头海关小组、汕头市地方志编纂委员会办公室编：《潮海关史料汇编》，内部资料，1988 年，第 133 页；《清同治八年至民国三十七年（1869—1948 年）从汕头口岸往东南亚各国华侨、华人出入境人数统计表》，载《汕头市志》（第四册），北京：新华出版社，1999 年，第 545 ~ 546 页。本表辑录办法：A. 1869—1934 年数据采自《1869—1934 年汕头口岸进出口旅客统计表》；其中 1909 年第 2—4 季度缺数据，取《清同治八年至民国三十七年（1869—1948 年）从汕头口岸往东南亚各国华侨、华人出入境人数统计表》补；1929 年全年数据以上二表均缺，取《1922—1931 年潮海关十年报告》相关内容补。B. 1935—1948 年数据采自《清同治八年至民国三十七年（1869—1948 年）从汕头口岸往东南亚各国华侨、华人出入境人数统计表》。C. 若干用语有修改，如《清同治八年至民国三十七年（1869—1948 年）从汕头口岸往东南亚各国华侨、华人出入境人数统计表》中："出国""回国"因内容含香港等改为"出口""入口"；"单位：人"改为"单位：人次"，这是因为该表资料来源为《1869—1934 年汕头口岸进出口旅客统计表》，而后表明确单位是"人次"。

（续上表）

年度	出口	入口	出超	出超最多地及数量	备注
1881 年	30 690	25 687	5 003	新加坡 28 036	
1882 年	67 652	35 025	32 627	新加坡 40 087	
1883 年	73 357	40 929	32 428	新加坡 45 733	
1884 年	62 551	41 212	21 339	海峡地区 40 905	
1885 年	59 630	44 907	14 723	海峡地区 33 891	
1886 年	88 330	45 025	43 305	海峡地区 46 410	
1887 年	68 940	49 368	19 572	海峡地区 46 667	
1888 年	65 421	54 520	10 901	海峡地区 34 550	
1889 年	74 129	53 658	20 471	海峡地区 44 106	
1890 年	65 475	50 062	15 413	海峡地区 35 305	
1891 年	59 490	54 032	5 458	海峡地区 27 480	
1892 年	59 247	46 254	12 993	海峡地区 30 631	
1893 年	89 700	51 991	37 709	海峡地区 48 601	
1894 年	75 608	50 117	25 491	海峡地区 31 726	
1895 年	85 157	47 618	37 539	海峡地区 45 021	
1896 年	88 047	55 586	32 461	海峡地区 49 596	
1897 年	67 480	57 729	9 751	海峡地区 23 603	
1898 年	70 716	54 407	16 309	海峡地区 27 715	
1899 年	86 016	65 328	20 688	海峡地区 34 775	
1900 年	93 460	71 850	21 610	海峡地区 40 195	
1901 年	89 538	74 482	15 056	海峡地区 36 888	
1902 年	104 497	70 797	33 700	海峡地区 43 156	
1903 年	129 539	99 835	29 704	海峡地区 61 293	
1904 年	103 519	86 775	16 744	海峡地区 37 921	
1905 年	95 410	79 591	15 819	海峡地区 45 384	
1906 年	111 894	92 982	18 912	海峡地区 42 241	
1907 年	146 426	102 165	44 261	海峡地区 49 239	

（续上表）

年度	出口	入口	出超	出超最多地及数量	备注
1908 年	112 762	92 670	20 092	海峡地区 37 941	
1909 年	84 246	43 078	41 168	缺数据无法计算	
1910 年	132 928	108 833	24 095	海峡地区 41 058	
1911 年	131 233	115 939	15 294	海峡地区 39 800	
1912 年	152 114	120 367	31 747	海峡地区 58 538	
1913 年	141 562	109 126	32 436	海峡地区 55 315	
1914 年	108 322	104 363	3 959	海峡地区 35 349	
1915 年	114 607	101 937	12 670	曼谷 17 763	
1916 年	110 032	77 495	32 537	海峡地区 30 095	
1917 年	94 539	57 670	36 869	海峡地区 26 624	
1918 年	85 202	40 029	45 173	海峡地区 12 982	
1919 年	83 517	54 055	29 462	曼谷 21 999	
1920 年	109 251	68 525	40 726	曼谷 25 960	
1921 年	135 672	98 596	37 076	海峡地区 35 795	
1922 年	136 775	112 353	24 422	海峡地区 24 744	
1923 年	139 077	100 875	38 202	海峡地区 25 223	
1924 年	152 073	131 358	20 715	海峡地区 19 499	
1925 年	131 091	105 313	25 778	曼谷 23 371	
1926 年	83 904	105 966	－22 062	曼谷 11 461	
1927 年	222 026	164 592	57 434	海峡地区 45 589	
1928 年	211 858	141 787	70 071	海峡地区 41 654	
1929 年	173 483	161 359	12 124	缺数据无法计算	
1930 年	123 724	94 726	28 998	缺数据无法计算	
1931 年	80 202	81 962	－1 760	缺数据无法计算	
1932 年	36 824	70 864	－34 040	缺数据无法计算	
1933 年	44 858	59 722	－14 864	缺数据无法计算	
1934 年	56 293	40 500	15 793	缺数据无法计算	
1935 年	130 766	123 768	6 998	缺数据无法计算	
1936 年	91 157	48 739	42 418	缺数据无法计算	
1937 年	68 661	69 474	－813	缺数据无法计算	
1938 年	59 095	22 658	36 437	缺数据无法计算	

（续上表）

年度	出口	入口	出超	出超最多地及数量	备注
1939 年	21 091	16 729	4 362	缺数据无法计算	
1940 年					缺全年数据
1941 年					缺全年数据
1942 年					缺全年数据
1943 年					缺全年数据
1944 年					缺全年数据
1945 年					缺全年数据
1946 年	48 228	2 555	45 673	缺数据无法计算	
1947 年	30 501		30 501		只计 1—6 月
1948 年	57 628	4 677	52 951		只计 1—11 月
1949 年					缺全年数据
合计	6 270 607	4 641 101	1 629 506		

说明：①现见较完整数据始自潮海关 1869 年的统计，故本表自 1869 年计起，并非有其他含义。各栏所缺数据为资料无存。②“往来海外”潮海关原表作“来往外洋”，包括：新加坡、曼谷及暹罗其他地方、槟城、马六甲、西贡、苏门答腊、交趾支那、越南南部地区、秘鲁、卡亚俄（今属秘鲁）、日本、阿皮亚（今西萨摩亚首都）、瑙鲁（大西洋西部岛国）、荷属东印度、萨摩亚（南太平洋岛国）、新几内亚、中国香港等国家和地区。③海峡地区，即海峡殖民地，最初由新加坡、槟城和马六甲（麻六甲）三个英属港口组成。潮海关原表注明 1869 年至 1883 年度海峡地区的数据指新加坡，因此本表直接套用；这 15 个年度，包括了 1873 年从槟城进口 150 人、往槟城出口 829 人，1876 年往槟城出口 384 人。④本表“出超最多地及数量”栏中的数字常比“出超”栏数字大，那是由于其他地方入超数量多的缘故。如 1873 年“出超最多地及数量”栏为“新加坡 12 054”“出超”总数为“4 218”，是因为该年由汕头出口至香港、曼谷、西贡分别为 9 193、1 755、322 人次，而由香港、曼谷、西贡出口到汕头的分别为 18 388、235、483 人次，出入合计为：入超 7 836 人次（即出超 – 7 836 人次）。

除了以上根据潮海关资料为主整理的数据外，岭东第一个华侨团体“岭东华侨互助社”（1929 年 8 月至 1934 年 8 月）也曾统计出入口人口数量，数据只有 1930 年至 1934 年上半年。《岭东华侨互助社的建立和发展》一文根据岭东华侨互助社周年纪念特刊、五周年纪念特刊有关资料计算数据并制成表格，如下：

表 7－7　汕头港出入口移民统计表

单位：人数

年度	1930 年	1931 年	1932 年	1933 年	1934 年上半年
出口	123 724	76 804	36 662	45 058	24 186
入口	94 726	82 596	84 255	59 083	21 168
比较出入口	出超	入超	入超	入超	出超

资料来源：张映秋《岭东华侨互助社的建立和发展》。

考这份表，1930 年的记录与潮海关记录一字不差，其实还是来源于潮海关；1931 年、1932 年、1933 年等则有所差别，但出入超的大势一样。其数据的由来则不得而知，从当时的环境来看，能精确到“人次”就不错了，岭东华侨互助社竟统计出“人数”，值得商榷。而潮海关具备第一手资料，相对而言是比较准确的。兹录此表，仅作参考。①

第五节　海外潮人社会的形成

汕头开埠后，汕头口岸成为中国最大的华侨出入境口岸之一，这可从本章第四节《1869—1949 年汕头口岸往来海外旅客统计表》中反映出来。而随着时局的变化，至 1949 年中华人民共和国成立，生活在世界各地的潮人已经达到 400 万。

潮人移民与当地人民融洽相处，不少人同当地人婚娶生育，安家乐业，彻底融入当地社会。同时，潮剧潮曲、潮学潮俗、潮语潮风，也随着潮人的步履，在各国家和地区落地生根。这一阶段，所谓“海外—潮汕”的海外潮人社会真正形成了。

泰国是海外潮人最为集中的国家。早在上一个阶段，曼谷等地便形成了潮人聚居点。在此阶段，泰国一直保持着独立的国家地位，国内政局稳定，这令潮人移民趋势不减。在潮海关记录中，1915 年、1919 年、1920 年、1925 年、1926 年，泰国曼谷口岸都是汕头口岸往来外洋出超人数最多的目的港，而前往泰国的，都是非契约移民者。据 1953 年谢猷荣编著的《新编暹罗国志》一书估计，当时泰国华侨有 369 万人，其中潮州人占 60%，约 221 万人。② 由于 1949 年中华人民共和国成立后，内外隔绝，因此以此数据回溯，并考虑到 1951 年泰国銮披汶政府发生大规模的排华事件，几千名华侨被迫乘船经汕头港回国的情况，则估

① 张映秋：《岭东华侨互助社的建立和发展》，载汕头华侨历史学会编：《汕头侨史论丛》（第二辑），汕头：汕头华侨历史学会，1991 年，第 29 页。

② 转引自广东省汕头市地方志编纂委员会编：《汕头市志》（第四册），北京：新华出版社，1999 年，第 548 页。

计1949年泰国潮人人口约有210万人。他们遍布泰国73个府，尤其以曼谷居多。潮人一直是泰国华人社会最主要的族群，凭借着之前的发展，潮人此阶段在泰国的社会、经济、文化、生活等方面都占有重要的位置。在经济方面，潮人几乎包揽了泰国米业的经营；在金融业方面，第二次世界大战后的三大华资商业银行有两家为潮人创设、一家为潮人参股；泰国早期最具规模的工业——火砻业，也是潮人首创；其他如出入口、造船、木材、五金杂货、皮货、典当、塑料、金饰珠宝等行业，潮商均占主要地位。同时，还有很多人在乡村从事农业种植、渔业养殖等。在文化方面，大获成功的潮商反哺文化教育事业，在20世纪前50年便创办了培英学校等多家新式学校和《中国日报》等多家报纸。文化名人层出不穷，《泰国华侨大词典》中记录当时的"文化界人士总共461人，其中80%以上祖籍为潮汕"①。这些文化人士，很多都活跃在此阶段。在社团组织方面，泰国潮州会馆于1938年成立，是泰国规模最大的同乡会组织，它是在1824年前便已存在的老本头公庙的基础上形成的。而在此之前，早就存在不下数百家潮人创办的社团组织，如泰国最大规模的民间慈善机构之一泰国华侨报德善堂等。

图7-2 陈氏家族后人与各地学者在泰国黉利故居合影②

上图人物顺序，左一：陈克湛（新加坡，画家）；左二：Pimpraphai Bisalputra（泰国，学者）；左三：陈天中（泰国，商人）；左五：李凯龄（陈克湛夫人，天猛公基金会负责人）；左八：李志贤（新加坡，学者）；左九：黄挺（中国，学者）；左十：林伦伦（中国，学者）；左十三：Jeffery sug（泰国，学者）

---

① 广东省汕头市地方志编纂委员会编：《汕头市志》（第四册），北京：新华出版社，1999年，第555页。

② 图片说明：澄海前美陈氏家族自19世纪40年代陈宣衣、陈宣名出洋起，至今170年仍传承不绝，显赫于世，其在大陆的家族产业之一——位于汕头前美乡的"陈慈黉故居"，被誉为"岭南第一侨宅"。

马来西亚是潮人移民较多的国家。在有记录的年份里，汕头口岸往来外洋出超人数最多的地区，绝大部分都是包括槟城、马六甲在内的海峡殖民地。虽然多是从该地区转口世界，却也可见潮人往来之频繁。据1947年《马来西亚人口统计报告》，潮州人有364 232人，占总人口的13.92%。[①] 在1946年至1949年间的最后一波移民潮中，即使1948年有几百名华侨因政治原因被遣送回汕头，但仍有不少潮人的目的地为马来群岛。至1949年，估计马来亚潮人达40万以上。在前阶段，槟城等地便有潮人垦荒种植，至1921年，西马的11个州共有潮人移民76 694人，槟城作为最大的聚居处，录得人口19 236人。此外，东马的古晋等，也是潮人传统的移民点。在产业方面，马来亚的经济以热带农业、采矿业为主，潮人主要从事甘蔗、甘蜜、胡椒、木薯等种植，连带农副产品的加工、出入口生意，造就了一批成功商人及庄园主；矿业则较少有人涉足。在商业方面，潮人涉足多个行业，小商贩居多，不少地区的肉菜市场、小百货店等，其经营者都是潮人。在文化方面，20世纪初，韩江学校等多家由潮人创办的学校相继兴起。同时，潮人从事报刊文化事业，至20世纪50年代前，潮籍较为闻名的华文文学作家总共发展至近百人，占了全马华文文学作家总数的70%左右。在社团组织方面，马来西亚潮人社团众多，最早最具规模的是1934年在槟榔屿韩江家庙成立的马来亚韩江公会联合会，这也是大马潮人统一的同乡机构。该会数易其名，现称马来西亚潮州公会联合会，简称“马潮联会”。

新加坡尚是荒岛之时，便有潮人到达，并形成聚居点。本阶段，潮人继续大举迁入。据潮海关记录，自1869年至1883年，新加坡港都是汕头口岸往来外洋出超人数最多的地区，但也是以转口为主，未必便是潮人长驻之地。在1947年，据香港《华人》月刊统计，新加坡潮人人口为157 188人，占华侨总人口的21.6%。当年前后，新加坡社会虽然也显动荡，但未有导致人口减少的大型天灾人祸，因此至1949年，估计人口也大概如此。新加坡潮人总数在华人族群中一直处于闽籍之后第二多的位置，在上阶段已经形成了潮人社团组织。在产业方面，当时新加坡的主要经济行业——种植业，便被以潮人为主的华侨所垄断。至本阶段，则“潮商多业椒、蜜……资本俱巨，他商不能及”[②]。继起的橡胶、香茅草的种植潮中，潮人也一度在全海峡殖民地产量中占有最大份额。商业方面，潮人在该国的传统行业转口贸易上大有建树，他们通过新加坡、泰国、香港、汕头航线转口世界各地货物。其他如大盘、中介、零售终端等，皆见潮人身影，其中既有大规模企业，也有小经营者。第二次世界大战后，有牌照的小商贩有近万家，其中潮人占80%~90%。金融业方面，在1906年（翌年正式营业）便有了

① 广东省汕头市地方志编纂委员会编：《汕头市志》（第四册），北京：新华出版社，1999年，第548页。

② （清）李钟珏：《新加坡风土记》，载《东南亚》，1997年第1期。

潮人创办的银行。文化方面，同年成立的新加坡潮州公立端蒙学堂，是潮人开办的第一家新式华文学校。至1949年，潮人创办的十多家学校仍存在着，其中有些还延续至今。潮人合作创办的《中兴日报》，对中国革命事业有伟大贡献，在中国新闻史上留下光辉一笔。新加坡华文文学发展迅猛，华文作者频出，不少潮人作者是其中的佼佼者。社团组织方面，新加坡的潮人社团，在上阶段的基础上继续增加，各类社团多不胜数。1928年，新加坡潮州八邑会馆正式成立，该会馆是会员最多的社团，也是新加坡潮人同乡团体的最高组织。总之，新加坡由19世纪初的一个"榛莽未启"的荒岛，发展至1949年时成为闻名世界的远东大港，各个时期的潮人移民贡献良多。

印尼的潮人在各属华侨中所占比例并不大，其中的苏门答腊与汕头口岸联系密切，往来频繁。据潮海关的数据，从1888年至1907年20年间，由汕头口岸至苏门答腊近13万人次，返程仅近1.2万人次，未计逃离海关监管部分，其出入人次比例大约为11∶1，差距悬殊。① 据《印度尼西亚华侨史》给出的1947年华侨总数，以及《印尼华侨史》1930年给出的各籍华侨数据折算比率，估计至1947年，居住在印尼的潮人人口在15.2万至16万之间。由于荷兰殖民当局奉行出生地主义国籍法，把部分华裔列入荷籍，因此实际生活在印尼的潮人肯定不止这个数字，可以说15.2万至16万是十分保守的数据。当年及稍前，发生过数次较大规模的排华惨案，使得人心不定，而至1949年12月，印尼独立战争正如火如荼，因此估计1948年起有不少潮人转迁他国（出入口记录未反映出有多少人回潮汕），则至1949年，相信该国潮人大致在16万人左右。产业方面，在本阶段，印尼潮人主要从事垦殖作业，东苏门答腊早期的烟草和橡胶种植场，多由潮属契约华工开发；印尼的渔业，20世纪初，潮人便占大多数。商业方面，潮人主要为小商贩，也有从事比较大型生意的中介商（也称"仲介商"）。文化方面，印尼潮人也参与报刊经营、华文文学创作等。社团组织方面，由于印尼潮人较少且比较分散，因此罕有较具规模的潮人组织。广东籍人于1820年成立的"清明众义冢公祠"（后演变成印尼泗水惠潮嘉会馆），是1949年以前潮人参与的较大社团。

柬埔寨潮人，在华侨中占绝大多数。依据《红色高棉时期柬埔寨华人的遭遇》提供的华侨总数，以及《汕头市志》的描述进行折算，截至1949年，估计生活在柬埔寨的潮人达到30万。经济方面，在本阶段，潮人在柬埔寨的经济活动中扮演着举足轻重的重要角色。作为传统的农业国家，柬埔寨主产稻米、橡胶、玉米、木薯等，潮人移民也是从事此类种植业。潮人在工商业上就是围绕这些农副产品进行设厂加工及出口转口销售，并充当法国殖民洋行及当地种植户的

① 参见汕头海关编志办公室编纂：《汕头海关志》，汕头：汕头海关编志办公室，1998年，第366～371页。

中间商，进行统筹买卖。至1949年之前全柬埔寨仅有的15家较具规模的米业加工厂中，大部分是以潮人为主体的华侨在经营。文化方面，1894年，潮人在金边创办的端华学校，是柬埔寨首家华文学校，该校直到第二次世界大战前，仍基本以潮语授课。此后，又有数家潮人创办的学校陆续开张。社团方面，在19世纪70年代，潮人便依照法国殖民当局的规定成立了潮州帮；1895年，柬埔寨潮州会馆正式成立，该会馆是当时潮人最大规模的民间福利机构。

越南在上阶段便有了潮人帮派，其地位在早期的华人七帮中，仅次于广州帮，位列第二。1814年后，越南华人重新整合成广肇、福建、潮州、海南四帮（后又增客家），[①] 潮人位列第三，可见潮人在华侨中的人口比例。至本阶段，不少潮人继续进入越南，至1937年，估计曾达到25万人口，后当地战火不断等因素可能造成人口损失。截至1949年，在越南生活的潮人，估计在20万左右。潮人在越南，从事垦荒种植行业的不在少数，一般也同时从事小商贸，包括农副产品及日用品等的销售，活动范围遍及城乡。在19世纪末，逐渐出现较大规模的潮人企业，涉及行业包括运输、进出口、米业、酿酒、织造业、珠宝、药材等。20世纪初，有单家潮商控制了越南大米50%以上的出口量。潮人在越南创办了很多华文学校，1913年成立的义安学校（后更名为义安中学），是当时影响最大的华文教育学校。不少潮人参与办报，也有从事华文文学创作者。越南的潮人社团大部分由早期分布各地的潮州帮转型而来，在本阶段，较为著名的有十多个。

图7-3　南洋华侨车夫照片（1）
（林伦伦摄影）

图7-4　南洋华侨车夫照片（2）
（林伦伦摄影）

东南亚的菲律宾、缅甸、老挝等地也有潮人居住，如菲律宾的马尼拉，至迟在明代便有潮人林凤集团寓居于此。散居这些地方的潮人较为零散，资料缺乏，总体数量无从统计，如果从明代开始计算，只要有若干潮人繁衍不断，开枝散

① 尤建设：《试析17世纪后期至19世纪中期越南封建政府的华侨华人政策》，载《西南大学学报》（人文社会科学版），2006年第6期。

叶，则数百年来的后裔亦数量可观。估计这些地方潮人总数不下 20 万。其他如美洲、东亚、非洲等处，在本阶段契约移民盛行的情况下，也有潮人到达移居。

图 7－5　澳洲潮州同乡会（林伦伦摄影）

如清政府驻古巴总领事谭乾初所作的《古巴杂记》中，有各通商口岸运去古巴的劳工数据。数据是谭氏由英总领事署册部抄出，涵括了 1847 年至 1874 年"华人来古巴全数"，其中多处涉及汕头，如"一千八百五十四年，由汕头来三水，由澳门来五水，合共五千一百五十名，在船身故者三十九名，内误溺者八名，病故者三十一名"，"一千八百五十五年，由汕头来四水，由厦门来一水，由澳门来一水，合共三千一百三十名，在船身故者一百四十五名"等。将其所录作一统计，则：①1847 年至 1874 年这 28 年中，有华工被运抵古巴；②运抵古巴的艘次一共有 331 水，其中澳门 245 水、汕头 32 水、厦门 22 水、香港 15 水、黄埔 11 水、省城 5 水、小吕宋 1 水；③运抵古巴华工的总数为 143 040 名，"船上身故""不知去向"的合共 17 032 名，则实际到达古巴的有 126 008 名华工。遗憾的是，由于原文是以年度总计人口，无法析出由汕头口岸出发的实际数量。应该注意的是，从澳门出发的艘次中，一些是由汕头港载出转运。同书又载："光绪六年已在总领事署注册之华人所属于各省名数附录：……广东 38 234 名……合计华人 43 292 名。"[①] 虽然同样无法析出潮属人口，不过从艘次来看，潮人数量不在少数。

又如，根据《1869—1934 年汕头口岸进出口旅客统计表》，汕头口岸的往返港口还包括日本、秘鲁、卡亚俄（今属秘鲁）、阿皮亚（今西萨摩亚首都）、瑙

---

① 转引自王琳乾、吴坤祥辑编：《早期华侨与契约华工（卖猪仔）资料》，汕头：潮汕历史文化研究中心等，2002 年，第 310 ~ 312 页。

鲁（大西洋西部岛国）、萨摩亚（南太平洋岛国）等近十个国家和地区，现存有27个年份的记录，共计出口84 895人次，入口22 111人次，出超62 784人次。[1]这说明，上述所列国家和地区也有潮人移居。

中国香港、澳门、台湾地区，在本阶段更是潮人云集，尤其是香港，潮人社团涌现，潮人社区形成，商业巨子迭出，各界名人多有。他们在本土之外，为港澳台的社会建设、城市发展添砖加瓦，并与当地人民携手创造历史，作出了积极的贡献。

① 汕头海关编志办公室编纂：《汕头海关志》，汕头：汕头海关编志办公室，1998年，第366～371页。

下　编　海外潮人社会

海外潮人遍布全球。所谓“有潮水的地方就有潮人”虽然只是文艺化的说法，却也反映出潮人数量之多。

海外潮人广泛分布于世界各地，主要包括泰国、新加坡、马来西亚、印度尼西亚、越南、柬埔寨、菲律宾、澳大利亚、日本、韩国、美国、加拿大、法国、巴西、瑞士、英国、丹麦、德国、荷兰、比利时、意大利、瑞典、南非等40多个国家以及中国的香港、澳门、台湾地区。

截至1949年中华人民共和国成立，潮人较为集中且与移民史关系较为密切的海外定居处，主要集中于东南亚以及中国港澳台地区。本编仅介绍泰国、新加坡、马来西亚、印度尼西亚、越南、柬埔寨6个国家和中国的香港、台湾地区的潮人社会生活。

海外潮人的社会文化生活，从他们在居住地拓展经济业务、创造社会效益、促进文化交流的方式，以及融入当地社会、适应生活环境的决心中可略见一斑。

槟榔屿潮州会馆中潮学者与潮侨进行多语种交流（林伦伦摄影）

第八章 泰 国

第一节 侨居地介绍

泰国（Thailand），旧称“暹罗国”。东南亚国家。位于中南半岛中部，与缅甸、老挝、柬埔寨、马来西亚为邻。南濒泰国湾，西南临安达曼海。面积 51.31 万平方千米。人口 6 724.95 万（2007），泰人占 75%，华人占 14%，余为马来、高棉、克伦等族。泰语为其官方语言。85%以上的居民信仰佛教，马来族多信仰伊斯兰教。首都是曼谷。北部、西部多山，中部为湄南河平原，南部是丘陵，东部为呵叻盆地。湄南河流域为泰国的文化摇篮及经济中心。蒙河是横贯东北部最长的河流。大部分属热带季风气候，月平均气温 23℃～32℃。年降水量 1 000～2 000毫米，部分山地的降水量可超过 5 000 毫米。森林覆盖率为 27.6%。泰国农业人口占就业人口的五分之二以上。以种植业为主，生产稻米、橡胶、木薯、油棕、甘蔗、玉米、烟草、黄绿豆等。内河的海洋渔业发达。主要开采锡、钨、萤石、褐煤、钾盐、宝石和天然气等。工业有碾米、锯木、纺织、玻璃、汽车、钢铁、电子、石化、炼锡、炼油等。木薯粉、大米、橡胶和锡块出口量均居世界前列，柚木生产在东南亚占重要地位，水产品产量居东南亚首位以及世界前列。进口机器及零件、钢铁、石油及化工产品。公路交通发达。旅游业日盛。①

14 世纪，泰国境内中部的暹国和罗斛国合并，称“暹罗国”。16 世纪起，葡、荷、英、法等国先后入侵。19 世纪末，泰国成为英、法殖民地间的缓冲国。1939 年改称“泰王国”。1941 年日军侵入，1945 年日本投降后恢复国名“暹罗”。1949 年再改称“泰王国”，简称“泰国”。②

---

① 辞海编辑委员会编：《辞海》（第六版缩印本），上海：上海辞书出版社，2010 年，第 1828 页。

② 辞海编辑委员会编：《辞海》（第六版缩印本），上海：上海辞书出版社，2010 年，第 1828 页。

第二节 潮人移民情况

中国与泰国的交往史源远流长。《汉书·地理志》有一段关于西汉遣使西南洋的记载："自日南障塞、徐闻、合浦船行可五月，有都元国；又船行可四月，有邑卢没国；又船行可二十余日，有谌离国；步行可十余日，有夫甘都卢国。自夫甘都卢国船行可二月余，有黄支国。……自黄支船行可八月到皮宗，船行可二月到日南、象林界云。黄支之南，有已程不国，汉之译使自此还矣。"① 从这段中国与西南洋地区海路交通有史可考的最早记录，也是世界上第一个关于中国到印度的海上航路的记载中可知，虽然人们对提到的地名方位尚有不同说法，但各家一致认为：至少其行程路线必然经过暹罗湾。②

三国时期，吴国官员宣化从事朱应、中郎康泰曾在吴黄龙二年（230）左右奉命出访东南亚，回国后写了《扶南异物志》和《吴时外国传》两部书。书中提到当时泰国中部建立的金邻（金陈）国。《太平御览》引《扶南异物志》载："金邻一名金陈，去扶南可二千余里。地出银，人民多好猎大象，生得乘骑，死则取其牙齿。"③

东汉至隋唐，泰国中部佛统府地区出现了堕罗钵底国（南海古国名，即堕和罗国），泰国南部半岛地区从北往南则有盘盘国、赤土国等。它们建立的时间先后不一，但都和中国有政治上的往来。南北朝以后，中泰两国关系日益密切。据中国史书记载，盘盘国在南北朝时期的宋元嘉元年至大明年间（424—464）曾遣使访问刘宋政权；梁大通元年（527）、梁中大通元年（529）五月、中大通六年（534）八月，又三次遣使梁朝，直到唐朝贞观年间，盘盘国使者还来过中国。至于泰国中部的堕罗钵底国，至少在唐贞观十二年（638）和二十三年（649）同唐朝有过两次来往。而中国第一次正式派出使者访问泰国地区，应当是隋大业三年（607）十月常骏、王君政等人出使赤土。据考证，赤土在泰国南部宋卡、北大年一带。④ 常骏、王君政自南海郡乘舟出发，经越南，沿暹罗湾航行，顺克拉地峡东岸南下，赤土国王则派30艘船出海迎接，击鼓奏乐。到达赤土国都时，

---

① （汉）班固撰：《汉书》卷28《地理志》，北京：中华书局，1962年，第1671页。

② "暹罗湾"（Gulf of Siam）是"泰国湾"的旧称，为南海西部海湾，深入中南半岛中南部。湾口从越南金瓯角到泰国北大年（Pattani）附近，南北长720千米，东西宽370千米。湾内宽480～560千米，面积约25万平方千米，平均深45.5米，最深84米。参见辞海编辑委员会编：《辞海》（第六版缩印本），上海：上海辞书出版社，2010年，第1828页。

③ （宋）李昉等撰：《太平御览》，北京：中华书局，1960年，第3502页。

④ 赤土国的位置，曾有多种说法。许云樵认为其都城是泰国的宋卡（英文Songkhla，梵文Singgora）。参见［新加坡］许云樵：《南洋史》（上册）第二篇《古代史》丙"赤土"，新加坡：星洲世界书局有限公司，1961年。

国王引王子那邪迦设宴欢迎。常骏等返国时，国王又命王子携带文书和金芙蓉冠、龙脑香等礼物随船回访中国。隋大业六年（610）春，常骏陪同那邪迦在弘农（今河南灵宝）会见了隋炀帝。①

到了宋代，史书上已没有堕罗钵底等国的记载，可是提到泰国中部出现了以今华富里为中心的罗斛国。这个罗斛国既是它东面的邻国真腊（其地在今柬埔寨）的属国，又同中国有着频繁的贸易往来。当时从罗斛国到福建泉州的航线上经常有商船往来。因此，宋朝曾于宋崇宁二年（1103）派人到罗斛国去“说谕招纳”。宋政和五年（1115），罗斛国的使者正式访问中国。又过了四十年，即南宋绍兴二十五年（1155），罗斛国送给中国一头大象——这是中国得到的来自泰国的第一头大象。由于中泰之间政治、经济联系日趋密切，可以推测在当时已经有华侨到泰国地区经商和留居。南宋末年的宰相陈宜中在宋末元初为了躲避元兵，经过占城（今越南中南部）逃到湄南河上游的暹国，一直住到寿终。倘若没有华侨在陈宜中之前开拓出这条路，很难想象像陈宜中这样的南宋高级官吏会安全抵达泰国，并侨居于此。②

潮人与泰国的交会，最早可能出现在宋代，因为这一时期海路已通，而自唐开始，潮州瓷已持续外销，至宋代更是大量出口。广东省博物馆和考古研究所的专家曾依据亲自参与的考古活动，指出在泰国发现的瓷器肯定是或者近似于北宋潮州窑生产的瓷器。

宋元更迭之际，时局动乱。当时宋帝南遁，元兵一路追杀，有潮人随宋室大臣勤王，失败后有流落泰国的。如1279年，潮州都统张达保护宋帝昺舟船南撤，在元兵追至崖山时，张达夜袭元营反被灭。《宋史》本纪第四十七《瀛国公二王附》载：“（十六年二月己卯）都统张达以夜袭大军营，亡失甚众。”③ 张达部属多是潮属兵将，其中以饶平籍为多，“亡失甚众”。“失”者，或有流落泰国等地。又潮州遭屠城，也不排除有难民远走泰国，如《潮州三阳志辑稿　潮州三阳图志辑稿》述1278年元兵破潮州城：“十五年戊寅正月二十七日，唆都、蒙古歹又统大兵，并郡豪陈五虎兄弟陈懿等围城……元兵鼓噪突入，城遂陷落。焚民室庐，火焰亘天，城中居民无噍类。”④ “庙学、乐器、祭器、祭服悉付一炬。”⑤ 再有宋亡臣陈宜中远走泰国，也不排除有潮人跟随，如《宋史·陈宜中传》载：“井澳之败，宜中欲奉王走占城，乃先如占城谕意，度事不可为，遂不反。二王

---

① 参见徐启恒：《中国和泰国历史上的友好关系》，载《历史教学》，1979年第6期。

② 参见徐启恒：《中国和泰国历史上的友好关系》，载《历史教学》，1979年第6期。

③ （元）脱脱等撰：《宋史》，北京：中华书局，1977年，第922页。

④ 陈香白辑校：《潮州三阳志辑稿　潮州三阳图志辑稿》，广州：中山大学出版社，1989年，第51页。

⑤ 陈香白辑校：《潮州三阳志辑稿　潮州三阳图志辑稿》，广州：中山大学出版社，1989年，第51页。

累使召之，终不至。至元十九年，大军伐占城，宜中走暹，后没于暹。”① 总之，此时这一地区空前混乱，然海路顺畅又具备船队，难民四散之下未必没有踏上泰国的潮人。

元代成书的《岛夷志略》已经载有从潮汕到南洋的清晰路线，从潮州出发走西南海路，可达越南湄公河口外的昆仑岛，西向横绕便是暹罗湾。此时中国和泰国境内的暹国、罗斛国、罗卫国已经有了广泛的商贸往来，中国的货币在这里似乎也可流通。“贸易之货，用棋子手巾、狗迹绢、五花烧珠、花银、青白碗、铁条之属”。“法以𧴩子代钱，流通行使，每一万准中统钞二十四两，甚便民。……货，用青器、花印布、金、锡、海南槟榔、𧴩子。次曰弥勒佛，曰忽南圭，曰善司坂，曰苏剌司坪，曰吉顿力。地无所产，用附于此。”②

在明代，中泰两国使臣来往不断，据《泰国史》不完全统计，明代的276年中，明王朝接受访问112次，回访19次，朱元璋还专门赐予“暹罗国王之印”，当时的阿瑜陀耶王国遂正式称为“暹罗国”。③ 随着上层的交往增多，中泰贸易往来越来越频繁。暹罗国以“俗以海贝代钱，通行于市，每一万个准中统钞二十四贯”④。其销来中国的是罗斛香、苏木、犀角、象牙、翠毛、黄腊、大风子油，而中国输入的是青白瓷器、花布、色绢、缎匹、金银、铜钱、水银、雨伞之属。中国宝船到暹罗，当地人亦用小船去做买卖。又《瀛涯胜览》记其风俗，“国语颇似广东乡谈音韵”,“其妇人志量果胜于男子，若有妻与我中国人通好者，则置酒饭同饮坐寝，其夫恬不为怪，乃曰：‘我妻美，为中国人喜爱。’”⑤ 可见，在1451年左右，中国沿海与泰国的交往已经很深入了。

此时中国移民在泰国日渐增多，并形成了聚居点。15世纪中叶以后，阿瑜陀耶王国成为华商的据点。有材料称，此时居住在阿瑜陀耶及沿海地区的手工业者和商人总数约有十万人，几乎全部都是中国人。⑥ 明代黄衷的《海语》中提到：“（暹罗）有奶街，为华人流寓者之居。”⑦ 这说明15世纪后期至16世纪初，泰国都城及沿海繁华之处已经存在华人的聚居点。作为潮人传统出海目的地的泰国，应该有不少潮商寓居此地了。

潮汕人口寓居泰国真正较具数量，则出现于明朝中后期。此时潮汕海上武装商贸集团崛起，带动了移民，而文献上首个有名有姓到达泰国的潮州人，可能是林道乾。在万历初期，海上武装商贸集团首领、潮人林道乾便率部到达泰国南部

---

① （元）脱脱等撰：《宋史》，北京：中华书局，1977年，第12532页。

② （元）汪大渊著，苏继庼注释：《岛夷志略校释》，北京：中华书局，1981年，第109、112页。

③ 参见中山大学东南亚史研究所编：《泰国史》，广州：广东人民出版社，1987年，第63页。

④ （明）费信著，冯承钧校注：《星槎胜览校注》，北京：中华书局，1954年，第10～11页。

⑤ （明）马欢撰：《瀛涯胜览》，北京：中华书局，1985年，第29、31页。

⑥ 参见陈碧笙：《古代暹罗封建制初探》，载中山大学东南亚史研究所编：《泰国史》，广州：广东人民出版社，1987年，第65页。

⑦ 广东省地方史志编纂委员会编：《广东省志·华侨志》，广州：广东人民出版社，1996年，第91页。

的北大年港，“开始了文献有所记载的潮州人在泰国的历史”①。

林道乾亦商亦盗，他活跃于嘉靖末至万历前期。当时，林道乾获悉明政府将集中兵力对其进行会剿，遂于万历元年（1573）五月提前出洋，明政府提督两广侍郎殷正茂得到消息已然是空对汪洋大海，无能为力，遂掉头先灭其他集团，然后屯兵沿海，防其再来。②

林道乾于1573年3月18日由海路至柬埔寨，在柬埔寨山上设置据点后，乘南风北上继续贸易并四处出击，③ 影响颇大。明政府在1573年9月21日下令两广、闽、浙军队不得互相推诿，应协力追杀林道乾，④ 但未有收获。

至迟在万历六年（1578）六月，林道乾攻打暹罗，在暹罗设据点，并向明政府发出请求招安的意愿。但官方认为他是假投诚，是想“打劫海门各所，候东风一转，即欲驾回外夷”⑤。不过，出于一网打尽的想法，明政府遂假装接受，一方假归顺，一方假招抚。这个过程很有意思，据《明神宗实录》记载：“海贼林道乾驾船泊潮阳河渡门港，令贼徒具状告报……称虏去于万历六年六月打暹罗国乌椎船不胜，贼众杀死甚多，被番赶逐，乏银乏人，议复回河渡门旧巢，取原埋银物。”明军并不相信，认为“夫此贼之计亦狡矣，假投降以缓我师，得以从容旧巢；欲招安而不肆劫掠，得以潜迹观衅”。明兵部遂暗议假接受，然后“克期会兵，务出万全之计，以收一鼓之功”。⑥ 这样的尔虞我诈，招安之事自然无从谈起。

至迟在万历七年（1579），林道乾已在暹罗安居，并以此为据点出没南洋。张居正《答两广刘凝斋》称：“昨据闽中报，柬埔寨主言林贼虽投入暹罗，尚往来攻彼寨。”⑦ 其间，明兵拟约，组织安南、暹罗、柬埔寨、葡萄牙等打算将其一网打尽，但最终还是没有成功。《皇明史概》简述了这个过程：“制台檄安南、暹罗索乾及老贼何鸾等。报曰：‘乾今名林浯梁，在臣海澳中，声欲会大泥国来

① 林伦伦：《潮汕方言和泰语的双向借词及其演变发展》，载《民族语文》，2006年第2期。

② 参见《明实录·神宗实录》卷13，万历元年五月癸巳：“……林道乾闻山寇荡平，叛招出海，驾言奔投外国。又林风、朱良宝等，济恶猖獗。正茂计大集水陆之众，期一鼓就擒。其或广海茫洋，不能穷追，一面扑灭风、宝诸贼，剪其羽翼；一面捣其巢穴，移大将提兵一枝据其倚山跨海之险，以待其来。”《明神宗实录》，台北：“中央研究院”历史语言研究所，1962年，第420页。

③ 参见《万历武功录》卷3《广东》，第45页：“是岁，癸酉二月十五也，林道乾既行至甘埔寨。”《正气堂全集·续集》卷1《与凌洋山书》，第543页：“海贼林道乾逃去西南番甘埔寨，上山居住。”

④ 《明实录·神宗实录》卷16，万历元年八月癸酉：“诏行两广军门及闽、浙各巡抚协剿海贼林道乾等，不得推诿观望，贻害地方。”《明神宗实录》，台北：“中央研究院”历史语言研究所，1962年，第489页。

⑤ 《明实录·神宗实录》卷79，万历六年九月己未，《明神宗实录》，台北：“中央研究院”历史语言研究所，1962年，第1692页。

⑥ 《明实录·神宗实录》卷79，万历六年九月己未，《明神宗实录》，台北：“中央研究院”历史语言研究所，1962年，第1692页。

⑦ 原注：“《张居正集》卷24《答两广刘凝斋》，第864页。”转引自汤开建：《明隆万之际粤东巨盗林凤事迹详考——以刘尧海〈督抚疏议〉中林凤史料为中心》，载《历史研究》，2012年第6期。

攻，不得已与为盟而去，今已行至头关矣。’头关者，闽海之大洋也。香山澳人吴章、佛郎机人马罗殊并请自治装往击乾，许之。不果。初，乾在柬埔，发兵攻暹罗，不克，制台使人赏谕柬埔，令与暹罗并攻乾，乾觉，格杀番众，略其舢舻，往佛丑海屿而去，竟莫知所终。”①

万历八年（1580），林道乾又入暹罗。《明神宗实录》记载："万历八年闰四月，壬子，海贼林道乾者窃据海岛中，出没为患。将士不能穷追，而大泥、暹罗为之窟穴。既而逼胁大泥、侵暴暹罗。"②

在北大年时，林道乾"略其地以居，号曰道乾港，聚众至二千余人"③。《广东省志》载："明万历元年（1573），海上武装首领林道乾（惠来县人），被潮州督府殷正茂击败，率余部2 000多人逃往安南、柬埔寨，转暹罗北大年定居，后建成道乾港。"④ 林道乾集团在当地还留下了不少传说，如《林道乾略居渤泥考》称："林道乾居留大泥，铸大炮三尊，最后一尊不成，道乾设祭祷之无效。大恚，怫然诅曰：'斯炮苟成，当以身祀之。'道乾逐一修之，即燃试之，既发其二，迨燃第三尊时，道乾即挺身当炮口曰：'当如我言。'乃命燃发，炮力殊猛，道乾遂受轰逝去。又谓乾有妹林姑娘追踪至大泥，劝道乾归国，道乾不从，姑娘自经死，其墓至今犹存，华人莫不崇拜之。"⑤

此外，林道乾活跃的同时，正是明代"北虏南潮"的动乱高峰期，当时大大小小潮汕海上武装商贸集团众多，如《潮州府志》所载："闽粤滨海诸郡人驾双桅，挟私货，百十为群，往来东西洋，携诸番奇货，因而不靖，肆劫掠。"⑥其中，"因而不靖，肆劫掠"是官方的说法。市场是无形的手，倘若真的"劫掠"是常态，那么最有可能的后果是谁都无货可进，也无货可出，则很难有"百十为群，往来东西洋"的热闹场面，何况海禁之下，动荡乱世，出海还存在着危险。总之，这些集团或个人长期活跃于南海，互相接应，互相联络，长期寓居泰国者应该不在少数。

自清代开始，潮人移居泰国逐渐形成规模。《成立泰国澄海同乡会缘起》有

---

① 黄挺：《明代后期闽粤之交的海洋社会分类、地缘关系与组织原理》，载《海交史研究》，2006年第2期。

② 《明实录·神宗实录》卷99，万历八年闰四月壬子，《明神宗实录》，台北："中央研究院"历史语言研究所，1962年，第1976页。

③ 原注："《明史》述及林道乾赴南洋事有二说：一、'鸡笼山条'道乾扬帆至渤泥，略其地以居，号道乾港。渤泥即指大泥（见李长傅《南洋华侨史》第109页）。二、'吕宋条'道万历四年，道乾至其国，国人助有功。此无根据，殆林凤事之传讹也。"转引自李长傅：《中国殖民史》，上海：商务印书馆，民国二十六年（1937），第140~147页。

④ 广东省地方史志编纂委员会编：《广东省志·华侨志》（光盘版），广州：广东省科技音像出版社，1996年，第15页。

⑤ 原注："见许云樵《林道乾略居渤泥考》引《大泥府志》（Phongsawadan Mu'ang Pattani）。"转引自李长傅：《中国殖民史》，上海：商务印书馆，民国二十六年（1937），第140~147页。

⑥ （明）郭春震纂修：《潮州府志》，潮州：潮州市地方志办公室，2003年，第20页。

“稽朱明之末，邑士义不帝虏，相率浮槎泛海，履涉重洋，来暹特多”句，虽是文学描述，然而潮人移居泰国之兴盛却也可窥见一斑。不过，这里主要是说明末清初，即在“非清非明”的社会状态下，潮人的赴暹情况。

实际上，在清政府稳定东南并于康熙二十三年（1684）取消海禁后，潮汕地区迎来了一波空前的移民潮，其高峰便是中暹大米贸易。

为了解决东南人口增多而造成的粮米缺口问题，清政府于康熙六十一年（1722）六月同意免税进口三十万石泰国米。雍正二年（1724）十月，首艘暹商米船运抵广东，此后虽略有波动，但大米贸易几乎持续了近半个世纪。为了得到物美价廉的暹米，清政府大开方便之门，也促进了移民高峰的形成。如首批贩运大米的暹商徐宽等96名华人便请求免回原籍，在清政府三令五申“华人必回籍”的情况下雍正也给予准许，这相当于从法律上认可他们在定居泰国后，可随时回乡。如乾隆七年（1742）九月，暹商运米可免船货税银。如乾隆八年（1743）八月规定，带米一万石以上者，可以免船货税银50%；带米五千石以上者，可免船货税银30%。如乾隆十一年（1746）规定，对载米不足五千石的商船，也可免船货税银20%。如乾隆十六年（1751）又规定，运米到福建二千石以上者赏赐顶戴。

为方便运米，乾隆十二年（1747）还发给内地商民往暹买米的造船印照，这项政策至嘉庆十二年（1807）仍然执行着。由于泰国木材质好价平，于是不少潮商便领照到暹罗造船买米再载运回中国销售，暹罗遂成为潮汕本土之外的另一个造船中心。同时，潮汕本土的造船业也发展迅速，广东13个主要造船基地中，潮州、潮阳、澄海、南澳各有1个，占到全省总量的30%。雍正二年（1724），广东官设五大营造船厂，名列第二位的就是设于庵埠的潮州府厂。

这些无疑促进了中暹贸易的迅速发展，使潮人与泰国的联系更为频繁，两地来往和潮人移居也更加便捷。

每年冬季，从潮汕出发的红头船将瓷器、潮绣、木雕、竹器等手工艺品和菜籽等农产品运销暹罗，又从暹罗运回大米、香料、药材、铅、锡等。随红头船到达暹罗的，还有大批外出谋生的潮人，他们中至少有40%以上滞留不归，成为移民。

如《清实录》载：“澄海商民领照赴暹罗等国买米，接济内地民食，虽行之已阅四十余年，但此项米船，据报回棹者不过十之五六。”① 而这回来的五六成人，其实也是常年往返于两地。从暹罗出发的船只“没有任何一只同中国做生意的船，回到本国而不装上移民的”②。

18世纪下半叶，缅甸军占领泰国。祖籍澄海的郑信（1734—1782）率兵帮

① 《清实录·仁宗实录》卷185，嘉庆十二年九月丁未，《清实录》第三十册《仁宗实录》（三），北京：中华书局，1985年，第436页。

② ［苏］尼·瓦·烈勃里科娃著，王易今等译：《泰国近代史纲》（1768—1917），北京：商务印书馆，1974年，第139页。

助泰国人打败了缅甸军队，建立了吞武里王朝（1769—1782）。郑信被誉为“中国殖民八大伟人”之一，梁启超称：“与缅人三战，三破之。尽复故地，暹民戴为王。”①

在这场军事战争中，包括潮人在内的华人作出了各方面的贡献，如泰国《史料汇编》有载：“约6 000名中国商人和华人分散在各要塞抵抗缅军，他们以欧洲人的商店作为打击缅军的据点。”如郑姓华商莫赛向郑信献上印度花布1 500骨里、广东色绢200匹、上海丝绸100匹，并定期捐赠军饷500昌（4万铢）等。②

潮人郑信当了暹罗王，其部下也有不少是潮籍人口。此时，潮人被理解为“皇族华人”，其独特的地位又吸引了更多后来者到暹罗。日本资料所称的“潮州人移民暹罗络绎于途”③，正是真实的写照。

据估计，在曼谷王朝拉玛三世初期，“每年移民泰国的中国侨民有6 000～8 000人，其中主要是潮人”④。辑成于道光年间（1821—1850）的《海国图志·东南洋海岸各国三》载：“华人驻此娶番女，唐人之数多于土番，惟潮州人为官属，封爵，理国政，掌财赋。……每年有上海、宁波、泉州、厦门、潮州、广东船入其都城，称万国兼占地门（尖竹汶）贸易。”⑤ 可见此时潮人贸易、移居者较多，且能很好地融入当地社会。而《近现代东南亚》称：1820—1850年，由中国南部沿海地区，特别是潮州地区到达暹罗的移民每年达15 000人；到19世纪50年代初，暹罗华人总数达110万。⑥

随着1860年汕头开埠、移民合法化等，潮人往来泰国者络绎不绝。“至19世纪30年代，华侨华人至少占了曼谷40万居民的一半乃至四分之三。1910年，曼谷王朝129年的户籍调查资料（即自曼谷王朝拉玛一世的1782年至1910年）显示，华人占曼谷人口的三成多，其中近一半是潮人。”⑦

潮海关资料显示，1915、1919、1920、1925、1926年这5个年份，由汕头口岸直达泰国曼谷的出超人次分别是17 763、21 999、25 960、23 371、11 461人，曼谷口岸是这5个年份中出超人次最多的目的港。⑧

泰国政府1933年的统计数据显示：至当年，中国出生而长期居住泰国的华人为558 324人，加上泰国出生的华人，则“其数将近250万人，或等于暹罗总

---

① 梁启超：《饮冰室专集之八：中国殖民八大伟人传》，北京：中华书局，民国二十五年（1936），第3页。

② 参见黄素芳：《吞武里王朝时期的泰国华人社会及其特点》，载《广东工业大学学报》（社会科学版），2012年第6期。

③ ［日］郡司喜一：《十七世纪时期的日暹关系》，东京：日本外务省调查部，1934年，第239页。

④ 参见林伦伦：《潮汕方言和泰语的双向借词及其演变发展》，载《民族语文》，2006年第2期。

⑤ （清）魏源撰，陈华、常绍温等点校注释：《海国图志》，长沙：岳麓书社，1998年，第399页。

⑥ 梁英明：《近现代东南亚》，北京：北京大学出版社，1994年，第247页。

⑦ 参见林伦伦：《潮汕方言和泰语的双向借词及其演变发展》，载《民族语文》，2006年第2期。

⑧ 参见第七章“1869—1949年汕头口岸往来海外旅客统计表”。

人口的四分之一”[①]。又据《泰国华侨志》披露：1946—1949 年，由中国赴泰人数为 26 万人。[②] 其中大部分是潮人。

1949 年中华人民共和国成立后潮人鲜有移居泰国的。据 1953 年出版的《新编暹罗国志》统计，泰国华侨 369 万，潮人占 60%，约 221. 4 万人。[③] 则 1949 年中华人民共和国成立时，在泰国的潮人人数可窥见一斑。

第三节　经济活动

从泰国的素可泰王朝到曼谷王朝的拉玛五世朱拉隆功时代（1238—1910），泰国社会都奉行封建领主制度（即萨克迪纳制度），整个社会大体分成封建主和农奴两个阶级。前者包括王族、贵族和受封的大小官吏，后者包括被称为“派”（相当于农奴）的平民和奴仆。这些占人口总数 83% 的农奴阶级，各领得一份土地用来耕作劳动，但他们并非自由劳动力，而是要受管制，受自己的直接领主支配，付出徭役和捐税。在工商业上，则是王室控制买卖价格，垄断内外贸易。

由于王国长期人口不足，为了吸引“依附”民，统治者规定定居泰国的外籍人不用遵守从属领主的制度，只要服从管辖，便可用纳税代替服役。[④]

潮人属于外籍人口，即“依附”民。在很长一段时间里，潮人的经济活动局限于贩卖物品，也有小部分人从事手工业、农业和渔业。由于善于经营又无政治野心，有的潮商得到了包括王室在内的领主阶层的重用，遂协助管理、经营王族直接控制的垄断贸易，成为“王室商人”。

1855 年 4 月，泰国与英国签订了《英暹条约》（即《鲍林条约》），标志着泰国延续几百年的王室垄断贸易制度的终结；同时，萨克迪纳制度受到严重冲击，并逐步松动、嬗变，直至在 20 世纪初彻底瓦解。

这段时间内，原个别拥有垄断商贸活动特权的华商势力有所衰退，但又促成了以潮人为主的更多华商介入原王室垄断的大宗商品交易市场。由于潮商多年来积累下来的政商人脉，不少潮人在洋行里充当中间商人或洋货代理商，生意经营得风生水起；土地的放开，也造就了潮商从事大面积经营种植的可能。由此，潮商在泰国经济活动中取得了辉煌的成就。

---

① 陈达：《南洋华侨与闽粤社会》，北京：商务印书馆，2011 年，第 60 页。

② 广东省地方史志编纂委员会编：《广东省志·华侨志》，广州：广东人民出版社，1996 年，第 218 页。

③ 转引自广东省汕头市地方志编纂委员会编：《汕头市志》（第四册），北京：新华出版社，1999 年，第 548 页。

④ 参见中山大学东南亚史研究所编：《泰国史》，广州：广东人民出版社，1987 年，第 52 ~ 55 页。

一、农业

潮人在农业方面成就非凡，他们把家乡的农作物种植技术带到了暹罗，从而迅速推动了暹罗农业的发展。英国人在其旅游见闻录中将其在暹罗所见的农业生产之进展归功于华侨——尤其是潮州人，而且称“暹罗的潮州人大多是农业专家”①。

泰国的农业一向以稻米为大宗，这也是当地人的传统种植强项，从现接触的记录来看，潮人相对较少涉足。

早期抵达泰国的潮人，有些会从事开荒种植。种植的作物以胡椒、甘蔗、咖啡等为主，他们在开荒的基础上逐步形成大大小小的若干聚居点。如位于泰柬边界上的尖竹汶，有森林、山地、冲积平原等多种地形，经过历代潮人的辛勤劳作，其被开辟成胡椒、烟草、甘蔗、咖啡等经济作物的种植基地，又逐步发展起渔业、造船业、手工业等。在18世纪吞武里王朝时期，尖竹汶已然是潮人汇聚的大社区。至1836年，莫拉勒神父来到泰国的东海岸访问时曾说：“在尖竹汶府及其附近地区尽是潮州人……他们多以种植甘蔗、胡椒和烟草为职业。”② 在19世纪末，产自尖竹汶地区的胡椒占泰国胡椒出口总量的一半以上。

类似这样的聚居点还有不少。如北柳，从大城王朝时期一个不起眼的荒僻小地方，发展至曼谷王朝拉玛三世（1824—1851）在位时期著名的鱼米之乡，潮人族群的长期垦殖是其主要原因。该地大部分为低洼平原，山林较少，港汊纵横交错，潮人一开始带来家乡的技术和工艺，推广、种植甘蔗，并且取得王族的支持，遂逐步发展，使北柳成为泰国蔗业发展的重镇。

潮人还善于紧随市场、时局的变化而选择种植品种。如随着汽车工业时代的到来，橡胶在19世纪末成为世界市场的新宠。1899年，泰国从马来亚引进第一批巴西橡胶树树苗，③ 便有潮人参与其中。而在橡胶业起步的阶段，也有不少潮人进行了尝试。

茶叶、龙眼、棉花以及蔬菜等经济作物的种植当时的潮人也多有涉及。如茶叶、龙眼等都是潮汕传统的本土经济作物，潮人历来谙熟此道，到了泰国便自然而然也从事此类作物的种植。

早在雍正、乾隆时期，便有潮商运载种籽输入泰国的记载。至20世纪初，在一些潮人的努力下，这些行业有所发展。如1923年，潮人谢易初创立了“正

---

① 参见王元林、刘强：《清前中期潮州对外贸易研究》，载《汕头大学学报》（人文社会科学版），2005年第2期。

② 转引自杨锡铭：《潮人在泰国》，香港：艺苑出版社，2001年，第15页。

③ Ingram, J. C., *Economic Change in Thailand 1850－1970*, Oxford: Oxford University Press, 1971, p. 1101. 转引自郭又新：《浅析泰国天然橡胶业的发展》，载《东南亚研究》，2010年第3期。

大庄”以销售种籽。[①] 其在1922年冬便携带广告招牌、账簿连同各种籽到泰国创业。“初到各名产种籽均被扫办，若干普通品种则被舍弃，乃妥办名产种籽接市”，遂于1924年、1931年数次回潮汕再择蔬菜瓜果种籽赴泰扩大市场，业务得到良性发展。后谢易初于1948年回汕头创办选种农场，1957年至香港治病，翌年重返泰国，终获厚利。[②]

此外，泰国素有“鱼米之乡”的美称。在渔业上，从早期的开荒至形成较为集中的聚居点，在这一过程里，多有潮人从事渔业生产。

二、商业

潮汕与泰国的交流是以海上商贸活动为肇端。潮汕人进入泰国、移居泰国，从一开始便与商贸的开展保持同步趋势。

泰国长达数个世纪的萨克迪纳制度，令各级封建主通过占有土地控制了劳动力，占绝大多数人口比例的农奴阶层被束缚在土地上，不能自由活动，而外籍人士则可游离于这一制度之外。这对于擅长经商的潮人来说，是极好的外部条件。

早期潮人移居泰国后，无论是从事垦荒种植，还是从事手工业制作，多有兼事商贩者，只要完成了一定的原始积累，他们便向更专业、更高层次的方向发展。

从具体商业发展来看，潮人一般是从挑提叫卖做起，倘若稍有积蓄则开店置铺做小生意，在本行业中寻求发展。潮人经营的产品有米谷稻粱、日用品、手工艺品、砖瓦建材、家具、农具等，涉及的行业涵盖百货业、航运业、建筑业、服务业、烟草业、中药业等，几乎无所不包。经营方式有零售业、批发业、进出口等。经营网络几乎遍布泰国城镇乡村、山区海岛，远销澳洲、欧美。

19世纪上半叶，泰国各地城镇出现了许多华人街区和地方市场，这些城镇也由于华商的增多而繁荣起来。据《东南亚史纲》：“19世纪30年代，曼谷40万居民里，有20万中国人，12万暹罗人，1.2万越南人，1万高棉人”，“在暹罗其他城市，中国居民常常在数量上超过暹罗人，有些城市住的全是中国人——商人和手工业者”。[③] 19世纪上半叶，从事国内商业贸易活动的商人约6万人，[④] 主要由华人构成，而华人中，潮人又占了绝大部分。

---

① 陈训先：《谢易初先生大略生平》，载中国人民政治协商会议广东省汕头市委员会文史资料委员会编：《汕头文史》（第八辑），汕头：汕头市政协文史资料研究委员会，1990年，第100页。

② 参见谢易初：《谢进强字易初来暹创正大种籽庄自传》，载汕头华侨历史学会编：《汕头侨史论丛》（第三辑），汕头：汕头华侨历史学会，1998年，第183～185页。

③ 王民同主编：《东南亚史纲》，昆明：云南大学出版社，1994年，第326页。

④ 参见［英］克劳福特：《出使暹罗和交趾支那王朝日记》（第二卷），转引自［苏］尼·瓦·烈勃里科娃著，王易今等译：《泰国近代史纲》（1768—1917），北京：商务印书馆，1974年，第153页。

商业理财等是潮商大获成功的基础。早期不少潮人在法定包税制度中投标成为“税主”，并大多经营成功。这得益于潮人的商业头脑、理财能力等，而与泰国王室的良好关系也是一个重要因素。

税金承包制度大约就是：政府让私人对税收进行承包投标，委托私人代为收税。投标投中的税收承包商后来被统称为“税主”，其所收税金按投标价上缴政府，余者归私人所有。[①]

早在阿瑜陀耶王朝便已有承包性质的税金代收制度。当时王室对华人另眼看待，[②] 这令不少华人取得了承揽权。如郑信的父亲郑镛，便是稍有积累后靠包揽泰国赌税逐渐发达起来的。郑信于1769年建立吞武里王朝，使潮人在人脉方面更具优势。后继的曼谷王朝，包税制大为盛行，当时的税收种类繁多，[③] 拉玛一世时承包的税类就有酒类产销税、赌场税和店铺税，至拉玛三世所含税类范围更广。包税制一直延续至近代，在19世纪中叶，有38个品种的税金承包业务。[④] 19世纪下半叶，泰国政府约一半的收入来自赌税、彩票税、酒税和鸦片税的征收。直至20世纪初期，包税制才逐步被废除。

潮人的商业智慧、胆魄和良好的王室人脉在包税制中得以发挥，不少人标中成为“税主”。如早期只有黄贵家族从事木帆船运输贸易，是由于黄贵的儿子黄军在拉玛二世时受封为“昭披耶叻达纳提北”、职衔为“沙没哈那育”（属内务部）。如刘乾兴，19世纪80年代曾任“副外部”（负责对外事务的副大臣），后来包揽了清迈城的鸦片、酒类及赌场三项税收。如出身私会党“洪门”的郑智勇，早期即是承包泰国王室的“赌饷”，他因开办中国式赌场而发迹，成为当时势力庞大的传奇人物。如廖公圃，除了其他产业外，还独家经营燕窝山，获利甚丰。[⑤] 虽然“税主”并非一本万利，也有因投标额太高而失败的例子，但潮人普遍借此取得成功却是事实。

潮人很早就涉足进出口行业，其中最主要的是大米出口。1722年，清朝康熙皇帝首次准许泰国与中国进行大米贸易，一些潮商便从泰国进口大米到潮州，从而促进了潮泰之间的大米贸易不断发展。之后，潮籍华商几乎包揽了泰国大米业的经营：除稻子种植这一生产过程是由泰国当地人完成以外，从籽实的收购

① 中山大学东南亚史研究所编：《泰国史》，广州：广东人民出版社，1987年，第150页。

② 《东西洋考》：“（暹罗）国人礼华人甚挚，倍于他夷，真慕义之国也。”载（明）张燮著，谢方点校：《东西洋考》，北京：中华书局，1981年，第40页。

③ 参见泰国史料整理委员会编：《曼谷王朝一世皇至三世皇史》，曼谷，1982年，第161～162页。“1737—1851年，数量繁多的税收种类：拉玛一世主要有土地税、果园税、菜园税、市场税、酒税等；拉玛二世增加燕窝税、苏木税、锡税、胡椒税；拉玛三世又增加花会赌税和六项违禁物品税，以及盐、椰油、节草、竹子、木材、棉纱、烟叶、麻、蓝靛、砂糖、石灰、纸牌、蜡烛等商品税。”

④ 转引自中山大学东南亚史研究所编：《泰国史》，广州：广东人民出版社，1987年，第191页。

⑤ 陈锡坡：《记坚持抗日爱国立场的廖公圃先生》，载中国人民政治协商会议广东省汕头市委员会文史资料委员会编：《汕头文史》（第八辑），汕头：汕头市政协文史资料研究委员会，1990年，第86页。

（中介商）、运载（运输商）、磨碾（碾米商），直至出口贸易（出口商）和供应国内市场（米商）等，几乎都是由潮商包揽。19 世纪 50 年代，泰国因大米大量出口，成为世界上三大粮食出口国之一，此后，越来越多的华商投入暹罗大米的收购、磨碾、储存和销售等环节。一直至 20 世纪，虽然欧洲殖民主义者的大洋之行一度把持了远洋的“米盘”，但大米的收购、加工、运输等业务，仍几乎全由华人经营，而其中的经营者主要是潮商。① 如 20 世纪 30 年代，曼谷最大的米行——顺元利米行，便是潮人钟炎秋经营的，其每年批发大米 150 万包。

在近代较长的一段时间里，泰国米业几乎由 8 个泰华家族的火砻垄断。其中，属于潮籍人士的有 6 家，即陈守明和陈守镇主持的黉利行、卢世珍之子飏川主持的卢裕隆行、蚁光炎主持的蚁光兴利行、廖公圃家族主持的廖荣兴行、许仲宜主持的许老长发行、陈振敬主持的陈振盛利行。泰国的许多潮籍米商通过直接派人出资或与当地米行合营的办法，在汕头开设泰国米代销店，开展泰国大米的批发业务。代销店最多时曾有近 70 家，资本最多的超过十万大洋，小户的也有一两万。泰国潮商还在中国香港开设泰国大米代销店，并发展成为独具特色的“香—叻—汕”贸易体系，即形成以大米销售为主的泰国—中国香港—新加坡—汕头的商业网络。这一行业的经营者大多自有火砻，并造就巨大的财富。有学者称：“自从甲午战争前后起，所有泰国能经商致富的华商，差不多均与经营香港、星洲、汕头三角贸易及开火砻、输出大米有关。”②

此外，大米的进出口生意，还带动了船舶运输、码头装卸等诸多行业，航行于中泰之间的运米商船更是以潮商的为主。据统计，到 20 世纪初期从事中泰两国商贸运输的近百艘传统帆木船中，几乎全部为潮商所有。③

可以说，潮商操控着泰国大米除种植之外的所有环节，“稻谷运输至碾米厂，经加工碾制后，再运给批发商，或运往码头装船输出，这些中间环节的业务几乎都是由潮商经营”④。

进出口行业的范围十分广泛，潮人以敏锐的商业触角随时调整贸易品种。由于郑信在打败缅军建立吞武里王朝后，急需恢复家园，建设城镇，潮人遂由本土大量输入建筑材料。当时“华人在暹罗至少每年装配 40 艘船以运载黏土、水泥和石灰等，构成吞武里王朝时代的砖瓦贸易”。许多潮州商人穿梭于泰中之间进行贸易，“建立了他们在泰国与中国之间庞大的贸易事业”。⑤

---

① 参见孙广勇：《曼谷王朝中期华人对泰国经济的作用》，载《解放军外国语学院学报》，2004 年第 4 期。

② ［泰］曾建屏编著：《泰国华侨经济》，台北：海外出版社，1957 年，第 74 页。

③ 参见聂宝璋编：《中国近代航运史资料（1841—1895）·第一辑》，上海：上海人民出版社，1983 年，第 55 页。

④ 李国卿：《泰国华人经济的演变与前瞻》，台北：世华经济出版社，1988 年，第 87 页。

⑤ Sarasin Viraphol, *Tribute and Profit*: *Sino-siamese Trade 1652 – 1853*, Cambridge: Harvard University Press, 1977, pp. 164, 171. 转引自黄素芳：《吞武里王朝时期的泰国华人社会及其特点》，载《广东工业大学学报》（社会科学版），2012 年第 6 期。

三、金融汇兑

泰国华侨银行业的开始，是在20世纪。

1904年，泰国华人组建了裕成兴银行，这是泰国也是东南亚地区最早成立的华侨银行。[①] 随后陆续有数家华资银行成立，如潮人陈守明于1933年创立的黉利栈银行，是吞武里府第一家银行（该行前身是黉利栈汇兑庄，第二次世界大战后重新注册为黉利栈银行）。[②]

据统计，自1904年至1950年40多年的时间里，泰国先后存在着17家华商独资或华商与泰人合办的银行，其中，大部分是潮商创办或参与经营的。[③] 1944年成立的盘谷银行、1945年成立的大城银行以及1950年成立的京华银行，被称为泰国战后三大华资商业银行。这三家银行成立（或成立初期）时，有两家是潮人投资创办，一家是潮人参股经营。

如盘谷银行，由潮人陈弼臣发起创设。此前，泰国银行业为英资“汇丰”“渣打”和法资“汇理”等数家外国银行操纵，至第二次世界大战期间，泰国銮披汶政府没收英法外资产业，上述三家外资银行被关闭。[④] 盘谷银行抓住外资银行被关闭、华资银行尚未做大的有利时机进入市场。一开张其声势便颇大，几乎一度掌控了全泰的金融经济。泰国京华银行则是潮人郑午楼发起创办的。京华银行于1950年8月2日成立，成立时的合股者为潮籍人士陈景川、余子亮、廖公圃等，都是当时泰华社会中的大家族、大财团，亦是宣扬抗日救国的爱国人士。[⑤]

潮人郑午楼为泰国金融界的巨擘。早在1947年还未创设京华银行之时，他便开始与人合股经营银行业，1948年曾出任大城银行董事。在其家族中，四弟可楼任泰国第一银行董事总经理、泰商信托公司董事长，六弟鹤楼任京华银行董事总经理、泰华信托公司董事总经理，七弟懿楼任亚洲银行董事总经理，八弟云楼任京华银行董事副总经理、帝都信托公司董事总经理，均是泰国金融业中的佼

---

① 陈晴晔：《泰国华人金融业发展初探》，载《当代亚太》，1997年第4期。

② 参见王绵长：《黉利家族资本的历史》，载中国人民政治协商会议广东省汕头市委员会文史资料委员会编：《汕头文史》（第八辑），汕头：汕头市政协文史资料研究委员会，1990年，第8、14页。

③ 参见杨锡铭：《潮人在泰国》，香港：艺苑出版社，2001年，第21页。

④ 陈列：《蜚声国际的泰国华人银行家——陈弼臣》，载中国人民政治协商会议广东省汕头市委员会文史资料委员会编：《汕头文史》（第八辑），汕头：汕头市政协文史资料研究委员会，1990年，第63页。

⑤ 参见张映秋：《爱国侨领郑子彬及其哲嗣郑午楼先生》，载中国人民政治协商会议广东省汕头市委员会文史资料委员会编：《汕头文史》（第八辑），汕头：汕头市政协文史资料研究委员会，1990年，第77页。陈列：《蜚声国际的泰国华人银行家——陈弼臣》，载中国人民政治协商会议广东省汕头市委员会文史资料委员会编：《汕头文史》（第八辑），汕头：汕头市政协文史资料研究委员会，1990年，第63页。

佼者。①

在20世纪泰国银行的发展过程中，也涌现出一批优质的信托公司、保险公司，其中有不少是潮人创设的。除了上述涉及郑氏家族的金融信托公司外，其佼佼者还有陈守明的銮利保险公司②和陈弼臣的亚洲保险有限公司③等。如陈弼臣于1935年创办的亚洲保险有限公司，专营水火险、汽车险、人身意外险，当时业务称冠于泰国诸同行。④

侨批业在泰国十分发达，泰国是潮汕籍华侨华人群居最多的国家，当地的侨批局（批馆）由来已久。据《潮商文化》所述：泰国潮帮批信局，大部分集中于首都曼谷。1930年以前开业的批信局，有实物可证的共有44家。自1931年至1941年，泰国新设立的潮帮批信局有38家，由于1933年至1935年世界经济萧条，因此1936年略见衰落。1939年6月潮汕失陷，汕头各家与泰国联号的批信局大部分疏散到内地，泰国很多批信局相继歇业，极少数存留者改从越南绕道兴宁再转到汕头，需耗时数月，遂令行业萧条。1945年，随着日军在南洋一带节节失利，批业勃兴。仅一年时间，在原有牌照的数十家基础上新成立的明暗批信局就有29家之多。抗战胜利后，1945年至1949年间通信畅通。南洋华侨利用批信探问亲属安危，批信业务成倍增长。这段时间，泰国新建立的批信局共55家，是批信业史上最兴旺的时期。⑤

三、其他行业

在历史上，泰国社会大至垄断经济，小至引车卖浆，各行各业几乎都有潮人的身影。

泰国早期最具规模的工业为火砻业，系潮人首创。后来的继承者也以潮人为主，火砻遂成为潮人专营之工业。在米谷等行业中，潮人均占主导地位。曼谷4个与米业相关的同业公会，即泰国火砻公会、曼谷火砻公会、泰国米业公会和米商公会中，无论是会员，还是理事会的领导层，大多是潮人。陈守明、蚁光炎、

---

① 参见张映秋：《爱国侨领郑子彬及其哲嗣郑午楼先生》，载中国人民政治协商会议广东省汕头市委员会文史资料委员会编：《汕头文史》（第八辑），汕头：汕头市政协文史资料研究委员会，1990年，第77页。

② 王绵长：《黉利家族资本的历史》，载中国人民政治协商会议广东省汕头市委员会文史资料委员会编：《汕头文史》（第八辑），汕头：汕头市政协文史资料研究委员会，1990年，第8页。

③ 陈列：《蜚声国际的泰国华人银行家——陈弼臣》，载中国人民政治协商会议广东省汕头市委员会文史资料委员会编：《汕头文史》（第八辑），汕头：汕头市政协文史资料研究委员会，1990年，第62页。

④ 陈列：《蜚声国际的泰国华人银行家——陈弼臣》，载中国人民政治协商会议广东省汕头市委员会文史资料委员会编：《汕头文史》（第八辑），汕头：汕头市政协文史资料研究委员会，1990年，第65页。

⑤ 参见黄挺：《潮商文化》，北京：华文出版社，2008年，第473～474页。

李之绵、黄作明、胡玉麟等人，先后成为米业界深孚众望的著名领路人。①

火砻是主要用于碾磨稻谷、加工大米的设备。在1855年以前，暹罗出口的大米几乎全部产自华人的手工碾米厂。1855年《鲍林条约》签订后，暹罗出口大米的数量激增，华人经营的使用蒸汽机技术的机器碾米厂也开始蓬勃发展。据统计，1864年西方人开办的机器碾米厂仅有3家，而到了1889年华人的机器碾米厂达到17家，1895年达到23家，到1912年华人的机器碾米厂数量已多于西方人的，有50家以上，而西方人的只剩下3家。② 这里的华人，主要是潮籍华人，他们除了学习西方人的技术外，还善于开发碾米新技术，主导了近代暹罗碾米业的技术革新，使中国人在这个领域占尽优势。

潮人还经营以民生日用品为主的制糖厂、锯木厂、榨油厂、酿酒厂、砖瓦厂、织造厂、家具厂、陶瓷厂、五金厂、铸造厂、烟草厂等加工制造业。

作为经济作物的后续加工链条，潮人很早便开办了榨蔗、制糖企业，且一路伴随着甘蔗种植的发展而发展。如曼谷王朝拉玛三世时期，国王下令行政厅支持华人在北柳地区种植甘蔗并创建糖厂，潮人遂积极响应政策，引入制糖工艺，开办糖厂，生产砂糖。当时在北柳城区夜功河及挽巴功河流域上的糖厂有30余家，每家雇用华人100至300多人，使北柳城在拉玛三世时期的泰国经济中占有举足轻重的地位。

造船业也是潮人的强项。在潮泰大米贸易蓬勃发展的时期，泰国便成为潮汕本土之外的又一个重要的造船点，潮人大量介入泰国的造船业。③ 当时暹罗红头船的建造，大者花费约万金，小者亦四五千金，而来往樟林港的红头船，大多数是在暹罗建造的。据西方资料，18世纪末19世纪初，从泰国出发的红头船所经过的中国口岸，由南至北经过海南岛、江苏等地的十多个，此中三分之二要到广东省停泊，潮州是沟通最频繁的港口。④

如泰国学者素攀·占塔匿在“泰国潮州人及其故乡潮汕研究计划”中，认为东陇港出土的红头船是潮州人在暹罗修造的，并推测潮州人从事着樟林与暹罗之间的海上贸易。他引用克罗克福的记载说：“几乎所有航行于印度和中国之间的大帆船，是在昭披耶河畔（今湄南河）的暹罗王国首都曼谷造的。这主要是选择利用优质的柚木和廉价劳动力的便利……”克罗克福还非常具体地指出，470吨的船在曼谷造价仅7 400西班牙币，在樟林造价约16 000西班牙币，在厦

---

① 《第四届国际潮团联谊会·泰国潮州团体概况报告》，1987年。

② G. William Skinner, *Chinese Society in Thailand: An Analytical History*, New York: Cornell University Press, 1957, p. 104. 转引自孙广勇：《曼谷王朝中期华人对泰国经济的作用》，载《解放军外国语学院学报》，2004年第4期。

③ 参见本书第六章第一节。

④ 参见珍尼华·卫安氏：《十八世纪末与十九世纪初叶暹罗与中国贸易》，1975年。转引自［泰］杨作为：《泰国华人社会与经济之变化和泰中经济合作前景》，载汕头华侨历史学会编：《汕头侨史论丛》（第四辑），汕头：汕头华侨历史学会，1999年，第17～18页。

门造价约 21 000 西班牙币。[1] 则樟林的造船价格相当于曼谷的近 2. 2 倍。又据西方资料，19 世纪初，帆船每吨造价在福建为 30 余元，在广东为 20 余元，在越南为 16 元，在泰国则仅为 15 元[2]。这里，参照广东的 20 余元，潮汕若以 22 元/吨计算，则 19 世纪初，本区的造船价格相当于泰国的近 1. 5 倍。

又如，据西方材料，从事商贸并与泰王室有密切关系的潮州商人王来虎（或黄赖夫）之子满盛（或茂盛），在获得达信的授权后可以达信的名义每年至少装配 10 至 15 艘船到广州来进行贸易。他同时又有权自行造船，每年在尖竹汶建造两艘船只，这些新船到广州取得牌照后，即可往返于中泰两地进行贸易。王来虎的另一个儿子——尖竹汶富商林伍也同样取得了贸易特权，负责装配皇家帆船，每年随船前往中国进行贸易。还有众多华商获准带领皇室帆船和自己的船只前往中国进行贸易。他们拥有 30 多艘船，这些船只从尖竹汶运载胡椒到泰国首都，为从事中泰贸易的王室船队提供货源。[3]

建筑业方面，潮人可谓泰国城市建设的重要参与者。如吞武里王朝到曼谷王朝拉玛四世的近百年间，泰皇朝定都曼谷，曼谷的都城、宫殿、衙门、佛寺、铁道还有“石龙军”“耀华力”“三聘街”商业社区等建筑工程，便有大批潮人华工参与建设，一些熟练的工匠、技工还是皇室特地从潮州本土礼聘而去的。不少建筑物仍保留了若干潮汕建筑的艺术风格，而“石龙军”“耀华力”等名称，其实是由潮音音译而来的。

第四节　文化生活

一、教育

泰国的华文教育很早就出现了，可以说它是随着中国的移民迁移到泰国的。

早期的教育形式自然是私塾，如萧佛成（1862—1940）生于曼谷，幼时便在当地华人设立的私塾接受中国传统教育，其塾师曾参加太平天国运动，失败后逃至泰国。[4] 至 20 世纪，新式学校才开始出现。1910 年，曼谷市设立了新民学校、进德学校、明德学校、培元学校和育民学校等几所华文学校。1910 年至 1920 年间，泰国全国拥有华文学校约 30 所；其间，泰国出于防范华侨这一原因，于

---

① 参见黄挺：《潮商文化》，北京：华文出版社，2008 年，第 150 页。

② 参见田汝康：《十七世纪至十九世纪中叶中国帆船在东南亚洲航运和商业上的地位》，载《历史研究》，1956 年第 8 期。

③ Sarasin Viraphol, *Tribute and Profit*: *Sino-siamese Trade 1652 – 1853*, Cambridge: Harvard University Press, 1977, pp. 164, 171. 转引自黄素芳：《吞武里王朝时期的泰国华人社会及其特点》，载《广东工业大学学报》（社会科学版），2012 年第 6 期。

④ 陈国华：《先驱者的脚印——海外华人教育三百年》，多伦多：皇道出版社，1992 年，第 102 页。

1918 年出台《民校条例》，规定泰文教学的时间、加强效忠泰王的内容等，并逐渐对华校进行严格的管制。1931 年，泰国全国原有华校 294 所，其中自动停办 51 所，被查封 242 所，仅保留 1 所。

第二次世界大战爆发后，泰国几乎没有华文学校存在，唯一一所华文学校是赐威塔亚学校，校领导都是泰国人，后来由潮州会馆接办，改名为“歌颂威提亚（普智）学校”。①

第二次世界大战后，由于各方面的因素，包括中国作为战胜国地位提高、与泰国缔约“双方人民，必须依照对方的法律规定，在对方境内享有设立学校、教育子女的权利”等原因，泰国的华文学校大量出现。1946 年底，复办和新办的华校总数达 500 所，在校学生 17.5 万人。② 最初，仅有 38 所学校在政府注册，其他都为私自办学。到 1948 年，泰国教育部公布的数据显示，在册登记的华校达 426 所，在校学生 6 万多人。③ 1948 年 6 月，泰国政府又再次下令关闭所有华校，逮捕进步教师，并将他们驱逐出境。

在 20 世纪 50 年代之前，泰国的华文教育情况大致如上，这起起伏伏的近 50 年间，华人不屈不挠，独资或合资兴办了大量的华校。如上述的歌颂威提亚（普智）学校，是潮州会馆在全泰华校受禁的情况下，改变思维让泰人校方接手，坚持保留住华文教育的唯一阵地。

其他潮人创办的著名华校还有培英学校、南洋中学、潮州中学等。郑智勇、高晖石、陈立梅等倡办的培英学校，1920 年 5 月正式开学，将原有潮人创办的中华、南英、联合、新民四校并入。曾改名为“潮州公学”，学生最初有五六百人。该校数次被封，1946 年开禁后，恢复“培英学校”校名。④ 南洋中学创办于 1946 年 5 月，从上海、广州、潮州聘请著名的教育专家，副校长是潮州教育家邱秉经。该校是开禁后规模及影响最大的华校。潮州会馆创办的潮州中学，1946 年 8 月复校，设有初中 3 个年级共 17 个班，学生 700 余人；1947 年 12 月有初中 3 个年级 7 个班，录取学生 267 人。⑤

二、新闻出版

泰国华侨创办的华文报纸，最早见于记载的是 1903 年的《汉镜日报》，创始

---

① 参见［泰］杨作为：《泰国汉语教育的过去、现在与将来》，载《东南亚研究》，2003 年第 5 期。

② ［泰］卡扎派·布鲁帕特：《泰国少数民族与国家安全》，曼谷：班帕阿替出版社，第 99 页。转引自［泰］张美君：《论泰国自由泰政府时期的华文教育》，载《南洋问题研究》，2011 年第 3 期。

③ 王棠：《转轨中的华文教育》，香港：中华文化出版社，1990 年，第 9 页。

④ 参见芮诒埙：《谢和校长生平概略》，载中国人民政治协商会议广东省汕头市委员会文史资料委员会编：《汕头文史》（第八辑），汕头：汕头市政协文史资料研究委员会，1990 年，第 114 页。

⑤ ［泰］张美君：《论泰国自由泰政府时期的华文教育》，载《南洋问题研究》，2011 年第 3 期。

情况不详。继起的《美南日报》创办于1904年，不久易名为《湄南日报》，1907年又分裂成革命报——同盟会机关报《华暹新报》（曾用名《华暹日报》）和保皇倾向的《启南日报》，两者互相争夺宣传阵地。1911年，《启南日报》停刊后，潮商刘新茂在其原有的基础上创办了《中华民报》，继续大开笔战，1912年与《华暹新报》平分天下。①

《中华民报》是现见潮人创办的明确可查的首份报纸。之后，潮人在泰国报业中一直占有举足轻重的地位，贯穿了整个泰华报业史。

1911年，潮人蔡俊卿创办《天汉公报》，该报仅存在一年多，但一度与《中华民报》和《华暹新报》形成三足鼎立的局面。

1922年，潮人林铭三创办《暹京日报》，出版一年便停刊。同年华人创办《侨声报》，复刊时更名为“励青报”，潮人郑省一任主编。

1925年，潮人许超然创办《联侨报》，该报的刊、停过程，在泰国报业史上是一段比较有意思的插曲。《联侨报》刊行不久，5月份中国发生“五卅运动”，泰国政府认为其言论过激而勒令停刊，不久获准复刊。该报屡出爆炸性新闻，轰动一时，但在一次诉讼事件中败诉，导致其社会声誉下滑。同时，竞争对手《华暹新报》刊文揭发许超然以党国旗覆盖其亡妻，遂令社会哗然以致其一蹶不振，后自行停办。②

1930年，曾任职《华暹新报》的潮人陈暑木等另创《晨钟日报》，1933年向国民党南京政府申请登记为海外党报。《晨钟日报》只维持至1935年便因资不抵债而被拍卖。

1934年，潮人陈守明大力支持郭实秋等接办《华侨日报》。③ 该报原先默默无闻，面临极大的经营压力。时任中华总商会主席的陈守明接手后大投资金，1936年首创“报纸大众化”，降低报费50%，使《华侨日报》在此后执泰国报业之牛耳。其在华文世界颇具影响力，被列为当时世界中文十二大报之一。④

1937年11月，潮人李一新创办《暹京时报》，后于1938年12月更名为“暹京新时报”，该报从创办到被封禁，都得到潮人蚁光炎在资金上的支持。李

---

① 参见林风：《泰国华文报业史述略》，其称“《汉镜日报》创办始末不详，仅能从泰京旧存广肇医局创立的碑记上，见到刻有该报的捐款字样，时为清光绪癸卯年”，载汕头华侨历史学会编：《汕头侨史论丛》（第二辑），汕头：汕头华侨历史学会，1991年，第141页。又参见吴继岳：《海外六十年见闻录》，上海：上海三联书店，1983年，第95页。

② 参见吴继岳：《海外六十年见闻录》，上海：上海三联书店，1983年，第95页。林风：《泰国华文报业史述略》，载汕头华侨历史学会编：《汕头侨史论丛》（第二辑），汕头：汕头华侨历史学会，1991年，第144～145页。

③ 张映秋：《泰国华侨高楚香与陈黉利家族的业绩》，载中国人民政治协商会议广东省汕头市委员会文史资料委员会编：《汕头文史》（第八辑），汕头：汕头市政协文史资料研究委员会，1990年，第37页。

④ 林风：《泰国华文报业史述略》记载“中山文化教育馆”推荐的十二大报为：上海《申报》《新闻报》，天津《大公报》《时事新报》，南京《中央日报》，北平《北平晨报》，汉口《武汉日报》，西安《西京报》，香港《工商日报》《循环日报》，新加坡《星洲日报》，暹罗《华侨日报》。

一新还曾为1943年创刊的《泰华商报》主持笔政。

1938年，陈景川、蚁光炎、郑子彬、余子亮、廖公圃集资合办《中国报》，宣传抗日救国。该报每天出版报纸四大张，分为早版一张，午版三张，周日出版《中国周刊》，每逢有重要战讯则出号外。此报刊行不久，将早版一大张分出，注册为《中原报》。[①]《中原报》颇具传奇色彩，由于1939年7月至8月，銮披汶政府执行了在文化上的强行规划的政策，关闭所有的华人报馆和华文学校，仅留一份《中原报》，因此自1939年9月至1941年12月两年多的时间里，整个泰国的华文报业仅存《中原报》。这份报纸得以存在，是出于当局始终需要一份华文报以便与侨民沟通的原因，而《中原报》的规模较大，体例严谨，并非一味迎合政府。在硕果仅存的期间，《中原报》在政治上也趋于不表态，并转而关注泰国历史文化方面的报道，如其附刊《中原月刊》，便是一份严肃的学术刊物。1941年12月，日军进入泰国，《中原报》报馆被日军强行占领，时任董事长的潮人陈景川等身陷缧绁，报社遂进入日伪《中原报》阶段。之后《中原报》时刊时歇，直至日军投降后的1945年9月，由潮人李其雄接收恢复原报，才延续原报的办报宗旨，也延续了其在泰国报业的重要地位。

1946年元旦，潮人陈暑木主持具有国民党背景的《民声日报》。同年4月，中华总商会主席、潮人张兰臣等创办了《新中国报》。

1946年，中国民主同盟人士、潮人黄声（后归国）等创办了《民主新闻》《曼谷商报》。《曼谷商报》由文化名人、潮人许元雄负责，其以“经济新闻及时评”著称，其评论颇受东南亚经济界的重视。1948年7月，因社会环境的原因，《曼谷商报》停办。[②]

在出版行业方面，潮人也有所涉足。20世纪30年代，陈守明接手《华侨日报》时，便是以潮人郭实秋的“天南图书印刷公司”的名义接手筹办的。[③]

三、文学艺术

中国文学很早便传入泰国。倘若从经典作品的泰文译作算起，那么可以说中国文学从一开始传入泰国便带有潮汕文化的痕迹。

1802年，《三国演义》在昭披耶帕康的主持与组织下被翻译为泰文，是已知

① 温原：《大义自在，岂敢以性命自私——记抗日殉国的侨领蚁光炎》，载中国人民政治协商会议广东省汕头市委员会文史资料委员会编：《汕头文史》（第八辑），汕头：汕头市政协文史资料研究委员会，1990年，第59页。

② 林风：《泰国华文报业史述略》，载汕头华侨历史学会编：《汕头侨史论丛》（第二辑），汕头：汕头华侨历史学会，1991年，第150~151页。

③ 张映秋：《泰国华侨高楚香与陈黉利家族的业绩》，载中国人民政治协商会议广东省汕头市委员会文史资料委员会编：《汕头文史》（第八辑），汕头：汕头市政协文史资料研究委员会，1990年，第37页。

的最早被翻译成泰文的中国经典名著，而“这本《三国演义》中的人名和地名是按潮州方言音译而成的”[①]。则至少说明翻译成员中有潮人存在或者有参与部分工作。另有一说，潮人郑洪“因与郑信关系密切，被封为公爵，并担任国库的总管，还是中国古典名著《三国演义》泰文本的翻译者”[②]。《三国演义》后来还有一些泰文的译本，但人名、地名仍是沿袭初译本，即依然是潮语。泰文版《三国》（音同“samkok”，亦与潮语发音相同）在当时大受欢迎。因通俗易懂、行文流畅、形象生动、自成文体等原因，出现了风行一时的泰国“三国文体”[③]，在泰国文学史上占有重要位置。之后《西汉通俗演义》《东周列国志》《封神演义》和《东汉通俗演义》等陆续被翻译。中国文学作品的输入一直不断，泰国华文亦深受影响。

20 世纪初，随着报纸的问世以及报纸文学副刊的开辟，华文文学在泰国萌芽并逐步兴盛。早期的副刊，主要是转载中国的现代文学作品。不久，泰国的华文文学作品也逐渐与华人读者见面。

20 世纪 30 年代，副刊文学盛行。前几年，其内容大多是反映中国的社会生活，所流露的是作者漂泊异国他乡时孤独、凄惘的感情，主题思想往往局限于对祖国与故乡的无限眷恋，而表现泰国华社“此时此地”生活的作品可以说是凤毛麟角；后几年，则以《华侨日报》的《华侨文艺》、《国民日报》的《新时代》、《中华日报》的《椰风》、《时报》的《水平线》和《中原报》的《南辰》等华文报副刊为主要阵地，出现了大量义愤填膺、饱含激情的抗日救国的优秀作品，此时人们的泰华文学创作热情已呈高涨之势。

第二次世界大战期间，华文报纸停刊，不少作者或回国抗日，或弃文经商，仅余少数“汉奸文学”，华文文学在这五六年间稍呈低潮。

1946 年报刊开禁之后，泰华文学又进入了蓬勃发展的时期，至 19 世纪 50 年代，“形成了一支泰华文学发轫以来最佳的写作队伍”，包括吴继岳、史青、巴尔等著名作家。[④]

伴随着泰华文学的发展，泰国涌现出不少潮籍作家。如 1915 年出生的巴尔，原名颜壁；1924 年出生的姚宗伟；1924 年出生的老羊，原名杨乾；1926 年生的谭真，原名许业信，另有笔名猎户、猎人、修人等；1926 年出生的倪长游，原名倪隆盛；1928 年出生的李少儒；1929 年出生的泰华诗坛资深诗人史青，原名

---

① 葛治伦：《1949 年以前的中泰文化交流》，载周一良主编：《中外文化交流史》，郑州：河南人民出版社，1987 年，第 517 页。

② 泰国朱拉隆功大学亚洲研究所编：《泰国的潮州人及其故乡潮汕》，1991 年，第 74 ~ 75 页。转引自冷东：《郑信与暹罗吞武里王朝的内政外交》，载汕头华侨历史学会编：《汕头侨史论丛》（第三辑），汕头：汕头华侨历史学会，1998 年，第 139 页。

③ 参见李君哲：《泰国华文文学的历史与现状概略》，载《华侨华人历史研究》，1998 年第 4 期。

④ 参见李君哲：《泰国华文文学的历史与现状概略》，载《华侨华人历史研究》，1998 年第 4 期。

魏立大，曾用名魏登；1932 年出生的方思若；1933 年出生的司马攻，本名马君楚，祖籍广东潮阳，另有笔名剑曹、田茵、陈齐等。他们有的在 19 世纪 50 年代前便已有作品问世，有的堪称早期的领军人物。事实上，泰国早期的泰华文学作者中，绝大多数来自潮汕各地区，这从他们早期的作品中便依稀可见。在 1967 年张综灵编著的《泰国华侨大辞典》中就有，“文化界人士总共 461 人，其中 80% 以上祖籍为潮汕”①。

泰华文学，不仅仅是潮汕籍作者数量多、质量好，它大量的文本还保留着潮汕的文化元素，这也被普遍视为泰华文学的特色。其中，包括潮语语词的运用，如“措理”（处理）、“呵啰”（称赞）、“力落”（勤劳）等和民谚“敢吃三升米，就敢饿七餐”（要敢作敢为）等并不罕见；语法结构形式的表现，如“心内”（内心）、“酒开来食”（开酒来食）等和单音节词“无”“免”“着”“仔”等普遍入句；潮语音韵齐整的特点，如“头代贤，二代仙，三代叮咚颠”等。

美术创作上，20 世纪 50 年代以前，泰国潮人书画家相对不是很多，但一批活跃于书画界的潮籍南洋艺术家常往来于中泰，如孙星阁、庄礼文、萧遥天等。也有一些曾侨居泰国者，如刘先德、陈望等。

潮剧方面，泰国是除潮汕本土以外，潮剧最为盛行的国家。

据英国学者布赛尔的《东南亚的中国人》卷二《在暹罗的中国人》及其他有关文字的记载可知，潮剧进入泰国的时间为 17 世纪中叶。其时，暹罗大城便开始有潮剧演出，并受到当地华侨和朝野人士的欢迎。② 有资料显示，当时泰王室将潮剧当成接待贵宾的隆重节目之一。如 1685 年，泰国大城皇朝与法国建立邦交，法国使臣戴爽蒙的助理戴爽西教父，在其日记中记录：“佛历 2228 年（1685），法国路易十四御代表特使到暹罗，昭拍耶威差然设宴庆祝暹罗与葡萄牙及法国建交。盛宴中有各种剧艺表演，压轴出场表演的就是潮州戏，由于潮州戏有其独特的舞台风格，演员的唱做功夫以及配乐的抑扬顿挫，竟令欧洲贵宾耳目一新，遂当场大受夸奖。”③

潮人郑信于 1769 年建立吞武里王朝后，潮人得到厚待，潮剧也获得了发展良机。“据说一次玉佛升殿的盛典中，湄南河两岸的吞武里王朝与曼谷两地竟同时有四台潮剧演出。”④

曼谷王朝拉玛一世时期，暹罗宫廷上演泰国名剧《伊脑》时，中间竟插入

---

① 广东省汕头市地方志编纂委员会编：《汕头市志》（第四册），北京：新华出版社，1999 年，第 555 页。

② 汕头市艺术研究室编：《潮剧百年史稿（1901—2000 年）》，北京：中国戏剧出版社，2001 年，第 291 页。

③ ［泰］陈博文：《潮州戏沧桑》，载《泰国风采》（上卷），曼谷：八音出版社，1994 年，第 92 页。

④ 杨锡铭：《潮人在泰国》，香港：艺苑出版社，2001 年，第 67 页。

潮剧片段，此事成为一时佳话。[①] 拉玛四世时期，潮剧在泰国社会广为流传，声誉日高，宫廷的贵族显宦纷纷自建家族戏台，经常聘请戏班——演出潮剧。[②] 而此时的潮汕本土潮剧戏班——老双喜与老正和也曾抵达曼谷演出。这些潮剧班以曼谷为中心，经常"游埠"到新加坡、马来亚、柬埔寨、越南、印度尼西亚等地演出。[③] 拉玛五世时期，宫务处在母旺感猜仓皇宫建有一座戏台，供王室成员观赏潮剧。[④]

这一时期，出洋演出的潮剧戏班络绎不绝。仅19世纪末的几十年间，潮汕剧团（社）应聘前去泰国、新加坡、马来亚和印度尼西亚等国的就有四五十个，最初踏上曼谷埠的有老正和、老双喜和老万年等班，以后还有老赛桃源、福来香、老怡梨春、老一天香、老正顺香、中正顺香、三正顺香、老正兴、老金兴、正天香、老一枝香、中一枝香、老宝顺兴、中宝顺兴、新宝顺兴、老梅正兴、老赛宝丰、新赛宝丰、赛永、老元华、新元华、中赛桃源、新赛桃源、一天彩、新万年、老顺丰、老宝和、顺天香、玉楼春、梅正天香等，把家乡的传统剧目带到国外演出。老三五、新三五两班，则长期被郑智勇的花会厂雇用演出，以招徕赌客。[⑤]

进入20世纪后，潮剧在泰国达到鼎盛时期。20世纪30年代初，曼谷耀华力路中段的六个剧场常年有潮剧演出团体竞相演出，有几十个潮剧"踮脚班"巡回于各府，上百个潮剧走唱班拉唱于茶馆酒楼。

尤应提及的是，20世纪二三十年代，曼谷的陈景川、陈铁汉、陈秋痕（家络）、陈家裕、余春渠等人组织起潮剧历史上第一个编剧团体——"青年觉悟社"，该社倡议人陈铁汉攻读多部戏剧，成立之始便改编莎士比亚的《威尼斯商人》为《一磅肉》，成为潮剧舞台上演出的第一个外国戏。该社全盛时，在曼谷的编剧人员有60多人，仅在曼谷上演的新剧目便不下百种，脍炙人口的剧目有《大义灭亲》《孤儿救祖记》《可怜渔翁》《人道》《韩复榘》《红粉骷髅》《凤凰山》《双夺妻》《双市篮》《群芳楼》等，还有长连戏《郭子仪》《汉高祖》《赵少卿》《三宝公》《秦琼出世》等。这个团体还吸引了外埠的编剧，侨居新加坡的吴师吾也为该地演出的潮剧团编剧，影响力遍及东南亚。[⑥]

潮剧黄金期的形成，一方面是由于潮人人口移民泰国的增多以及对乡土文化

---

① 张国培：《20世纪泰国华文文学史》，汕头：汕头大学出版社，2007年，第383页。

② 汕头市艺术研究室编：《潮剧百年史稿（1901—2000年）》，北京：中国戏剧出版社，2001年，第316页。

③ 赖伯疆：《东南亚华文戏剧概观》，北京：中国戏剧出版社，1993年，第180页。

④ 杨锡铭：《潮人在泰国》，香港：艺苑出版社，2001年，第67页。

⑤ 广东省汕头市地方志编纂委员会编：《汕头市志》（第四册），北京：新华出版社，1999年，第555页。

⑥ 参见周艾黎：《海外潮剧纵横谈》，载汕头华侨历史学会编：《汕头侨史论丛》（第二辑），汕头：汕头华侨历史学会，1991年，第185～186页。广东省汕头市地方志编纂委员会编：《汕头市志》（第四册），北京：新华出版社，1999年，第555页。

艺术的渴望；另一方面，是由于自曼谷王朝拉玛一世时《三国演义》被翻译了以后，大量的中国古典演义故事相继出现在泰文译本中，且从上到下大受欢迎，不少潮剧剧本正取材于此。中国抗日战争全面暴发，潮汕地区局面严峻，这反而客观上一定程度地促成了潮剧在泰国的继续兴盛，有泰国学者认为："中国抗日战争爆发后，广东本区于1939年沦陷。潮剧在国内无出路，演员生活困苦，乃纷纷奔到泰国谋生……1940年前后，大批潮剧团体入泰，仅走唱班就有一百多个，曼谷五大戏院被五个潮剧戏班包演。"①

20世纪50年代，海内外隔绝，但一些滞留泰国或当地组织的戏班、剧社仍然顽强地生存下来。然而，整个泰国潮剧行业的声势已无法与鼎盛时期同日而语。

四、民俗

在20世纪50年代前，泰国潮人仍保持着一些潮汕特有的信仰、语言、民俗礼仪及饮食习惯等。春节则合家团聚、围炉送岁；正月初一，互祝如意、联络乡谊；清明前后则烧纸扫墓、刷碑漆字、锄草培土、烧香祭拜；端午时节，包粽吃粽；七月十五，施舍祭孤；八月中秋拜月娘，各种潮式月饼、豆沙饼、云片糕、瓜册糖上桌；岁末老爷上天，纸马、鞭炮、甜品为神送行。除了时局因素，穷朴富奢，综上所述基本都在风行，甚至影响了不少当地人。中国春节的影响力仅次于泰国传统的宋干节（泼水节）。而"泰国原本没有祭祖文化，至迟在拉玛四世起，王室在宫殿内开始设立先王牌位，每年除夕，由国王及王族代表主持祭奠仪式"②。可见泰国若干与祭祀和悼念先人有关的民俗文化，其实是由中国潮人输入的。

当时每逢度节过年，泰国潮人似乎比本土多了一项"拜好兄弟"的内容，即不管相识与否，都会悼念跨洋过海不幸客死异乡者，且蔚为风行。泰华文学《拜好兄弟》中有相关描述："许多过番的人，不是好汉也要做好汉，他们要吃得苦，撑得起腰，自己照顾自己。最可怕的就是病倒，小病可找些草药医治，大病就只有等死。许多埋骨异乡，成了游魂饿鬼。便有一些善心的乡人可怜不过，每逢度节过年，办些祭品招魂，好让游魂饿鬼吃个饱，善事相传，蔚为侨乡风俗。"③ 这段描写很是明确，不过就笔者了解，现在倒罕有听闻了。

传统礼仪上，许多潮州人仍教育子女要讲孝道，要尊卑有序、内外有别。婚丧喜庆、生日寿庆、功德法会等，仍然保持着潮汕的传统习俗。而风味烹饪、粿面小食，在泰国的大街小巷几乎随处可见，一些菜肴在泰语中更是直接用潮语命

---

① ［泰］修朝：《中国戏剧在泰国》，载《泰中学刊》，1998年第4期。

② 李欧：《泰国文化的中国源流》，载《南方窗》，2010年第3期。

③ ［泰］姚宗伟：《拜好兄弟》，载《泰华散文集》，曼谷：泰华写作人协会，1989年，第213页。

名。各地大大小小的饮食店里还有潮汕人称为“转炉”的火锅，尤其是在曼谷的华人聚居区，潮菜已成为泰国饮食文化中的一部分，而工夫茶也为一些当地人所接受。

在民俗、宗教信仰上，不少具有鲜明潮汕地域特色的神明也在泰国受人祀奉，如大峰祖师、三山国王、伯爷公、龙尾爷、英勇大帝等。如龙尾爷，亦称虱母仙，相传是元末陈友谅的军师何野云。朱元璋一统天下后，其从江西徒步到潮汕，隐居潮阳，卜卦堪舆，多行善事，遂渐成偶像，后又被奉为神祇，但在潮汕之外罕有宫庙。更值得一提的是“英勇大帝”翁万达。翁曾三任明朝兵部尚书，有“文盖天下，武把三关”之誉，是潮汕史上最为闻名的英雄人物之一，但在本土，虽有翁公书院等文化遗址，却未有上升为普遍意义上的神祇，而在曼谷则有一些“英勇大帝庙”。

此外，来自潮汕本土的宗教“德教”，应该是在19世纪40年代末期便向南传入暹罗。传教人士林金坤归国后称：“1947年……南渡泰国寓居曼谷嵩越路，在楼上设坛供奉师尊……成立‘紫辰阁’，为德教在泰国的第一阁”，后“又成立第二阁‘紫玄阁’，以二阁名义在黄桥救火车局对面巷内设立‘玄辰阁’，作为德教宣化的总阁。”[①]“德教”在南洋设坛基本是20世纪50年代之后，此时在泰国出现并能够接二连三建立宗教聚会点的事实，也多少说明此处在宣传风俗信仰等各方面均较为适宜。

泰国的潮人以讲潮语的为主，在20世纪50年代之前，甚至不少泰国人以为潮语就是中国的国语。潮语在泰国的流行，主要是由于潮人在泰国的华侨华人中占了大多数，潮商在经贸活动中又占了主导地位，潮人间相互沟通的潮语，遂成了泰国华侨华人的主要通用语言。而潮语不但是群众语言，也是商业语言，无论来自中国什么地方的华侨华人乃至印度、巴基斯坦等国家的侨民，为了更好地在泰国生存发展，为了跟潮商沟通生意，也得学习潮语。

曼谷耀华力路（林伦伦摄影）

潮语在泰华文学中的重要性，前述已多有列举，但其影响之大，不仅仅是对于文学文本，甚至融入了泰国人的日

① 郑志明：《泰国德教会的发展》，载陈景熙、张禹东主编：《学者观德教》，北京：社会科学文献出版社，2011年，第324页。

常生活。林伦伦先生经过严密的考察辨析，得出结论："泰语的潮语借词已分布到泰语诸词汇领域。"[①] 其在应用上十分广泛：人物称谓类的如"阿兄"（哥哥）、"阿妹"（妹妹）、"老婶"（老年妇女）、"唐人"（中国人）、"头家"（老板）、"秀才"（读书人）等；生活用品类的如"红包"（利市袋）、"香"（烧的香火）、"锣鼓"（锣和鼓）、"交椅"（有靠背和扶手的椅子）、"签诗"（求卜后签牌上所写的字句）等；食品类的如"杂菜"（各种小菜）、"鱼生"（生鱼片）、"芥蓝"（芥蓝菜）、"菜脯"（萝卜干）、"菜头"（萝卜）、"草鱼"（一种淡水鱼）等；商业活动类的如"行"（行铺、货店）、"行情"（生意状况）、"标会"（商业竞拍）、"批馆"（为华侨华人寄信、汇钱的机构）、"生理"（生意）等；形容词类的如"兴"（运气好）、"显"（显灵、灵验）、"激心"（闹心、生气）、"咸涩"（吝啬）、"肿"（办砸了）、"四散"（随便）等；动作行为类的如"经"（想、预测）、"脉"（中医把脉）、"冲"（冲泡工夫茶）、"所费"（费用）、"题"（捐钱）、"图死"（耍赖、不达目的决不罢休）；还有其他如"功德"（为死人诵经超度叫"做功德"）、"哭父"（骂人乱说话）、"癞哥"（麻风病）等。一些地名的汉语翻译也是用潮语来发音，如"耀华力""石龙军"等。当然，在语言互相融会、发展的过程中，还有一些泰国潮语的发音已经发生了音转的现象。如开汽车叫"绞车"、新修的公路叫"大新路"或"新拍路"、洗手间叫"浴棚"等。

第五节　潮人社团

泰国的华人社团历史悠久，人员众多，活动频繁，涉及面广，机构健全，经费有保障。20 世纪 50 年代以前，泰国便存在着众多潮人社团，大体上包括地缘性、行业性、慈善性、文娱性、宗亲性等的组织。

地缘性质的社团主要有泰国潮州会馆等。泰国潮州会馆由蚁光炎、赖渠岱、郑子杉、余子亮、陈景川、廖公圃等55 人于1936 年秋发起倡议，1938 年2 月14 日正式成立，是泰国规模最大的同乡会组织。泰国潮州会馆是在曼谷嵩越路本头公庙的基础上建成的，而本头公庙很可能在 1824 年便已存在。在潮州会馆建立之前，潮州移民就在本头公庙聚会议事了。除了潮州会馆外，泰国还有不少同县属、同乡镇的潮人同乡会，主要有：暹罗揭阳会馆，成立于 1947 年 6 月；潮安辅益社，成立于 1927 年，1947 年改称"旅暹潮安同乡会"；旅暹普宁同乡会，成立于 1948 年 5 月；旅暹潮阳同乡会，成立于 1946 年；泰国惠来同乡会，成立

---

① 林伦伦：《潮汕方言和泰语的双向借词及其演变发展》，载《民族语文》，2006 年第 2 期。"借词"即"外来词"，亦称"外来语"，指一种语言从别的语言里吸纳来的词语，通常都是音译词。参见辞海编辑委员会编：《辞海》（第六版缩印本），上海：上海辞书出版社，2010 年，第 926、1924 页。

于 1947 年 7 月；澄海互助社，成立于 1948 年，后改名为“暹罗澄海同乡会”或“泰国澄海同乡会”。

行业性质的社团数量繁多，由于潮人群体经商数量最多，成就也最为辉煌，因此以潮人为主导的或由潮人主持的工商社团几乎遍及泰国各行各业。如华商联谊会、泰华进出口商会、纸商簿业公会等，其成员几乎全是潮人。而泰国华人工商企业家的全国性最高组织——泰国中华总商会，最初便是由潮人高晖石、陈抡魁，以及客籍的伍佐南、新加坡华侨伍衣屏倡议成立的。1910 年初成立时是在潮人廖葆珊的大力支持下租用的会馆。至 20 世纪 50 年代前，该会共产生的 22 届会长（主席）中，潮人占了 18 届。高晖石任第 1 ~ 3 届及第 6 ~ 8 届的会长，陈抡魁任第 4 届会长，廖葆珊任第 9 届会长，陈守明任第 13 与 14 届会长，以及第 18 与 19 届会长（陈守明被凶徒伏击身亡，常务委员暂轮替），蚁光炎任第 15 与 16 届会长（时蚁光炎宣传抗日救国，拒绝为伪政权工作，1939 年 11 月 21 日被暗杀，冯尔和暂代），张兰臣任第 17 届主席（时最高级别称“主席”）、第 20 届会长（第 20 届原为冯尔和，旋辞职，林伯岐替，不足 3 月又辞职）以及第 21 与 22 届会长（后连任至第 27 届）。而中华总商会的成员，一直也是潮人占绝大多数。

慈善性质的社团，主要有善堂、互助社、养老院、孤儿院等，很多都带有宗教色彩。这些潮人所办或主导的慈善机构遍布泰国各府，对社会贡献良多。如华侨报德善堂、世觉善堂、玄辰善堂、道德善堂、崇德善堂等。其中最具代表性，也最具规模的泰华慈善机构是华侨报德善堂，该堂缘起于 1896 年，潮人马润自家乡和平请来大峰祖师金身到暹罗供奉（有人认为这是暹罗华人膜拜大峰祖师之始）。1910 年，由郑智勇等 12 人共同发起，在曼谷拍抛猜路购地，修盖颇具规模的大峰祖师庙，命名为“报德堂”。1936 年，改称为“暹罗华侨报德善堂”，人们习惯上仍称之为“报德堂”。

其他如文娱性质的团体包括象棋协会、教师公会等，如宗亲性质的社团包括丁、丘、萧等各姓氏的宗亲会，它们或以全泰为名，或分布在各府，恕不一一列举。

第九章 新加坡

第一节 侨居地介绍

新加坡（Singapore），即新加坡共和国，东南亚国家。位于马来半岛南端，马六甲海峡南口，北与马来半岛隔柔佛海峡，有长堤相连；南隔新加坡海峡，与印度尼西亚廖内群岛相望。共有大小岛屿及礁滩 50 多个，总面积 692.7 平方千米，主岛面积约587 平方千米。人口 449.22 万（2006），华人占77%，马来人占14%，印度人占 8%。马来语为国语，通用华语、泰米尔语和英语。新加坡是新兴工业化国家。工业主要有炼油、化工、造船、电子、冶金、机械、精密仪器、飞机制造、纺织成衣、木材加工等。有著名的裕廊工业区。国际贸易与金融业发达。高科技产业、旅游业发展较快。粮食依靠进口，多出口花卉与热带鱼。有东南亚最大的樟宜（Changi）航空港。新加坡交通发达，高速公路横贯东西。①

新加坡共和国首都为新加坡市，华侨多称“星洲”“叻埠”“石叻”“实叻”等。其地势起伏和缓，年平均气温 24℃ ~27℃，年降水量 2 400 毫米。市区面积 102 平方千米，人口约占全国人口的一半。新加坡是东南亚最大的海港，也是世界著名的转口港。市内珊顿道（Shenton）是世界著名的金融中心之一。②

新加坡学者许云樵认为新加坡在 3 世纪时已有马来人居住，最早的文献记载源自 3 世纪东吴将领康泰所著的《吴时外国传》，书中有“拘利正东行，极崎头海边有居人，名蒲罗中国”的句子，而“蒲罗中”是马来语“Pulau Ujong”的对音，指半岛尽头的岛国。③

1819 年 1 月 29 日，英国东印度公司雇员托马斯·斯坦福·莱佛士登陆新加

---

① 辞海编辑委员会编：《辞海》（第六版缩印本），上海：上海辞书出版社，2010 年，第 2112 页。

② 辞海编辑委员会编：《辞海》（第六版缩印本），上海：上海辞书出版社，2010 年，第 2112 页。

③ ［新加坡］许云樵：《南洋史》（上册），新加坡：星洲世界书局有限公司，1961 年，第 97 页。

坡，取得了在新加坡岛上建立商站的权利，新加坡遂沦为英国东印度公司的领地。1824 年，英国东印度公司强迫原当地掌权者天猛公放弃对新加坡的统治，并签署了条约，将整个新加坡岛卖给东印度公司，新加坡的殖民地地位进一步确立。1826 年，英国将马六甲、槟榔屿和新加坡三个城市合并为海峡殖民地，归属英国驻印度的政府管辖。1867 年，新加坡成为英国直辖殖民地，由殖民部直接管理。1942 年 2 月 15 日，日本占领新加坡，并将之更名为“昭南岛”，行政上称作“昭南特别市”。1945 年 9 月 12 日日本投降后，英国重新管辖新加坡，并恢复其名为“Singapore”。1946 年自马来亚①分出，成为英国直辖殖民地。1959 年 6 月，新加坡自治邦成立，新加坡取得自治地位。1963 年，新加坡连同当时的马来亚联合邦、沙捞越以及北婆罗洲（今沙巴）共组马来西亚联邦，从而完全脱离了英国的统治。1965 年 8 月 9 日，新加坡退出马来西亚联邦，成立新加坡共和国。1965 年 9 月 21 日，新加坡加入联合国。

第二节　潮人移民情况

中国古文献上，涉及新加坡这一地域（水域）或相邻近地区的名称有不少。如成书于 1 世纪的《汉书・地理志》中的“皮宗”、成书于 3 世纪的《吴时外国传》中的“蒲罗中国”、成书于 1225 年的《诸蕃志・椰心簟》中的“凌牙门”、成书于 15 世纪的《郑和航海图》（《自宝船厂开船从龙江关出水直抵外国诸番图》）中的“淡马锡”成书于 1451 年的《瀛涯胜览》中的“龙牙门”、成书于 1349 年的《岛夷志略》中的“单马锡”“龙牙”等。②

后梁、北宋咸淳初，已经有中国人居住在新加坡。《新加坡马来西亚华侨史》中可见“有唐人坟墓碑记，梁朝年号，及宋代咸淳。……十余年前，英吉利据此岛，名之曰新忌利坡”等的记载。经考证，在 907—1274 年这三百多年间，新加坡已经有不少中国人居住。而在新加坡也出土了宋真宗、宋仁宗时期的

① 参见辞海编辑委员会编：《辞海》（第六版缩印本），上海：上海辞书出版社，2010 年，第 72 页。

② 参见《汉书》卷 28《地理志》：“自黄支船行可八月，到皮宗。”载（汉）班固撰：《汉书》，北京：中华书局，1962 年，第 1671 页。《吴时外国传》：“拘利正东行，极犄头海边有居人，名蒲罗中国。”［新加坡］许云樵辑注：《康泰吴时外国传辑注》，新加坡：东南亚研究所，1971 年，第 44 页。《诸蕃志・椰心簟》：“椰心簟，出丹戎武啰，番商运至三佛齐、凌牙门及阇婆贸易。”载冯承钧撰：《诸蕃志校注》，北京：中华书局，1956 年，第 121 页。海军海洋测绘研究所、大连海运学院航海史研究室编制：《新编郑和航海图集》，北京：人民交通出版社，1988 年，第 56 页。《瀛涯胜览・满剌加国》：“自占城向正南，好风船行八日到龙牙门。”载（明）马欢撰：《瀛涯胜览》，北京：中华书局，1985 年，第 32 页；《岛夷志略・龙牙门》：“门以单马锡番两山，相交若龙牙状，中有水道以间之。”载（元）汪大渊著，苏继庼注释：《岛夷志略校释》，北京：中华书局，1981 年，第 213 页。

铜钱和瓷片，可视为实物例证。[1]

宋元时期，新加坡作为国际性商港，繁华至极，不少中国人移居到这里。上引的《诸蕃志·椰心簟》有“椰心簟，出丹戎武啰，番商运至三佛齐、凌牙门及阇婆贸易”，又有“三佛齐……在泉之正南。冬月顺风，月余方至。凌牙门，经商三分之一始入其国”。[2] 可见那时已有外商贩运椰心簟到新加坡进行交易，而泉州贩货至三佛齐必先经新加坡销售三分之一。又据马来人所著《马来纪年》的记载，从12世纪到14世纪该地曾历五王。元政府视其为龙牙门国，在《元史》中有互遣使臣的记载。[3] 曾两次游历南洋的元人汪大渊则在《岛夷志略·龙牙门》中称这里住有不少中国人，而日常所用器物和经营贸易的货品都是中国之物，但该地资源贫乏，其经济来源主要靠抢劫过往商舶，俨然是一海盗据点。[4]

或许也是因为这个原因，据《新加坡马来西亚华侨史》载，新加坡不断受到北面暹罗和南面爪哇的攻击，特别是在1377年和1391年两次遭到毁灭性破坏，古新加坡被夷为平地，此后其国际商港的地位便被新兴的马六甲所取代，以至于古籍中也长时间未见其记载。不过，据三州府海峡殖民地的记录，在英国殖民者未占领之前，新加坡存在着好几个华侨的甘蜜园。[5]

潮人于何时登陆新加坡，未有明确的文献记载。一般推测，在古新加坡岛处于繁荣顶峰的宋元时期，应该就有潮人来到这里进行商贸活动。因为此时航线早通南洋，而出口产品如陶瓷等更是颇具规模。又据《潮人在新加坡》载：“1984年，新加坡国家博物馆在对皇家山遗址的考古发掘中，发现许多中国古代的陶瓷器皿和碎片，其中有些便被鉴定为宋代潮州笔架山百窑村的产品，说明当时已有从事‘私相贸易’的潮商开始将潮州生产的瓷器运到新加坡进行销售。”[6] 这点至少表明，此地与潮人的渊源甚为久远。

明嘉靖中后期至万历前期，潮汕海上武装商贸集团群起，他们或出于商贸需要，或迫于明政府围剿的压力，大举游走东南亚各处，三佛齐、旧港、马六甲等都是其常往之地，这些地方与新加坡距离不远，或有海上武装商贸集团的人往返，垦殖于此。

---

① 参见林远辉、张应龙：《新加坡马来西亚华侨史》，广州：广东高等教育出版社，1991年，第34~35页。

② 冯承钧撰：《诸蕃志校注》，北京：中华书局，1956年，第21、121页。

③ 见《元史·英宗本纪》延祐七年（1320）九月：“遣马扎蛮等使占城、占腊、龙牙门，索驯象。”《元史·泰定帝》泰定二年（1325）五月：“癸丑，龙牙门蛮遣使奉表贡方物。”载（明）宋濂撰：《元史》，北京：中华书局，1976年，第606、656页。

④ 《岛夷志略·龙牙门》：“俗好劫掠。……男女兼中国人居之。……盖以山无美材，贡无异货。以通泉州之贸易，皆剽窃之物也。舶往西洋，本番置之不问。回船之际，至吉利门，……贼舟二三百只必然来，迎敌数日。若侥幸顺风，或不遇之。否则人为所戮，货为所有，则人死系乎顷刻之间也。”载（元）汪大渊著，苏继庼注释：《岛夷志略校释》，北京：中华书局，1981年，第213~215页。

⑤ 参见林远辉、张应龙：《新加坡马来西亚华侨史》，广州：广东高等教育出版社，1991年，第37页。

⑥ 陈骅：《潮人在新加坡》，香港：公元出版有限公司，2003年，第7页。

清兵入关，明朝遗民创立天地会等秘密社团，以图反清复明，一些成员失败后避难南洋，有的进入新加坡，这其中就包括不少潮汕人。《饶宗颐二十世纪学术文集》卷七《中外关系史》中的《新加坡古事记补记》记录了新加坡加冷河峨山曹区社公庙（又名“五虎祠”）内有潮人牌位，录“候明义士讳开顺号贞国陈府君之神位，生于天运癸亥年十一月初一日申时，终于天运丁巳年正月初七日卯时，享寿五十有七岁，世居广东潮郡海邑南桂都东凤乡”。该文还引田仲一成论文考证，认为在五虎祠的75名义士神主牌位（可知籍贯的有25名义士）之中，潮属人士达23名之多。虽然陈开顺等义士在新加坡的具体事迹已无证可考，但说明在其生卒年清嘉庆八年（1803）至咸丰七年（1857）之间，的确有过类似这样的前朝遗民侨居新加坡。①

清嘉庆二十四年（1819）正月初四，英国殖民者莱佛士进入新加坡，此时，已经远离宋元繁华时代的新加坡岛呈现出一种原始状态。撰写于19世纪80年代的《新加坡风土记》称：“（新加坡）百年前榛莽未启，一荒岛耳。华人之懋迁南洋者，既乏问津，即欧洲诸邦如荷兰，如葡萄牙，争据群岛，亦未厝意及此。”② 但在莱佛士入新前，已有潮人居住在新加坡，如清公使随员蔡钧从西班牙归国时，就沿途依见闻撰写了《出洋琐记》。他于1884年3月28日进入新加坡，称当时“所有华人约十万，闽人居七、粤人居三。殷实富盛之家如潮人陈姓、黄姓，闽人余姓，皆拥赀三四百万，席丰履厚，他处所未有也。……见夏屋渠渠，书‘大夫第’、‘朝议第’者，则陈、黄两家之居宅也，虽隔数万里之外、百十年之远，而仍奉正朔”③。此处倒推时间，约略能见陈、黄两家居新加坡之久，可供参考。

莱佛士初登陆时，整个新加坡仅有极少量的人口。此后，新加坡的开发十分迅猛，这从人口数据中可以略窥一斑。按各资料记载，初时新加坡大约有150人；④ 随后人口激增，1821年时有4 727人，1824年增加到10 683人；⑤ 1840年，总人口35 000多人；⑥ 1871年，新加坡举行第一次人口普查时，人口增加到97 111人；⑦ 第二次世界大战后的1947年，新加坡人口接近100万，十年后的

① 参见陈贤武：《拓殖柔佛的先驱者陈开顺与陈厝港》，载潮州市地方志办公室编：《潮州史志资料选编·海外潮人》，潮州：潮州市地方志办公室，2004年。

② （清）李钟珏：《新加坡风土记》，载《东南亚》，1997年第1期。

③ （清）蔡钧撰：《出洋琐记·自日旋华节略》（铁香室丛刻本），第56~57页。

④ 原注“Saw Swee Hock, Population Growth and Control, in Ernest Chew and Edwin Lee, eds., *A History of Singapore*, Singapore: Oxford University Press, 1991, p. 219”，并注“开埠之时的新加坡人口，各家数据有着较大的出入，如哈·弗·皮尔逊记载约为三四百人，Turnbull认为约有1 000人”。转引自乔印伟：《论新加坡民族国家创建的基础》，载《安徽史学》，2009年第2期。

⑤ ［泰］潘醒农：《150年来新加坡的人口》，载《南洋文摘》，1970年第2期。

⑥ 林远辉、张应龙：《新加坡马来西亚华侨史》，广州：广东高等教育出版社，1991年，第107页。

⑦ 范叔钦：《新加坡的人口》，载《南洋文摘》，1969年第3期。

1957年，增长到150万。[①]

随着新加坡的开发进程，华侨人口所占的比重迅速增加。这主要是因为莱佛士大量购买、招聘华工。首先移入的华侨基本是从周边而来，至1821年，更直接从中国本土招聘。1821年，华侨人口为1 150人，约占总人口的24%；1840年，华侨人口为17 000多人，已经占了总人口的50%左右，早已远超马来人。[②]这些华侨，主要来自广东、福建、海南，广东则多数是潮人。

如前所说，在莱佛士登陆前后其实已经有潮人居于此地，到了新加坡开发初期，潮人的移入更显迅速。一开始，移入途径仍然是从暹罗及廖内群岛等附近地区转移过来。后来，则以本土直接移民为主。

随着潮州籍华侨在新加坡的发展壮大，1824年，天地会的一支——义兴公司出现。到19世纪30年代，新加坡约半数华侨为其会员，而潮州人又在其中居主导地位。[③]

在19世纪50年代，居住在新加坡的潮人估计可达万人以上。当时汕头尚未开埠，本区妈屿岛上装运华工出洋的情况十分严重，1953年至1860年开埠前，汕头港甚至很可能是中国内地华工出洋最为集中的港口。而50年代中期始设于妈屿的“德记洋行”，正是英殖民地贩卖华工的机构，目的地便包括新加坡。而新加坡正处于需要人力的开发阶段，除了被转运他处外，相信有不少潮人留在当地。据了解，早有位于河口的山仔顶（朱烈街）、皇家山脚和吻基（Boat Quay，俗称“十八溪墘”“柴船头”）一带的潮人聚居点出现，也有一些潮人与闽南人、广府人、客家人混居在牛车水地宝塔街、史密斯街、硕莪街，以及桥南路与桥北路之间的宾打街、香港街、干拿街、马交街、珍珠街、克罗士街等区域。

1860年汕头开埠后，本土出洋人口数量日趋增多。不过，移民新加坡的人口数量可能增速下降。从潮海关有记录的1869年起，一直至1883年，一连15年新加坡港都是汕头口岸直接出超最多之处（参见本书“1869—1949年汕头口岸往来海外旅客统计表”）。这15年的出超人口达360 870人次，但真正留在新加坡的并不多。因为在殖民政府的人口登记中，至1881年，潮人才增加到2万多。

李钟珏《新加坡风土记》载：“华人住坡，户口最难详确。查光绪七年（1881）英人所刊户口册云：福建男女二万四千九百八十一人，广州一万四千八百五十三人，潮州二万二千六百四十四人，嘉应州六千一百七十人，琼州八千三百一十九人，三州府生长之华人九千五百二十七人，不列籍之华人二百七十二名，统计八万六千六十六人。”[④] 按该则材料中华人各籍记录人数，总数量应该

① 乔印伟：《论新加坡民族国家创建的基础》，载《安徽史学》，2009年第2期。

② 林远辉、张应龙：《新加坡马来西亚华侨史》，广州：广东高等教育出版社，1991年，第107页。

③ 王元林、刘强：《清前中期潮州对外贸易研究》，载《汕头大学学报》（人文社会科学版），2005年第2期。

④ （清）李钟珏：《新加坡风土记》，载《东南亚》，1997年第1期。

是“八万六千七百六十六人”，作者自言是“八万六千六十六人”，应该是漏写了百位数的“七”字。1881 年，新加坡的潮人有 22 644 人，占新加坡华人总人口 86 766 人的 26.1%。

1821 年，新加坡人口总计 4 000 多人，到了 1921 年，达到 40 余万人，100 年间增长了大约 40 万人，其中，外来移民是人口增长的主要因素。据潘醒农《一五零年来新加坡的人口》等著作提供的统计资料，1921 年的华人已达 317 491 人。① 占最大分量的仍然是原籍为广东、福建的。1940 年，潮人在新加坡的实际居住人数突破 10 万大关，达到 110 372 人。②

据《新加坡马来西亚华侨史》记载，1947 年新加坡的总人口为 940 824 人，其中华侨人口为 730 133 人，占总人口的 77.6%。③

而潮人的数据，据香港《华人》月刊称：“新加坡民，民国二十年（1931）有潮州人 82 405，民国三十六年（1947）为 157 188 人。”④ 1947 年，潮人占华侨总人口数的 21.5%，占新加坡总人口的 16.7%.

1947 年至 1949 年中华人民共和国成立前，潮人移居新加坡的应该不多，可能只是略有增长而已。因为新加坡在这段时间里甚至还出现出境比入境多的反差现象，如 1947 年入境 100 818 人、出境 102 256 人，1949 年入境 64 970 人、出境 88 627 人。但 1947—1949 年这三年正是本土人口大量外迁的三年，回流的潮汕人口多于进入新加坡的人口的情况应该是不存在的。

第三节　经济活动

新加坡的发展是随着其人口的增长而逐渐实现的。源源不断的外来人口移入，使新加坡成为一个典型的移民国家。

新加坡华侨众多，是该国最大的族群。潮人在华侨人口中处于第二多的位置。他们背井离乡到新加坡再创家园，以吃苦耐劳的精神底蕴和勤奋实干的创业精神，参与到新加坡各个历史时期的经济建设中去，在漫长而曲折的经济活动过程中，取得一系列令人瞩目的成绩。

新加坡开埠、英国殖民统治时期，潮人一开始主要是从事劳工工作，扮演着

① 转引自陈骅：《潮人在新加坡》，香港：公元出版有限公司，2003 年，第 13 页。
② 陈骅：《潮人在新加坡》，香港：公元出版有限公司，2003 年，第 13 页。
③ 参见林远辉、张应龙：《新加坡马来西亚华侨史》，广州：广东高等教育出版社，1991 年，第 449 页。
④ 转引自广东省汕头市地方志编纂委员会编：《汕头市志》（第四册），北京：新华出版社，1999 年，第 564 页。

拓荒者的角色，当时新加坡的甘蜜①、胡椒等经济作物的种植和公路、港口、建筑等的建设，很大部分是由他们承担的。定居下来后，一些人从事商业，当起小商贩，经营零售业。后又有一些成为中介商，从垄断的英国大洋行那接手原材料、工业品等进行销售。在很长一段时间内，贸易中介几乎为华侨所承包，其中潮人不在少数。一些成功的中介商上升为依附于殖民大商行的代理商或具备代理性质的专销商，以积累更多的原始资本。第二次世界大战前后，部分原始积累进入工业、金融业、服务业等各领域，随着新加坡统治政权的更迭及时局的变化，逐渐摆脱对垄断洋行的依赖，从而形成若干独立的集团化大财团。

一、农业

农业中的种植业是潮人早期在新加坡从事的主要经济行业，其中甘蜜和胡椒是大项。而新加坡初期的发展，亦是依赖这两种经济作物。

在19世纪初莱佛士未至新加坡之前，该地已经存在着20多个大小不等的甘蜜和胡椒种植基地，主要分布在史丹福山和实利己山一带。园主大多是潮人。甘蜜园的第一批垦殖者，便是廖内岛引进的潮人，他们由廖内岛移居至新加坡种植甘蜜和胡椒。新加坡开埠不久，便有甘蜜园的买卖，从海峡殖民地政府档案L6卷的地产买卖文件中的售地人 Tan Ngun Ha（陈银夏）、Tan Aloo（陈亚鲁）、Heng Too Ao（王图安）的译名可知三者均为潮州人。② 为了便于对大量的潮州人进行管理，1822年，英人任命潮州人陈浩盛为第一位华人甲必丹。③

为了满足欧洲市场的需要，新加坡的甘蜜和胡椒种植范围逐渐扩大，遂成中文文献中的“新加坡土产”。如魏源《海国图志》载：“嘉庆间……闽粤人谓之新州府，抑或作新嘉坡。土产胡椒、槟榔膏、沙藤、紫菜。槟榔膏，即甘沥。可入药。”④ 可见嘉庆年间，胡椒、槟榔膏（甘蜜）在新加坡种植已经很广泛了。

至1836年，甘蜜与胡椒种植业在新加坡经济中已占据重要地位，其栽种面积已达2 350英亩，每年的甘蜜产量多达22 000担。1848年，甘蜜的种植面积扩展到24 220英亩，胡椒也达2 614英亩，共有种植园800个，除了200个荒废外，尚有600个在生产，甘蜜的产量已达60 000担，胡椒也达30 923担，出口值占新加坡农业出口总值的60%，此时种植面积占整个新加坡耕地面积的75%

---

① 一种热带植物，经加工后可作染料。这种植物染料是化学染料兴起之前极为重要的一种。又作甘密、甘沥、槟榔膏等。魏源《海国图志》称“槟榔膏，即甘沥。可入药”。

② 参见［泰］潘醒农：《回顾新加坡柔佛潮人甘蜜史》，载汕头华侨历史学会编：《汕头侨史论丛》（第一辑），汕头：汕头华侨历史学会，1986年，第158～159页。

③ ［新加坡］庄钦永：《新加坡第一位华人甲必丹——陈浩盛》，载［新加坡］庄钦永：《新加坡华人史论丛》，新加坡：南洋学会，1986年。

④ （清）魏源撰，陈华、常绍温等点校注释：《海国图志》，长沙：岳麓书社，1998年，第439页。

以上，整个新加坡的内陆地区几乎都是甘蜜、胡椒种植园。当年的种植者全部为华人，尤以潮人最多，约万人以上，广府人次之，闽人排第三。①

甘蜜、胡椒的种植，潮人不仅早，而且占有绝大多数的份额，并扩展至开店销售成品。在1848年甘蜜、胡椒种植业的鼎盛时期，新加坡约有甘蜜店100家、栈房200个，分布在皇家山脚、水仙门与新巴刹一带，其中90%以上的经营者为潮人。这些店、栈一直延续多年。因此，1887年李钟珏游历新加坡后写成的《新加坡风土记》中载："潮商多业椒、蜜，闽商以各项海货及往来各埠之轮船为宗，资本俱巨，他商不能及。"②

上引中，同时可知在这段时期，潮商、闽商经济实力之雄厚，居新加坡华人的前列，而甘蜜、胡椒的种植和经营，正是形成潮商雄厚积累的基础。

到19世纪中后期，由于国际市场因素及新加坡本身的土地制约，甘蜜种植呈缓慢的回落之势。菠萝、橡胶等的种植逐渐增多。潮人亦开始大量开辟种植园，转而种植菠萝、橡胶等经济作物。转型成功者不在少数，乃至这些行业中，潮商同样占据主导，甚至垄断的地位。

种植业中，经营者与种植参与者多为潮人，除了大部分从事普通种植与养家糊口外，不少经营者在此白手起家，成为富商巨贾。

前期的甘蜜、胡椒种植方面在新加坡种植经营的，有被称为"甘蜜王"的佘有进。1839年甘蜜、胡椒成为新加坡岛上最重要的农作物时，他便成为种植二者面积最广的第一人，他拥有里峇峇利路至武吉智马路与淡申路一带10英里的甘蜜、胡椒园。如在新加坡、柔佛都有经营的，有第一位柔佛甲必丹——陈开顺、柔佛华侨社会最高领袖——华侨侨长陈旭年，还有19世纪末柔佛新山著名华侨代表人物林亚相等，他们将甘蜜和胡椒的种植范围扩展至柔佛多个地方，成为柔佛的各个港主。③

后期的菠萝、橡胶种植方面。佘有进的次子佘连城成为新加坡菠萝种植业的巨擘，林义顺于20世纪初期成为南洋一带的"菠萝大王"。而橡胶种植业方面则

---

① 参见［泰］潘醒农：《回顾新加坡柔佛潮人甘蜜史》，载汕头华侨历史学会编：《汕头侨史论丛》（第一辑），汕头：汕头华侨历史学会，1986年，第165～166页。林远辉、张应龙：《新加坡马来西亚华侨史》，广州：广东高等教育出版社，1991年，第150～159页。

② （清）李钟珏：《新加坡风土记》，载《东南亚》，1997年第1期。

③ 19世纪30年代，柔佛的天猛公创立"港主制度（Kang-Chu System）"，大约是将某一条河流及其支流流域的土地以类似承包的形式"承包"给一位华侨首领，并颁发给他一张"港契"，让他率领一批华人在此从事开垦和建设。这名华侨领袖就称为"港主"，港主的辖地即开港的地区则称为"港脚"。港主在管制港地时一般具有五项专利特权：开赌场、开当铺、卖酒、卖肉及卖鸦片；在出口甘蜜、胡椒及进口米粮时，可抽取佣金。为规定和制约港主的地位和权益，政府于1873年制定了"港主法令"，"根据其中的条文来观察，港主几乎就是政府手下的一名华籍官员"，他代表统治者从事"港脚"内的开发和建设，管理和维持港内一切事情的运作。从某种角度来看，"港主就像具体而微的封建小诸侯"。参见［新加坡］许云樵：《柔佛的港主制度》，载《南洋文摘》，1961年第8期。安焕然：《论潮人在马来西亚柔佛麻坡的开拓》，载《汕头大学学报》（人文社会科学版），2002年第2期。

有张永福、廖正兴、胡德辉、陈永天等富商。陈永天后还转植香茅草（包茅），生产香茅草油，一度在英属海峡殖民地执香茅草油生产之牛耳。

在农业上，有不少潮人从事蔬菜、五谷杂粮以及烟草等的种植，也经营渔业。1941年战前统计，当时新加坡华侨一共有150多座“渔棚”（亦称家农、闺笼，即经营渔业的场所），其中业主为潮籍的便占了近半数。第二次世界大战后，仍然有大小近百个“渔棚”为潮人所经营。

二、商业

早在宋元时代，便应该有潮人在新加坡一带从事商业贸易。至新加坡开埠后，英国殖民者宣布其为自由贸易港。得益于优越的地理位置，新加坡商贸迅速发展起来。1823年，新加坡聚集了东印度群岛地区的大部分贸易。1824年，新加坡的国际贸易额达到1 140万海峡殖民地银圆。到了1937年，新加坡的贸易额增长到97 400万海峡殖民地银圆。①

新加坡早期的商业活动为英殖民者所垄断和控制，受原始积累及社会地位的限制，潮人只能扮演中介商、零售商的角色。中介商主要是从当地英资大洋行进货然后批发给小商贩；零售商即开店将百货直接销售给最终消费者，他们有时也直接收购中国内地生产的土特产。

从商业形式上看，潮人也从事转口贸易、进出口代理业务。转口贸易一直是新加坡主要的传统经贸形式，或收购暹罗、中南半岛的大米、豆类等转销马来亚、澳洲、中东等地，同时向暹罗、中南半岛输出土产、工业品等（称为“暹郊”线路）；或沿着“新加坡—香港—汕头”航线收购中国内地的产品，部分在当地消化，部分转销欧美、东南亚，且又可掉头回向，通过此线向中国内地转销印度鸦片、欧美工业品等（称为“香汕郊”线路）。此外，也有从马来亚、爪哇收购的土特产等转销欧美和东亚等市场的。当时盛行代客销售货物，完成交易后收取2%的佣金，即结账时以九八折的折扣结算，故从事这一行业的商号称为“九八行”。此外，还有服务于进出口业务的若干航运公司。

从经营种类分布上看，在第二次世界大战前后，潮人在新加坡主要交易的有土产、大米、布匹、药材、杂货、瓷器等。土产，主要货品为甘蜜、胡椒、橡胶、椰干，其中甘蜜、胡椒的经营是潮人的强项，潮人经营的甘蜜店最多时可发展到近百家，还有贮藏仓库200多处，几乎垄断整个产、销链条。橡胶等其他土产的经营也取得了很大成就。大米，主要产自泰国。由于潮人与泰国关系紧密，

---

① Wong Lin Ken，Commercial Growth Before the Second World War，in Ernest Chew and Edwin Lee，eds.，*A History of Singapore*，Singapore：Oxford University Press，1996，pp. 41 –43. 转引自乔印伟：《论新加坡民族国家创建的基础》，载《安徽史学》，2009年第2期。

自身不产大米的新加坡，除了战后初期一度粮荒而由政府实行统制外，其历史上大米的进口、批发、销售等整个环节，几乎一直都由潮人所操控。布匹，除少数是日本人、印度人经营外，新加坡的布业批发，也几乎都为潮人所包揽，战后虽有其他籍华侨参与，但占据主导地位的仍然是潮人。杂货，在20世纪30年代处于经营鼎盛期，在1938年的580多家杂货商号中，有近80家为潮人经营，其中不乏行内极具影响力的商号。瓷器，进出口商基本都是华侨，而潮人占其中的大多数。其他如首饰、药材、电器、抽纱、服装、五金、家具等行业，潮人在其中也占有不小的市场份额。

从经营规模上看，潮人经营中既有大小中介商、各种商号等，亦有数量庞大的当小摊小贩的谋生者。这些摊贩或有固定摊位，或流动营业，随处可见，特别是战后初期新加坡一度经济萎靡、失业情况严重之时，摊贩的人数极多，当时发展至两万多人从事此行业。经政府整顿后，获取牌照的近万家，其中潮人约占80%至90%。长期以来，零售商、小摊小贩，都是新加坡潮人经济的重要组成部分。

三、金融汇兑及其他行业

1840年，新加坡出现了第一家商业银行，即加尔各答联邦银行。随后的数十年间，英资的有利银行、渣打银行和汇丰银行，以及荷兰银行，美国的花旗银行和法资的东方汇理银行等先后成立。在19世纪末期之前，新加坡的金融业由西方资本控制，货币发行、金融汇兑、银行信贷等均被上述银行所垄断。及至20世纪初，方有华侨涉足金融业。

第一家潮人创办的银行，是1907年成立的四海通银行。该行由潮人黄松亭、蓝金升、廖正兴等三人共同发起成立，同年于山仔顶正式挂牌营业，全称为“四海通银行保险公司”。之后，潮人连瀛洲又发起、筹组了华联银行，该行于1946年正式成立。此外，在1949年中华人民共和国成立之前，潮人在新加坡参与投资的金融机构还有华侨银行、崇侨银行、利华银行等。

尚未正式投资、创办现代银行之前，新加坡很早便存在潮人经营的批信局、汇兑庄。而批信局、汇兑庄可溯源至“客头代办”式汇兑经营时代：依靠“客头”来代办积蓄寄回故里供养家人。“客头”往往以自己的店号为营业点，待收集了相当数量的银信（侨批）款项后，便一并带回中国，投送到收款人家中，从中赚取一定的手续费。这种“客头代办”式汇兑业务后来逐渐演变成民信业。早先经营的店号，多数演变成批信局、汇兑庄。

目前已知的最早的潮属侨批局，便是清道光十五年（1835）成立于新加坡的黄继英的致成栈。1887年，新加坡的批信局、汇兑庄总数增加至49家，其中光潮人开设的就有 34 家。[①] 抗日战争爆发后，侨批业大受影响。战后 1945 年 11 月至 1948 年的这段时间，是新加坡民信局发展的“黄金时代”，潮人经营者成立行业协会，并加入南洋中华汇业总会。这一时期，潮帮、闽帮、琼帮和客帮等民信机构共计 200 家以上，潮帮所占比例尚无数据，但在 1947 年，潮人经营的民信机构则有 45 家。此外，新加坡还是一个侨批大中转点：抗战前，印度尼西亚、马来亚的侨批都是集中汇寄到新加坡，由新加坡汇总寄往香港后，再转汇入汕头各侨批局。[②]

至太平洋战争，新加坡的工业并不是很发达，除了一些英国人投资的工厂外，华侨经营的为数不多，当时的殖民政府对工业并不支持，这应该是最主要的原因，而实业需要较为雄厚的资金以及较长时间的经营周期方能取得成效，因此华侨投资工业的热情不如商业踊跃。不过，潮人的实业在华侨中还是占一定的比重。如在工业方面，最早是投资经营波罗蜜、橡胶加工，也包括油、家具、水泥器具、颜料、肥皂、火柴、蚊香、糖果、饼干、酿酒、云石生产等，太平洋战争后至 1949 年间，又有潮商开始涉足汽车制造、冰箱生产、布业洗染、机械设备制造等新兴工业。

第四节　文化生活

新加坡是一个多民族、多元文化的国家。各族人民一方面保持各自的文化传统，另一方面又融合在一起形成独特的新加坡文化。尽管移民历史久远，尽管不同种族通婚早就存在，但各个种族在融入新加坡的同时都或多或少地保留了祖籍地的文化痕迹。作为博大精深的中华文化的分支，潮汕文化随着潮人的步履根植异域，并在当地得到很好的传承和延续。

一、教育

在新加坡开埠初期的 1823 年，便有莱佛士学校开办。在这前后，一些华人也独资或集资兴办了蒙馆、私塾，教授传统的《三字经》、四书五经和尺牍、珠算等内容。早期的蒙馆、私塾虽然规模不大，但也能满足学生学习识字、计数、基本传统礼仪的需要。随着团体自身经济、社会地位的提高，移民及侨民繁衍后裔的数量继续增加，教育亦一路发展。至清末，潮人开始兴办学校，并逐步形成规模。

---

① 陈汉初：《潮汕侨批的档案文献价值》，载《汕头社科》，2009 年第 3 期。另据黄挺《潮商文化》载：“新加坡最早的一家民信局设在源顺街（即直落亚逸街）一带，因年代久远，确实地址无从考证。”载黄挺：《潮商文化》，北京：华文出版社，2008 年，第 478 页。

② 黄挺：《潮商文化》，北京：华文出版社，2008 年，第 468 页。

1906年，由陈云秋、廖正兴、杨缵文、张霞生、蔡子庸等20多人兴办的新加坡潮州公立端蒙学堂（简称“端蒙学堂”）正式成立，成为潮人开办的第一家新式华文学校。1909年，该校学生由成立时的68人增加至150多人，同年更名为“端蒙学校”。日据时期学校停办，战后义安公司斥资重修、扩建，后成为华侨兴办华文教育的一面旗帜。

至20世纪40年代初，潮人兴办的华文学校仍有很多，如1927年李坤兴倡办的植哲学校、1929年林品端倡办的擎青学校、1930年蔡祝三自办的醒华学校、1934年黄憬等倡办的陶蒙学校、1940年林姓潮人创办的陶英学校、1940年义安公司发起创办的义安女校等。

此外，还有树人、培英、洛英、菁莪、培道、保赤、广德、朝阳、萃英、椰林、中国公校及建国幼儿园等私立学校在不同时期由潮人创建，或受到潮人组织如义安公司等的大力赞助与支持。

潮人在新加坡创办的华文学校，对学生进行系统的中国历史、地理、汉语等教育，是潮人在新加坡传承中华文化的重要基地。[①]

二、新闻出版

新加坡的新闻出版始于开埠后，英语作为官方用语和上流社会的教育、社交用语，奠定了其优势地位。有统计，1819—1876年即开埠后半个多世纪，新加坡先后存在的英语报刊便达14种。[②] 这一时间段内，1837年出现了新加坡首份华文刊物《东西洋考每月统记传》，由英国传教士郭士立始创于广州，而后转向新加坡发展。之后出现的华文刊物也是由英国人创办的，但存在时间不长。第一份华人创办的报纸是《叻报》，1881年创刊，1932年停刊，也是东南亚第一份华人所办的报刊。从1819至1996年，新加坡先后出现过的华文报刊累计达到1 027种，占海外华文报刊的四分之一，居世界第一位。[③]

潮人创办的报刊，现可见较早、较著名的有：1904年张永福与闽籍陈楚楠合办的《图南日报》；1905年沈联芳、陈云秋、许子麟创办的《总汇报》（后更名《总汇日报》）；1907年张永福、林义顺、许子麟、陈楚楠合办的《中兴日报》；1930年方怀南创办的《民国日报》等。潮人主办的报纸还有《光华日报》《星洲日报》《益群日报》《现代日报》《娱乐报》《热带报》《夜灯报》等。另外

① 参见谢成佳：《海外华人社团与祖籍国的关系》，载汕头华侨历史学会编：《汕头侨史论丛》（第四辑），汕头：汕头华侨历史学会，1999年，第111页。

② 参见吴庆棠：《新加坡华文报业与中国》，上海：上海社会科学院出版社，1997年，第38页。

③ 王士谷：《海外华文报刊的量化分析》，载《国际新闻界》，2000年第6期。

有些小报出版后不久便停刊。潮人主持的出版社有南岛出版社、潮州乡讯社等。[①]

其中，张永福参与创办的《中兴日报》为潮人在中国革命史上留下了光辉灿烂的一页，也是近年来新闻史和报业研究者研究的热点课题之一。

《中兴日报》是在孙中山的直接关怀下创办的新加坡同盟会支会的机关报，其成立伊始，便与清末保皇党人创办的《南洋总汇报》（即《南洋总汇新报》）展开了革命与君主立宪的大论战。1907 年 8 月至 1911 年 12 月，仅两报发表的论战政论文（其他文体不计）就共近 390 篇。论战主要集中在 1907 年 9 月至 1909 年 10 月。《中兴日报》1910 年 1 月 25 日最后一篇论战政论文《左秉隆又欲以匿名信罗织党狱耶》刊出后，于同年停刊，之后《南洋总汇报》继续独自发难。

孙中山以“南洋小学生”的笔名数次发文，黄兴、汪精卫、胡汉民、田桐、居正等革命党人更是反复跟进；保皇派方面参与者包括康有为最得意的弟子徐勤和伍宪子，以及平实[②]、欧榘甲、黎研诏、梁伯鸣等。加拿大、美国、泰国、缅甸等世界各地的华文报刊纷纷加入战团，仅仅加拿大的《大汉日报》与《日新报》之间的大小论战便有 200 多次，而美国檀香山的《自由新报》对垒《新中国报》，则屡次直接诉讼公堂。[③] 通过辩论，孙中山的革命主张逐渐深入人心，并形成了南洋华侨支援民主革命、走向共和的一股力量。其中一个例子是，论战后，连保皇党新加坡分会会长邱菽园也与康有为、梁启超关系破裂，宣布脱离保皇党新加坡分会，并在报上严厉批评康有为。[④]

《中兴日报》这一场持续了四五年的大论战，其规模之大、问题之多、时间之长都是前所未有的，它是中国报刊史上光辉灿烂的一页。[⑤] 它引发的这场对新马华人乃至世界华人思想极具启迪作用的论战，影响程度并不亚于在日本的同盟会总机关报《民报》与保皇派报《新民丛报》的论战。有学者指出，辛亥革命前夕发生于美洲、南洋地区的革命派报刊与保皇派报刊之间的两次大论战，“是中国报刊史上的重要篇章，它打破了保皇派在这一带华侨中一统天下的局面，为辛亥革命的发动并最终取得胜利作了思想上、舆论上的准备”[⑥]。

---

① 广东省汕头市地方志编纂委员会编：《汕头市志》（第四册），北京：新华出版社，1999 年，第 564 页。

② “平实”，今有考证是“尊梁启超为师的唐璆”。参见《孙中山在新加坡领导大论战：“海盗”大战“汉奸”》，载《联合早报》，2011 年 10 月 6 日。

③ 桂栖鹏、赵晓兰：《辛亥革命前夕革命派报刊与保皇派报刊的两次大论战》，载《出版科学》，2003 年第 1 期。

④ 参见彭剑：《清季宪政大辩论——中兴日报与南洋总汇新报论战研究》，武汉：华中师范大学出版社，2011 年。

⑤ 桂栖鹏、赵晓兰：《辛亥革命前夕革命派报刊与保皇派报刊的两次大论战》，载《出版科学》，2003 年第 1 期。

⑥ 参见《孙中山在新加坡领导大论战：“海盗”大战“汉奸”》，载《联合早报》，2011 年 10 月 6 日。彭剑：《清季宪政大辩论——中兴日报与南洋总汇新报论战研究》，武汉：华中师范大学出版社，2011 年。

三、文化艺术

在文学上，19 世纪末以前，华侨华人便通过私塾、蒙馆等传播中国传统文化，自然也包括诗词歌赋、古文小说等。

华文报刊创刊之初，便有不少文学作品见诸报端。如潮人创办的《中兴日报》，在 1907 年至 1910 年三年的时间里，仅登载在副刊《非非》上的文言白话小说，合计便达 81 篇（90% 以上是文言小说），除去一篇重复、两篇序文，实得 78 篇。而《中兴日报》及同时期华文报的小说，主要还是恪守“传奇”的传统，排除丛谈、谐谈的残丛短篇①。如按现在小说的定义，则远远不止。这还仅仅是针对小说而言。其他的华人媒体也大致如此。

在第二次世界大战前夕，新加坡华文文学屡现高潮，各种报纸副刊和《荒岛》《洪荒》等几十种专业华文文学刊物，让新加坡成为华文文学的重镇。其中的潮籍华文写作者、推动者为数众多，包括新加坡华文文学开拓者之一的曾圣提，20 世纪 30 年代末新马文坛的活跃写作人刘思，新加坡作家协会首任会长、曾获“东南亚文学奖”的柳北岸，著名媒体人、学者、文人潘醒农等。在 1949 年前，知名作者便有数十人，他们的作品涵括小说、诗歌、散文等各大体裁。他们为新加坡乃至世界华文文学浪潮的高涨提供了助力，成为华文文学中一支不可忽视的重要力量。

潮剧，应该很早便跟随潮人的足迹漂洋过海，进入新加坡。

新加坡至迟在 1842 年便有“中国戏”的公开演出。同年 1 月 19 日，美国远征探险的威尔基斯舰从新加坡港登岸，看到有“中国戏”上演。由于是初次接触中国戏剧，所以他们没有详细描述这次经历，人们也因此未知此次的“中国戏”是否为潮剧。

至迟于 19 世纪中后期，潮剧、潮曲、潮乐便在新加坡的戏园上演。1888 年成书的《新加坡风土记》载有作者 1887 年在新加坡游历的所见所闻：“戏园有男班、女班。大坡共四五处，小坡一二处。皆演粤剧，间有演闽剧、潮剧者，唯彼乡人往观之。戏价最贱，每人不过三四占，合银二三分，并无两等价目。”②

这段记载或许也是新加坡明确有戏园的最早记录。可知当时潮剧戏园确也存在。此时演出的主要是潮汕本土被聘下南洋的戏班，“19 世纪末几十年间，潮汕剧团（社）应聘前去泰国、新加坡、马来亚和印度尼西亚等国的有四五十个”③。

---

① 辜美高：《新加坡〈中兴日报〉的小说初探》，载中国社会科学院文学研究所中国古代小说研究中心编：《中国古代小说研究》（第 4 辑），北京：人民文学出版社，2010 年。

② （清）李钟珏：《新加坡风土记》，载《东南亚》，1997 年第 1 期。

③ 广东省汕头市地方志编纂委员会编：《汕头市志》（第四册），北京：新华出版社，1999 年，第 555 页。

“曼谷王朝四世，广东省的潮剧戏班老双喜和老正和班抵达曼谷演出。这些潮剧戏班以曼谷为中心，经常游埠到新加坡、马来亚、柬埔寨等国家和地区演出。”①

20 世纪前后，在新加坡潮人聚居点马真路有潮州戏的戏园，包括怡园（后偶也演京剧）以及 19 世纪 90 年代就已存在的哲园。②

20 世纪 20 年代至 30 年代，是新加坡商业戏曲演出的黄金时期。各个剧种除了在迎神赛会的街头、祭祀酬神的空地搭建戏棚演出外，也在戏园、游艺场中常年演出。20 世纪 20 年代新加坡有记录的著名的戏园便已有十多间。20 世纪 30 年代初经济大萧条，一度影响了戏曲的演出；但经济恢复后，戏曲艺术在新加坡又见繁荣。潮剧亦随着大势发展，这段时间内，先后进入新加坡演出的职业潮剧戏班有数十家，演出地点包括怡园、哲园，桥北路的同乐园和永乐园，还有一些游艺场所等。直至 1949 年前后，海内外隔绝，当地的潮剧团体仍然独立存在并继续发展。

潮剧在新加坡影响广泛，也得到一些西方艺术家的重视和赞赏。如卓别林于 1931 年到新加坡旅游时曾到新世界游艺园观赏潮剧，他在《卓别林自传》中这样描述：“戏的主角是一个十五岁的姑娘，她扮演一个王子，演唱时真有遏云裂帛的气概。”他自称该剧带给他的“感动之深”是前所未有的，“也从来不曾听过那种很不调和的乐调：如泣如诉的丝弦，雷声震响般的铜锣，再有那充军发配的年轻王子，最后退场时用尖厉沙哑的声音唱出了一个凄凉绝望的人的无限悲哀”。③ 他又在日记中称：“潮剧美极了！”④

此外，潮人对汉剧在新加坡的传播也起到了关键性的作用。1912 年，新加坡首个业余戏曲团体——馀娱儒乐社正式成立，其便是由潮商倡导创立的。之后潮人发起的六一（1929）、陶融（1931）、星华（1935）等一批儒乐社，也是汉剧、潮剧兼具。⑤

---

① 赖伯疆：《东南亚华文戏剧概观》，北京：中国戏剧出版社，1993 年，第 180 页。

② 马骏：《五十年来的星马京戏》，载《全麻平社为南洋大学筹募基金义演纪念特刊》，新加坡：南洋印务，1956 年，第 59 页。

③ ［英］卓别林著，叶冬心译：《卓别林自传》，北京：中国戏剧出版社，1980 年，第 449 页。《卓别林自传》只是说中国戏曲，并未写剧种，但各种迹象表明其为潮剧：据潮剧专家林紫分析，只有潮剧有童伶制。十四五岁的孩子正是当红（《声色艺》，1981 年第 6 期）；丝弦和震响铜锣的伴奏，正是潮剧的特点（文武畔）。又据泰国年腊梅《潮剧在海外》引用该文时译为“中国潮剧”，称引自《卓别林日记》，并有“第三天晚上，演到了全剧的高潮，它有‘圣女贞德’的悲壮，又有‘罗密欧与朱丽叶’的哀怨，而武打功夫则远胜于菲宾士的‘贼王子’，整个舞台就像一幅色彩斑斓的活动油画，可以毫不夸张地说：‘潮剧美极了！’”（《中华日报》，1985 年元旦专刊）。综上所述，可证是潮剧。参见周艾黎：《海外潮剧纵横谈》，载汕头华侨历史学会编：《汕头侨史论丛》（第二辑），汕头：汕头华侨历史学会，1991 年，第 185 ~ 186 页。

④ 参见［泰］年腊梅：《潮剧在海外》，《中华日报》，1985 年元旦专刊。转引自周艾黎：《海外潮剧纵横谈》，载汕头华侨历史学会编：《汕头侨史论丛》（第二辑），汕头：汕头华侨历史学会，1991 年，第 185 ~ 186 页。

⑤ 参见《馀娱儒乐社成立 80 周年纪念特刊》，新加坡：馀娱儒乐社，1992 年，第 77 页。

美术书法方面，新加坡潮人亦是很早便有传承，一些艺术家在当地具有很高的声望。1949 年前曾生活于新加坡、有“岭东画派奠基者”之称的孙裴谷，早年就曾受邀任新加坡端蒙学校美术教席，创立了美术学院并任院长；此外还有旅新画坛先驱张汝器，倡组华人美术研究会并连任该会主席等。事实上，从事国画、书法、金石、收藏等的潮人历来不在少数，他们都在各个时期为新加坡的艺术发展贡献了自己的力量。

四、民俗

新加坡是一个多种族和多种宗教信仰并存的国家，各个族群的习俗在这里融会。潮人从开埠前就已经踏足新加坡，在不同时期持续移殖，虽然侨居多年，但文化世代相传，一些家乡原籍的习俗依然存在，包括宗教信仰、饮食习惯、岁时节俗、方言文义等，都与潮汕文化中的元素相同或近似。

早年来到新加坡的潮人，都是漂洋过海，历经惊涛骇浪，方才有幸抵达，按照家乡的习惯，他们都会答谢神恩。新加坡最古老的道教庙宇——粤海清庙，是潮人于 19 世纪 20 年代中期出资创建或扩建的。随后，海唇福德祠、凤山寺、福德宫、天福宫等一系列宫观庙宇接踵出现，莫不是这种意识的体现。新加坡潮人多崇奉天后圣母、玄天上帝、福德伯公、关帝、观音、佛陀等神明佛祖，每岁祭祀大节、神诞佛生等，皆三牲五品，答谢天恩。锣鼓弦诗、戏曲酬神，往往与潮汕本土无异。

潮汕的杂咸、小吃、菜肴等，在早期随潮人来到万里之遥、立足谋生的新加坡后，一直是普遍性、连续性、持久性地存在着。南传的菜肴中，潮菜与粤菜都是新加坡中式饮食市场上的佼佼者。晚清广西诗人潘乃光游历新加坡后写就《海外竹枝词 · 星架坡》，其中曾这样描写当时新加坡的饮食业：“买醉相邀上酒楼，唐人不与老番俦。开厅点菜须庖宰，半是潮州半广州。”

具有潮汕特色的岁时节俗，在新加坡一直为潮人所继承，围炉团聚派利是，拜年闹岁贴春联。岁时祭祖，也是秉承传统礼仪，如祠堂、善堂等，乃至不少家庭，多有祖先牌位设置，在诞辰忌日、春秋二祭及时年八节等，祭祀先人的现象普遍存在。婚姻礼仪，亦往往沿袭旧例。

新加坡通用马来语、汉语、泰米尔语和英语。潮语作为华人中第二大族群的语言，在新加坡应用颇广，这一点在 20 世纪 50 年代以前尤为明显。虽然在长期的演变中，潮语与闽南语的其他语种相互影响，互相融合，造成新加坡的潮语与现代潮州语言的发音有所差异，但在语法习惯上和一些词汇使用上还是相通的。

第五节　潮人社团

新加坡的潮人社团在19世纪上半叶就存在了。开埠之初，有潮人陆续抵达新加坡，并形成山仔顶、吻基等数个较为集中的聚落点。异域开荒，他乡谋生，存亡难料，身心无依，随着人口的增多，人们便自觉或不自觉地形成具有互助性质的团体。

早期潮人汇聚的这些团体，功能比较简单，主要是出于相同信仰的需要而建立宫观庙宇，并作为酬神议事的场所；出于相同习俗的需要购置荒地开辟义山，负责为无力埋葬者处理后事等；出于更好地生存的需要在较为固定的日子里集中会聚，为本组织谋利益；兴学济困，调解内部纠纷，共同应付外来矛盾等。有些团体在一定意义上已经具备现代社团的功能，如粤海清庙、万世顺公司、义安公司、醉花林俱乐部、义兴公司等。

粤海清庙至少在1826年就已经颇具规模。在这之前，它只是数间用棕榈叶搭建的“亚答厝”，供奉道教神祇妈祖等。一说是在1819年莱佛士进入之前，该庙便由潮人林泮在直落亚逸海滩上搭建。① 如果传说为实，则这处搭建物在1788年就存在了，因为林泮于乾隆五十三年（1788）四月丙辰之前便被清政府逮捕，直至被处死都未获自由。② 1820年稍后，在暹罗、新加坡之间从事航运的王钦、王丰顺等将之改建为主尊天后的庙宇。至迟到1826年，潮人又增建了供奉玄天上帝的上帝宫，便形成最初的粤海清庙，因二庙相连，故亦称“孖庙”。而粤海清庙的名称，“粤”指广东，“海清”则是海路清平的意思，大意为广东籍人士顺清平海路可安然抵达南洋。当时，粤海清庙是潮人社群的仲裁机构，通过非官方的渠道在庙宇内为族群调解个人或商业纠纷、家庭问题，共谋族群外部发展，已经具备准社团的性质。1845年，潮侨领袖成立义安公司并接管了粤海清庙，后此庙又数次增修扩建，香火旺盛，成为新加坡最古老的道教宫观。该庙至今一直由潮人管理主持，是19世纪初潮人乃至中国移民南来的第一站，1996年成为新加坡政府公布的国家古迹之一。

万世顺公司是早期潮人成立的主要负责管理粤海清庙善信的捐款的组织，其

---

① “林泮传说为善使双锏，被称为‘琼秦泮’。相传是集商人与海盗于一体的‘船主’，澄海樟林人，于乾隆三年回家，被惠潮道台斩决。”见普洛：《新加坡早期华侨社会的庙、亭和私会党——〈新加坡宗乡会馆的历史演变〉》，载汕头华侨历史学会编：《汕头侨史论丛》（第二辑），汕头：汕头华侨历史学会，1991年，第87页。曾玲：《社群边界内的“神明”：移民时代的新加坡妈祖信仰研究》，载《河南师范大学学报》（哲学社会科学版），2007年第2期。

② 参见《清实录·高宗实录》卷1303，乾隆五十三年四月丙辰：“又贼目林泮等口供内有‘官兵从前查拏会匪时，将伊等房屋烧毁，因而纠约林爽文戕官谋逆’之语。”《清实录》第二十五册《高宗实录》（十七），北京：中华书局，1985年，第541页。

名称取自“万世风调雨顺”之寓意。至民国初年，万世顺公司建立信托机构。公司所得款项，部分用来置办酬神祭品（每岁三月初三组织大型祭神活动），其他都被信托机构存于法院，或购买英国债券，或资助潮人办学。如 1906 年潮人开办的第一家新式华文学校——端蒙学堂，其购置校舍和每年办校的经费，便是由万世顺公司所付。

义安公司，是 1845 年潮人佘有进召集潮人陈、蔡、林、黄、郭、张、吴、沈、杨、曾、刘、王 12 姓氏，共同捐资合创的，这些人主要来自当时的澄海和揭阳。晋义熙间潮州府曾被称为“义安郡”，故公司名为“义安公司”。该组织建立的宗旨，一开始是半为信奉玄天上帝及天后圣母，祈求保佑；半为筹募资金，购买坟地供潮人使用。之后加入公益慈善及教育等项目，又设立创建了文化中心等组织，旨在促进新加坡人对中华文化尤其是潮汕文化的认识。义安公司最初的管理权由佘有进执掌，佘逝后由其后人接班。公司产业众多，善事多举，但是几十年间账目素乏公开。1927 年底，潮商林义顺等 14 人与佘氏家族交涉，要其将义安公司产业献给潮人公管，后于 1928 年由潮侨大会决议成立潮州八邑公产维持会，接管公司资产财务。1929 年，潮州八邑会馆成立，公司部分功能又由会馆接替，但公司作为潮人的信托机构仍然存在。此后，公司继续履行庙宇、义山等事务，又兼办教育、公益、慈善等事业。义安公司是潮人早期的也是规模最大的慈善公益团体。

图 9－1　新加坡潮州八邑会馆领导层合影（新加坡潮州八邑会馆青年团署理团长黄亮供图）

潮州八邑会馆前身是义安公司。1928 年 9 月 8 日，由林义顺等 40 名知名潮商联名登报，发起筹建新加坡潮州会馆。12 月 12 日假座（登路）端蒙学校举行临时筹备委员会议，推举起草章程的委员。1929 年 2 月召开第二次潮侨大会通过章程，并选举临时董事职员，1929 年 3 月 20 日获当地政府批准立案。该会馆的宗旨是：联络潮州各邑同乡，敦睦乡谊，并与其他社团会馆联系；致力于会员团结及互助，开展公益慈善事业，弘扬传统美德，推广文教活动。潮州八邑会馆是会员最多的社团，它在各个时期为侨居国及祖国贡献良多，尤其是在宣扬潮汕文化、中华文化方面成绩斐然，是诸多海外潮团组织中较为突出者。

醉花林俱乐部由陈成宝始创于 1945 年，旨在“商余消闲、联络乡情、敦睦乡谊、交换知识、共谋发展、捐资救国、筹款赈灾，为公益慈善、教育事业等做贡献”。其目标是“继承先贤精神，传承潮州文化，弘扬中华文化，塑造文化品位”。该俱乐部的成员，多是具有经济实力和社会地位的杰出人物。早期，民间视之为“潮州阿爷”的俱乐部，义安公司、八邑会馆等历届领袖多是该俱乐部的总经理、主要董事或信托人，在英殖民期间几乎称得上是本地潮帮的权力核心。醉花林俱乐部地位独特，具有很高的声誉。

图 9－2　新加坡醉花林俱乐部（林伦伦摄影）

新加坡义兴公司，应该是从事“反清复明”活动的天地会在新加坡的支部组织（不一定有严密的从属关系）。公司至迟在 1824 年就已存在，潮人在其中居主导地位。最初的成员，一般认为一部分是由暹罗经槟榔屿、马六甲而来，另一部分由廖内群岛而来。19 世纪 40 年代，又有部分参加潮汕“双刀会之变”“吴忠恕之变”失败后流亡到新加坡的天地会成员加入。该会声称“反清复明”，以宣扬传统宗教信仰、讲义气和劫富济贫而闻名，首领称“大哥”，多是资产雄厚且势力颇大的大亨，如潮侨陈开顺等。其盛时，为维护组织和成员利益等常发生行业垄断，甚至组织械斗等，不过同时在救助贫困、履行公益方面也多有善举。19 世纪后期，公司被英殖民政府列为“危险社团”，被禁止活动。后逐渐自然消失。

除了以上几个主要的组织，新加坡还有数量众多的潮人社团，特别是 1891 年海峡殖民地《社团注册法令》开始实施后，包括地缘性、血缘性、行业性、慈善性、政治性等各种性质的社团纷纷出现。至中华人民共和国成立前，各类社团大约如下：

地缘性质的有 1925 年成立的潮阳会馆，1929 年成立的潮州八邑会馆，1937 年成立的潮安联谊社，1936 年成立的汕头蓬洲同乡公会，1938 年成立的普宁会馆，1941 年成立的揭阳会馆，1945 年成立的潮安第三区海外同乡会，1947 年成立的惠来同乡会、潮安宏安旅外同乡会、澄海港口同乡会等。

血缘性质的有 1865 年成立的凤廓汾阳公会，1867 年成立的潮州江夏堂，1880 年成立的潮州西河公会，1890 年成立的潮州陇西公会，1934 年成立的澄海西门蔡氏敬思社，1941 年成立的潮州弘农公会，1946 年成立的萧氏总会、佘氏公会，1947 年成立的星洲颍川公会，1948 年成立的颜氏公会等。

行业性质的社团数量繁多，所知的有 1867 年成立的甘蜜胡椒公局，1867 年成立的硕莪贩卖商会，1900 年成立的安南郊商务局，1908 年成立的糖商公会、中药公会、布业商务局，1909 年成立的鱼商公益所，1911 年成立的酒业公会，1919 年成立的橡胶公会、当商公会，1922 年成立的海屿郊公所，1925 年成立的潮侨汇兑公会，1927 年成立的柴炭商行公局，1928 年成立的茶叶出入口商公会，1931 年成立的驳船公会，1934 年成立的屠商公会，1936 年成立的建筑材料枋商公会，1937 年成立的潮州旅业公会、果菜同业公会，1939 年成立的渔业公局，1941 年成立的瓷品竹篾公局、饼食公会，1946 年成立的粮油食品土产三郊联合会，1947 年成立的星洲蛋商公局、铁巴刹菜果同业公会等。以上社团，基本都是由潮商创立，会员在当时都是或绝大部分是潮商。

慈善性质的社团有 1916 年成立的修德善堂养心社，1929 年成立的普救善堂，1937 年成立的同奉善堂，1943 年成立的同敬善堂诚善社，1944 年成立的南安善堂，1950 年成立的同德善堂念心社等，还有日据时期由各大善堂联合组成的中华善堂蓝十字救济总会，简称“蓝十总会”。蓝十总会至今仍然是新加坡所有善堂的联盟。[①]

此外，当时新加坡潮人社会还存在一些政治类的社团，如 1937 年末成立的韩江青年励志社，简称“韩江”。该会宣传加强团结潮人，积极支援祖国抗战，为抗日救国组织募捐、劝捐活动，其成员以中下层的店员居多，也有部分文化人、教师和记者，于 1940 年被强行解散。又如 1947 年初成立的新潮社，宣传加强华侨社会团结，支持国内的和平民主主义运动，其成员与 10 年前的“韩江”类似，该组织还争取到新加坡有名望、较稳健者担任代表。由于当时的新加坡殖民政府认为“新潮”有过激的言论和行为，在 1948 年将之解散，有的成员甚至还遭到刑禁。[②]

① 参见［马来西亚］陈志明著，孟庆波译：《善堂——中国、新加坡和马来西亚的慈善寺堂》，载《华侨华人历史研究》，2014 年第 2 期。

② 沉思：《新加坡“韩江社”和新潮社的创立及其影响》，载中国人民政治协商会议广东省汕头市委员会文史资料委员会编：《汕头文史》（第八辑），汕头：汕头市政协文史资料研究委员会，1990 年，第 240 ~ 252 页。

第十章 马来西亚

第一节 侨居地介绍

马来西亚（Malaysia），东南亚国家。由马来半岛南部（西马来西亚，即半岛马来西亚）和婆罗洲北部（东马）两个不相连接的部分组成。西马即马来半岛部分的马来亚，也叫半岛马来西亚，包括柔佛、吉打、吉兰丹、马六甲、森美兰、彭亨、槟榔屿（槟城）、霹雳、玻璃市、雪兰莪、登加楼（丁加奴）11 个州；东马包括沙巴、沙捞越（砂拉越）两个州。首都吉隆坡位于西马。

马来西亚濒临马六甲海峡、南海、苏禄海与苏拉威西海，与泰国、文莱、印度尼西亚毗邻。面积 32.98 万平方千米。人口 2 626万（2005），马来人及其他土著人占 61.5%，华人占 23.6%，印度人占 7.1%，东马还有伊班、卡达珊、碧达育等人种。马来语为国语，通用英语，华语和泰米尔语也是其主要语言。伊斯兰教为国教。首都为吉隆坡。东、西马来西亚间隔着南海，同处于北纬 1°~7°之间的赤道带，高温多雨，各月平均温度 26℃~27℃，年降水量 2 000~2 500 毫米。东马来西亚的基纳巴卢山海拔 4 101 米，为全国最高峰。森林覆盖率为 63.6%。多金属矿藏，沿海有优质石油与天然气。经济方面以热带农业、采矿业和加工制造业为主。种植油棕、橡胶、可可、椰子、胡椒、稻米等。矿产有铁、铜、铝土、钛、锡、煤、石油、天然气。工业有炼锡、炼油、机械、汽车、飞机、船舶、建材、纺织、电子等。其中棕油、橡胶、可可、锡的产量居世界前列，石油产量居东南亚第二位，均为主要出口产品。还出口液化天然气、电子产品、纺织品等；进口机械、运输器械、粮食、日用品等。①

马来西亚自 16 世纪起相继被葡、荷、英等国占领。20 世纪初完全沦为英国殖民地。在第二次世界大战中为日军占领，日本投降后，英国恢复对其的殖民统

---

① 辞海编辑委员会编：《辞海》（第六版缩印本），上海：上海辞书出版社，2010 年，第 1250 页。

治。1957 年 8 月 31 日，马来亚联合邦宣告独立。1963 年 9 月 16 日，马来亚同新加坡、沙捞越、沙巴组成马来西亚联邦（1965 年新加坡退出）。[①]

第二节　潮人移民情况

中国和马来半岛发生联系，有考证早在公元前 13—12 世纪便已开始。[②] 考古发现了不少例证，如沙捞越州尼亚群洞（Niah Caves）壁画中的铜棺葬，与广西、贵州、四川发现的战国时期的铜棺葬相类似。彭亨州的淡美岭河（Sungai Tembeling）曾有汉代的铜鼓出土。在沙捞越河口曾发现公元前 6 世纪的中国钱币。彭亨州的瓜拉立卑（Kuala Lipis）及沙捞越沿海，曾发现刻着汉字的砝码、钱币、铁刀和钓鱼钩等。[③]

《汉书·地理志》关于西汉遣使西南洋的记录，[④] 已经透露了此前民间早就知道此航道，并且二者已发生了商贸关系的信息。汉代以后，使臣、商人、僧人经过马来半岛和婆罗洲，络绎不绝地往来于中国和印度之间。南北朝时期，马来半岛和婆罗洲上的狼牙修、丹丹、婆利等与中国发生邦交关系，《梁书》对这三个国均有记载。正史记载最早与中国通好的是婆利国，《梁书·婆利国传》载："婆利国，在广州东南海中洲上，去广州二月日行。国界东西五十日行，南北二十日行。有一百三十六聚。土气暑热，如中国之盛夏。"[⑤] 该国自南朝宋元徽元年（473）起便多次遣使中国。隋代，中国第一次向马来半岛派出专使。《隋书·赤土国》："赤土国，扶南之别种也。在南海中，水行百余日而达所都。土色多赤，因以为号。东波罗剌国，西婆罗娑国，南诃罗旦国，北拒大海，地方数千里。其王姓瞿昙氏，名利富多塞……炀帝即位，募能通绝域者。大业三年，屯田主事常骏、虞部主事王君政等请使赤土。帝大悦，赐骏等帛各百匹，时服一袭，而遣赍物五千段，以赐赤土王。"[⑥] 赤土包括今天的吉打、威士利、霹雳和吉兰丹等，都城在旧吉打。唐代时，苏门答腊岛上的室利佛逝和马来半岛南端的罗越等处，已多有中国商人在此进行贸易。

---

① 辞海编辑委员会编：《辞海》（第六版缩印本），上海：上海辞书出版社，2010 年，第 1250 页。

② 参见董彦堂：《中国古代文化的认识》，载《大陆杂志》，1951 年第 12 期。

③ 参见林远辉、张应龙：《新加坡马来西亚华侨史》，广州：广东高等教育出版社，1991 年，第 12 页。

④ 《汉书·地理志》："自日南障塞、徐闻、合浦船行可五月，有都元国；又船行可四月，有邑卢没国；又船行可二十余日，有谌离国；步行可十余日，有夫甘都卢国。自夫甘都卢国船行可二月余，有黄支国。……自黄支船行可八月到皮宗，船行可二月到日南、象林界云。黄支之南，有已程不国，汉之译使自此还矣。"学界普遍认可至少在回程必经马六甲海峡及或新加坡海峡。（汉）班固撰：《汉书》卷 28《地理志》，北京：中华书局，1962 年，第 1671 页。

⑤ （唐）姚思廉撰：《梁书》，北京：中华书局，1973 年，第 796 页。

⑥ （唐）魏徵、令狐德棻撰：《隋书》，北京：中华书局，1973 年，第 1833 页。

在唐中后期，潮州已经是唐政府眼中的岭南大郡，经济空前发达，外销的陶瓷、纺织业等也颇为发达，潮州港已显繁荣，海阳县已经有“波斯、古逻本国二舶，顺风而至”①，海船穿梭海路，“飘风一日踔数千里，漫澜不见踪迹”，“蛮胡贾人舶交海中”。② 作为海上丝绸之路的始发点之一，也有潮州海商到达马来西亚。

宋代，已有潮州的陶瓷销往马来西亚，如马来西亚怡保采集到的青白釉瓜棱腹小瓶，现为上海博物馆所收藏，便是北宋潮州窑具有代表性的产品。这表明当时潮州与马来西亚的商贸流通已经具有一定规模。

北宋朱彧的《萍洲可谈》中有：“北人过海外，是岁不还者，谓之‘住蕃’。诸国人至广州，是岁不归者，谓之‘住唐’。”③ 这说明宋代商人出海贸易不归，落籍于外国成为华侨和外国商人来华一年不回的，已是一种具有普遍性的社会现象。既然潮人和马来西亚通商已成常事，而当时社会又普遍存在“住蕃”“住唐”的情况，则也许在宋代时便有潮人到马来亚经商，“是岁不归”，可能是因为贸易和等候季风的需要而至此地寓居、定居。

此后宋元更替，宋室旧部勤王不成，远走海外，有潮人随之逃逸，或有到达马来西亚的；元初忽必烈抽调福建、广东、江西军队两万人远征爪哇，或有潮人被抽调出征，失败后不少伤病者留养不归。这一时期潮人出走马来西亚的，或有去后又回流国内的，但在数量上应该谈不上具有规模。

明代，有大量文献涉及中国与马来西亚的频繁交通和贸易，如张燮的《东西洋考》便有麻六甲（马六甲）、彭亨、柔佛、丁机宜等多个地区的记载。“（彭亨）舟抵海岸，国有常献。国王为筑铺舍数间，商人随意广狭，输其税而托宿焉。即就铺中，以与国人为市，去舟亦不甚远。舶上夜司更，在铺中卧者，音响辄相闻。”“柔佛地不产谷，土人时驾小舟载方物，走他国易米。道逢贾舶，因就他处为市；亦有要之入彼国者。我舟至此，都有常输，贸易只在舟中，无复铺舍。”④

明代潮人从事海事贸易者继续增加，特别是嘉靖中后期，潮汕海上武装商贸集团更是亦商亦盗，十分活跃，他们公然对抗明政府，出入汪洋，四处设置据点。在明军的打击下，不少集团成员流寓马来西亚。

如张琏，《中国殖民史》记载：“初为库吏，杀人亡命为盗，乘倭乱聚众扰江西、福建、广东三省⑤。”张琏在嘉靖三十九年（1560）称帝，改元“造历”，

---

① （唐）王虔休：《进岭南王馆市舶使院图表》，载（清）董诰等编：《全唐文》，北京：中华书局，1983 年，第 5235 页。

② （唐）韩愈：《送郑尚书序》，载（唐）韩愈著，马其昶校注，马茂元整理：《韩昌黎文集校注》，上海：上海古籍出版社，1988 年，第 283 ~ 284 页。

③ （宋）朱彧撰：《萍洲可谈》，载（清）梁廷枏、（汉）杨孚等著，杨伟群校点：《南越五主传及其它七种》，广州：广东人民出版社，1982 年，第 100 ~ 101 页。

④ （明）张燮著，谢方点校：《东西洋考》，北京：中华书局，1981 年，第 66 ~ 88 页。

⑤ 李长傅：《中国殖民史》，上海：商务印书馆，民国二十六年（1937），第 140 ~ 147 页。

号“飞龙人主”，国号“飞龙”。《明史·外国五》记载：“万历五年，商人诣旧港者，见琏列肆为蕃舶长，漳、泉人多附之，犹中国市舶官云。”[①] 梁启超将张琏列为“中国殖民八大伟人”之一，称“明嘉靖末作乱，蹂躏广东、江西、福建三省，势极猖獗。合三省会剿，调兵二十余万，凡三年，乃平之。官军报捷，谓已获渠魁就戮。万历五年（1577），有商人诣旧港者，问其王，则琏也，盖败后潜逸，复以力据有此国云”。[②] 当时张琏已到达今印度尼西亚的旧港及今马来西亚境内的柔佛、马六甲，并常驻于此。

又如另一海上武装商贸集团——林道乾集团，在明军追击下，先抵大泥（今泰国北大年府），“攘其边地营港”，有一些人沿海道散居今属马来西亚的哥打巴鲁和双溪大年。而此前，林道乾侄儿已在彭亨当官，并邀请他前往：“乾有侄曰茂，先在彭亨国为都夷使，密约乾于万历癸酉二月。”[③] 可见林道乾之侄林茂，早就居住于马来西亚了。

清初，先后有南明偏安、郑成功据台、三藩作乱等，包括潮汕在内的东南沿海时有战事，清政府下令“海禁”。至17世纪80年代“海禁”重开，民间海外贸易重新获得合法地位，不少潮商穿梭于南洋，贩运大米、柚木、红木、胡椒等货物，出海谋生计者日盛。清乾隆年间谢清高口述的《海录》更是直接提及了柔佛地区附近的潮人，“靁哩国在柔佛西南海中，别峙一大山，不与柔佛相连……土番较强盛，潮州人多贸易于此”。[④] 这里的“靁哩国”即是今柔佛的廖内群岛，该材料明确提到“潮州人多贸易于此”，可见彼时那里的潮商已经不在少数。又如威斯利省，潮人在18世纪末即已在该处南部海岸外的巴都卡湾小岛上劳动生息，辟地种植甘蔗。[⑤]

至19世纪中叶，汕头开埠前夕起，由于西方殖民者对于劳工需要、本地的时局不稳、天灾人祸不断等，大批潮人纷纷外出谋生计，其中到达马来西亚主要是通过契约华工的形式。

以马来西亚的槟榔屿为例：1787年英殖民者进入此地之前，仅有华侨60户；之后英人设立招工机构，人口迅速增多，1803年增至5 500人；1820年华侨达8 595人；1860年达到36 000人以上，槟榔屿已经变成华侨的社会。[⑥] 其中1830年至1840年，进入槟榔屿的潮人，每年更达300至400人；到1860年，总数增至

---

① （清）张廷玉等撰：《明史》，北京：中华书局，1997年，第8408页。

② 梁启超：《饮冰室专集之八：中国殖民八大伟人传》，北京：中华书局，民国二十五年（1936），第1～2页。

③ 朱国祯：《皇明史概》卷37《大事记·蜑户》，载《元明史料丛编》第1辑第7种第12册。

④ （清）谢清高述，（清）杨炳南记，冯承钧注释：《〈海录〉注》，北京：中华书局，1955年，第16页。

⑤ ［马来西亚］陈剑虹：《从金石碑文与官方档案管窥19世纪槟榔屿潮人的帮权结构与政治》，载黄挺主编：《潮学研究》（第十四辑），广州：花城出版社，2008年，第156页。

⑥ 参见林远辉、张应龙：《新加坡马来西亚华侨史》，广州：广东高等教育出版社，1991年，第237页。

1 万人，每 3 至 4 人中便有一个潮人。

1860 年汕头开埠后，在法律方面，自由移民已没有障碍；而轮船逐渐取代之前的木帆船，交通更趋便捷，这更推动了潮人外出。

20 世纪初到 1949 年中华人民共和国成立前，由潮汕地区直接侨迁马来西亚的潮人，加上早期移民在当地建立家庭所繁衍的后代，已在马来西亚总人口中占有一定的比例。其中半岛马来西亚部分时期潮人分布如下表①：

西马（半岛马来西亚）② 部分时期潮人分布情况

地点	1901 年	1911 年	1921 年
槟榔屿	15 985 人	16 482 人	19 236 人
柔佛	无统计数字	19 355 人	17 915 人
吉打	无统计数字	9 494 人	16 065 人
霹雳	15 527 人	14 488 人	9 470 人
雪兰莪	4 170 人	5 206 人	8 512 人
马六甲	681 人	1 961 人	2 340 人
森美兰	1 037 人	1 247 人	1 589 人
彭亨	439 人	949 人	887 人
吉兰丹	无统计数字	无统计数字	262 人
登加奴	无统计数字	无统计数字	236 人
玻璃市	无统计数字	92 人	182 人
合计	37 839 人（缺 5 州）	69 274 人（缺 2 州）	76 694 人

至 1921 年，在半岛马来西亚中，槟榔屿和柔佛是潮人聚集最多的地方。而霹雳、柔佛与彭亨三个州的人口，1921 年与 1911 年相比反而减少，这与时局变化所导致的潮人流动谋生、异地种植有密切的关系。

1931 年，半岛马来西亚的潮人在 1921 年的基础上年均增长 60.5%，人数已逾 12 万。1947 年，人口总数达到 210 330 人，比 1921 年增加 133 636 人，增长

① 本表整理辑录自陈骅：《潮人在马来西亚》，香港：公元出版有限公司，2009 年，第 18～19 页。

② 辞海编辑委员会编：《辞海》（第六版缩印本），上海：上海辞书出版社，2010 年，第 72 页。半岛马来西亚（Peninsular Malaysia），旧称“马来亚”。马来西亚西部地区，简称“西马”。位于东南亚马来半岛南部，西南隔马六甲海峡与印度尼西亚苏门答腊岛相望，东临南海，北与泰国相邻；南隔柔佛海峡与新加坡相望，有长堤相连。18 世纪 80 年代起逐步为英国侵占。1941—1945 年被日本占领。日本投降后，英国重占。1946 年英国将新加坡分出，1948 年成立马来亚联合邦。1957 年在英联邦内独立。1963 年成为马来西亚的一部分。

率达到174.03%，增长速度居于华侨之首。①

东马部分，古晋在沙捞越被英国占领前夕就已经有潮人从事种植和小商贸。大约在1852年以后，本里顺路及沿海的峇株卡哇等处便有数百人聚集的潮人居住区；1954年前后，潮人已在古晋创立义顺公司等，同时建有“玄天上帝庙”。山打根、古达则在19世纪80年代便有契约劳工移居，但人数极少，随着烟草、橡胶等种植业的相继兴起，才有潮人陆续迁入。总的来说，华侨大规模移入东马地区是在20世纪以后，潮人在其中占有一定的比例。

1947年《马来西亚人口统计报告》显示，潮州人有364 232人，占总人口13.92%。② 至1949年中华人民共和国成立时，潮人在整个马来西亚的人口数量，可以此为参考。

第三节　经济活动

马来西亚相对地广人稀，热带植物种类繁多，终年均可采集，粮食能自给自足。16世纪起，马来西亚相继被葡、荷、英等国占领。18世纪末19世纪初，殖民经济主要是锡矿开采与甘蔗、甘蜜、胡椒、椰子等经济作物的种植。20世纪初，随着汽车工业的发展，天然橡胶成为紧俏品，该地气候与土壤十分适合种植橡胶，且胶质优于南美野生胶，英殖民当局遂大力引导与投资。1910年前后，马来西亚发展成为橡胶生产国。直至20世纪50年代，马来西亚几乎完全是一个农业国与产锡国，工商业等其他产业所占比重不大。

在马来西亚经济发展过程中，大量的华侨和印度人等为当地提供了可观的劳动力资源，并渗透在其每个发展阶段。其中，潮人占了相当一部分。

一、农业

马来西亚的农业，主要是种植甘蔗、甘蜜、胡椒，还有木薯、硕莪、椰子、橡胶，以及稻米、番薯等经济作物。

甘蔗，根据巴素（Victor Purcell）博士的《马来亚华侨史》，早在马来半岛的吉打王朝在1800年把威斯利省割让给英国东印度公司之前，就已经有华人在峇都交湾种植甘蔗。巴素引述葛尔的游记说：“华人在此种蔗二十年后，欧人才

① 陈骅：《潮人在马来西亚》，香港：公元出版有限公司，2009年，第19页。

② 广东省汕头市地方志编纂委员会编：《汕头市志》（第四册），北京：新华出版社，1999年，第548页。

开始栽种，但有可能更长久。”[①] 而据《新加坡马来西亚华侨史》，这些人正是潮人。[②] 1810 年，潮人又将威斯利省的大片处于原始状态的森林开辟成甘蔗园。“拓荒先驱们凭借个人在潮汕平原的农耕经验和族群的传统炼糖技术，在 1820—1830 年间成功发展小农商品经济形态的威斯利省华族蔗糖业。据 T. B. Braddle 的统计数字，以华人为主的华族人口快速增长。”[③] 19 世纪 30 年代后期，潮人在该地的甘蔗园占了当时甘蔗种植面积的 90%。随后，更多的潮人先后进入威斯利省，或移居北马等地。到 19 世纪 80 年代，仅威斯利省的潮人就增加至 1.3 万人，占当地华侨人口总数的 60.5%，甘蔗的种植也逐步扩展至爪夷、高渊、大山脚和吉打的双溪、大年以及霹雳的吉辇、万珍等地。其时，许栳合是率先取得成功的潮人，他由峇都交湾岛劳工做起，至拥有一千多英亩土地的蔗园，成为早期北马种植业的富豪。此后还涌现出许武安、纪来发、吴应造等一批成功潮人。在第二次世界大战后，担任英殖华民卫护司的布莱士曾总结这一历史时期的农业情况，称：“在农场上大规模种植甘蔗，据说是槟榔屿殖民化以前已在威士利开始了，甘蔗是中国人种的，主要是潮州人，耕种地区是威士利和吉辇，在 1860 年左右，甘蔗变成了主要农业，并一直连续了四十年之久。”[④]

甘蜜和胡椒是潮人 19 世纪 40 年代至 20 世纪初种植的又一主要经济作物。

甘蜜，根据史料最早应产于今印度尼西亚廖内岛。早在 18 世纪，廖内岛就有华人在种植甘蜜。[⑤] 19 世纪 20 年代左右，已经有廖内岛的华人转移至新加坡和马来亚种植甘蜜。19 世纪 40 年代后，新加坡土地趋于饱和，其种植重心便又向马来亚柔佛转移。当时柔佛统治者推行“港主制度”，潮人纷纷来到柔佛参与生产，不少人成为“港主”。19 世纪 60 年代，柔佛的甘蜜和胡椒种植业进入旺盛期，据《回顾新加坡柔佛潮人甘蜜史》，柔佛州共有 138 个港口，查知有港名者 109 个，其中 69 个港的港主已知是潮籍人士，另有 14 个港的港主籍属不祥。[⑥] 这些潮属港主普遍收获颇丰，包括柔佛史上第一位甲必丹陈开顺、柔佛华侨侨长（天猛公政府最主要的华侨官员）陈旭年、被柔佛苏丹封为“拿督”的林亚相，均是富甲一方的著名人物。19 世纪末至 20 世纪初，还有陈敬堂、叶世楣、陈新

---

① ［英］巴素著，刘前度译：《马来亚华侨史》，槟榔屿：光华日报有限公司，1950 年，第 47 页。

② 参见《新加坡马来西亚华侨史》：“威斯利省在 1800 年并入槟榔屿之前，已经有来自中国潮州的华侨在该地种植甘蔗等农作物。”林远辉、张应龙：《新加坡马来西亚华侨史》，广州：广东高等教育出版社，1991 年，第 152 页。

③ ［马来西亚］陈剑虹：《从金石碑文与官方档案管窥 19 世纪槟榔屿潮人的帮权结构与政治》，载黄挺主编：《潮学研究》（第十四辑），广州：花城出版社，2008 年，第 156 页。

④ 转引自王琛发：《糖蔗、会党、许武安：潮州人开发马来西亚峇都交湾的历史印象》，载《华侨与华人》，2012 年第 1—2 期。

⑤ 参见［泰］潘醒农：《回顾新加坡柔佛潮人甘蜜史》，载汕头华侨历史学会编：《汕头侨史论丛》（第一辑），汕头：汕头华侨历史学会，1986 年，第 159 页。

⑥ 据［泰］潘醒农《回顾新加坡柔佛潮人甘蜜史》中《柔佛开港的港主名表》计算，载汕头华侨历史学会编：《汕头侨史论丛》（第一辑），汕头：汕头华侨历史学会，1986 年，第 169 ~ 173 页。

禧等一批潮籍港主闻名遐迩。由于早期柔佛 90% 的甘蜜、胡椒种植者、经营者和新山的大部分居民都为潮人，因此新山开埠后一直有“小汕头”之称。

除了柔佛，潮人在马六甲、森美兰、霹雳、沙捞越的古晋等地，也从事甘蜜、胡椒的种植，且占有相当的份额。如马六甲，自 19 世纪 20 年代中期开始，殖民当局便鼓励农业种植；到 1855 年，其种植面积达 3 800 英亩；至 1889 年全盛时期，输出甘蜜达 11 500 担，种植者中潮人占了大部分。如古晋，在 1852 年，潮人刘建发来到本里顺路及沿海的峇株卡哇等地种植胡椒和甘蜜，后又招来大批潮人，大力发展生产，刘建发遂成为富商大贾和当地潮人群体的领袖。

硕莪，传统上是当地人所种植的，潮人在 19 世纪中期也开始加入种植的队伍，后来还联合北马同行率先成立“硕莪公会”。他们种植的规模虽然不比本地人大，但在销售和经营领域一直占据领先地位。

木薯，原产地为热带美洲，约 19 世纪 40 年代初传入马来亚，19 世纪 50 年代引入马六甲，便在西马中部和北部掀起了种植的高潮。潮人开辟的木薯园主要在吉打州和霹雳州。

橡胶，原产地为巴西，19 世纪后期引入马来亚，但直到 1895 年以后，才成为马来亚的经济作物。初期，潮人的橡胶种植在整个大马经济中所占的比重并不大，至 20 世纪初以后，潮人才开始进行大量的橡胶种植与经营，并涌现出林连登、连仁伟、连瑞利、杨仁梅等一批富豪。

其他如稻米、番薯、蔬菜、蜜柑、烟草、咖啡等经济作物，潮人也有所涉及。人数应该不少，其中揭西河婆籍的可能占有较多的数量。直至 20 世纪 80 年代，沙捞越的河婆人中仍有 80% 的人种植稻、菜、椰子等，聚居在西连、石隆门、红桥等一带农村。① 则可回溯一下，在本书时限 1949 年中华人民共和国成立前，该处应该便有潮人从事农耕生产。

此外，在槟榔屿、霹雳、森美兰等沿海地区，如槟榔屿公巴、双溪头槟榔、方头公屿等一带从事捕鱼的潮人，占当地从业者的 60% 以上。《新加坡马来西亚华侨史》在“19 世纪新马华侨经济”这一章中，称潮州帮主要经营的项目有“盐和鱼干”，并分别列潮人经营类目的第三位和第四位。② 这两类都是来自海边的作业，时间应该在 19 世纪中前期。

二、商业

18 世纪以前，就有一些潮人先后在马六甲、柔佛、槟榔屿等地从事易货贸

① 刘少卿：《马来西亚的河婆人》，载汕头华侨历史学会编：《汕头侨史论丛》（第一辑），汕头：汕头华侨历史学会，1986 年，第 327 页。

② 参见林远辉、张应龙：《新加坡马来西亚华侨史》，广州：广东高等教育出版社，1991 年，第 176 页。

易，有的还留驻当地。英国于18世纪80年代至20世纪20年代先后占领槟榔屿与马六甲区域，将其与新加坡合并为海峡殖民地；19世纪七八十年代又侵占霹雳、雪兰莪、彭亨、森美兰，将其合并为马来联邦；19世纪80年代至20世纪初再将柔佛、吉打、玻璃市、吉兰丹、登加奴合并为马来属邦；19世纪40年代至80年代攫取沙捞越和沙巴的统治权，将其与文莱合称为“英属婆罗洲”。这100多年间时局的变动，促使人员流动加剧，加上移民增多、开发加快等因素，当地的商业机会相应增多。

潮人商业，主要是与民生相关的小商贩、零售商和与转口贸易相关的中介商、批发商等。他们有的是流动小贩，肩挑、背负或使用小推车走遍城区村镇、山区村落以销售日用品，或以易货形式向村民换取山货土产，再出售给大商行转销出口。有的有固定摊点、店铺从事零售经营，包括在“巴刹”（马来语，即“市场”）摊位销售鱼菜肉食等，以致“许多地区的巴刹，都是潮州人的天下”,①而潮人小店则遍布城乡村镇，较为集中的主要在柔佛、槟榔屿、霹雳、吉打、雪兰莪、森美兰、马六甲、沙捞越的古晋等地。如在柔佛的新山，潮人早期几乎垄断了当地的公市，京果杂货、日用百货品、米谷杂粮的销售更是大项。如20世纪40年代，柔佛东甲最繁华的Solok街，有早期掌握东甲经济命脉的Solok芭，许姓潮人所开的“荣茂兴”菜行很是闻名；在鱼菜巴刹（现在位于Solok街的MARA）营业的小贩有20多档，当中大部分是潮人开的档口，只有一两档是属于海南人及福建人的。②

大部分因从事种植业而成功的潮人也从事中介商、批发商、进出口贸易。

如第一位柔佛甲必丹——陈开顺、柔佛华侨社会最高领袖——华侨侨长陈旭年，还有19世纪末柔佛新山著名华侨代表人物林亚相等，都将甘蜜、胡椒的种植范围扩展至柔佛，并增加中下游业务，包括种植、收购、销售、出口等所有环节。如20世纪初的林连登等，还购有货轮，成为“自收各园地物产及经营九八行③生意，兼其分布各地联号之宗枢纽”。后又有不少潮人从事九八行生意。重点经营“暹郊”“香汕郊”④线路区际贸易。1933年，槟榔屿从事“香汕郊”贸易的潮人还成立了槟榔屿潮商公所，在东南亚有一定的影响力。

---

① ［马来西亚］郑良树：《大马潮州人之人口及其分析》，载《柔佛潮州八邑会馆金禧纪念特刊》，1984年，第146页。

② ［马来西亚］南方学院华人族群与文化研究中心编纂：《潮人拓殖柔佛原始资料汇编》，士姑来：南方学院，2003年。

③ 即代客销售产品，当时盛行代客销售货物，完成交易后收取2%的佣金，结账时以九八折结算，从事这一行业的商号通称为“九八行”。

④ 收购暹罗、中南半岛的大米、豆类等转销马来亚、澳洲、中东各地，同时向暹罗、中南半岛输出土产、工业品等，称为“暹郊”线路；或沿着“新加坡—香港—汕头”航线收购中国内地的产品，部分当地消化，部分转销欧美、东南亚，且又可掉头回向，通过此线向中国内地转销印度鸦片、欧美工业品等，称为“香汕郊”线路。

潮商从事商贸活动的同时，也令一些不毛之地逐渐发展成聚落商埠。如柔佛古来“陈肯构街”（Jalan Tan Kheng Khor）附近的开发便是一例：1930 年，祖籍澄海隆都的陈肯构向潮人李天成购买了尚较原始的数十英亩土地，极其廉价的租金乃至免租的形式吸引了附近的乡民到此垦殖；1933 年，该处已有一定数量的常住人口，陈肯构遂开设了一个和祥杂货京果店，经营日用百货、代理烟酒销售等以敷居民，同时聘请潮人潘寿鉴担任经理，管理店务并收取地租；1937 年，人口持续增多，陈肯构又建成一排十间的两层砖瓦建筑，除了其中的 10 号店作为自用物业外，其余单元概以低价或先租后付的形式出租，不久，又修筑道路以方便货物流通和人员出入等；20 世纪 30 年代末，陈肯构再建成一座占地一英亩的巴刹，后将巴刹交由英殖民政府管理。至此，该处逐渐成为交通便利、人员集中的颇具规模的小商埠。由于“古来旧巴刹这一带之市景，有今日之繁荣，应归功陈肯构这位慈善老人”，其所建道路遂被命名为“陈肯构街”——这也是古来第一条华人开辟之街道。①

图 10－1　马来西亚新山陈旭年文化街（林伦伦摄影）

三、金融汇兑和其他行业

潮人在马来亚的金融汇兑业务，主要是侨批业。19 世纪 80 年代，柔佛麻坡便存在侨批局“蔡福成信局”，负责办理侨批的寄送。20 世纪第一个十年，随着马来亚侨批业逐步发展，潮人经费的批信局进一步增多，此期有槟榔屿的“承福兴信局”“乃信局”，柔佛的“公和成信局”“振顺兴（丰记）信局”，马六甲的“长兴公司信局”和安顺德“怡盛信局”等十多家。

---

① 参见［新加坡］李志贤编著：《石叻澄邑先贤传略》，新加坡：新加坡澄海会馆，2015 年，第 14～15 页。

至太平洋战争前，马来亚各地潮人开设和经营的批信局总共达到80家，主要分布于槟榔屿、吉隆坡、柔佛、马六甲、霹雳、雪兰莪、森美兰、登加奴、吉兰丹、彭亨、吉打和沙捞越、沙巴等地。当时经营于西马北部的批信，大多数交由槟榔屿联号转寄汕头，经营于西马中部和南部及东马的批信局，则主要送往新加坡，委托新加坡的潮人汇兑业者负责办理。一说“西马各州的侨批多习惯自各州集中到首都吉隆坡寄发，东马各州则因距离吉隆坡太远而多自沙捞越直接寄至香港中转”①。

从侨批款额来看，马来亚汇入原籍的数字较低。黄挺先生曾分析主要原因：第一，中马和南马一带州府的商号，大多与新加坡有直接或间接的联系。他们所受侨汇大多交由新加坡客联号转到汕头，划款抵汇。只有北马各州靠近槟州的侨汇，才交与槟榔屿客联号转汕。第二，新马对外贸易，总值通常约为80亿元，而新加坡占50亿元（1958年上半年，马来亚对外贸易总值为40亿元，新加坡占近30亿元，约为总数的四分之三，而马来亚仅占四分之一），所以新加坡人在收益方面，往往要比马来亚人多。1919年，汕头市各批局所收入侨汇，计新加坡为5 725 000元，而槟榔屿仅为1 635 000元，由此可见一斑。②

早期马来亚的工业相对薄弱。20世纪50年代以前，主要是些依附于种植业而存在的加工工厂。潮人于19世纪至20世纪初在北马便开设了一些加工木薯、硕莪、大米、甘蔗等的火砻厂、制糖厂，随后还有面粉厂、制油厂、酿酒厂等分布于槟榔屿、马六甲、吉隆坡、柔佛等地，也有规模较小的橡胶厂。此外，还有一些制作日用品的，如木材、瓷器、制秤、木屐、肥皂、火柴等的生产企业。其中，雪兰莪的“李金赐火柴厂”是“战前雪兰莪唯一一家华人经营的火柴厂”。③

第四节　文化生活

一、教育和新闻出版

19世纪初，华文教育以私塾的形式在马来半岛出现。1815年，马六甲就已有9间华侨创办的私塾，其中8间专供福建籍学生使用，约有150名学生，另一间则供广东籍学生使用，约有10至12名学生。④ 在槟榔屿，1819年，也有了第一间私塾——五福书院。之后，私塾渐起，如闽人于1854年设立的萃英书院，

---

① 曾旭波：《侨批丛谈》，香港：天马出版有限公司，2010年，第12页。

② 黄挺：《潮商文化》，北京：华文出版社，2008年，第480页。

③ 陈骅：《潮人在马来西亚》，香港：公元出版有限公司，2009年，第67页。

④ 柯木林、林孝胜：《新华历史与人物研究》，新加坡：南洋学会，1986年，第73页。

如1888年闽粤两省人士共建的槟榔屿南华义学等。[①] 至1904年，槟榔屿中华学校成立，成为马来半岛建立的第一所新式华侨小学。至1950年，马来亚联合邦的华侨学校有1 380多间，学生共计21.6万人。[②]

在此期间，随着人口的增多，一些潮人也先后出资创办、合办华文学校，数量很多。

20世纪前10年成立的，如：槟榔屿林连登等倡办的韩江学校，柔佛新山潮人与其他籍属华侨共同创办的宽柔学校，高渊潮人共同创办的培德学校，双溪大年林栋臣等倡办的新民学校，古晋刘友珊等倡办的明德学校，民都鲁张进为等倡办的普南学校，山打根陈拜雄等倡办的明新学校，邦咯岛马开立等倡办的鼎新学校，麻坡潮人与闽、粤、客、琼籍华侨共同创办的中华学校及化南女校等。

20世纪二三十年代成立的，如：雪兰莪杨敬好等倡办的培才学校、马六甲林大典等倡办的韩江夜校、大山脚林则民等倡办的育英学校、利丰港蔡敬三等倡办的培华学校、爪夷潮人共同创办的崇光学校、北根吴君伟等倡办的中华公学、斗湖丘金国等倡办的新华学校、英吉利里潮人共同创办的英吉利里华校、成邦江郑宝胜等倡办的培侨学校、实巴荷林亚崎等倡办的实巴荷华校、拿督陈杰士等倡办的修正学校、北海林德兴等倡办的育侨学校和民众学校等。

20世纪四五十年代初成立的，如：槟榔屿林连登等倡办的韩江中学、怡保罗并生等倡办的育华学校、高渊潮人共同创办的毓英学校、新巫瑶陈绍鸿等倡办的培华学校、吉胆岛谢其泉等倡办的竞智学校、邦洛岛蔡群英等倡办的中华学校、峇哥陈文甸等倡办的峇哥华校、达岛林贞烈等倡办的达岛学校等。

潮人建立的华校，可能不少是以潮语作为教育媒介的。有资料显示："1920年，殖民政府曾经建议提供津贴给华人学校，但是其条件是以方言为教学媒介而不是普通话。这是企图阻止华校以普通话为统一语言。"[③]

马来亚最早的一份具有新闻性质的华文期刊，是英国传教士米怜（William Milne）于1815年8月5日在马六甲创办的杂志《察世俗每月统记传》。[④] 华人创办的报纸则出现在19世纪末期。1949年之前，潮人也有合作报刊问世，如曾圣提曾于1932年赴槟榔屿，同友人合办不定期期刊《电讯新闻》；其于1936年应槟榔屿《现代日报》之聘前往担任编辑主任，其间曾组织东南亚十余名华文报纸记者回国采访抗战新闻，扩大了海外抗日宣传舆论的影响力。

---

① 王小燕：《马来西亚的华人教育》，载《东南亚》，1984年第2期。

② 林远辉、张应龙：《新加坡马来西亚华侨史》，广州：广东高等教育出版社，1991年，第496页。

③ Jayasuriya，J. E.，*The Dynamics of Nation-building in Malaysia*，Colombo：Associated Educational Publishers，1983. 转引自［马来西亚］文平强：《马来西亚华裔人口与方言群的分布》，载《华研通讯》，2007年第1期。

④ 林远辉、张应龙：《新加坡马来西亚华侨史》，广州：广东高等教育出版社，1991年，第516页。

二、文学艺术

马来亚是华文文学的重镇之一，也是著名潮人文学创作者最集中的地方。20世纪50年代前，较为闻名的潮籍华文文学作家总共发展至近100人，其占马来亚华文文学作家总数的70%左右。

潮人一直都在马来亚华文文学创作领域占据着绝对优势和举足轻重的地位。比较著名的包括张叔耐、林独步、李铁民、李西浪、李紫风、李润潮、黄楚狂、林樨生、曾圣提、沈爱华、萧遥天、许钟祐、杜达孙、铁抗（郑卓群）、刘思、罗依夫、东方月（陈运通）、谷雨、王君实、方北方（方作斌）、张清广、王葛（王进昌）、方修（吴之光）、韩萌（陈君山）、米军（林紫）、许武荣、陈庆昌、谭云山、孙艺文、梅子、海若、谢水旺、郁青（钟山松）、陈雪（陈思庆）、萧艾（赖尚光）、李宝强、吴岸（丘立基）、马牛（马超英）、刘祺裕、晴夫（陈应德）、马汉（孙速藩）、宋子衡、萧水、张寒（张子深）、忧草（余荣坤）、慧适（林木海）、马苍（邱泯锟）、郑良树、静华（黄月光）、杨鸿仪等。如张叔耐，被誉为“一位旧文学好手，但他同时也是新文学倡导的前锋”[①]。如铁抗（郑卓群），小说、散文、报告文学、剧本多有名作，其文艺理论代表作《马华文艺论》，论述新马华文文学的性质、文学运动的意义，以及有关小说、戏剧、诗歌、评论、杂文等各种体裁的写作问题，是新马华文文学史上仅有的一部通论，“在新马华文文学史上占有重要的地位，产生广泛的影响”[②]。

在美术界，也出现了不少潮籍著名画家。如罗铭，20世纪40年代末侨居马来亚，被誉为“中国创新派”国画大师，在东南亚影响颇大。

潮剧艺术方面，最初从移民马来亚的早期潮人的自娱自唱开始，至于专业戏班的演出，据《东南亚华文戏剧概观》的观点：“（自）曼谷王朝四世（1851）起，广东省的潮剧戏班老双喜和老正和班抵达曼谷演出。这些潮剧戏班以曼谷为中心，经常游埠到新加坡、马来亚、柬埔寨等国家和地区演出。”[③]

进入20世纪，潮剧在马来亚传播渐广。20世纪30年代前，是潮剧在马来亚的发展阶段，此阶段戏班增多，演出从周边农村转移到中心城镇。直至20世纪40年代初太平洋战争爆发前，潮剧在马来亚走向高潮。在鼎盛时期，潮剧常年性、固定性演出，并从受聘表演酬神戏、节庆戏、团体庆典戏等临时的搭台演出，到在较固定的娱乐场所进行商业性的公演。演出受众的范围由乡村拓展到城镇，观众群体除了潮人外，还有其他籍的华侨乃至当地人。同时，一些地方也成

---

① 中国古典文学研究会主编：《五四文学与文化变迁学术研讨会论文集》，台北：中国古典文学研究会，1990年，第245页。

② 方修：《马华新文学史稿》（下卷），新加坡：星洲世界书局有限公司，1965年，第80～82页。

③ 赖伯疆：《东南亚华文戏剧概观》，北京：中国戏剧出版社，1993年，第180页。

立了潮剧团体，经常性地排练和演出潮剧。比较有名的戏班子有：老正天香、老一枝香、老赛宝丰、荣和兴、玉楼春等。20 世纪 30 年代以后，马来亚还出现了潮剧编剧，于是当地编演的一些剧目相继出台，有根据电影故事改编的剧目，有依据南洋社会现实改编的“南洋地方色彩”浓厚的剧目，即被人们称为“新剧”的“文明戏”“时装戏”，为潮剧营造了适应发展、务实求新的氛围，如《姐妹花》《双抱车》《劫后缘》《将军之女》《孝女复仇》《印度寻亲记》《实叻案》《杏仁茶》《双青盲》等。[①] 至 1949 年中华人民共和国成立后，海内外隔绝，潮汕本土的戏班已不能游埠南洋，但不少海外戏班仍然存在。

三、民俗

潮汕的年节礼仪、婚嫁传统、饮食习惯、游神赛会等民俗文化，仍然被马来西亚潮人所传承。时年八节的传统礼仪一如故里，而婚嫁上同样是选时择日，下聘迎亲。马来西亚是一个拥有多元文化的国家，伊斯兰教、佛教、印度教等多种宗教并存，有些本地信仰伊斯兰教者禁吃猪肉，与其结婚要改用伊斯兰教名字，这与传统风俗习惯相悖，因此一些潮人不与马来族人通婚。在饮食习惯上，传统的潮州糜、咸鱼、乌榄、菜脯、粿条、蚝烙、菜头粿、芋泥等各种特色小食，也一直备受欢迎。逢年过节，不少潮人更是亲自动手制作粿品，自用或宴客，和工夫茶一样受到一些当地人的喜爱。

图 10－2　马来新山三月初三拜老爷锣鼓响（林伦伦摄影）

① 康海玲：《潮剧在马来西亚的流传和发展》，载《艺苑》，2005 年第 5—6 期。

潮汕本土的民间宗教信仰，在马来西亚亦多有流传，除了妈祖、玄天上帝、关帝、观音菩萨等华人所普遍奉祀的神祇外，还有极富潮汕特色的大峰祖师——大峰祖师行善修禅，一般潮汕地区方有崇奉，在马来西亚分布各处的善堂，普遍皆有其像。在神诞佛节、民俗节日等特定的日子，很多马来西亚的潮人都会三牲五果，祷祝祈瑞，糖塔金山，隆重酬神。在古晋、柔佛、槟榔屿等地，潮人甚至和潮汕本土人一样，将所有奉祀的神明称为“老爷”，祭拜则称为“拜老爷”。

语言方面，潮语在不少潮人比较集中的地方可以通行无阻，在一些地方甚至目前还存在纯粹讲潮语的“潮人村”，如西马北部威斯利省一个位于大山脚和峇东埔之间的小村庄，全村都是潮人，即使是二代、三代，仍以《潮声十五音》为语言教材来学习潮语。又根据马来西亚政府2000年末公布的人口调查数据，以方言群为统计单位，华裔方言群人口一共有5 365 847人，潮语方言群人口约占9.27%，为497 280人，遍布马来西亚13个州。其中槟城122 681人、柔佛91 111人、吉打61 526人、霹雳60 312人、雪兰莪58 465人、沙捞越38 120人，最少的吉兰丹也有约1 099人。而“官方对马来西亚华人方言群人口的统计已有百年历史。各方言群的人口随着时代而变迁。1921年至2000年……潮州人与广西人（占全国人口）的比率不变”①。则1949年之前，马来亚人口中日常讲潮语者可参考上述数据，约占总人口的9.27%。

第五节　潮人社团

马来西亚潮人的具备同乡社团性质的组织，最早在18世纪末19世纪初便已出现，随着潮人聚居点的增加，由若干个移民点逐步扩散到马来西亚各地。初期一般是在宫庙、义冢的基础上形成公祠、家庙，后逐步演变成现代意义上的社团。如在槟榔屿、威斯利省两地，潮汕人的第一个社团组织，是嘉庆、道光年间创建的万世安庙，祭奉的主神为玄天上帝，大伯公从祀②。

1934年8月17日，在槟榔屿韩江家庙成立的“马来亚韩江公会联合会”，是马来亚潮人统一的同乡机构。1935年，该会改称“马来亚潮州公会联合会”；1963年改为“马来西亚潮州公会联合会”；1967年，改称为“马来西亚及新加坡潮州公会联合会”，简称“马新潮联会”；1973年恢复1963年的会名，即“马来西亚潮州公会联合会”，简称“马潮联会”。

截至1949年中华人民共和国成立之前，马来亚各地的同乡社团组织不下一

① 参见［马来西亚］文平强：《马来西亚华裔人口与方言群的分布》，载《华研通讯》，2007年第1期，第29页。

② 参见［马来西亚］陈剑虹：《从金石碑文与官方档案管窥19世纪槟榔屿潮人的帮权结构与政治》，载黄挺主编：《潮学研究》（第十四辑），广州：花城出版社，2008年，第159页。

百个。

如马六甲潮州会馆，其前身是清道光二年（1822）就已经存在的潮州公祠，1882年迁址并更名为“韩江会馆”，1937年扩馆并用此名，同时成立韩江互助社；古晋潮州公会，前身是1864年成立的顺丰公祠，公祠则为之前奉祀玄天上帝的老爷宫形成，1937年用此名，并增设潮侨俱乐部；槟榔屿潮州会馆，前身是1864年成立的韩江家庙，1934年改名为“潮州会馆”；山打根潮州公会，前身是当地义安郡，1923年改“义安郡”为“潮侨公会”，1959年后更名为“打根潮州公会”；雪兰莪新加坡潮州八邑会馆，原为1891年成立的潮州八邑会所，1929年改此名；霹雳韩江公会，1916年发起并成立。

其他的还有大山脚韩江公会，1928年成立；柔佛潮州八邑会馆，1934年成立；麻坡潮州会馆，1937年成立；昔加挽潮州公会，原为1939年成立的昔属潮侨救乡支会，1940年改此名（1960年又更名为“昔加挽潮州会馆”）；峇株巴辖潮州会馆，1940年成立，原为潮商阁俱乐部；关丹潮州会馆，1945年成立；邦咯岛韩江公会，1946年成立；马六甲惠来公会，1947年成立；柔佛南亚潮州八邑会馆，1934年成立；柔佛潮安同乡会，1948年成立，由原新加坡潮安联谊社柔佛办事处改组而成；槟榔屿惠安公会，1948年成立；北马潮安同乡会，1949年成立。

除了这些同乡性质的社团，马来西亚潮人还有行业性、慈善性、文娱性等各种性质的社团，如柔佛新山的公市商业总会等。“目前马来西亚几乎每个城镇都至少有一座善堂”，这些善堂虽然基本都是在20世纪50年代后才登记成立的，不过一些善堂在此前已有了雏形，如1958年才官方注册的沙捞越“云南善堂”，是潮安人佃文香移居新加坡后于1947年才建立的。[①] 这类组织数量繁多，恕不一一列举。

此外，从18世纪末起，马来亚便存在并活跃着不少私会党组织，有些便是由潮人倡导或以潮人成员为主，或与部分潮人组织的关系密不可分。如义兴党、潮郡义兴、大伯公会等，直至19世纪末被英殖民当局列为非法会党后，这些组织才逐渐消失。

---

① 参见［马来西亚］陈志明著，孟庆波译：《善堂——中国、新加坡和马来西亚的慈善寺堂》，载《华侨华人历史研究》，2014年第2期。

第十一章 印度尼西亚

第一节 侨居地介绍

印度尼西亚（Indonesia），简称“印尼”，东南亚最大的国家，世界最大的群岛国。国土分布在太平洋与印度洋之间的17 508个岛屿上，其中6 044个岛上有居民。包括大巽他、努沙登加拉、马鲁古等群岛及新几内亚岛西部，南北两端距离1 888千米，东西绵延5 110千米，面积192万平方千米。人口2.19亿（2005），62%住在爪哇与马都拉。有100多个民族：爪哇人占45%，巽他人占14%，马来人占7.5%，马都拉人占7.5%，还有米南加保人、亚齐人、华人等。印度尼西亚语为国语。87%的居民信仰伊斯兰教，其余信仰基督教、新教、天主教、印度教、佛教等。首都是雅加达。各岛地形以山地和丘陵为主，巴布亚（旧称“伊里安查亚”）的查亚峰（Jaya）海拔5 029米，为全国最高峰。共有400多座火山（活火山77座），是世界火山活动最多的地区之一，地震频繁。大部地区属热带雨林气候，常年炎热多雨；平原各月平均气温25℃～27℃，年降水量2 000～3 000毫米；爪哇东部和努沙登加拉群岛年降水量在2 000毫米以下。森林覆盖率为74%，产铁木、檀木、乌木、柚木等贵重木材。矿藏以石油、天然气、锡、镍、煤为主，并有铀、铜、锰、铬、铝土等。经济以热带农业及矿业为主。粮食作物有稻、玉米、木薯等。木棉、胡椒、金鸡纳霜产量居世界首位，橡胶、棕仁、棕油、椰干、椰油的产量亦居世界前列，还产甘蔗、咖啡、茶叶等。鱼及木材产量居东南亚首位。工业有采油、石化、纺织、轮胎、电子、水泥、汽车、飞机制造、船舶、钢铁等。石油产量亦居东南亚首位。出口以石油、天然气为主，还有橡胶、木材、锡、咖啡、棕油、茶叶等。进口纺织品、化工品、机器及运输设备、钢铁制品等。①

---

① 辞海编辑委员会编：《辞海》（第六版缩印本），上海：上海辞书出版社，2010年，第2278页。

7世纪苏门答腊建立了室利佛逝王国，同中国、印度和阿拉伯等国建立了经济、文化联系。13世纪末，麻喏巴歇王国成立。16世纪起，葡、西、荷、英相继入侵。1602年荷兰成立“荷属东印度公司”，1800年正式设立殖民政府，称“荷属东印度”。1942年被日军占领，1945年日本投降，8月17日宣告独立。其后，荷兰发动两次殖民战争，企图重占印度尼西亚，遭到印度尼西亚人民抗击。1949年与荷兰签订《圆桌会议协定》，成立印度尼西亚联邦共和国。1950年取消联邦制，成立统一的印度尼西亚共和国。1963年收回被荷兰侵占的西伊里安。①

第二节　潮人移居情况

早在公元前1—2世纪间，中国人的足迹已至印尼，根据之一是印尼苏门答腊南部巴西麻区史前石刻与公元前117年西安古墓石刻加以比较得出的结论；根据之二是中国汉朝的遗物在苏门答腊、爪哇和加里曼丹均有出土；根据之三是中国古籍《汉书·地理志》中有关于苏门答腊和爪哇的记载。②

有考古学家根据出土文物，不仅证明了汉朝与印尼3个主要岛屿发生过经济、文化来往，而且在苏、爪两岛已有华侨定居。③ 如人们在苏门答腊中部西海岸附近的科林芝古冢出土的随葬品中，发现有写着“初元四年”字样的陶器，证明是西汉元帝时的制品，由此推知公元前1世纪苏门答腊岛已有中国人定居。④ 又如荷兰学者奥赛·德·弗玲尼斯（Orsey De Flines）在爪哇西部的万丹发现供祭祀用的汉代陶器，认为埋葬这种陶器的坟墓必是中国女人之坟墓，由此推测中国人在公元1世纪前后已来到爪哇岛，有的可能已在万丹定居下来。⑤

三国至隋代时期，中国航海和造船技术相较于汉代有了很大提高，与东南亚及南亚的海路联系和海上贸易关系也比汉代有了很大发展。如吴时的海船已常航行于东海和南海。孙权曾派朱应、康泰出使南洋诸国，他们回国后将所见所闻记录下来，著成《扶南异物志》《吴时外国传》。⑥ 《吴时外国传》中有不少古地名，被认为是今印尼诸岛，如“诸薄国”，指爪哇；“马五洲”，法国学者伯希和

---

① 辞海编辑委员会编：《辞海》（第六版缩印本），上海：上海辞书出版社，2010年，第2278页。

② 参见温北炎：《试析印尼华族与当地民族的关系》，载《世界民族》，2003年第3期。

③ 李学民、黄昆章：《印尼华侨史》，广州：广东高等教育出版社，1987年，第13页。

④ 原注：“布里安·哈里逊：《东南亚简史》（*A Short History of South East Asia*），纽约，1957年，第10页。”转引自李学民、黄昆章：《印尼华侨史》，广州：广东高等教育出版社，1987年，第13～14页。

⑤ 转引自林瑞志、吴世璜：《爪哇华侨仲介商》，载《南洋问题资料译丛》，1957年第4期。

⑥ 《扶南异物志》《吴时外国传》二书唐后散佚。部分内容散见他书。如元末陶宗仪辑录本《扶南传》；清陈运溶辑录本《康泰吴时外国传》一卷，《康泰扶南土俗传》一卷，《扶南传》；［新加坡］许云樵辑注：《康泰吴时外国传辑注》，新加坡：东南亚研究所，1971年。

考证为呇厘岛；“薄叹州”，可能是苏门答腊等。[①] 而荷印殖民时期的巴达维亚博物馆，收藏有爪哇中部扎巴拉发现的六朝时代的有盖陶罐。[②] 此外，东晋法显沿陆路到天竺（印度）求佛经，义熙七年（411）由狮子国（斯里兰卡）取海路回国，中途经过的耶婆提，可能便是爪哇或苏门答腊。[③] 这说明当时的人们已清楚地知道从印尼到中国的海路。六朝期间，印尼诸国频繁入贡，仅仅在苏门答腊岛，岛上的婆皇国（又译“蒲黄国”等）在刘宋24年间朝贡7次，其东南部的干陀利国（Kandari）在刘宋、梁武朝时朝贡也达4次。这些无不说明中国与印度尼西亚之间的经济、文化、贸易往来已显密切。而出于贸易或文化交流的便利，可以推测，这个时期中国人居住在印尼的情况应该是存在的。

唐朝继续与印尼诸国保持着官方联系及海上交通。7世纪初期前后，在印尼群岛上，大小王国、部落混战吞并，但新兴的几个印度化佛教国家皆与唐朝有外交朝贡关系，如7世纪中叶苏门答腊南部的室利佛逝国，又如爪哇中部的诃陵国（760年后为迦吒呵取代[④]，但《新唐书》《旧唐书》仍称它为“诃陵国”），再如其他中小国家，如婆鲁斯国、末罗游国等。至903年或904年，夏连特拉王朝合并了迦吒呵、室利佛逝国和马六甲半岛，更名为“三佛齐王国（Samboja Kingdom）”[⑤] 时已是唐末。

除了官方联系外，中国与印度尼西亚之间也有民间来往，如唐代高僧义净撰述的《大唐西域求法高僧传》，述其本人南航印度，在室利佛逝停留6个月，到印度取经后又回室利佛逝译经4年，再返回广州聘请4名助手到室利佛逝继续翻译6年，从671年至695年的24年中在室利佛逝住了近11年。据《大唐西域求法高僧传》及《南海寄归内法传》，当时到印度求经的有60位僧侣。[⑥] 海路俨然已若通途。因此，此时商贸交易、谋生他乡也是可以实现的。《印尼华侨志》便直接断言“唐代国势富强，与外国贸易甚盛”，其时“信使之往来与僧人之南游，更促进华人与印尼（印度尼西亚人）贸易。当时粤、闽、浙、苏沿海一带与印尼通商甚为发达，亦有华商于印尼定居”。[⑦]

---

① 参见李学民、黄昆章：《印尼华侨史》，广州：广东高等教育出版社，1987年，第18页。

② ［新加坡］许云樵：《南洋史》（上册），新加坡：星洲世界书局有限公司，1961年，第83页。

③ 耶婆提，中外学者多数人认为是爪哇岛（见伯希和著，冯承钧译：《交广印度两道考》；李长傅：《中国殖民史》；张星烺编著：《中西交通史料汇编》等书）。也有人认为是苏门答腊岛（见［法］费琅著，冯承钧译：《苏门答剌古国考》；贺昌群：《古代西域交通与法显印度巡礼》等书）。也有人认为是爪哇和苏门答腊两岛之合称（见冯承钧：《中国南洋交通史》；岑仲勉：《佛游天竺考释》）。还有人认为是婆罗洲（见摩尔赫德：《马来亚及其邻国历史》等）。转引自李学民、黄昆章：《印尼华侨史》，广州：广东高等教育出版社，1987年，第19页。

④ ［印尼］萨努西·巴尼著，吴世璜译：《印度尼西亚史》，北京：商务印书馆，1959年，第25页。

⑤ ［印尼］萨努西·巴尼著，吴世璜译：《印度尼西亚史》，北京：商务印书馆，1959年，第25～26页。

⑥ 参见李学民、黄昆章：《印尼华侨史》，广州：广东高等教育出版社，1987年，第30～32页。

⑦ 华侨志编纂委员会编：《印尼华侨志》，台北：华侨志编纂委员会，1961年，第32～33页。

爪哇历史记载："924 年，有中国大商船一艘，在爪哇之三宝垄附近沉没，其管仓者献宝物于直葛王。得王之允许，召集余众定其居，受优良之待遇。"①又 10 世纪时，曾游历非洲、东南亚、南洋群岛和中国的阿拉伯人马素提，在记载沿途所见所闻的《黄金牧地》中，称 943 年经过苏门答腊三佛齐时看见"有多数中国人垦殖于此岛，而尤以巴邻旁（室利佛逝）为多，盖避中国黄巢之乱而至者"②。此时已是五代，但若回溯，则至迟在唐代末期，已经有较具规模的中国人定居印尼。

唐代末期，潮州海路畅通，外销产品发达，航线通东南亚，或有潮州商人到达苏门答腊岛等处，韩愈《送郑尚书序》载："隶府之州离府远者至三千里，悬隔山海，……其南州皆岸大海。多洲岛，飘风一日踔数千里，漫澜不见踪迹。……其海外杂国若耽浮罗、流求、毛人、夷亶之州，林邑、扶南、真腊、干陀利之属，东南际天地以万数。或时候风潮朝贡，蛮胡贾人舶交海中。"③

上引中"夷""蛮"，是韩愈对包括潮州在内的岭南土著的蔑称。"蛮胡贾人舶交海中"，即指潮州土著海商与海外商人在海上交易。由此可见，潮州人口的出洋现象，在此时已并不罕见。干陀利，《梁书·海南诸夷传》载："干陀利国在南海洲上，其俗与林邑、扶南略同。出斑布、吉贝、槟榔。槟榔特精好，为诸国之最。"④ 一般认为它是室利佛逝的前身，即今苏门答腊岛一带。

宋朝，与印尼等南洋各地的联系更趋密切，当时已经有很多中国人在三佛齐。《宋史·外国传·三佛齐传》载："（三佛齐）国中文字用番书，……亦有中国文字。上章表即用焉。"⑤ 从北宋开宝四年（971）至咸平二年（999），中央政权先后在广州、杭州、明州（今宁波）设置市舶司，合称"三司"；元祐二年（1087）至绍兴十六年（1146），又设福建泉州、山东密州、浙江秀州、江苏上海、江阴市舶司或市舶务。其中，北宋时期广州市舶司的关税收入占了北宋三司全部关税收入的 90%。⑥ 与广州同处广东省的潮州，此时正处于经济发展加快、人文日渐郁盛的时期，已有潮州港、南澳港、凤岭港、鮀浦港、揭阳港、辟望港等海港。⑦

正史上第一条潮汕与印度尼西亚有直接联系的记录也来自此时。《宋史·外国传·三佛齐传》载："太平兴国五年，其（室利佛逝）王夏池遣使茶龙眉来。

---

① 转引自华侨志编纂委员会编：《印尼华侨志》，台北：华侨志编纂委员会，1961 年，第 33 页。

② 转引自李长傅：《中国殖民史》，上海：商务印书馆，民国二十六年（1937），第 61 页。

③ （唐）韩愈：《送郑尚书序》，载（唐）韩愈著，马其昶校注，马茂元整理：《韩昌黎文集校注》，上海：上海古籍出版社，1988 年，第 283 ~ 284 页。

④ （唐）李延寿撰：《南史》，北京：中华书局，1975 年，第 1959 页。

⑤ （元）脱脱等撰：《宋史》，北京：中华书局，1977 年，第 14088 页。

⑥ 李学民、黄昆章：《印尼华侨史》，广州：广东高等教育出版社，1987 年，第 33 页。

⑦ 参见黄挺、杜经国：《潮汕古代商贸港口研究》，载潮汕历史文化研究中心、汕头大学潮汕文化研究中心编：《潮学研究》（第一辑），汕头：汕头大学出版社，1994 年，第 53 ~ 58 页。

是年，潮州言，三佛齐国蕃商李甫诲乘舶船载香药、犀角、象牙至海口，会风势不便，飘船六十日至潮州，其香药悉送广州。”① 太平兴国五年（980）距离北宋建国才21年。

潮州与印度尼西亚较为频繁的商贸往来不迟于此时，于唐代便开始在潮州开窑生产的潮州瓷产品，应该是双方商贸往来的主要货物。大量文物和考古发现都可以为这种推测提供有力的物证。考古专家在印尼便曾发现过可以肯定是或者近似于北宋潮州窑生产的瓷器。

《岛夷志略》载有潮州至南洋的海航线，其中自潮州向西南航行，经过东沙群岛和西沙群岛后，船头稍偏东可以抵达爪哇岛，再偏东可以抵达加里曼丹岛。又周伯琦《肃政箴》载：“岭南古百越之地，广是都会，东宪府在焉。潮去广二千里，盖东履至是而止。岸海介闽，舶通瓯吴，及诸蕃国。”② 则潮汕已然是“舶通瓯吴，及诸蕃国”，也无疑是中国沟通海外的一个门户。结合考古资料，此时建立在贸易交往基础上的潮州至印尼海航路十分顺畅，可见潮商对马来西亚的熟悉程度。而应该指出的是，只要有贸易，就必然会产生一定的定居时间，因为季风关系，一至该处，木帆船必待风转时节方能回。

宋元时华人侨居三佛齐等印尼岛国，已有一定的数量，其国“也有中国文字”，出于商业、谋生的需要，若干潮人留居当地是十分有可能的。又因宋元更迭，宋帝南逃，潮州人勤王被元兵屠城，时“焚民室庐，火焰亘天，城中居民无噍类”③，“庙、学、乐器、祭器、祭服悉付一炬”④，兵荒马乱之下，四散的难民或有下南洋以至印尼者。《潮州志·交通志》载：“元时三佛齐（今印尼巨港）已有潮人足迹。”这是有道理的，根据已发现的考古资料，在东南亚最早出现唐人街之一的地方，就是12—14世纪苏门答腊岛东北海岸的中国城（Kota China）。⑤ 虽然史载无证，但闽、潮一向是出海南洋的主力，既然当地已经存在唐人街，有潮人侨寓是再正常不过的。不过，潮人比较有规模的移居，应该是在明代以后。

明代，郑和下西洋，印尼是必经之地，其中爪哇和苏门答腊又是必往之地，其手下许多人滞留并定居在印尼。此时的印尼华人已经不少，爪哇岛北岸地区是明代初期广东移民的聚居地，其中也有潮人。

---

① （元）脱脱等撰：《宋史》，北京：中华书局，1977年，第14089页。

② （元）周伯琦：《肃政箴》，载《〈永乐大典〉卷05343（潮字）卷05345（潮字）辑录本》，潮州：潮州市地方志办公室、韩山师范学院图书馆，2000年，第116页。

③ 陈香白辑校：《潮州三阳志辑稿　潮州三阳图志辑稿》，广州：中山大学出版社，1989年，第69页。

④ 陈香白辑校：《潮州三阳志辑稿　潮州三阳图志辑稿》，广州：中山大学出版社，1989年，第51页。

⑤ 广东省地方史志编纂委员会编：《广东省志·华侨志》（光盘版），广州：广东省科技音像出版社，1996年，第91页。

曾随郑和3次下西洋的通事（翻译官）马欢，将其所见所闻载入15世纪40年代成书的《瀛涯胜览》："杜板（今厨闽）番名赌斑，地名也。此处约千余家，以二头目为主，其间多有中国广东及漳州人流居此地。……于杜板投东行半日许，至新村（今格雷西，又译锦石），番名曰革儿昔。原系沙滩之地，盖因中国之人来此创居，遂名新村，至今村主广东人也，约有千余家，各处番人多到此处买卖。其金子诸般宝石一应番货多有卖者，民甚殷富。自新村投南船行二十余里，到苏鲁马益（又译泗水），番名苏儿把牙。""（爪哇）国有三等人，一等回回人，皆是西番各国为商，流落此地，衣食诸事皆清致；一等唐人，皆是广东、漳、泉等处人窜居此地，食用亦美洁，多有从回回教门受戒持斋者；一等土人……"①

上引这些广东人中，自然少不了潮属侨寓者。笔者统计，《瀛涯胜览》有3次提及"中国人"、1次提及"唐人"，具体到各籍移民则有：漳（州）人3处，泉（州）人2处，广东（人）6处。② 因此时期类似文献的广东籍人中并不细分潮、梅、肇各属，因此上引的"广东人"，可推测有潮人，而文中提及的新村村主、海盗豪强陈祖义、施进卿等，也同样不排除是潮人。

史籍上第一条明确有潮人侨居印尼的记载便出现在此时，《明英宗实录》卷一百一十三"正统九年（1444）"载："（二月）己亥，广东潮州府民滨海者，纠诱傍郡亡赖五十五人，私下海，通货爪哇国，因而叛附爪哇者二十二人，其余俱归；复具舟将发，知府王源获其四人以闻。"③ 这里记载了1444年，以潮人为主的55位海商无视禁令，与爪哇通商，其中22人留在爪哇，余下33人返乡后打算整装再发，被官方抓获4人。记载虽略，但是可以确定"附爪哇者二十二人"为潮人或其中以潮人居多，因为主犯为"潮州府民"，案发地或说"再次出发地"为潮州才会由潮州知府办案。

事实上，潮人对与南洋的商贸往来极为渴望。据《明实录》记载，成化元年（1465）"爪哇国遣使梁文宣入贡方物，舶至广东广海卫，有段镇者，常泛海为奸利，识文宣，因诱出其附余货物乾没之，且导其舶泊潮州港。指挥州岳受委封盘，又私留其玳瑁百余斤。巡按御史以闻，命追问岳，以镇为奸利日久，发充大同威远卫军"。④ 这表明，潮人段镇经常从事海上贸易，爪哇贡使梁文宣行至，遂引诱爪哇贡船到潮州港口，与官员互相勾结以牟利，被查获。

---

① （明）马欢撰：《瀛涯胜览》，北京：中华书局，1985年，第16~17、19页。

② 数字统计据（明）马欢撰：《瀛涯胜览》，北京：中华书局，1985年；并参考（明）马欢原著，万明校注：《明钞本〈瀛涯胜览〉校注》，北京：海洋出版社，2005年。

③ 《明实录·英宗实录》卷113，正统九年二月己亥，《明英宗实录》，台北："中央研究院"历史语言研究所，1962年，第2277页。

④ 《明实录·宪宗实录》卷19，成化元年七月戊申，《明宪宗实录》，台北："中央研究院"历史语言研究所，1962年，第378页。

此后，海上商贸不绝，成化十四年（1478），广东左布政使彭韶有疏奏称："南澳港泊界在闽广之交，私番船只，寒来暑往，官军虽捕，未尝断绝。"① 潮人往来包括印尼诸岛在内的南洋地区，已经是常事。

即使在禁海时期，走私贸易也相当活跃。至明代中后期，潮汕海上武装商贸集团大量出现，他们无视明王朝的律法禁令，纵横南洋，遂令潮人与海外的人口流动骤然加剧。由此，便有更多的潮人滞留印尼诸岛。

其中，海上武装商贸集团的首领张琏，可能是最早见诸史籍且有名有姓的潮人移居印尼者。张琏，饶平人，被梁启超誉为"中国殖民八大伟人"之一。康熙《潮州府志》载："张琏者，饶平库吏。乘倭煽乱，聚众焚劫，知县林丛槐往抚之，为所拘留。势日张。"② 之后，张琏"蹂躏广东、江西、福建三省，势极猖獗。合三省会剿，调兵二十余万，凡三年，乃平之。官军报捷，谓已获渠魁就戮。"③ 但是，与当时官兵一些"报捷"其实很不耐推敲类似，似乎张琏并未被剿灭（也有认为确实被擒获④）。《明史·外国五》载："嘉靖末，广东大盗张琏作乱，官军已报克获。万历五年，商人诣旧港者，见琏列肆为蕃舶长，漳、泉人多附之，犹中国市舶官云。"⑤ 张琏则已经居留在苏门答腊的大港口巨港，并且还有华侨依附。《中国殖民史》亦谓："琏亦未被杀于官军，而逃往南洋。中国海盗，据官吏报告，业已捕获，而实际逃往海外，除琏而外尚有林道乾，以彼例此，则琏之自潮州逃往海外，亡命苏岛，为可能之事。"⑥ 梁启超认为："（张琏）盖败后潜逸，复以力据有此国云。"⑦ 《广东省志》载："明嘉靖四十一年（1562）潮、梅地区农民起义失败，领袖张琏（饶平县人）率余部逃到三佛齐国的旧港，并出任当地管理市舶官。"⑧ 另外，张琏自嘉靖三十九年（1560）称帝，号"飞龙人主"，改元"造历"，至嘉靖四十一年（1562）被剿灭，历时三年，《辞海》中国历史纪年表中有载，也是该书所录唯一建元的潮人。⑨ 像张琏这样的集团，在明中后期起，还有不少，他们啸聚海岛，亦商亦盗，在往来南洋的过

---

① （明）陈子龙辑编：《明经世文编》，北京：中华书局，1962 年，第 710 页。

② （清）林杭学纂修：《潮州府志》，潮州：潮州市地方志办公室，2000 年，第 163 页。

③ 梁启超：《饮冰室专集之八：中国殖民八大伟人传》，北京：中华书局，民国二十五年（1936），第 1 ~ 2 页。

④ 饶宗颐先生认为张琏在本地被官军擒获，并未逃往三佛齐。参见饶宗颐：《论〈明史·外国传〉记张琏逃往三佛齐之讹》，载黄挺编：《饶宗颐潮汕地方史论集》，汕头：汕头大学出版社，1996 年，第 537 ~ 555 页。

⑤ （清）张廷玉等撰：《明史》，北京：中华书局，1997 年，第 8408 页。

⑥ 李长傅：《中国殖民史》，上海：商务印书馆，民国二十六年（1937），第 140 页。

⑦ 梁启超：《饮冰室专集之八：中国殖民八大伟人传》，北京：中华书局，民国二十五年（1936），第 1 ~ 2 页。

⑧ 广东省地方史志编纂委员会编：《广东省志·华侨志》（光盘版），广州：广东省科技音像出版社，1996 年，第 15 页。

⑨ 辞海编辑委员会编：《辞海》（第六版缩印本），上海：上海辞书出版社，2010 年，第 2638 页。

程中，也多有部属在各地接应。

如上所述，17世纪荷兰等西方殖民者来到印度尼西亚之前，印度尼西亚已有不少华侨，他们集中定居于苏门答腊岛南部、爪哇西部和东部，其次分散定居于加里曼丹西部和南部以及马鲁古群岛。据1952年中国历史研究会编的《中国通史简编》称，上述时期南洋群岛的华侨约在10万人以上，印尼华侨人口超过1万。1602年至1799年是荷兰东印度公司对印尼进行掠夺、逐步使印尼沦为荷兰殖民地的时期，也是印尼华侨人口开始大量增加的时期。①

18世纪中叶，清政府忙于向西北地区和西南地区用兵，东南沿海海防松弛，潮人私自出海、移居外国者更多。

据18世纪后期谢清高在其旅行见闻录《海录》中所述：在加里曼丹岛西岸的坤甸至山口洋、三发等地区，"闽、粤到此淘金沙、钻石及贸易、耕种者，常有数万人"；在爪哇的大都会噶喇叭（今雅加达）市区内，"中华人在此贸易者不下数万人，有传至十余世者"。② 这些记述中，西加里曼丹有丰富的黄金、钻石等矿，自18世纪中叶华侨大量迁入后，即开发为黄金产区，矿工主要来自广东潮、梅地区客属各县，他们以合股形式组成大小采矿公司；③ 在噶喇叭市区内"传至十余世"的华人，未载是否有潮属人口，如从潮人"叛附爪哇者二十二人"的明初时计，则有也很正常；"潮州人多贸易于此"的廖内岛，则确实是聚集了不少经商的潮人，这也可略窥见当时贸易的活跃程度以及在印尼的潮人人口状况。

荷兰学者所著的《18世纪末巴达维亚唐人社会》亦记载了当时潮人的移居情况：由于包括潮州商民在内的大量华人进入印度尼西亚，荷兰东印度公司数次颁布公告对唐船载人数量作了限制，尤其限制广府商民和潮州商民移居印度尼西亚，但是潮州船只似乎并未遵守这些规定。如1788年，潮州人高充观、李乾元、陈榜观、陈承恩、郭揆临、高酌观、高注视、林业观等13人在客头蔡玉振的牵引下乘行商颜六昆的船只抵达爪哇。④

清嘉庆二十一年（1816）荷兰人接管邦加岛后，在中国香港、澳门和汕头招募华工前往开采锡矿。作为招募点之一，潮人出洋人数应该不会少。⑤ 此后，时局剧变、天灾频仍、交通便利、潮汕资源局促等种种因素，促使潮汕人口大量外

---

① 温北炎：《试析印尼华族与当地民族的关系》，载《世界民族》，2003年第3期。

② （清）谢清高述，（清）杨炳南记，冯承钧注释：《〈海录〉注》，北京：中华书局，1955年，第16页。

③ 广东省地方史志编纂委员会编：《广东省志·华侨志》（光盘版），广州：广东省科技音像出版社，1996年，第57页。

④ 参见［荷］包乐史著，吴凤斌译：《18世纪末巴达维亚唐人社会》，厦门：厦门大学出版社，2002年，第47～48页，第53～54页。

⑤ 广东省地方史志编纂委员会编：《广东省志·华侨志》（光盘版），广州：广东省科技音像出版社，1996年，第19页。

流。更主要的是，荷兰当局亟须廉价的劳动力以加快开发外岛的步伐。

1860年汕头的开埠，无疑起了促进的作用。其间，1853年荷兰曾颁布禁止中国移民入境的条令，1856年废止，且主动为入境者提供方便以吸引华人劳工。这样，契约劳工是此时期潮人出洋的主要形式，同时也是大量移民的成因。①

清同治十一年（1872）八月，汕头成立洋务公所，处理潮州地区华工出国事务，并提供一定程度的引导。②

清光绪十九年（1893）九月，清政府颁布法令："除华侨海禁，自今商民在外洋，无论久暂，概许回国治生置业，其经商出洋亦听之。"③

这些内外因素，都加快了潮人外流的步伐。在1876年，汕头已有贩卖契约华工的客栈二三十家。④ 至清光绪十四年（1888），苏门答腊日里种植园主联合会获得清政府许可，更在汕头设立"源兴行"（元兴洋行），直接从中国汕头口岸定点招募契约华工，荷兰遂取代英国成为购买契约华工的最大主顾。源兴行是荷兰殖民者贩卖华工的主要机构。1888年至1908年的21年中，便有13.2万多名契约华工自汕头贩运到苏门答腊东部的日里种植园。另据不完全统计，1876年至1898年从汕头经香港或直达东南亚的中国人为151.2万人。⑤ 这些劳工很大一部分聚集在苏门答腊岛一带从事种植作业、垦殖开荒，苏东早期的烟草种植场和橡胶种植场，亦是多由潮属契约华工开发的。⑥ 如日里岛上辟有烟草种植园的新巴黎公司，1927年左右有一千多名劳工，除了四五百名是中国人外，其余劳工分属各国12个民族。在中国人中，潮人有300人以上。⑦

大批契约劳工的到来，令华侨人数不断增加，原来的华人社区得到进一步扩展。据统计，1830年，西加里曼丹华侨达15万人，1870年爪哇和马都拉华侨达17.5万人。又据荷兰殖民当局官方统计，1880年全荷印华侨人数为343 793人，1900年增为537 316人，1930年更增为1 233 214人，半个世纪增加889 421人，增加258.7%。及至第二次世界大战前，移居印尼的华侨已达143万人。

应该指出的是，由于荷兰殖民当局奉行出生地主义的国籍法，1907年《议

---

① 参见李学民、黄昆章：《印尼华侨史》，广州：广东高等教育出版社，1987年，第231页。

② 参见广东省地方史志编纂委员会编：《广东省志·华侨志》（光盘版），广州：广东省科技音像出版社，1996年，第42页。

③ 广东省地方史志编纂委员会编：《广东省志·华侨志》（光盘版），广州：广东省科技音像出版社，1996年，第26页。

④ 陈翰笙主编，卢文迪、陈泽宪、彭家礼编：《华工出国史料汇编第四辑：关于华工出国的中外综合性著作》，北京：中华书局，1981年，第254页。

⑤ 陈翰笙主编，卢文迪、陈泽宪、彭家礼编：《华工出国史料汇编第四辑：关于华工出国的中外综合性著作》，北京：中华书局，1981年，第115页。

⑥ 参见温广益、蔡仁龙等编著，洪丝丝审校：《印度尼西亚华侨史》，北京：海洋出版社，1985年，第184页。

⑦ 参见林俊聪：《活"猪仔"林孝》，载汕头华侨历史学会编：《汕头侨史论丛》（第一辑），汕头：汕头华侨历史学会，1986年，第293页。

定荷属东印度归化法》（华侨称之为《荷兰新订爪哇殖民籍新律》）规定，自1908年起，所有出生于爪哇的华侨，不论他们是居住于该地还是已经返回中国，均视为荷兰国民。而且“凡籍人在外国所生之子女，虽年满十八岁，或已结婚者，然苟住荷兰地或往来于荷兰王国之地，亦为莅荷兰殖民籍，其妻及结婚及年满十八岁子女亦同”。荷印当局“一变其威力压迫之策，转而羁縻笼络之谋，初由国会议准华侨入籍之案近复拟宁新律，凡久居彼属者皆将入殖民地籍”。[①] 这样，不少华裔被列入荷籍。这就导致上述统计数字比华侨实际人数要少得多。据一些学者估计，1947年全印尼华侨为190万人，另一些学者则估计为200万人，这些估计仍偏于保守。[②]

根据《印尼华侨史》的说法，1930年的人口统计：华侨总人口为1 190 014人，福建籍华侨为554 981人，广府籍136 130人，客家籍200 736人，潮州籍87 812人，其他籍210 355人。[③] 如果按这个数据折算，该年潮籍华侨约占华侨总数的7.4%。至1947年，倘若按上述印尼190万~200万华侨总人口的说法，以及8.0%的比例来计算潮籍人口，则是在15.2万人到16万人之间。如前所述，由于荷印当局华侨计算方法的不同，实际潮籍人口肯定远远大于这个范围。此外，据荷兰当局于1930年的统计，潮州籍土生华侨所占比例为37.4%[④]，即1 000名潮籍华侨中，有近374名是在印尼出生的，这些实际是华侨的“侨生”，在统计中自然被列入荷兰籍。

顺带一提，1907年出台的荷印国籍法，令华侨十分不安，而清政府应对起来十分积极，立即派人员下南洋交涉，最终双方达成协议：“生长和属（即‘荷属’）之人，遇有国籍纷争，在彼属地可照和律解决”，“此项人民回至中国，如归中国籍，亦无不可”。[⑤] 这至少在法律层面保证了清政府享有对南洋华侨国籍的管辖权。关于这场风波后双方的协议，也成为中国历史上最早双重国籍的由来。此后，针对此案，清政府于1909年迅速出台了中国首部成文国籍法——《大清国籍条例》，明确只要有中国血统者便是中国人。

1949年中华人民共和国成立，同年12月荷兰政府也正式承认印度尼西亚独立，此后海内外隔绝，再罕有潮属人口移民印度尼西亚。

---

① 《商部奏和兰将订新律令华侨入籍请饬速定国籍法折》，载沈云龙主编：《近代中国史料丛刊三编第二辑：清季外交史料》，台北：文海出版社，1993年，第3496页。

② 参见温北炎：《试析印尼华族与当地民族的关系》，载《世界民族》，2003年第3期。参见温广益、蔡仁龙等编著，洪丝丝审校：《印度尼西亚华侨史》，北京：海洋出版社，1985年，第184页。

③ 李学民、黄昆章：《印尼华侨史》，广州：广东高等教育出版社，1987年，第239页。

④ 李学民、黄昆章：《印尼华侨史》，广州：广东高等教育出版社，1987年，第239页。

⑤ （清）赵尔巽等撰：《清史稿》卷159《志一百三十四·邦交七》，北京：中华书局，1977年，第4656页。

第三节 经济活动

20 世纪 50 年代以前，印尼的经济主要控制在殖民政府及外资洋行手里，华侨资本所占比例不多。

潮人进入印尼社会，开始多从事垦荒、种植业，东苏门答腊早期的烟草种植场和橡胶种植场，主要由潮属契约华工开发。据 1930 年的统计，西加里曼丹的 10 万华侨中，有两万以上从事农业生产，大部分种植橡胶和椰子，以潮州和客家华侨居多。一些潮人也因此成为一方富豪。如郑亚士先当橡胶园割胶工，后租荒山种植橡胶而发家。在苏门答腊邦加岛上有 7 600 名华侨从事农业生产，主要经营橡胶、胡椒的多为潮州、客家以及福建籍华侨。

在渔业生产上，苏门答腊的巴眼亚比是世界著名的渔港，其由潮州、福建籍华侨开发，早在 19 世纪中叶就具有相当的规模。到 20 世纪初，每年捕获的鱼虾达 3.4 万吨，价值 550 万盾；1929 年增至 5.2 万吨，值 700 余万盾，渔业工人达万人，其中以潮人居多。①

在工商业上，与众多华侨一样，潮人多从事零售业，包括肩挑或用小车装载布匹等日用品的货郎及走街串巷的小贩；租借一小摊位，每天固定营业的摊贩；还有小本小利的亚弄店等。大至城市角落，小至穷乡僻壤，到处都有这种亚弄店，有的甚至在城市中形成一个小型商业区。如民国初年，坤甸的大沟内五间仔街处，数十家商号几乎都是潮人所开，其中又有 80% 为揭阳蓝兜乡籍属人，因此一度被称为“蓝兜商业街”。②《南洋与中国》有这样的描述：“（他们）不只满布于穷乡陋邑，就是深山大林中，也有他们的踪迹。所谓山货客，多为一般华侨，他们背了一个包袱，提起一枝扁担，跑到那些地方去，收买兽皮及各种山货，由各人搜集而转卖于左近市镇的商店，然后再运去通都大邑。同时不只小市镇中的商店往往是华侨开设，就是通都大邑中的商店之转卖这些货物于洋商的，也多由华侨所设立。其实在很多地方，无论是西洋人也好，土人也好，假使他们不与华侨发生间接的关系，生意是做不出的。”③

这些小商贩中部分成功者会转型成为中等商人，通常资本较为雄厚。他们向生产者收购主要的出口商品，运到港口，同时也把盐运到内地，并运回邻近各岛以及海外各国的主要进口产品。如经营土产和杂货等的唐胜喜，他在 20 世纪 30 年代便在坤甸修建码头，以便更好地开展经营，该码头也被命名为“唐胜喜码

---

① 参见李学民、黄昆章：《印尼华侨史》，广州：广东高等教育出版社，1987 年，第 263 页。

② 郑衡、郑祖逊：《揭阳县仙桥镇蓝兜乡调查纪实》，载汕头华侨历史学会编：《汕头侨史论丛》（第二辑），汕头：汕头华侨历史学会，1991 年，第 243 页。

③ 陈序经：《南洋与中国》，广州：岭南大学西南社会经济研究所，1948 年，第 59～60 页。

头”。也有的成为集多种经营形式为一体的集团企业，如林毓瑞，先当苦力，又经营杂咸山货等，渐有积累后成立兰香公司，又开设了戏园、橡胶厂、冰霜厂、粮食副食品公司等，成为富商巨贾。[①] 如在加里曼丹岛的东万律及其附近的茅恩山、猪打屋、坤日、龙岗、沙拉蛮等处，便存在不少潮属人开设的公司。他们垦荒种植，亦从事矿产的开采及销售，都有所成。[②]

潮人还经营工业、手工业、饮食业等。如坤甸一家专卖潮州面条的乌记肉面，主人在20世纪三四十年代跟着潮籍老板挑担叫卖，后接收经营，至今祖传数代，已成坤甸的知名小食。[③]

潮人在印尼的金融汇兑业，主要是侨批业。据统计，1919年，汕头埠各批信局所受理的印尼之日里及巴达维亚两市的侨汇金额为274.5万元，此外尚有婆罗洲、苏拉威西等地的侨汇尚未统计在内。1946年至1948年经营侨汇业之印尼潮帮批信局商号的有54家，他们主要分布在坤甸、棉兰、巴城、日里、山口洋等地。

1926—1932年民间侨汇数字[④]

年份	侨汇金额	年份	侨汇金额
1926年	229 000银圆	1930年	262 000银圆
1927年	192 000银圆	1931年	153 000银圆
1928年	231 000银圆	1932年	102 000银圆
1929年	205 000银圆		

资料来源：黄挺《潮商文化》。

第四节　文化生活和潮人社团

印尼的华文教育开展较早，在1691年便有了从事华文教育的名诚书院。1899年，仅在爪哇和马都拉地区就有义学217所，其他地区有义学152所。[⑤]

① 庄泽民：《林毓瑞与兰香公司和兰香楼》，载汕头华侨历史学会编：《汕头侨史论丛》（第二辑），汕头：汕头华侨历史学会，1991年，第276～277页。

② 参见朱杰勤：《十九世纪加里曼丹华侨及其反抗英荷殖民者的斗争》，载暨南大学华侨研究所编：《华侨史论文集》（第一集），广州：暨南大学华侨研究所，1981年，第65～67页。

③ 参见李学民、黄昆章：《印尼华侨史》，广州：广东高等教育出版社，1987年，第247～248页。参见潮州电视台制作的《印尼探亲行》系列节目之《坤甸潮人面店，“潮味”香飘四方》，2010年2月24日重播。

④ 参见黄挺：《潮商文化》，北京：华文出版社，2008年，第482页。

⑤ 参见周聿峨：《东南亚华文教育》，广州：暨南大学出版社，1995年，第309页。

1901 年 3 月 17 日，巴城中华学堂（后亦称“八华学校”）成立，是印尼现代华文学校的开端。1919 年，印尼有侨校 250 所；至 1930 年，增加到 425 所；1941 年又再增至 500 所，一共有学生约 6.5 万人。这些学校中，不少是由祖籍广东的华侨开办的。① 其中自然也有潮人参与。

印尼泗水贝德拉大学中文系的师生们（林伦伦摄影）

印尼最早的报刊创办于 1823 年，当时西方传教士创办了《特选撮要每月纪传》。由华人自办的华文报刊则可以追溯到 1908 年，即在泗水创刊的《泗滨日报》。随后，其他印尼华文报刊也陆续出现，如《新报》《侨声日报》《工商时报》《南洋画报》等，总共有二十几家华文报刊在印尼独立前发行。日本军队占领印尼之后，大部分华文刊物被迫停刊。1945 年印尼宣布独立后，华文传媒才得以恢复并进入新的发展阶段。② 潮人从事报刊行业，比较著名的有方君壮，20 世纪 20 年代后期曾任《苏门答腊民报》的编辑、代主笔，积极宣传民主革命思想。

在文学艺术上，印尼华文文学发轫很早。在清朝年间，印尼就已出现“侨生

---

① 参见广东省地方史志编纂委员会编：《广东省志·华侨志》（光盘版），广州：广东省科技音像出版社，1996 年，第 119 页。

② 罗红、高红樱：《印尼华文媒体的历史、现状及前景》，载《新闻记者》，2005 年第 8 期。

马来由文学”①，一些既懂华文又熟谙马来文的华人将不少中国古典名著译成马来文，也出现过大量的以马来文创作的反映华侨生活的作品。这些作品是印尼现代文学的先声，既属于印尼文学的范畴，又因作者为华侨而形成颇具特殊意义的印尼华裔文学。

如果仅以用华文为载体进行创作来算，则大约是从20世纪20年代一批开明人士办报开始，就播下印尼华文文学的火种。19世纪下半叶，富有地方特色的潮剧《陈三五娘》便被翻译成马来语，成为文学文本，得以传播。②

潮剧在印尼的传播，应该稍早于《陈三五娘》被翻译成文本之时。按《汕头市志》记载，潮汕本土戏班早年出走南洋进行巡回演出的路线，多以暹罗曼谷为首站，后到马来亚、新加坡，有的还横渡马六甲海峡到印度尼西亚的棉兰、泗水，再转至安南回国。19世纪中后期，潮汕剧团（社）应聘前去泰国、新加坡、马来亚和印度尼西亚等国的有四五十个。③ 20世纪初，潮剧逐渐进入鼎盛期，至1949年中华人民共和国成立前，除了充斥着战火、动乱的日子，潮剧在印尼泗水等处还保持着一定的影响力。

在民俗方面，印尼的潮人往往保持着家乡的饮食习惯、语言以及风俗等，生活习惯和文化传统仍然具有浓郁的家乡特色。棉兰、廖内群岛、南苏门答腊和西加里曼丹的一些潮人社区、聚居点，工夫茶及粿品、杂咸、卤味等一直流行，时年八节拜祖祭神、舞狮演戏等热闹场面也随处可见。而在这些潮人聚落中，直至1949年中华人民共和国成立前，潮语一直是通用语，如粿条［kwetiau］、豆芽［tauge］等用语的发音与故土潮汕的别无二致。

20世纪50年代以前，罕有较具规模的潮人同乡社团活动的资料。但在一些华侨华人团体中，都有潮人参与。如泗水，广东籍人于清嘉庆二十五年（1820）呈请当地政府批准成立“清明众义冢公祠”，咸丰六年（1856）更名为“广东公祠”，之后由于移民泗水的华人日渐增多，地区及家族观念不断发展和加固，广肇华侨先后脱离公祠并另起炉灶，公祠的理事及会员便剩惠州、潮州、嘉应州籍华侨华人，因此演变成“印尼泗水惠潮嘉会馆”。

---

① 侨生马来由语（Malayu-China），也称“拍达维马来由语”（Malayu-Betawi），通称“通俗马来由语”或“集市马来由语”。它是相对印尼的贵族马来由语而得名。这种语言混合了马来语、汉语、印尼地方方言、荷兰语和英语。据印尼文学史家、评论家苏玛尔卓《印尼侨生马来由文学研究》称：“由于它所具有的实用性和广泛性，19世纪时，印度尼西亚各大城市的印尼人、荷兰人、中国人都运用这种语言进行交际，甚至连当时的报纸和文学创作也使用这种语言。”转引自吴奕锜：《印尼华文文学历史发展述略》，载《广东社会科学》，2000年第4期。

② 参见东瑞：《〈东南亚华文文学大系·印尼卷〉总序》，载《华文文学》，2000年第2期。吴奕锜：《印尼华文文学历史发展述略》，载《广东社会科学》，2000年第4期。

③ 参见广东省汕头市地方志编纂委员会编：《汕头市志》（第四册），北京：新华出版社，1999年，第555页。

第十二章 越　南

第一节　侨居地介绍

越南，东南亚国家。位于中南半岛东部，与中国、老挝、柬埔寨接壤，东及南面临南海。国土狭长，南北长1 650千米，宽500～600千米，面积32.95万平方千米。人口8 312万（2005），共有50多个民族，京族约占90%，余为岱依、泰、芒、侬、苗等族和华人。越南语为官方语言。居民主要信仰佛教，还有天主教、和好教、高台教等。首都为河内。境内四分之三为山地和高原。长山山脉斜贯南北，北部有红河三角洲，南部有湄公河三角洲。西北部黄连山主峰番西邦峰海拔3 142米，为全国最高峰。热带季风气候，年平均气温24℃～33℃，年降水量1 500～3 000毫米。大部地区5—10月为雨季，11月到次年4月为干季。森林覆盖率22%。矿藏丰富，有煤、铁、铬、铝、锌、铅、锡等，近海海底有石油、天然气田。①

越南是传统农业国，农业人口约占总人口的75%。稻米是主要农产品，其次为玉米、大豆、甘蔗、黄麻、茶叶、花生、橡胶、咖啡、蒲草等。江河与沿海渔业较盛。20世纪90年代中期以来工业发展较快，产值已占国内生产总值五分之二以上，主要有电力、煤炭、石油、机械、冶金、建筑、电子、服装和食品等。手工业占一定地位。出口大米、煤、原油、水产品、电子产品、木制品、鞋类、纺织品等，进口以机器、工业设备、成品油、钢、卡车、皮革等为主。旅游资源丰富，旅游业兴盛。②

越南于10世纪建立起封建国家。1884年沦为法国的“保护国”。第二次世界大战中被日本占领。1945年9月2日宣告独立，成立越南民主共和国。同年法

---

① 辞海编辑委员会编：《辞海》（第六版缩印本），上海：上海辞书出版社，2010年，第2355页。

② 辞海编辑委员会编：《辞海》（第六版缩印本），上海：上海辞书出版社，2010年，第2355页。

国重新入侵。1954 年北方（以北纬 17°线为界）获得解放，南方仍由法国统治。后美国取代法国势力，扶植南越政权。1961 年起，越南进行抗美救国战争。1975 年 5 月南方全部解放，1976 年 7 月，南北方实现统一，定国名为“越南社会主义共和国”。[①]

第二节 潮人移民情况

自秦略百越起，至 10 世纪越南建立封建国家之前，越南的北部以及中部部分地区，都是由中国的各王朝政权统治。或州或郡，其统治者基本都是中原政权所委派南下的。这一时期中原人口开始不断移居该地域，逐渐与当地土著“越人”融合。而潮人是否移民该地，则无文献可证。

公元前 214 年，秦始皇统一六国后，便派大军越过岭南占领今越南北部和广西、广东、福建，征服当地的百越诸部族。秦朝在这一带大量移民，设立了三个郡，其中象郡辖地应包括越南北部、中部偏西地区。[②]《史记・秦始皇本纪》载：“三十三年，发诸尝逋（迎）亡人、赘婿、贾人略取陆梁地，为桂林、象郡、南海，以适遣戍。”[③]《史记・南越列传》载：“置桂林、南海、象郡，以谪徙民，与越杂处十三岁。”[④] 这批“以谪徙民”的“遣戍”秦人，可以说是最初的移居者。在人数方面，《淮南子・人间训》载：“（秦始皇）乃使尉屠睢发卒五十万……以与越人战。”[⑤]《淮南子》非史书，“五十万”虽然难以考实，但这批秦军兵分五路，每一路都应该颇具规模。

秦末，代行南海郡尉赵佗兼并桂林郡和象郡，建立南越国，越南人称南越国为赵朝，亦称前赵朝。公元前 111 年，汉武帝灭南越国，设置了南海等九郡，其中在越南北部设立交趾（郡治为交趾县，大约在今河内）、九真、日南三郡，实施直接的行政管理。这三郡地域大致相当于越南北部和中部偏北地区[⑥]。公元前 106 年，又在九郡之上设交趾刺史，《后汉书・西南蛮夷列传》载：“至武帝元鼎五年，遂灭之，分置九郡，交阯（交趾）刺史领焉。……后颇徙中国罪人，使杂居其间。”则是将“中国罪人”与当地土人“杂居”于越南。

40 年，交趾女子征侧、征贰起兵占领麓泠（约在今河内一带）。后被汉将马援率兵扑杀，《后汉书・马援传》载：“援将楼船大小二千余艘，战士二万余人，

① 辞海编辑委员会编：《辞海》（第六版缩印本），上海：上海辞书出版社，2010 年，第 2355 页。
② 参见何平：《古代中国的影响与现代越族的形成》，载《世界民族》，2004 年第 5 期。
③ （汉）司马迁撰：《史记》，北京：中华书局，1959 年，第 253 页。
④ （汉）司马迁撰：《史记》，北京：中华书局，1959 年，第 2967 页。
⑤ 何宁撰：《淮南子集释》，北京：中华书局，1998 年，第 1289 页。
⑥ 何平：《古代中国的影响与现代越族的形成》，载《世界民族》，2004 年第 5 期。

进击九真贼征侧余党都羊等，自无功至居风，斩获五千余人，峤南悉平。……援所过辄为郡县治城郭，穿渠灌溉，以利其民。条奏越律与汉律驳者十余事，与越人申明旧制以约束之。”① 直至汉兵班师回朝，马援大军不断修复民间关系，并且又移入内地之民，与土著杂居，此时汉人在越南已有一定数量了。

汉末天下大乱，移居越南的中国人越来越多。如《弘明集·理惑论》载，汉末“天下扰乱，独交州差安，北方异人，咸来在焉，多为神仙辟谷长生之术，时人多有学者”。则说明北方人多往。又如《三国志·吴书·士燮传》载：“燮体器宽厚，谦虚下士，中国士人往依避难者以百数。”② 则指士燮任交趾太守时，中国士人避乱而去交趾依附他的也有不少，这些人都是士族阶层，素质较高，对提高当地文化水平应该有较为明显的效果。

据《汉书·地理志》，西汉交趾郡领 10 个县，共 92 440 户，746 237 人；九真郡领 7 个县，共 35 743 户，16 613 人；日南郡领 5 个县，共 15 460 户，69 485 人。③ 到了东汉，交趾地区人口又有增加。据《后汉书·郡国志》，当时交趾郡有 12 座城；九真郡有 5 座城，共 46 513 户，209 894 人；日南郡有 5 座城，共 18 263 户，100 676 人，④ 比西汉时期明显增多。这增加的部分，显然是因人口大量南迁所致。

三国两晋南北朝，越南的北部和中部地区称为“交州”。隋文帝开皇十年（590），罢交州为玉州。仁寿二年（602），设置交州道行军总管府。大业三年（607），罢交州为交趾郡。唐武德五年（622），设交州总管府，后又改置为安南都护府。从此，交州始称“安南”。⑤ 这段时期，南北交往频繁，文人学士旅居越南者更不乏其人，如中原名士桓晔、许靖、许慈、刘熙、程秉、薛综等均寄寓越南。如诗人杜审言作有《旅寓安南》、刘禹锡作有《经伏波神祠》。

这段时期，越南属中原政权统治，中原南下或是“华人移居”越南的情况极为频繁。事实上，两地之间人员的流动从未停止过。也因此，越南学者在《越南通史》中说：“无论我们属于哪一种类，但由于后来中国统治我国一千多年，有时还有 40 多万兵，则必然使我们旧的苗裔已与中国人混血之后，才形成今天的越南人。”⑥

在潮汕，则应该自唐代便有寄寓越南者，属于古潮州港、位于潮安的池湖村处应有码头可直通安南，并形成自然村——安南庙村，至今仍然保留着“安南渡

① （南朝宋）范晔撰，（唐）李贤等注：《后汉书》，北京：中华书局，1965 年，第 839 页。

② （晋）陈寿撰：《三国志》，北京：中华书局，1959 年，第 1191 页。

③ 参见（汉）班固撰：《汉书》，北京：中华书局，1962 年，第 1629～1630 页。

④ 参见（南朝宋）范晔撰，（唐）李贤等注：《后汉书》，北京：中华书局，1965 年，第 3531～3532 页。

⑤ 何平：《古代中国的影响与现代越族的形成》，载《世界民族》，2004 年第 5 期。

⑥ ［越］陈重金著，戴可来译：《越南通史》，北京：商务印书馆，1992 年，第 9 页。

口”的地名。[1] 此时潮州的木兰舟游弋海上，外销产品发达，来往中南半岛贸易是正常之事。韩愈曾称潮汕土著与其他地方海商从事交易活动，涉及“材邑”。据《晋书·林邑国》载：“林邑国本汉时象林县，则马援铸柱之处也，去南海三千里。”[2] 林邑，在今越南中部。而古时海路，一去必得留驻，待季风回转才能回航，因此只要是到越南者，必得寄寓一段时间。

北宋初年，越南建立封建国家。此时，中国航海及商业贸易有了极大的发展，中国人移居越南的人数逐渐增多。据宋代洪迈《夷坚志·王元懋巨恶》载，有泉州人“尝随海舶诣占城，国王嘉其兼通番汉书，延为馆客”[3]。占城，位于越南西部。宋元之际，宋室南来，潮人多有从者，元兵一路追击，至宋帝蹈海，宋兵四散，如潮州都统张达战死崖山，部分追随他的饶平人在此时流离海外。又如宋相陈宜中，带了一批人前往占城，后元军攻打占城，他们又逃亡暹罗，老死他乡。再如宋敬之至占城乞兵复国，遭占城以“国小”为由而拒绝，遂留居当地。《心史·大义叙略》载：“曾渊子等诸文武臣流离海外，或仕占城，或婿交趾，或别流远国。”这些随宋臣“或仕占城，或婿交趾”的前宋遗民中，或许就有潮人。

元代，潮汕与越南的联系已趋活跃。此时成书的《岛夷志略》就有了潮州通南洋的航线记载，从潮州出发向西南航行，经过东沙群岛和西沙群岛后继续前行，可以抵达越南湄公河口外的昆仑岛。作者汪大渊曾在1330年和1337年两度出海，可见此时两地互通已经十分频繁。又《韩江闻见录》载：“大海之外，有万里长沙、千里石塘。……长沙虽险，沙多石少，产海参，尚去安南不远。潮平波定时，安南海客有航小海舟来取海参者。”[4] 此处也是指越南昆仑岛附近。

明代，潮汕海上商贸集团渐起，他们冲破明政府的“海禁”政策，频繁从事海上贸易。特别是在嘉靖中后期起，林凤、林道乾、张琏等多个集团纵横四海，沟通东西洋——而“西洋”在古文献里，习惯上包括了越南，如《西洋列国考》所列国名和地区有交趾、占城、暹罗、下港、柬埔寨等。[5]

林道乾曾在官兵追击下，率海上武装组织到达占城，《潮州府志·征抚》载：“嘉靖四十五年三月，攻诏安山南厩下等村，都督俞大猷逐之，遁入北港。大兵不敢进，留偏师驻澎湖守之。道乾不乐居北港，遂恣杀土番，取膏血造船，从安平镇二鲲身遁往占城，复回潮州，掳掠如故。”[6] 他曾居留昆仑岛，《中国殖民史》载：“嘉靖四十五年（1566）道乾为俞大猷败于诏安，倭寇窜北港（台

① 参见本书第二章第二节。
② （唐）房玄龄等撰：《晋书》，北京：中华书局，1974年，第2545页。
③ （宋）洪迈撰，何卓点校：《夷坚志》，北京：中华书局，1981年，第1345页。
④ （清）郑昌时著，吴二持校注：《韩江闻见录》，上海：上海古籍出版社，1995年，第188页。
⑤ 参见（明）张燮著，谢方点校：《东西洋考·目录》，北京：中华书局，1981年。
⑥ （清）周硕勋纂修：《潮州府志》，潮州：潮州市地方志办公室、潮州市档案馆，2001年，第935页。

湾)，道乾从之，嗣道乾惧为所并，又惧官军追击，乃自安平镇二鲲身扬帆南航，至昆仑岛，遂留居焉。”① 林道乾于南洋多处皆有据点，在占城、昆仑岛时，有些潮人随从者留下也是有可能的。可见，则林道乾也是较早抵达越南的名姓确切的潮人了。

再如吴平海上武装商贸集团，《明世宗实录》“嘉靖四十五年（1566）四月壬戌”载：“闽、广官兵追击海寇吴平于安南万桥山澳，大破之。初，平自阳江乌猪洋战败，奔安南，提督侍郎吴桂芳檄安南万宁宣抚司发兵征剿……以舟师会之，夹击平于万桥山下。会暮，大风，我军载火攻，焚平所乘舟，平军大败，赴水死者无算，官兵生擒贼众及斩首共三百九十八人。”② 吴平为福建籍，但他往来闽广沿海，潮汕是其主要活动地点，所有有关府县志都有载及。南澳是他的一个重要据点，如《潮州府志·吴平之变》载：“诏闽、广会剿，吴平退保南澳。闽帅戚继光兵先至，攻之，平间道走。”③ 今南澳岛深澳镇尚有地名称“吴平寨”。则其潮籍部属应该不在少数，而此时吴平被追杀至越南，大败之下，随从四散，或有藏匿于当地的。

清代中国移居越南的人数剧增。清初，便有到越南传教的潮州籍人，《大南一统志》卷三《僧释》提及当时在越南的僧人谢元韶，谓“谢元韶，字焕碧，广东潮州人，年十九，出家投报资寺。太宗皇帝乙巳十七年（1665），元韶从商舶南来，卓锡于归宁府，建十塔弥陀寺，广开象教。寻往顺化富春山，造国恩寺，筑普同塔。又奉英宗皇帝命，如东求高僧，得石濂和尚。及还，住持河中寺”。又《大南列传前编·谢元韶传》称谢元韶是潮州程乡县人，则属今梅州市。④ 越南人也有到潮汕的，如《潮州志·大事志》载嘉庆四年（1799）：“秋八月，安南艇匪闯南澳。安南国夷入海为盗，时呼艇匪。五月为粤兵击败，四窜。是月，艇匪窜南澳、厦门等处。戒严。”⑤

此时，前朝遗民及避难前往越南的潮人应有一些，但从事海上贸易、谋生计而移居越南的人更多。道光年间成书的《海国图志》载：“（越南）男应徭役，女乏贞节，代男苦劳，以养其家。庶民贫乏，惟侨寓之汉人免徭役。农力劳而收薄。商贾多汉人。所运出者，槟榔、白糖、胡椒最多。通商极兴旺。”⑥ 这说明在当地从事商业的华侨不少，而往来通商的华人更多。潮州商民往往带少量货物，由地方官发其贸易凭证，方可赴安南贸易。进入安南后“或借称货物销售迟

① 李长傅：《中国殖民史》，上海：商务印书馆，民国二十六年（1937），第140～147页。

② 《明实录·世宗实录》卷557，嘉靖四十五年四月壬戌朔，《明世宗实录》，台北：“中央研究院”历史语言研究所，1962年，第8952页。

③ （清）吴颖纂修：《潮州府志》，潮州：潮州市地方志办公室，2003年，第261页。

④ 转引自陈雪峰：《〈大南一统志〉：有关潮人在越南的记载》，载《揭阳日报》，2013年4月22日，第8版。

⑤ 饶宗颐总纂：《潮州志》卷八《大事志二·嘉庆》，汕头：潮州修志馆，1949年。

⑥ （清）魏源撰，陈华、常绍温等点校注释：《海国图志》，长沙：岳麓书社，1998年，第357页。

钝，置货未齐，或诡称染疾”而居留安南，安南政权将其称之为“北客”。①

具体到潮人，则如潮州揭阳人唐阿矮于“乾隆三十八年四月，置买货物搭余协隆客舡往安南板玉地方贸易，逗留在彼”②；揭阳渔湖蓝兜乡族谱记载，该乡在康熙、雍正年间，木航船发展至近100艘，其中有部分航行至越南进行商业贸易；清同治二年（1863），揭阳新亨乡人倪世庭以“松合兴”为商号，用木船运载菜脯到越南西贡销售，其后移居越南经商；龙江乡蔡氏家谱中，便有出生于康熙十三年（1674）的经商世家蔡氏族人“住居安南富春市”。在汕头几个著名侨乡的家族族谱中，类似这样的记录可以说数量众多，特别是在雍正、乾隆之后。

这些潮人为谋生计而漂洋过海，在惊涛骇浪中葬身大海者无数。如清道光二十二年（1842），潮州饶平柘林乡民豪十多人从柘林港乘红头船出洋，船行至北部湾时突遭狂风猛浪，结果船翻人散，仅有黄天年等3人随波漂流，幸运地在越南海边上岸。至汕头开埠前，移居越南西贡、堤岸等地的华人，各有5万多人，其中潮人占四分之一以上。随着人口的增加，以及创业和谋生的需要，潮人在异乡逐渐加强联系，凝聚乡众，开展互助互济活动，越南一些潮人较多的城市如堤岸、西贡等，已经形成潮人聚居点，一些地方的“潮州帮”便在这一时期内形成。③

1860年，汕头开埠，出洋谋生已不存在法律上的问题，潮人海外移民情况也显著增多，这也包括移居越南的。其中，有自由出海的，也有开埠前通过“契约劳工”的方式被诱拐前往的。如饶平县浮山镇军埔村，在同治三年（1864）就有柯长盈等200多人乘船出海，移居越南。随着19世纪80年代红头船逐渐淡出，代以先进的蒸汽轮船作为海运交通工具，海路比之前更为便利，潮人往来包括越南在内的东南亚地区的热情更为高涨，形成一波移民热潮。

进入20世纪更是如此。第一次世界大战前后11年间，中国移居越南的人数达到12万人。④ 根据法国学者维斯托·布森统计：从1912年至1922年的11年间，有约157 958名华侨华人移居到越南。⑤ 又有统计数字：华侨人数至1931年末达26.7万人。⑥ 这些累增的移民人口中，便有不少是潮人。

而据《潮人在越南》的作者估计：“至1937年抗日前夕，越南的华人已超

① “中央研究院”历史语言研究所编：《明清史料庚编》（上册），北京：中华书局，1987年，第407页。

② “中央研究院”历史语言研究所编：《明清史料庚编》（上册），北京：中华书局，1987年，第211页。

③ 参见杨群熙：《潮人在越南》，香港：公元出版有限公司，2003年，第10~11页。

④ 张加祥、俞培玲：《越南》，北京：当代世界出版社，1998年，第91页。

⑤ 参见［越］朱海著，许志生摘译：《华人移居越南的各个时期及特点》，载《八桂侨史》，1993年第1期。

⑥ 王士录主编，刘稚副主编：《当代越南》，成都：四川人民出版社，1992年，第265页。

过100万人，其中潮人有25万人以上。”① 这个数字应该是比较接近实际的，参考潮海关资料，由汕头口岸至越南西贡港，自1873至1928年，合计出口189 281人次，入口36 240人次，出超达153 041人次。② 这仅仅是56年间汕头至西贡港且被潮海关掌握的数据，并不包括其他时间、其他途径以及经汕头口岸到达“交趾支那、越南南部地区”③ 的。进入越南者参见表12－1④：

表12－1 1873—1928年自汕头口岸至西贡往来旅客统计表

单位：人次

年度	出口	入口	出超	年度	出口	入口	出超
1873年	322	483	－161	1902年	8 560	33	8 527
1874年	263	24	239	1903年	11 490		11 490
1875年				1904年	5 821	260	5 561
1876年	138	103	35	1905年	4 436		4 436
1877年	622	164	458	1906年	4 790	163	4 627
1878年	337	33	304	1907年	6 289	476	5 813
1879年	467	25	442	1908年	7 370		7 370
1880年	147	153	－6	1909年	1 593		1 593
1881年		76	－76	1910年	4 268	278	3 990
1882年	18	312	－294	1911年	5 628		5 628
1883年	536	24	512	1912年	3 190	740	2 450
1884年				1913年	3 581	15	3 566
1885年				1914年	2 931	525	2 406
1886年				1915年	3 274	303	2 971
1887年				1916年	1 992		1 992
1888年				1917年	3 183		3 183

① 参见杨群熙：《潮人在越南》，香港：公元出版有限公司，2003年，第13页。

② 参见汕头海关编志办公室编纂：《汕头海关志》统计资料表（九），汕头：汕头海关编志办公室，1998年，第366～371页。

③ 据潮海关记录，1869—1934年间还有汕头口岸直达交趾支那、越南南部地区的航线，潮海关将之与秘鲁、卡亚俄、日本等合计为一个往来外洋的其他类栏目，数据无法析出。参见汕头海关编志办公室编纂：《汕头海关志》，汕头：汕头海关编志办公室，1998年，第366～371页。

④ 整理辑录自汕头海关编志办公室编纂：《汕头海关志》统计资料表（九），汕头：汕头海关编志办公室，1998年，第366～371页。

(续上表)

年度	出口	入口	出超	年度	出口	入口	出超
1889 年				1918 年	1 668	609	1 059
1890 年	505	115	390	1919 年	2 972		2 972
1891 年	735	20	715	1920 年	4 018		4 018
1892 年	1 211		1 211	1921 年	1 893	635	1 258
1893 年	2 137	57	2 080	1922 年	3 979	1 769	2 210
1894 年	4 016	230	3 786	1923 年	5 363	1 963	3 400
1895 年	4 496		4 496	1924 年	6 999	3 231	3 768
1896 年	2 922	8	2 914	1925 年	7 823	4 384	3 439
1897 年	3 026		3 026	1926 年	9 699	6 642	3 057
1898 年	3 780		3 780	1927 年	9 556	6 258	3 298
1899 年	4 962		4 962	1928 年	12 471	6 129	6 342
1900 年	5 863		5 863				
1901 年	7 941		7 941	合计	189 281	36 240	153 041

说明：1. “出口”指由汕头出口至西贡，“入口”指由西贡返回汕头；2. 1909 年数字仅为该年第一季度数据。

倘若如上述，截至 1937 年，越南的潮人人口达到 25 万人以上，至 1949 年，潮人在越南的人口数量应该不会增加，许会减少。虽然“抗日战争时期，中国东南沿海人民，纷纷前往越南避难，据有关统计，曾达到 10 万人以上”[①]，但是，1940 年后汕头封港，水路不通，而且这一时期越南同样面临抗日战争。至 1945 年 9 月，越南又持续了 9 年抗法斗争。政局动荡、战火纷飞之际，主动寄身危城不合常理，可能还因战争而损失了大量人口。并且，越南有驱赶华侨的先例，如 1929 年便驱逐华侨 2 600 多人。[②]

则至 1949 年中华人民共和国成立时，在越南生活的潮人数量估计不足 20 万。

① 张加祥、俞培玲：《越南》，北京：当代世界出版社，1998 年，第 91 页。

② 据岭东华侨互助社第四次常委会议的记录：“越南代表报告，1929 年越南华侨被驱逐出境者达 2 600 余人，被拘禁者数百人。”见张映秋：《岭东华侨互助社的建立和发展》，载汕头华侨历史学会编：《汕头侨史论丛》（第二辑），汕头：汕头华侨历史学会，1991 年，第 31 页。

第三节 经济活动

1949 年以前，越南经济并不发达。作为传统农业国，其粮食作物包括稻米、玉米、马铃薯、番薯和木薯等，经济作物主要有咖啡、橡胶、腰果、茶叶、花生等。据历史资料统计，越南华人多数从事商业，其次为工矿业和农业。华人人口统计构成的百分比约为：商业 50%，工矿业 30%，农业 20%。[①] 潮人的情况应该与之类似。在经济规模上，与当地人相比，华人一直占有绝对优势。20 世纪初期，华人在越南的经济地位仍然占有明显优势，潮人在其中扮演着重要角色。如 1904 年，据法国的统计资料，在当年越南经济的 2.24 亿法郎投入中，法国人的资本为 1.26 亿法郎（约占 56%），华人的资本为 0.96 亿法郎（约占 43%），剩下的仅仅约 0.02 亿法郎（不足 1%）为越南人的资本。

表 12－2　1904 年法国的资本和华人的资本在越南的投资（越南人的资本微薄，忽略未计）

经济领域	数量（单位：百万法郎）			百分比（%）	
	法国资本	华人资本	领域总投资	法国资本	华人资本
农业	13	6	19	70	30
加工制造业和矿业	72	26	98	76	24
贸易	41	66	107	38	62
总数	126	98	224		

资料来源：陶贞一《客居势力与南圻的移民问题》，载《中华笔记》，1924 年，第 19～20 页。（军队图书馆馆藏翻译本）Shozo Fukuda, *With Sweat and Abacus*, *Economic Roles of Southeast Asia Chinese on the Eve of World War II* (Translated by Les Oates), Singapore: Selected Books Pte, 1995, p. 84. 由于折算省略的关系，该表数据或有偏差。

第二次世界大战后，越南于 1945 年 9 月宣布独立，法国殖民者卷土重来，此后，越南战火不断，华人在越南的经济活动大受打击。

潮人在越南的华人人口中并不占多数，但作为华侨华人的一员，他们也在各个时期与当地人民一起投入经济建设，推动历史的发展。

农业方面。19 世纪以前，潮人初到越南，通常从事垦荒、种植。他们分散在越南各处，与各处华侨移民一样从事农业种植生产。而越南南部尚较原始，开荒者在毒蛇四布、野猪成群的环境下种植番薯、玉米、菠萝等作物。在第二次世界大战之前，越南南方的堤岸、蓄臻、坚江、芹苴、薄寮、金瓯、槟椥、茶荣等

① 王士录主编，刘稚副主编：《当代越南》，成都：四川人民出版社，1992 年，第 270 页。

地的农村，聚集了很多潮人。[①] 他们种植水稻、蔬菜、菠萝、椰子、香蕉、龙眼、槟榔、红葱等经济作物，一些产品颇受当地人的欢迎及赞誉。如永州县和薄寮市郊区的龙眼，潮人从潮汕家乡带来种子，所结果实质量很好，具有很好的口碑。又如蓄臻省朱洋市出产的多种经济作物，在越南享有盛誉。当地潮人曾为此创作打油诗："朱洋历来小潮州，土产丰盈驾田畴。莱菔红葱尤享誉，林檎龙眼盖园头。"[②]

商业方面。在19世纪，越南的潮人主要是小商小贩，从事领域包括农副产品及百货、日用品等，活动范围包括越南的城镇和农村，经营方式上有开小铺小店的，有挑担走街串巷叫卖的，也有在湄公河用小货船营业的。至于商行、商号，规模普遍不大。

一些潮人也聚集经商，并与广大华人商贩一起，形成较大规模的商业社区。如《嘉定通志·柴棍铺市》载："当官路之左右，是为大街，直贯二街，际于江津。横以中街一，下沿江街一，各相贯穿，如田字样。联檐斗角，华、唐杂处，长三里许。……南北江洋，无物不有。""（大街）北头本铺关帝庙，福州、广州、潮州三会馆分峙左右。……男女簇拥，是都会一大铺市。"[③] 这里所记载的潮州会馆附近的商铺是潮人的产业。1866年，华人的商铺达500间，潮人业主不在少数。

随着进入越南人口的突增，从19世纪末开始，潮人的商业活动逐渐发生改变，一些已具备一定原始积累的潮商开始崭露头角，他们进入大宗贸易市场，主要从事的行业有米业、酿酒、棉花、丝绸、织造、玉石、医疗药品、出入口、航运等，也出现了一批富商。如郭琰，先从挑担叫卖取得积累，后来成立通合公司，其经营的米业、酿酒、织造业等皆取得很大成就。其旗下的"元利轮"，是在越南注册挂中国国旗的第一艘轮船。在经营海上运输和贸易方面，郭琰也是闻名东南亚。如林兴泮经营的升合号绸庄，是西贡丝绸行业的巨擘。如在20世纪20至40年代间连任6届蓄臻市潮州帮帮主的刘柳波，以经营洋货商行而闻名。如堤岸潮州帮帮主陈澄初的振兴中药行，是堤岸中药行业的运营中枢。再如马松岩的集英轮船公司、周钦宣的周琢瑄宝石金饰行等，无不是当时业内的佼佼者。

越南的工业向来薄弱，除了法资外，几乎全部由华资控制。

华人最具规模、最有影响力的是碾米业。越南第一家碾米厂，便是华人于1878年在堤岸开办的，并从此奠定了堤岸作为越南历史上碾米中心的地位。"一战"期间，西贡、堤岸的全部11家碾米厂概由华人经营。20世纪30年代，华人拥有75家碾米厂，而法资的仅有3家。第二次世界大战后，华人在该行业的地位才有所下降，在当时西贡、堤岸的70家米厂中占40余家。[④] 潮人亦有涉足

① ［越］陈庆著，梁茂华译：《法属时期越南华人的商业地位》，载《东南亚纵横》，2003年第1期。

② 参见杨群熙：《潮人在越南》，香港：公元出版有限公司，2003年，第16～22页。

③ 转引自陈显泗：《柬埔寨两千年史》，郑州：中州古籍出版社，1990年，第545页。

④ 张加祥、俞培玲：《越南》，北京：当代世界出版社，1998年，第98页。

碾米业者，如郭琰，据《潮人在越南》所述，郭琰在堤岸创设怡昌碾米厂后，又陆续开办了通茂、通盛、通源三家机器碾米厂，“每日加工大米成品 2 万多包，远销亚洲、欧洲很多地方。在 20 世纪初期，4 家机器碾米厂占越南大米出口量一半以上”。①

华人的优势还体现在制糖、酿酒、榨油、造船、纺织等行业。这些行业，也有不少潮人创办的工厂，如郭琰创办的机器制糖厂、西宁糖绞公司、通源棉花厂，许渭滨创办的桂芳纱厂，许镇安创办的璜合织布厂，黄祥丰创办的黄祥丰纱厂等，都是越南当时的知名企业。

此外，还有外埠的潮人投资者进入越南市场设厂。如泰国陈慈黉，于 19 世纪末在西贡创设乾元利行，下辖有火砻厂、纸牌厂和许多客栈，在当时的西贡颇具规模。② 如泰国富商蚁光炎，在 20 世纪二三十年代，在越南办有酿酒公司和机油厂等。③

在清代前中期，潮侨曾经是越南采矿业的主力。当时安南郑氏政权据于北方，为铸币和发展军事之需大兴采矿业。但当时的安南人缺乏开采技术，因此“监当官大集外国客人采之”，每场矿“客人至以万计”，这其中自然包括大量的潮州人。后来潮州人和韶州人为争夺矿口每每“兴兵相攻”，给当地的社会秩序造成威胁，安南政权不得不加以干涉，将这些华侨一部分驱逐回国，另一部分“留发变服，著籍为民”。④

潮人在越南的金融汇兑业，主要是侨批。

越南侨汇业在光绪元年（1875）至抗战前这段时间内，都集中于堤岸。由于堤岸多是出入口商聚集的地方，同时堤岸也是侨批集散地，柬埔寨、老挝的侨批一般也通过堤岸中转，再由这里的侨批局收件后直接配上轮船寄往潮汕地区。在 20 世纪二三十年代，堤岸业务规模较大、侨批收转量较多的有玉合、佳兴等 20 多个商号。抗日战争时期，汕头市沦陷，侨批一度中断，越南、柬埔寨的侨批业从业者陈植芳等冒着生命危险在越南北部开辟了“东兴汇路”，侨批业务才得以继续开展。此时越南侨汇业务从南越的堤岸转移到北越的海防。直至 1946 年春天，世界各地的海、陆、空交通渐次恢复，“东兴汇路”宣告结束，侨汇路线逐渐趋于正常，越南侨胞们又以堤岸地方作为侨汇的据点了。⑤

① 参见杨群熙：《潮人在越南》，香港：公元出版有限公司，2003 年，第 16 ~ 22 页。

② 王绵长：《黉利家族资本的历史》，载中国人民政治协商会议广东省汕头市委员会文史资料委员会编：《汕头文史》（第八辑），汕头：汕头市政协文史资料研究委员会，1990 年，第 5 页。

③ 温原：《大义自在，岂敢以性命自私——记抗日殉国的侨领蚁光炎》，载中国人民政治协商会议广东省汕头市委员会文史资料委员会编：《汕头文史》（第八辑），汕头：汕头市政协文史资料研究委员会，1990 年，第 55 页。

④ 参见王元林、刘强：《清前中期潮州对外贸易研究》，载《汕头大学学报》（人文社会科学版），2005 年第 2 期。

⑤ 参见黄挺：《潮商文化》，北京：华文出版社，2008 年，第 480 ~ 481 页。

第四节　文化生活和潮人社团

越南学者阮文辉在《越南古代文明史》中直言："中国文化在越南起了重要的作用，它对越南的各项制度和人民的精神生活的一切方面，都留下了抹不掉的印记。"[①]《越南通史》载："中国语言文字已经成为越南语言文字的有机组成部分，并且组成了越南的文化宝库。"[②] 这其中，自然也包括了潮人族群、潮汕文化的贡献。

潮人在越南创办的华文学校不少，这些学校在当时都是采用华语教学，对中国语文、中国历史和中国地理等课程都很重视。这些学校中，影响最大的是位于堤岸、由潮人集资兴办的义安学校。该校成立于 1913 年，后更名为"义安中学"，是成立较早的华文学校。堤岸在 1941 年还办有南侨中学，由潮籍知名人士、教育家王贯一担任校长。1944 年，为避战乱，学校迁至槟椥市；1947 年，又迁回堤岸平和路。该校在南方各省中有很好的声誉。

除上上述的义安中学外，还有一些知名华文学校是潮人创办的，仅越南南方城市，便有蓄臻市的蓄臻中学、中华公学和新中学校；芹苴市的兴中学校；薄寮市的新华中学；迪石市的明德学校；会安市，潮人许渭滨带头捐资先后创办的培英小学、树人中学；朱洋市，潮人社团创办的培青学校等。此外，潮人还与其他华侨合作创办了华文中学，如岘港市树人中学等。[③]

1905 年，越南的第一份华文报纸《大越新报》创刊，该报由华侨富商集资，以南部城市西贡为发行中心。当时西贡华人占华侨总人数的 50% 以上，华人掌握了当地五分之四以上的商贸，足以支撑华文媒体。[④] 华文报纸随后陆续创办。第二次世界大战前后，越南华侨所办的报纸大大小小有 20 余家，较为著名的有《民国日报》（后改名为《中国日报》）、《全民日报》、《侨声报》、《侨众报》等。[⑤] 日军占领越南后，这些华人报纸纷纷被迫停刊。

1949 年之前，潮人主办、参与创办或担任董事、社长、总编辑等核心高层职务的报纸包括《越南日报》《中华日报》《时代报》《南亚日报》《全民日报》《华商日报》《越南报》《新报》等。其中，《新报》是潮籍革命人士创办的河内新地文化公司的下属报刊，该公司另设有新地书店，在 1946 年时影响颇大，但

① 转引自徐芳亚：《秦汉时期中原人士移居越南析论》，载《前沿》，2010 年第 6 期。
② ［越］《中越辞典 · 序言》，河内：真理出版社，1956 年。
③ 参见杨群熙：《潮人在越南》，香港：公元出版有限公司，2003 年，第 62 ~ 65 页。
④ 黄滋生、温北炎主编：《战后东南亚华人经济》，广州：广东人民出版社，1999 年，第 265 页。
⑤ 方积根、胡文英：《海外华文报刊的历史与现状》，北京：新华出版社，1989 年，第 113 页。

仅开办一年多便毁于战火。[1] 在越南报业和出版界，知名潮籍业内人士有方君健、郭湘萍、郑武职、吴敬业、张易生等。此外，1915 年，黄伟卿和陈星阁在薄寮创办了仰华书报社，该社既是文化单位，也是国民党的宣传机关。[2]

越南华文文学深受中国传统文学的影响，它一直是世界华文文学的重镇，其中亦有部分作者是潮人。1949 年中华人民共和国成立之前，潮人创作者主要在华文报纸副刊发表诗歌、散文、小说、文学评论等，给读者美好的阅读享受，同时传播中华优秀的文化。美术方面，越南潮人主要创作了大量的中国国画作品。

潮剧艺术，相传明清时期就有华侨在酬神赛会时，聘请中国的潮剧戏班去越南进行演出。至 20 世纪初，潮剧戏班巡演南洋时，越南通常也会是最后一站。

当时居越南的潮剧舞美画师谢良田，在越南学习西画后锐意革新，率先绘制后幕布景，分山野景、厅堂景、书房景、宫殿景等，配合剧情轮流换挂，风行海外，并影响国内戏剧二三十年。[3]

潮汕故里春节、元宵、清明、端午、中元、中秋、重阳、冬至等“时年八节”的习俗，在越南潮人中仍然得以延续。春节，人们互相拜年，厅堂摆“大吉”、橄榄迎客人，合家团聚，送“压岁钱”等。元宵，越南各地潮人通常都举行文化盛会和神功戏表演。从正月十四晚至正月底，胡志明市潮州义安会馆广场都演出庆元宵的神功戏，西贡统一潮剧团等参加演出，该市的潮籍同乡前往欣赏潮剧节目，意兴甚浓。在中元节这天，潮人社团和慈善机构亦都仿照乡俗进行。

民俗信仰上，潮汕各地传统的诸神崇拜在越南也存在着。关帝、妈祖和福德之神，越南潮人对其崇拜尤盛。而不少地方的社团组织，便设在宫观寺庙中，如西贡市潮州义安会馆等潮人同乡社团，便设在关帝庙之中；如薄寮潮州会馆等潮人社团，便设在福德庙之中。而朱洋、金瓯等地的潮人社团，则设在天后宫中。潮汕的饮食习俗在越南潮人中得到很大程度的保留，一些特色小食如鱼露、冬菜、贡菜等也较受欢迎。潮语在越南潮人聚居点流行，甚至影响到该市的一些越南本地人，如朱洋市，昔年潮语亦通行无阻。

越南潮人的社团组织，是在早期潮州帮的基础上建立的。阮主统治时期，就设立了广州、潮州、琼州、福州、泉州、漳州、宁波七府帮长制，对华侨进行管理。1802 年，阮福映建立阮朝，次年遣使向清帝求国号“南越”，嘉庆最终下赐国号“越南”，并封其为“越南国王”，这也是越南国名的由来。由于在战争过程中阮福映得到了天地会何献文等华侨华人的帮助，且又取得了宗主国的封号，

---

① 参见郑明、陈鸿辉：《越南“河内新地文化公司”史话》，载汕头华侨历史学会编：《汕头侨史论丛》（第二辑），汕头：汕头华侨历史学会，1991 年，第 317 ~ 319 页。

② 参见袁伟强：《岭东华侨互助社的建立及其作用》，载汕头华侨历史学会编：《汕头侨史论丛》（第二辑），汕头：汕头华侨历史学会，1991 年，第 40 页。

③ 周艾黎：《海外潮剧纵横谈》，载汕头华侨历史学会编：《汕头侨史论丛》（第二辑），汕头：汕头华侨历史学会，1991 年，第 190 页。

于是制定了优待华人的政策。1807 年，阮朝对“明乡”① 以外的华侨，按其“言语习尚”实行分帮管制，帮长代替政府征税及管理；1814 年，规定华侨按籍贯、方言、习俗的不同，分为广肇、福建、潮州、海南四帮，后又增加客家帮，合为五帮，各设帮公所，由帮民公推正副帮长各一人，正帮长由当地政府批准，为一帮最高行政负责人，并允许华侨社会各帮实行自治制度。② 各地潮人遂依政策在聚居点成立潮州帮帮公所，堤岸、西贡较先成立，后蓄臻、薄寮、金瓯、迪石、会安等地也陆续有了自己的帮公所。不少帮公所在 19 世纪后期便演变成会馆等团体。

越南西贡义安会馆（林伦伦摄影）

1949 年之前，越南潮人团体数量不少，其中比较著名的有：棍铺（堤岸）潮州义安会馆（20 世纪 70 年代更名为“胡志明市潮州义安会馆”），1820 年成立，其前身是更早期建立的堤岸潮州帮公所；薄寮潮州会馆，19 世纪初成立，由原来的薄寮潮州帮公所演变而来；迪石市潮州义安会馆，1882 年成立，由原来的迪石潮州帮公所演变而来；隆田市潮州会馆，20 世纪 30 年代成立；蓄切市

① “明乡”原名“明香”，源于明代遗民逃往越南后，为维持“明朝香火”建立的“明香社”组织。1826 年，明命帝下诏，改为“明乡社”。明香社的成员最早是那些以复明为己任，后来渐感无望遂安居越南的潮人，他们经过数代变迁，与越南妇女不断通婚，渐融入侨居地。参见李庆新：《越南明香与明乡社》，载《中国社会历史评论》，2009 年第 0 期。

② 尤建设：《试析 17 世纪后期至 19 世纪中期越南封建政府的华侨华人政策》，载《西南师范大学学报》（人文社会科学版），2006 年第 6 期。

潮州会馆，1839 年成立；绥射县潮州会馆，1926 年成立；避风角潮州会馆，1876 年成立；北越潮州同乡会，20 世纪 30 年代成立；土龙木义安潮州相济会，20 世纪 30 年代成立；朱洋市珠光会，20 世纪初成立；芹苴市丐镇协天宫理事会，1856 年成立；金瓯天后宫华人理事会，由 19 世纪初建立的金瓯潮州帮公所演变而来。①

① 参见杨群熙：《潮人在越南》，香港：公元出版有限公司，2003 年，第 43～44 页。

第十三章 柬埔寨

第一节 侨居地介绍

柬埔寨（Cambodia），东南亚国家。位于中南半岛东南部，与泰国、老挝、越南毗邻，西南临泰国湾。面积18.1万平方千米。人口1 380.69万人（2005），高棉人占80%以上，其余为占人、库伊人、普农人、老挝人、泰人、华人等。官方语言为高棉语。90%以上的居民信仰佛教。首都为金边。三面为高原和山地环绕，中部和南部为湄公河下游平原和洞里萨湖平原。东属长山山脉；北有扁担山脉（Dongrek）；西南有豆蔻山脉（Kravanh）和象山山脉（Dâmrei）。豆蔻山脉主峰奥拉山（Aural），海拔1 813米，为全国最高峰。热带季风气候，月平均气温介于24℃（12月）至30℃（4月）之间，年降水量2 000毫米，西南山地可达5 000毫米。5—10月为雨季，11月至次年4月为干季。森林覆盖率为35%，盛产柚木、铁木、紫檀、黑檀等贵重木材。矿藏有宝石、金、铁、锡、钨等。①

柬埔寨是传统的农业国，农业人口占全国人口的80%。主产稻米、橡胶、玉米、木薯、胡椒、豆蔻、咖啡、甘蔗等。林木采伐在国民经济中很重要，水产资源丰富。其主要工业产品为服装、香烟、食品、木材制品等。此外，柬埔寨交通以公路为主，湄公河和洞里萨湖航运较发达。②

柬埔寨历史悠久，于1世纪下半叶建国。9—15世纪的吴哥王朝为鼎盛时期，国力强盛，文化发达，创造了举世闻名的吴哥文明。1863年后沦为法国的“保护国”。1940—1945年被日本占领；日本投降后，法国重占柬埔寨。1953年11

---

① 辞海编辑委员会编：《辞海》（第六版缩印本），上海：上海辞书出版社，2010年，第881页。

② 辞海编辑委员会编：《辞海》（第六版缩印本），上海：上海辞书出版社，2010年，第881页。

月9日，柬埔寨王国独立。1976年1月改称“民主柬埔寨”，1993年9月复称“柬埔寨王国”，恢复了君主立宪制。①

第二节　潮人移居情况

早在4 000多年前，就有人类在柬埔寨这片土地上居住。考古发现，发展到金石并用时代后，当地人接受并拥有了自己的青铜文化，学会制造和使用青铜工具，还具有较高的造船技术、航海技术和粗浅的天文知识。海上对外贸易也已通达中国和印度。②

中国很早就与柬埔寨有联系，自1世纪下半叶起，两者之间的交往历经扶南、真腊、吴哥、柬埔寨等王朝。③《后汉书·章帝纪》：“元和元年春正月，中山王焉来朝。日南徼外蛮夷献生犀、白雉。”④《后汉书·南蛮西南夷列传》：“肃宗元和元年，日南徼外蛮夷究不事人邑豪献生犀、白雉。”⑤ 一般认为“究不事”便是指柬埔寨。84年，便有使臣到中国。三国吴将吕岱平定交州后遣使臣康泰、朱应出使扶南，见《三国志·吴书·吕岱传》载：“（吕岱）又遣从事南宣国化，暨徼外扶南、林邑、堂明诸王，各遣使奉贡。”⑥ 康泰、朱应将其见闻载入《吴时外国传》《扶南异物志》等，这是史载中国第一次向扶南正式派遣使臣。

之后，虽然中国政权更迭，改朝换代不断，但在唐代之前的近400年里，各政权同扶南的交往多达28次。见下表：

三国至唐代之前扶南与中国朝贡互访统计表

	三国	西晋	东晋	南朝宋	齐	梁	陈	总计
历时（年）	60	52	103	59	23	55	32	384
中国往扶南（次）	1					1		2
扶南往中国（次）	3	4	2	3	1	10	3	26
总计（次）	4	4	2	3	1	11	3	28
往来频率（次/年）	1/15	1/13	1/51. 5	1/19. 7	1/23	1/5	1/10. 7	1/13. 7

资料来源：潘慧琼《唐前中柬朝贡关系考述》⑦。

---

① 参见辞海编辑委员会编：《辞海》（第六版缩印本），上海：上海辞书出版社，2010年，第881页。

② 陈显泗：《柬埔寨两千年史》，郑州：中州古籍出版社，1990年，第15～16页。

③ 在扶南之前，这片土地上早有原始居民，也曾创造比较辉煌的上古文明。中国古籍上有零星记载，但柬埔寨的上古历史目前尚不能准确被描述。参见陈显泗：《柬埔寨两千年史》，郑州：中州古籍出版社，1990年，第4～5页；李晨阳等编著：《柬埔寨》，北京：社会科学文献出版社，2010年，第65页。

④ （南朝宋）范晔撰，（唐）李贤等注：《后汉书》，北京：中华书局，1965年，第145页。

⑤ （南朝宋）范晔撰，（唐）李贤等注：《后汉书》，北京：中华书局，1965年，第2837页。

⑥ （晋）陈寿撰：《三国志》，北京：中华书局，1959年，第1385页。

⑦ 潘慧琼：《唐前中柬朝贡关系考述》，载《社会科学家》，2011年第4期。

隋唐之际，扶南逐渐衰落，真腊兴起并于7世纪末以武力取代扶南。真腊在秦、汉是扶南的属国，《后汉书》称为“究不事”，《隋书》首先称其为“真腊”（来自 Siem Reap 的对音），《唐书》称“吉蔑”“阁蔑”（都是 Khmer 的对音），宋代称“真腊”，亦名“真里富”，元朝称“甘勃智”，《明史》称“甘武者”，明万历后称“柬埔寨”。“究不事”“甘勃智”，“甘武者”“柬埔寨”都是 Cambodia 的对音。“真腊”“真里富”则是 Siem Reap 的对音。① 在著名的柬埔寨吴哥遗址中，石雕壁画上已经有宋朝军队与柬埔寨军队并肩作战的画面。这些文献、文物都是中柬之间交流久远且密切的传证。唐宪宗元和九年（814），吴哥王朝遣使中国，随后在官方记载中，中柬中断联系约300年。②

早期便有潮人踏足柬埔寨这片土地。至迟在唐代，则可推出应有潮人抵达柬埔寨。韩愈于长庆三年（823）所作的《送郑尚书序》，已经提及本区海商“飘风一日踔数千里，漫澜不见踪迹。……其海外杂国若耽浮罗、流求、毛人、夷亶之州，林邑、扶南、真腊、干陀利之属。……蛮胡贾人舶交海中”，并涉及真腊。如果文学作品可以指实的话，则此时应有潮人进入真腊，这些人有的是由于贸易而去，但也存在“蛮夷悍轻，易怨以变”，③ 因社会因素而出走的。后一点正好与《真腊风土记·流寓》所载对应：“唐人之为水手者，利其国中不著衣裳，且米粮易求，妇女易得，屋室易办，器用易足，买卖易为，往往皆逃逸于彼。”④ 这些“水手”中便有“易怨以变”的潮人土著。由于真腊的社会环境相对宜居，有人遂“逃逸于彼”。又参见《真腊风土记·死亡》涉及其葬礼习俗：“今亦渐有焚者，往往皆是唐人之遗种也。”⑤

宋元时期，柬埔寨和中国从官方到民间又开始往来不绝，各史料多有涉及，而华人在柬埔寨的寓居不在少数且持续增加。成书于元代、记录13世纪末前后该地风俗的《真腊风土记》，仅仅8 500余字中便出现了十七处“唐人”、两处“唐货”，记录下了华人生活的点滴，如“往往土人最朴，见唐人颇加敬畏，呼之为佛，见则伏地顶礼”，颇显华人社会地位之高；又如“近亦有脱骗欺负唐人，由去人之多故也”，可见华人仍继续增加的趋势；再如“国人交易皆妇人能之，所以唐人到彼，必先纳一妇人者，兼亦利其能买卖故也”，⑥ 则显示出华人在柬埔寨置有家室在当时已具有普遍性。

对于熟谙海事、善为水手的潮人来说，柬埔寨实在是避难谋生的乐土。在宋

---

① 参见（元）周达观著，夏鼐校注：《真腊风土记校注》，北京：中华书局，1981年，第17页。

② 陈显泗：《柬埔寨两千年史》，郑州：中州古籍出版社，1990年，第365页。

③ （唐）韩愈：《送郑尚书序》，载（唐）韩愈著，马其昶校注，马茂元整理：《韩昌黎文集校注》，上海：上海古籍出版社，1988年，第283~284页。

④ （元）周达观著，夏鼐校注：《真腊风土记校注》，北京：中华书局，1981年，第180页。

⑤ （元）周达观著，夏鼐校注：《真腊风土记校注》，北京：中华书局，1981年，第134页。

⑥ 参见（元）周达观著，夏鼐校注：《真腊风土记校注》，北京：中华书局，1981年，第145~147页。

元更迭时，宋室南遁潮汕，元兵尾随追击，潮汕先民苦受兵累，宋相陈宜中率部逃亡占城（越南境内），又再走暹罗，或有从事“水手”之职的潮人随众散居于柬埔寨。

明代，成书于万历四十五年（1617）的《东西洋考·柬埔寨》中的“形胜名迹”载：“篱木州以木为城，是华人客寓处。”① 可见居住在柬埔寨的华人数量应不在少数，并已形成华人社区。据专事柬埔寨华侨研究的新西兰学者威廉·伊·威尔摩特研究所得：1609 年金边的两万人口中便有三千华人。②

这些聚居点中必然也有潮人居住，因为在此之前的嘉靖、隆庆年间，在“北虏南潮”时期，潮汕海上武装商贸集团突起，林道乾、林凤、张琏等多股势力逡巡沿海，出入外洋。其中明确有载的，便有林道乾集团驻留柬埔寨设置据点之事。以下略述大概，可略窥此期潮人移民的情况。

林道乾，是到达柬埔寨较早且见诸文献的最为著名的潮人，但不是第一个有名有姓的潮人，因为接待他的，是在当地已具备一定势力的潮人同乡——邑人杨（阳）四。《万历武功录·林道乾传》称：“是岁，癸酉（万历元年）二月十五也，林道乾既行至甘浦寨，乃出囊中装五百金，帛五十纯，因杨四送奉寨主，乃以乾把水使，属翁十、苏老、林十六等所部，而杨四亦得蒲履、络狶诸物，费无虑千金。”③ 即是说，林道乾通过杨四的关系，才和柬埔寨官方攀上关系，得以在这里找到立足之处。

此处介绍一下林道乾。乾隆《潮州府志》卷三十八《征抚》载：“惠来人。少为县吏，机变险诈，智虑超于诸寇，性嗜杀，所过无不残灭，舟泊处，海水尽赤，积尸入山，海水为之不来。”④ 李贽在《焚书·因记往事》中称：“夫道乾横行海上，三十余年矣。自浙江、南直隶以及广东、福建数省近海之处，皆号称财赋之产，人物隩区者，连年遭其荼毒，攻城陷邑，杀戮官吏，朝廷为之旰食，除正刑都、总统诸文武大吏外，其发遣囚系，逮至道路而死者，又不知其几也，而林道乾固横行自若也。”“吁！必如林道乾，乃可谓有二十分才，二十分胆者也。”⑤

林道乾领导的武装集团自嘉靖后期至万历年间，驰骋海上 30 年，足迹遍及中国台湾、安南、吕宋、暹罗、柬埔寨等不少地区，并在一些地方建立了“定居点”，乃至建立政权，称王大泥，略其地曰“道乾港”等。至今，泰国、中国台

① （明）张燮著，谢方点校：《东西洋考》，北京：中华书局，1981 年，第 52 页。
② 《华人何时移居柬埔寨》，载《南洋文摘》，1970 年第 6 期。
③ 《万历武功录》卷 3《广东》，第 45 页。转引自汤开建：《明隆万之际粤东巨盗林凤事迹详考——以刘尧海〈督抚疏议〉中林凤史料为中心》，载《历史研究》，2012 年第 6 期。
④ （清）周硕勋纂修：《潮州府志》，潮州：潮州市地方志办公室、潮州市档案馆，2001 年，第 935 页。
⑤ （明）李贽：《焚书　续焚书》，北京：中华书局，1974 年，第 431 ~ 432、435 页。

湾、柬埔寨等地还有关于他的不少传说。①

对于林道乾集团，明政府曾进行多次的激烈追杀，甚至联合包括海上强国葡萄牙在内的多国联军进行围剿，但总是未能扑灭。如《皇明史概》所载："制台檄安南、暹罗索乾……香山澳人吴章、佛郎机人马罗殊并请自治装往击乾，许之。不果。……制台使人赏谕柬埔，令与暹罗并攻乾。"结果也是"乾觉，格杀番众，略其舳舻，往佛丑海屿而去，竟莫知所终"。② 在历年追截中，林道乾神出鬼没，化险为夷，往往这边是捷报"道乾赴水死""道乾腰斩"，那边却又见他"横行如故"。

林道乾初抵柬埔寨，应该是万历元年（1573）。顺治《潮州府志》第七卷《朱良宝林道乾之变》载："嘉靖壬子以后，倭寇海贼纵横为患，朱良宝、林道乾尤甚……官兵因地方多事，兵力难分，准其告抚，既抚以来，朱据南洋寨、林据华美寨……万历元年春，督府殷正茂因寇荡平，将乘胜捣之，朱与林先叛去，林径投夷寨。"③ 这是说，嘉靖三十一年（1552）后，由于各处多事，官兵无法集中精力，于是招抚林道乾。到了万历元年（1573），其他势力已被荡平，提督两广侍郎殷正茂打算一鼓作气，消灭多年来猖獗的林道乾集团，但他已先逃遁。《明神宗实录》"万历元年（1573）五月癸巳"载："林道乾闻山寇荡平，叛招出海，驾言奔投外国。"④ 坐实了的林道乾在这一年叛招出海。林道乾出海，各材料都写为去"外国""夷寨"，实际最初到的就是柬埔寨。

应该注意的是，《明神宗实录》中的"五月癸巳"，是明政府催促"殷正茂督兵平海贼"的时间，不是林道乾叛逃的时间，他"叛招出海"的时间要比这早得多。而到达柬埔寨的时间，上引《万历武功录》称是"癸酉二月十五也"，即万历元年癸酉二月十五日。

同乡人杨四在柬埔寨当"把水使"，林道乾凭借杨四的关系，以五百两银子、五十匹丝绸奉献寨主，又以蒲履、葛布送杨四，方得居留当地，设置据点。随后林道乾以柬埔寨等地为据点，继续出没汪洋，通商各处，这也包括中国沿海。

俞大猷《正气堂全集》之《与凌洋山书》以为："海贼林道乾逃去西南番甘埔寨，上山居住，似无复回之理。"⑤ 事实上，他的估计太过乐观，在数个月后的

---

① 参见李长傅：《中国殖民史》，上海：商务印书馆，民国二十六年（1937），第 140 ~ 147 页。参见黎光明：《"斐律宾史上'李马奔'Limahong之真人考"补正（并附"林道乾事迹考"补正）》，载《燕京学报》，1931 年第 10 期。

② 朱国祯：《皇明史概》卷 37《大事记·蜑户》，载《元明史料丛编》第 1 辑第 7 种第 12 册。转引自黄挺：《明代后期闽粤之交的海洋社会分类、地缘关系与组织原理》，载《海交史研究》，2006 年第 2 期。

③ （清）吴颖纂修：《潮州府志》，潮州：潮州市地方志办公室，2003 年，第 264 页。

④ 《明实录·神宗实录》卷 13，万历元年五月癸巳，《明神宗实录》，台北："中央研究院"历史语言研究所，1962 年，第 420 页。

⑤ 《正气堂全集·续集》卷 1《与凌洋山书》，第 543 页。转引自汤开建：《明隆万之际粤东巨盗林凤事迹详考——以刘尧海〈督抚疏议〉中林凤史料为中心》，载《历史研究》，2012 年第 6 期。

万历元年（1573）八月，“海贼林道乾等逃入闽海，窃据澎湖为患”①。官方终于明白：“林道乾雄踞广潮，威行于内地十年已，一旦大兵压境，援应未周，故浮海而南，焚弃旧巢，以示无复东意，实未尝一日忘广东也。”②

林道乾在柬埔寨的时间有多长，未能详考。至万历八年（1580），柬埔寨在明政府的巨大压力下将杨四捕押回中国，可见《明神宗实录》“万历八年八月壬戌”载：“八月，壬戌，柬埔寨酋郑青捕逆贼杨四并金书、牙蜡来献。杨四，逋贼林道乾党也。先是福建巡抚耿定向谍知道乾奔暹罗，谕塞酋计擒之。酋见谕，因执（杨）四并归原兵陈廷案等，而乞通贡于内。部臣谓俟获（乾）后再议。”③即是说，至1580年，林道乾的据点可能才真正被消灭。不过这也是猜测而已，毕竟林道乾在此前的闰四月，仍然“窃据海岛中，出没为患。将士不能穷追，而大泥、暹罗为之窟穴。既而逼胁大泥、侵暴暹罗”④。此后，他也一直逍遥于海上，明政府一直未能将他“缉拿归案”，只能慨叹“尚漏天诛”。

在柬埔寨期间，林道乾集团客观上促进了当地的商品流通，他进进出出，其实还是以通商目的为主。如《明神宗实录》“万历六年十一月辛亥”载有：“十一月，近日剧贼林道乾、林凤等逋逃岛外，尚漏天诛。更有黠豪富，托名服贾，勾通引诱，伪造引文，收买禁物，藉寇兵而赍盗粮，为乡导而听贼用。”⑤ 这里，所谓“托名服贾”“收买禁物”“赍盗粮”等仅仅是官方的说辞，从中可一窥这些海上武装商贸集团所谓的“伪造引文”“勾通引诱”，其实还是为了通商。

柬埔寨现在还流传着一个说法：林道乾到柬埔寨时，因为当地潮人黄姓的人数众多，所以林道乾也改姓黄。可见，如传说属实，潮人当时在柬埔寨已有一定的数量，如杨四还担任了官职，并能够接近寨主，算是有不错的社会地位。此外，在林道乾居留或设置据点于柬埔寨的好几年里，随去的部众不少，他们的生活习俗无不与当地居民互相融合，而据“唐人到彼，必先纳一妇人者”的记载，在那里留居、繁衍后裔是自然而然的事。至于林道乾后来又遁走汪洋，团体中遗留部分潮人在柬埔寨的，自然有一定的数量。

明清之际，郑成功崛起于东南，垄断东西洋水路，随着海上贸易的开展，沿

① （清）刘尧诲：《督抚疏议》卷1《海贼突犯查参失事人员疏》，第9~11页。转引自汤开建：《明隆万之际粤东巨盗林凤事迹详考——以刘尧诲〈督抚疏议〉中林凤史料为中心》，载《历史研究》，2012年第6期。

② （清）刘尧诲：《督抚疏议》卷1《海贼突犯查参失事人员疏》，第11页。转引自汤开建：《明隆万之际粤东巨盗林凤事迹详考——以刘尧诲〈督抚疏议〉中林凤史料为中心》，载《历史研究》，2012年第6期。

③ 《明实录·神宗实录》卷103，万历八年八月壬戌，《明神宗实录》，台北：“中央研究院”历史语言研究所，1962年，第2023~2044页。

④ 《明实录·神宗实录》卷99，万历八年闰四月壬子，《明神宗实录》，台北：“中央研究院”历史语言研究所，1962年，第1976页。

⑤ 《明实录·神宗实录》卷81，万历六年十一月辛亥，《明神宗实录》，台北：“中央研究院”历史语言研究所，1962年，第1724页。

海商人往来柬埔寨；随着朝代的更迭，一些反清人士成为海外遗民。时局动荡、天灾人祸，谋生计者流入中南半岛，这其中多少有一些是潮人。

至清朝同治年间，即汕头开埠之后，柬埔寨潮人大增，已经有可能、有需要在每年酬神赛会时，专程从家乡聘请潮剧班到柬埔寨表演。当时有“红囊帮”“青囊帮”等剧班经常到柬埔寨演出，这说明当地潮人人口已颇为可观，且具备一定的经济条件。

中华民国至中华人民共和国成立前，根据法国殖民当局1921年的人口调查，在1890年时，柬埔寨的华侨人口有13万。20世纪20年代、30年代后期和第二次世界大战后初期，出现过中国人移居柬埔寨的三次高潮，特别是在战后的1946年至1949年期间，华人人数由30万猛增到42万，占全柬574万人口的7.3%。[①]在持续不断的移民潮中，有不少是潮人，他们一部分是由潮汕本土过去的，一部分是从泰国、越南等其他地方再次移民的。

倘若按照上述1949年42万华人数量，再依据《汕头市志》的“每4个柬埔寨华人中有3个是潮州人”[②]的比例折算，则此时大约有31.5万潮人。又据《越南老挝柬埔寨手册》：“50—60年代，柬埔寨境内有近30万潮州籍华侨华人。”[③]考虑50—60年代柬埔寨政局动荡，此期或有减少。参考之下，则1949年中华人民共和国成立之时，柬埔寨约有30万潮人。

第三节　经济活动

20世纪50年代之前，柬埔寨的华人多从事种植业，经营小本生意，也有从事大宗商品的中介贸易者。在柬埔寨发达程度不高的经济规模中，华人占有很大的分量。这里面，作为华人人口近75%的潮人，在经济活动领域扮演着举足轻重的角色。

柬埔寨是传统的农业国家，主产稻米、橡胶、玉米等，这些作物的种植潮人都多有介入。该国19世纪的主要种植物如胡椒、甘蔗等，多是潮人从事种植的。柬埔寨的胡椒种植是19世纪中叶引自中国海南，最初在贡布省，经潮人接触后大量推广，遂成主要种植业。甘蔗一直是潮汕传统的经济作物，潮人漂洋过海，此项随之在异域得以推广。据统计，当时柬埔寨甘蔗的种植工中潮人占了一半以

---

① 齐坚：《红色高棉时期柬埔寨华人的遭遇》，载《炎黄春秋》，1999年第9期。

② 广东省汕头市地方志编纂委员会编：《汕头市志》（第四册），北京：新华出版社，1999年，第549页。

③ 杜敦信、赵和曼主编：《越南老挝柬埔寨手册》，1988年，第322页。转引自陈予：《漫谈柬埔寨华人在柬埔寨经济重建中的作用》，载汕头华侨历史学会编：《汕头侨史论丛》（第三辑），汕头：汕头华侨历史学会，1998年，第298页。

上。除耕作、收割之外，潮人也从事产品延伸的加工和贩运。

在农业发展上，潮人还引进先进的生产技术和农、鱼优良品种，以及生产工具等。引进的鱼苗包括潮汕传统池鱼鳙、鲮、鲩、鲤，青菜如芫荽、芥蓝等，带去豆腐、冬菜、菜脯、冬粉、粿条、面条、酱油等的制作工艺，还有用谷壳孵小鸭等的技术。现在这些相关物品的潮语发音，都成为柬埔寨语的外来语。如“芫荽（音同 wansui）、芥蓝（音同 kana）、豆腐（音同 daohu）”等。1867 年，诺罗敦国王迁都金边后，华人汇聚在金边周围。当时主要由潮人经营的菜园延伸至现在的哥苏玛（原僧侣医院）前的堤坝，从 19 世纪中叶开始，迅速由东北向西南发展。潮人引进工艺技术，在这里精耕细作，既取得了经济效益，满足了金边市场的肉菜供应，也对当地的农业发展起到了良好的促进作用。①

潮人初到柬埔寨一般都在农村，务农之余，兼做一点小生意。历史上，柬埔寨农民靠天吃饭，因此形成先靠借贷度日，后用谷物还债的习俗。潮人商贩多以日常用品、衣物等实物先贷给农家，议明价钱，然后待收获季节再以稻谷偿还。此类赊贷，既带有互助互利性，也带有商业博弈性：若当年歉收，会有被拖欠或折减的危险，但在正常年景下，商贩均可以获得较高的利润。

潮人垦殖开荒，为柬埔寨的城镇开发作出了很大的贡献。如上丁省的坑课村、干拉省的见遂市，便是由福建和潮州的华侨在一百多年前开发出来的。见遂市原本只是一个小码头，福建和潮州籍的华侨造了数百艘能装千担粮食的大驳船，将大批粮食运往堤岸，逐渐带旺周边行业，遂形成市集。②

同时，一些潮人通过垦殖、贩卖等途径取得原始积累后，便开始从事中间商、代理业务。柬埔寨沦为法国的“保护国”后，法国“洋行”垄断了大宗商品的进出口交易，部分成功的潮商承担着洋行与当地人中间商的角色，以经营进出口代理业务、开拓外贸起步，成为当地的富商。如林来利，1900 年初到柬埔寨谋生，由小商贩起步，后开小店做生意，成立进出口公司并购置货轮，从事外贸生意，终成潮籍殷商和侨领。又如陈顺和，先协助其父经营酒业和粮杂生意，后从事运输和房地产、丝绸、布匹等业，逐渐成为当地著名的侨商和潮州帮帮主。③ 也有的经数代人发展才渐有家业，如陈长明，即是抵柬埔寨后先垦荒，略有积蓄后成家立业，其五子三女，有开缝衣店的，有开金铺的，也有开丝绸庄的，各有成就。④

---

① 参见徐名文、沈建华：《潮人在柬埔寨》，香港：公元出版有限公司，2005 年，第 22 ~ 25 页。

② 参见陈显泗：《柬埔寨两千年史》，郑州：中州古籍出版社，1990 年，第 547 页。

③ 广东省地方史志编纂委员会编：《广东省志 · 华侨志》，广州：广东人民出版社，1996 年，第 488 页。

④ 陈英：《陈明记家族旅柬史略》，载汕头华侨历史学会编：《汕头侨史论丛》（第二辑），汕头：汕头华侨历史学会，1991 年，第 312 ~ 313 页。

第四节 文化生活和潮人社团

柬埔寨潮人的教育，一部分是将子孙送回中国读书，如潮籍侨领林来利，其十个子女便在家乡求学。没送回国而有经济实力的，则上当地私塾，接受传统的蒙学教育。

1894年，潮州帮华人在柬埔寨首都金边创建了第一所华文学校——“端华学校”，这也是柬埔寨创办最早、规模最大、学生最多的华文学校，被誉为柬埔寨华文教育的“最高学府”。端华学校初期在神庙办学，潮人将神庙侧室辟为教室，从潮州聘请学者授课，主要教授《千字文》《三字经》等传统蒙学，具有私塾性质。民国后，学校开始采用商务印书馆出版的教材，成为新式学堂。端华学校办学经费来源于潮侨的捐助及神庙的“香油钱”，比较充裕。学校遂不断扩大规模，至20世纪30年代，已有专业老师8位，学生共300余名，分成女学部及男学部，后面操场用篱笆隔开。在第二次世界大战前，端华学校一概以潮语授课，每周编教两堂汉语拼音课。战后，学校才全部采用汉语授课，但低年级仍然采用潮语作解释。

此外，在大金瓯市，有潮人林先文所倡建的兴中学校。20世纪40年代初，潮人卢卓昂等人当选为董事长，将原邻近的侨校兴华学校纳入管理。于是，大金瓯市的兴中学校成为总校，办完全小学，设6个班，学生200多人；长厦的兴华学校成为分校，办初级小学，设4个班，学生100多人。这两所学校都是较有影响力的学校。①

新闻出版和文化传播等方面，柬埔寨潮人也屡有介入。如1939年，潮人吴琳曼在柬埔寨金边联络当地爱国侨领，开设中正书局，印制进步书籍、文宣，使之成为柬埔寨抗日救国的宣传阵地。如20世纪40年代，潮人侨领陈顺和支持华侨进步人士在金边创办《现实日报》。② 该报由旅居柬埔寨的潮侨方君壮与金边侨领、教师等负责，积极宣传抗日，③ 在当地有不小的影响力。

柬埔寨华文文学的发展一直处于越南华文文学的辐射之下。由于政治、经济、地缘等因素的制约，1949年之前，柬埔寨的华文文学作品的发表主要依托报纸的综合性副刊，影响相对小。抗战时期，文学作品主要在《播音报》《大中华》《华商报》发表。④ 早在20世纪三四十年代，柬埔寨便设立了华侨图书馆，

① 参见陈昌文、郑衡、李绪明：《印支侨校忆述》，载汕头华侨历史学会编：《汕头侨史论丛》（第二辑），汕头：汕头华侨历史学会，1991年，第210~211页。

② 广东省地方史志编纂委员会编：《广东省志·华侨志》，广州：广东人民出版社，1996年，第48页。

③ 李益杰：《潮汕海外华侨与抗日战争》，载《南洋问题研究》，2001年第4期。

④ 涂文晖：《论柬埔寨、老挝华文文学》，载《华文文学》，2011年第4期。

由五帮直辖，董事由潮州帮 4 人、广肇帮 2 人、福建帮 1 人、海南帮 1 人、客家帮 1 人共同组成。[①]

潮剧艺术很早便进入柬埔寨。19 世纪六七十年代，已经有潮剧戏班“红囊帮”“青囊帮”受聘到柬埔寨演出，其中有成员无归国，遂成为当地艺人。之后酬神赛会都有潮曲、潮乐、潮剧的表演。到了 20 世纪初，随着潮剧的升温以及经济的增长，金边的专业戏园应运而生，梨春戏园、屠牛市戏园都有潮剧班长期驻场，许多戏班也在此时进行了商业性的演出，潮剧艺术呈现一片欣欣向荣的景象。20 世纪三四十年代，已经有由柬埔寨潮人组成的专业戏班——老玉春香、老正天香、新一枝香，以及老赛桃、老源正等存在。专业的戏园——梨春戏园、梨仙戏园坐落在被誉为“小潮州”的金边市。1949 年之前，金边设立了不少潮剧组织，演绎过《陈三五娘》《告亲夫》《井边会》《苏六娘》等经典潮剧，还常有专业剧团巡回南洋时到柬埔寨演出，比较闻名的如玉香春戏帮，1943 年就曾在金边戏院演出，颇受欢迎。

柬埔寨潮人的潮汕民俗一直保持得很好，如春节、元宵节、清明节、端午节、盂兰节、中秋节、冬至、除夕等“时年八节”的惯例，以及“春分”“秋分”二祭，一直在柬埔寨潮人中普遍流传。节日来临，他们都要慎终追远，祭拜先祖。清明节，则墓地扫墓；阴历七月，盛行“祭孤”。金边市潮人在柬埔寨潮州会馆的主持下，到金边“潮州义地”举办“盂兰胜会”，七月初一“开孤门”、七月三十“关孤门”等施阴济阳活动，热闹非凡。中秋则赏月，冬至则食汤丸。至元宵节，潮州会馆协天大帝庙人山人海，香火不断。除夕夜围炉，柬埔寨潮人称为“唐山过年”。家中“围炉”过年，并分发给小孩“压岁钱”，与昔时潮汕别无二致。由于柬埔寨华人一直坚持着清明祭祖的传统，天长日久，一些柬埔寨人也开始仿效过清明节。潮曲、潮乐、舞狮、鞭炮、潮州大锣鼓也是深受潮人乃至柬埔寨人的喜爱，不仅有业余的临时队伍，还有专业的锣鼓班，如 1947 年成立的加江市“同轩乐”。在饮食习俗方面，潮汕小食在金边街头巷尾并不乏见。

得益于端华学校等华校的潮语教育，以及柬埔寨潮人的族群意识，潮语在潮人聚居点乃至柬埔寨一直普遍流行，特别是在金边，几乎可以通行无阻。不少潮语发音，已然融入柬埔寨语，如家具类的“橱、靠椅”，如工具类的“斧头、方刀、簸箕”，如民俗类的“拜公妈、清明、模狮”，还有些专有名词如“戏潮州（潮州戏，柬埔寨语语法多定语后置）、六冲（该词本指地支隔六位相冲，原为道家玄学用语，后多指夫妻相差六岁会不吉利，柬埔寨语扩用至指所有不吉利或意外事件）”等[②]。随着潮人经济的发展、社会地位的提高且多集聚在金边一带，这个柬埔寨的首都在 1949 年之前便有“小潮州”之称，使用潮语进行简单的购

① 徐名文、沈建华：《潮人在柬埔寨》，香港：公元出版有限公司，2005 年，第 83 页。
② 徐名文、沈建华：《潮人在柬埔寨》，香港：公元出版有限公司，2005 年，第 23 页。

物、问路几乎可以通行无阻。与金边仅隔12千米的大金瓯市，在20世纪三四十年代，华人总数占八成，潮人众多，全市通行潮语。[①]

1949年之前，柬埔寨潮人社团组织主要有潮州会馆以及殖民政府规定的潮人帮，前者可以说是自发兴起的，后者则源于当局的政策，从属于五帮公所。

根据记载，柬埔寨潮州会馆创建于光绪二十年（1894），会馆坐落在金边安英街，拥有协天大帝庙、端华学校、墓地、楼房等产业。协天大帝庙与潮州会馆相毗邻，主神奉祀关公，该庙的始创时间比柬埔寨潮州会馆要早，据正门横梁悬挂着的几块大牌匾，如“千古一人”“浩气长存”分别刻有清同治年号（1862—1874）和清光绪年号（1875—1908），可推算出，该庙始建于19世纪六七十年代。端华学校初设于庙内侧厅。潮属侨领还于19世纪四五十年代，以潮州会馆的名义向当时的殖民政府购买地皮，建成公共墓园“潮州义地”，由潮州会馆负责日常管理工作。潮州会馆是柬埔寨潮人的民间福利机构。[②]

1871年，法国殖民政府就依循“以华治华”的思路，采取帮长制统治华侨华人，规定所有原方言地区的柬埔寨华人都必须加入所属的帮会。这样，按照不同的方言群划分为五大帮会。各帮会领导人由选举产生，并由法国副总督任命。五大帮会再组成五帮公所，公所主席应由当局任命。公所主要职责是协助政府办理华侨入境登记、申请身份证、办理“出生纸”和“报死纸”等，帮长受命代替政府向华侨传达命令、征集税收、调解纠纷等。后期潮州帮的帮主为陈顺和，他多行善事，声望很高，曾任中国同盟会柬埔寨支部委员、顾问，历任五帮公所主席、商会主席、潮州帮主。1942年日军入侵期间，他拒绝担任日军成立的维持会会长。1948年9月，法殖民政府成立“柬埔寨中华理事分会”（当时印支三国同属法国殖民地，在各国所设机构称分会），取代“帮公会”，其职责亦大同小异。[③]

---

① 参见陈昌文、郑衡、李绪明：《印支侨校忆述》，载汕头华侨历史学会编：《汕头侨史论丛》（第二辑），汕头：汕头华侨历史学会，1991年，第210～211页。

② 参见徐名文、沈建华：《潮人在柬埔寨》，香港：公元出版有限公司，2005年，第110～112页。

③ 参见徐名文、沈建华：《潮人在柬埔寨》，香港：公元出版有限公司，2005年，第110～112页。

第十四章 中国香港

第一节 侨居地介绍

香港（Hong Kong），全称为中华人民共和国香港特别行政区，简称“港”。地域包括香港岛、九龙半岛和新界。地处中国、南海之滨，珠江口东侧、深圳市之南。因地产沉香并在此出口而得名，又称“香江”“香海”。面积1 104平方千米，人口726万（2014）。[①]

香港自古以来就是中国的领土，原属广东省新安县（今深圳市宝安区）。1840年英国发动侵华的鸦片战争。1841年1月，英军强占香港岛。1842年8月29日，英国强迫清政府签订《南京条约》，割占香港岛。1860年10月24日，英、法、俄又强迫清政府缔结《北京条约》，割占九龙司地方一区。1898年，英国逼迫清政府签订《展拓香港界址专条》，强行租借九龙半岛界限街以北、深圳河以南的中国领土及附近两百多个岛屿（后统称“新界”），租期为99年。1997年6月30日期满。中国人民一直反对上述的不平等条约。1982年至1984年间，中国政府同英国政府进行了多轮谈判，于1984年12月19日签署了《中英联合声明》。声明规定，中国政府于1997年7月1日起对香港恢复行使主权，英国政府于同日把香港交还给中国。中国政府根据“一个国家，两种制度”的方针，宣布对香港的基本方针政策五十年不变。1990年4月，《中华人民共和国香港特别行政区基本法》公布。1997年7月1日，中国政府对香港恢复行使主权，香港特别行政区成立。香港特别行政区除外交和国防事务属中央人民政府管理外，享有高度自治权，原有社会、经济制度和生活方式不变，法律基本不变，实行“港人治港”。[②]

---

① 辞海编辑委员会编：《辞海》（第六版缩印本），上海：上海辞书出版社，2010年，第2073页。

② 辞海编辑委员会编：《辞海》（第六版缩印本），上海：上海辞书出版社，2010年，第2073页。

香港为自由港，经济发达，是亚太地区及世界重要的贸易、金融、航运、旅游、信息中心之一。已形成以纺织、服装、电子、钟表、塑料、电器等为主的出口加工工业体系。有广九、京九铁路，并建有香港新机场。有铜锣湾、上环、中环、旺角、尖沙咀等商业区。有香港大学、香港中文大学、香港科技大学等高等学府。著名景点有海洋公园、香港公园、天坛大佛、宋城、九龙寨城公园、浅水湾等。建有香港回归祖国纪念碑和香港会议展览中心、香港文化中心。①

第二节 潮人移民情况

香港与潮汕渊源久远。两地之间人员流通，至迟在商代中后期到西周前期便已开始。两地“浮滨文化”遗存的发现，说明潮汕与香港的交流至迟在公元前1400至公元前900年这一时间段内便已经发生。

潮汕与香港的商贸流通，则至迟出现于北宋时期，香港出土的北宋潮州窑生产的瓷器可以提供佐证。

潮人开始移居香港，排除纪元前可能存在的情况，则至迟可以追溯到17世纪中叶。顺治十二年（1655）六月，清政府下令沿海省份“应立严禁。无许片帆入海，违者立置重典”②，是为禁海；顺治十八年（1661），更强行将江、浙、闽、粤、鲁等省的沿海居民分别内迁三十至五十里，设界防守，严禁逾越；康熙八年（1669）之后，禁令逐渐松弛；康熙二十二年（1683）起，清廷下诏“复界”，即在各地陆续准许全部原居民迁回。

据《香港经济史》：这次迁海后的复界，由于原居民或死，或病，或已异地安居，而原住地经迁海后荒芜日久，房屋无存，其间还有海盗据点造成治安无保证等因素，致使回迁的原居民并不多。清廷遂出台奖励政策，并招垦军田。于是，“除原居民外，又迁来了一些珠江、东江、北江、韩江流域以及福建、江西两省的客家人，构成了香港居民的四个基本方言群。直到英国占领群岛之前并无改变”③。

韩江流域是潮人族群的核心居住地。当时，迁入的潮人应有一定的数量，如今日香港九龙新界等沿海地区居住的客家人士中，其最先成批移入即是在复界时

---

① 辞海编辑委员会编：《辞海》（第六版缩印本），上海：上海辞书出版社，2010年，第2073页。

② 《清实录·世祖实录》卷92，顺治十二年六月壬申，《清实录》第三册《世祖实录》，北京：中华书局，1985年，第725页。

③ 卢受采、卢冬青：《香港经济史》（公元前约4000—公元2000年），北京：人民出版社，2004年，第36页。

期，“汕头（引者注：这里指潮汕）莫姓，就是在这时迁入元朗，为客籍围村的”①。

潮人成规模进入香港，是在 1841 年英国强占香港以后。

1841 年 1 月 26 日英军进入港岛时，岛上华人有 5 000 人左右，其中陆地居民约 3 000 人，停泊在各海湾船上的疍民约 2 000 人。同年 5 月 15 日，港英当局第一次公布人口调查数字，共有华人 7 450 人。1842 年 3 月，港英再次公布的华人人数为 12 361 人。1845 年 6 月，港英第一次公布岛上非华裔人口数（不包括驻港英军）为 957 人，其中欧洲人 595 人，印度人 362 人。到 1860 年 7 月，港英公布的华人人数已经达到 92 441 人（另：总人口94 917 人，其中非华裔人口 2 476人）。从 1841 年 5 月到 1860 年 7 月的 19 年间，华人人数增加了 11.4 倍，每年平均实际增长率达到14.2%。其间，由于男多女少，营养、医疗卫生情况较差，华人的自然增长率经常出现负数，外来华人则更多。②

这些外来的华人包括潮人。香港华人社会以至整个社会的存在和发展，依靠的是来自内地的移民，英国人把这块海外殖民地辟为自由港，精明的潮商马上感觉到香港即将到来的巨大商机，他们一批批登陆香港，其中有从本土过来的，也有从南洋进入的。

事实上，从 18 世纪中叶到 19 世纪中叶的近百年间，以樟林为始发港的潮属红头船，每年顺着季候风南来（经广州、雷州、琼州至越南、柬埔寨、暹罗、马来亚、婆罗洲、印度尼西亚等地）北往（经厦门、台湾、杭州、宁波、上海至青岛、天津、日本等地），而香港就位于这条南来北往的南北贸易线的中间点上。香港开埠，长期在这条贸易线做南北生意的潮属红头船船主们，很快就看到了未来该港在商贾上的有利地位，于是纷纷登陆香港，设立经营转口贸易的南北行。③ 海路方面，如 1843 年创办香港第一家南北行“元发行”的红头船船主高元盛；1851 年创办香港第二家南北行“乾泰隆行”的陈宣衣、陈宣名等。④ 还有陆路方面，如 1845 年徒步进入香港的陈开泰。

相对应的是尚未开埠的汕头，此时便与香港有着十分频繁的贸易往来。粤海关在 1853 年还专门因此在汕头妈屿岛上设立潮州粤海新关（简称“潮州新

---

① 李龙潜：《清末民初在香港的潮州人》，载潮汕历史文化研究中心、汕头大学潮汕文化研究中心编：《潮学研究》（第六辑），汕头：汕头大学出版社，1997 年，第 546 页。

② 卢受采、卢冬青：《香港经济史》（公元前约 4000—公元 2000 年），北京：人民出版社，2004 年，第 72 ~ 74 页。

③ 参见香港南北行公所：《香港潮人商业调查概况》，《旅港潮州商会三十周年纪念特刊》，1951 年，第 1 页。

④ 参见王绵长：《泰国华商：开创南北行及其对香港转口贸易的贡献》，载《汕头大学学报》（人文社会科学版），2003 年第 1 期。

关”)①，见1908年《汕头常关地位与工作报告》：“1853年（咸丰三年），潮州与香港之间的贸易发展很快，粤海关在汕头妈屿岛上设立海关，称潮州新关。”②由此可见两地贸易之盛况。

19世纪60年代以后，香港社会较为安定，经济发展呈现较快增长之态势，这也吸引着包括潮人在内的来自中国内地以及其他国家的移民。而1860年汕头开埠，也令潮汕和香港之间的联系更加紧密。此后，地缘的亲近、海路节点与对前景的乐观期待，还有天灾战乱的驱赶等各个因素，令以本土为主的各地潮人纷至沓来。

同时，随着汽船的渐兴，木帆船的逐渐淡出，交通更加便利，也加剧了这种趋势。早在1849年至1959年间，半岛东方轮船公司（通称“大英轮船公司”）的小轮船便曾在香港、汕头、厦门、福州之间试航，载货、载客并装运邮件。1863年10月，英资德忌利士洋行联同半岛东方轮船公司等发起、创办了省港澳轮船公司（Hong Kong，Canton & Macao Steam-Boat Co.），先后开辟了香港、汕头、福州、厦门以及台湾之间的定期航班，成为香港至汕头的汽船之始。③

不久，又有大英轮船也加入这条航线，1865—1866年间，有6艘英国轮船④。轮船拉近了汕头与香港的距离，不少人因此踏上征程。这些人或自由迁徙或契约移民，都曾踏上香港的土地。留港者的活动范围非常广泛，他们遍及各行各业，但绝大多数从事劳工、雇工等职业以谋生计。其中部分人有了足够的原始积累后，便开始闯出一片天地。而倘若家乡不靖，亦可随时到香港避祸。如太平天国残部攻入福建诏安致潮州府戒严，揭阳桃山稍有积蓄的乡民，便考虑航海而去，《揭阳县续志》称：“同治甲子（1864），发逆陷闽诏安，近郊风鹤，全潮戒严，乡中殷户思航海往香港避寇。”⑤ 可见此时潮人赴香港十分平常。

1898年，香港的总人口已经超过了30万人。其数量比1860年的9万多人，增长了逾21万人。减去这段时间内两次“拓界”带来的5万多人，尚有15万人之多。以人口基数看，自然增长部分仅占少量，大部分增加的都是外来人口。20世纪上半叶，中国内忧外患不断，移民继续涌入香港。根据1931年的统计，香港总人口已经达到84万人，成为亚洲人口密度较大的城市之一。1941年日军进攻香港前夕，香港总人口已经增加到164万人。除了大约50万露宿街头的难民

---

① 参见周修东：《从海关角度可证汕头开埠时间为1860年1月1日》，载《潮海关史事丛考》，北京：中国海关出版社，2013年，第17页。

② ［英］康普金著，杨伟译：《汕头常关地位与工作报告》，总税务司署上海造册处，1908年。

③ 参见 G. B. Endacott，*A History of Hong Kong*，Hong Kong：Oxford University Press，1973，pp. 130－131.

④ 参见 *Commercial Reports*，1865－1866，Fuzhou，p. 40。转引自聂宝璋编：《中国近代航运史资料（1841—1895）· 第一辑》（下册），上海：上海人民出版社，1983年，第1272页。

⑤ （清）王崧修，（清）李星辉纂：《揭阳县续志》，台北：成文出版社有限公司，1974年，第245页。

以及其他流动人口外，在香港定居的市民超过 100 万人。①

这期间，潮人移居香港的热潮不减，两地交流频繁。如 1873 年，汕头口岸往来外洋旅客 4 万多人，直接进出香港的有 27 581 人；又如 1928 年，汕头口岸往来外洋旅客 35 万多人，直接进出香港的有 92 605 人。

频繁的交流令移民人口数量持续增多。《香港纪略》记载，在清光绪至民国初年，潮人迁移香港的，存名存姓的便有澄海人陈春泉、陈殿臣父子和陈子昭，潮安人方养秋，饶平人陈子丹，潮阳人马泽民等 36 人。估计至 1930 年前夕，在香港的潮州人已经有 3 万余人，占当时 81 万多在港华人的二十七分之一左右。成为当地居民的重要组成部分。他们大多数聚居于九龙尖沙咀，该地“潮州语言得以通行，则知该地潮州人之众也”②。

第二次世界大战后，以潮人为主体的泰国华商揭开香港由转口港停顿期转入恢复期的序幕。③ 在恢复期中，不少战争期间离港者陆续返回，如慈善家陈伟南便于 1946 年再度赴港发展，同时，内地爆发的战争又带来更多新入境者。1947 年年底，香港总人口已经达到 180 万，是 1945 年年中人口的 2 倍。1950 年年底，香港人口更达到 206 万人。④ 即是说，香港 1945 年年中人口大约为 90 万人，至 1950 年年底达 206 万人，其间增加了约 116 万人口。

这段时间，也正是汕头口岸人流出口大增的时间段，目的地大部分为香港，仅以 1946 年为例：当年出口 48 228 人次，入口 2 555 人次，出入比例大约为 19∶1，由汕头口岸出口又未归人次达到 95%，史上未见。因此，这个时间段进入香港的潮人，数量是很多的。其间，也有一些人又再次移民，从香港迁徙到东南亚其他地区。

1949 年中华人民共和国成立后，香港潮人人口的增加主要来自自然增长。

第三节　经济活动

开埠初期的香港社会，主要由靠劳力谋生的华人、英籍政府官员和以英商为主的外国商人以及外籍职员组成。包括潮人在内，绝大多数华人都直接或间接地受雇于外国商人和港英政府。此时香港经济以进出口贸易为中心，航运业和金融

---

① 卢受采、卢冬青：《香港经济史》（公元前约 4000—公元 2000 年），北京：人民出版社，2004 年，第 130 页。

② 参见李龙潜：《清末民初在香港的潮州人》，载潮汕历史文化研究中心、汕头大学潮汕文化研究中心编：《潮学研究》（第六辑），汕头：汕头大学出版社，1997 年，第 547 ~ 548 页。

③ 王绵长：《泰国华商：开创南北行及其对香港转口贸易的贡献》，载《汕头大学学报》（人文社会科学版），2003 年第 1 期。

④ 卢受采、卢冬青：《香港经济史》（公元前约 4000—公元 2000 年），北京：人民出版社，2004 年，第 194 页。

业为侧翼，英资几乎垄断整个香港经济。但香港实施的毕竟是自由经济政策，而它的定位也是自由港，制度压制相对不大。于是，不到十年时间，部分华商开始发家致富。进入19世纪50年代，更有不少行商、富户携带资本来港，开设了一批较大的商行和店铺，获利甚丰。19世纪末20世纪初，形成了华人资产阶级，部分华商在香港经济中逐渐居于举足轻重的地位。据港英政府统计，1855年缴纳地税40英镑以上的大户共88人，其中华商18人，英商54人，其他国籍商人16人。但到了1881年，缴纳房地产税3 996元以上的大户共20人，其中华商17人，纳税99 110元，每人平均5 830元；英商和其他洋商3人，纳税21 032元，每人平均7 011元。华商每人平均纳税额虽然不及洋商，但纳税总额和纳税人数已经远远超过洋商。号称华人首富的礼兴号金山庄东主李升，1900年逝世时遗产超过600万元，比这一年香港全部财政收入还多180万元，南北行潮州帮领袖高满华等也拥有巨额资产。①

进出口贸易一直是香港经济的支柱。根据中国海关统计：1880年内地与香港的贸易额分别占中国进出口总额的37%和21%；1885年分别占40%和24%；到了1890年，分别占55%和37%，在中国的进口来源地和出口市场中都居第一位，而且这个比重还不包括走私的数量在内。这就说明：19世纪末香港已成为中国的进出口贸易中心。20世纪初，它更成为世界知名的和亚洲重要的转口港之一。②

进出口贸易中的转口贸易是香港的强项，而转口贸易的经营单位即潮人奠基及倡导的南北行。在1949年中华人民共和国成立之前，它一直是香港经济的重要支柱之一。早期的潮商从此行中取得原始积累后，也有投身其他行业的。

“潮州人在港从事商业贸易，逐渐形成潮州商帮的势力，这是与香港经济发展同步的。香港经济的起步和发展，没有这些潮州人的参与，是不可想象的。”③潮人在香港的经济活动分述如下：

一、金融汇兑

香港开埠后，便拟定了以进出口贸易为中心，航运业和金融业为侧翼这样一种经济格局，金融被殖民政府所看重。香港第一家现代金融机构是总行设在伦敦的英资东方银行（旧译名为“东藩汇理银行”“金宝银行”或“丽如银行”）。

---

① 参见卢受采、卢冬青：《香港经济史》（公元前约4000—公元2000年），北京：人民出版社，2004年，第102～107页。

② 卢受采、卢冬青：《香港经济史》（公元前约4000—公元2000年），北京：人民出版社，2004年，第116页。

③ 参见李龙潜：《清末民初在香港的潮州人》，载潮汕历史文化研究中心、汕头大学潮汕文化研究中心编：《潮学研究》（第六辑），汕头：汕头大学出版社，1997年，第569页。

1845 年，其在香港开设分行[①]。之后很长一段时间里，金融都是由英资控制。但民间的汇兑、借贷等业务，则一直在华人间开展。1891 年成立的中华汇理银行，董事会 7 名成员中华人占 3 席（为华洋合资银行，1911 年倒闭）。据《香港经济史》："1912 年，美国归侨陆蓬山发起组建广东银行，成为香港首家华资商业银行。"[②]

潮商在香港金融的各个发展阶段皆或多或少地参与其中，1950 年之前则主要从事银号、银行、保险、汇兑和侨批业等。

银号，可以说是银行的雏形，俗称"钱庄"。第二次世界大战前，为华人提供各种金融服务的金融中介以银号为主。[③] 香港第一家银号出现于 1880 年，到了 1932 年，香港已有银号 37 家，这些银号经营者多来自广东省的南海、顺德、四邑和潮汕，虽然潮商业主不多，但成交规模却不小。第二次世界大战后，197 家银号会员中潮属银号依然只占两成，每日买卖却可左右行情。[④]

《香港纪略》称："潮人于港地，开设换银者，逐年进步，此为经营上之一门。"[⑤] 可见早在 20 世纪 30 年代时，潮人开设银号已非罕见，并且当时业务的发展正处于上升期。

首家潮人创办的银行成立于 1915 年，是新加坡四海通银行在香港的分行，成立时仅办理存款及新加坡、泰国钱币的汇兑业务。后继的有 1923 年设立的嘉华储蓄银行，司理林子丰，业务包括定期、活期、零星、长期、零存整取、礼券存款、特别储蓄 7 种，又设有若干分行。1926 年成立的香港汕头商业银行（1935 年更名为"香港商业银行"），是董事长兼总经理马泽民因感到"香港遭受世界经济衰落的影响，潮商多患资金枯竭之困"而集资创办。该行对当时潮商经济周转、业务发展提供了很好的帮助。[⑥] 此外，还有 1937 年成立的大生银行、1948 年成立的廖创兴储蓄银行（后改名为"廖创兴银行"）、1949 年成立的南洋商业银行等。

潮商也涉足保险业，1906 年，周华初代理旗昌保险公司业务是为滥觞。他曾在汕头德记洋行工作，当年才到达香港开展保险业务。又有澄海县人高泽琴，

---

① 卢受采、卢冬青：《香港经济史》（公元前约 4000—公元 2000 年），北京：人民出版社，2004 年，第 81 页。

② 卢受采、卢冬青：《香港经济史》（公元前约 4000—公元 2000 年），北京：人民出版社，2004 年，第 108 页。

③ 卢受采、卢冬青：《香港经济史》（公元前约 4000—公元 2000 年），北京：人民出版社，2004 年，第 124 页。

④ 陈焕溪：《潮人在香港》，香港：公元出版有限公司，2006 年，第 70 页。

⑤ 参见李龙潜：《清末民初在香港的潮州人》，载潮汕历史文化研究中心、汕头大学潮汕文化研究中心编：《潮学研究》（第六辑），汕头：汕头大学出版社，1997 年，第 554 页。

⑥ 参见李龙潜：《清末民初在香港的潮州人》，载潮汕历史文化研究中心、汕头大学潮汕文化研究中心编：《潮学研究》（第六辑），汕头：汕头大学出版社，1997 年，第 554 ~ 556 页。

约在1930年担任同安保险公司总经理。[①] 此外，还有和祥银庄、乾泰隆潮商互助社等。

潮商在香港的侨批业中占有相当重要的地位。潮人所经营的业务，在20世纪之前主要由民信局负责，有老福兴、合盛、茂昌等商号，后谢福兴批局取代民信局专门经营汇兑业务，继起的有利丰亨、同信、致诚、明泰、诚亨等。同时，作为中转点，外地批信局多在香港设有分店。抗战时期是香港侨批业的鼎盛时期，每月批款达到400万港元。[②]

二、工业和农业

在工业方面，20世纪40年代末至50年代初之前，香港的工业相对薄弱。第二次世界大战后的最初两年，香港制造业拥有很有利的条件。欧洲各国的工业受到战争的严重破坏，不仅输出能力大大降低，而且需要从香港进口一些短缺的工业品，如胶鞋、小型电器等。1947年10月，英、美、法等二十三个国家签订了《关税与贸易总协定》以后，西方各主要国家一再降低关税，又给香港制造业带来了难得的机遇；加上来自内地的人士不断带来新的资本、技术和劳动力资源，使香港的制造业如虎添翼。到1946年年底，香港已经有900多家工厂，超过了战前1940年全港注册工厂800家的数字。但1948年以后，欧洲工业恢复了元气，日本工业又重新崛起，1948年、1949年香港有三分之一的织布厂停工，十万余名纺织、五金、橡胶以及其他行业的工人失业。

香港潮商的工业之路也随之起伏，但一些后来的大贾巨富也在此行起家，如李嘉诚。1939年，李嘉诚到香港投靠舅父庄静庵，并于20世纪40年代末创办了塑料小工厂。

在这一时期，潮人在制造业领域取得了不小的成就。

如1901年、1907年分别成立的丰昌电机染织厂和隆金罐头公司，是潮人在香港较早开办的实业，其在行业内影响颇深。

如20世纪二三十年代，以汕头为基地的抽纱行业转移至香港，并在第二次世界大战前将作坊式工厂增加至数十家，潮商也随之成为抽纱行业的执牛耳者。

如1934年成立的捷和制造厂，至1947年，由初期的金属军工制品制造扩展到拥有拆卸、打捞船只等业务，1950年变更为香港首家轧钢厂。

如1940年前便存在的元兴、祥元、丰昌顺等织染厂，同战后分别成立的潮人工厂，如捷德电机染布厂等，一起创造了香港纺织业的黄金时代。

---

① 参见李龙潜：《清末民初在香港的潮州人》，载潮汕历史文化研究中心、汕头大学潮汕文化研究中心编：《潮学研究》（第六辑），汕头：汕头大学出版社，1997年，第556页。

② 参见陈焕溪：《潮人在香港》，香港：公元出版有限公司，2006年，第84~85页。

如林百欣在 1945 年、1947 年分别成立的织造厂和制衣厂，奠定了潮商在香港制衣业举足轻重的地位。

如 1948 年，蔡章阁创办的鼎大金属厂，是香港第一家铝制品厂。

自 1841 年开埠后，香港的农业规模几乎可以忽略不计。直至今日，它的五谷杂粮、日常农副产品仍要依靠大量进口。渔业上，香港虽然有超过 150 种具有商业价值的红杉、九棍、大眼鱼等，但都谈不上形成经济产量。20 世纪初期起，潮籍菜籽业商、肥料商等进入香港市场，随后不少潮商跟进，遂呈垄断态势，他们在销售、代采办之余，亦兼营畜养业。1949 年前的鼎盛期，全港农场、农庄的鸡苗、鸭苗都是由这些潮商直接培育、提供的。

三、南北行和其他行业

南北行是香港早期的华资转口贸易行业，在香港开埠初期就已相当活跃。

南北行经营南北两线货品，南线以经营东南亚各地土产和食品为主；北线则以经营内地出口货品为主。两线贯通南北贸易，后渐次发展遍及全世界。早期南北行经营的业务除了进出口贸易外，还包括银行汇兑、船务保险等，后来出现了一些代客兑货的行号，九八抽佣，所以南北行又称为“九八行”。

香港的第一家南北行是泰国潮商高元盛于 1943 年建立的，[①] 后又于 1953 年让给泰国潮商高楚香。[②] 1951 年，陈宣衣、陈宣名创立了香港第二家南北行——乾泰隆行。《香港华资集团（1841—1997）》一书指出：“元发行和乾泰隆可说开创了香港华人最早的贸易——南北行业的先河，为香港之（所以）成为贸易转口港奠下初期的一块基石。”[③]

其后，作为奠基者和开创者，潮商大举涉足南北行业务，规模也有所扩大。至 1868 年，诸多商家联议成立了“南北行公所”。作为整个香港贸易的中心，它的主要作用是协调行业内部业务。它是香港华商最早的同业组织，也是当时最具影响力的同业组织。据统计，以潮商为主的南北行公所，其“贸易额占全香港贸易总额的四分之一到三分之一，向当时的港英政府交纳了数目可观的税款”[④]。

“南北行公所”成立时的十几家会员，基本都是潮汕商人及闽南商人。之后商行不断增加，但无论是规模还是数量，仍然是以潮人经营为主。1949 年前的最近两届南北行公所主席（理事长）汤秉权也是潮籍商人。

---

① 林熙：《从香港的元发行谈起》，载《大成》，1983 年第 117 期。

② 林熙：《从香港的元发行谈起》，载《大成》，1983 年第 117 期。

③ 冯邦彦：《香港华资集团（1841—1997）》，香港：三联书店（香港）有限公司，1997 年，第 16 页。

④ 参见自王绵长：《泰国华商：开创南北行及其对香港转口贸易的贡献》，载《汕头大学学报》（人文社会科学版），2003 年第 1 期。

1949年前，除了南北行外，潮商还在多个商贸项目中占优势，这些项目包括：米业、茶业、中药材、柴炭业、潮州陶瓷、民俗用品、餐饮美食、交通运输业等。在经营形式上批发与零售兼具，经营范围上则是本地与外埠兼顾。

香港的大米主要来自泰国和越南，而这两个国家的大米出口商多是潮商，潮人具有同属、同乡的经营网络优势，米业遂成为在港潮商最具代表性的行业之一，进口、批发、零售皆具举足轻重的地位，咸丰年间便有元发行、元成发行、裕德盛行、乾泰隆行等20余家商号从事进口贸易。进入20世纪初，零售端商号也逐步占领市场，鼎盛时期，潮商米铺占全港的80%，零售量占75%以上。

香港历来是内地茶叶的主要外销市场。潮人嗜茶，香港潮商既是进口商又是转口商。自20世纪初开始涉足茶叶市场后，潮资茶行、茶庄接踵而起。20世纪30年代蔚为大观，较具规模的茶行、茶庄就有24家。

1890年前后便有潮商从事经营中药材业，后同乡之间相互提携，鼎盛时该行业内几乎都是潮人。

柴炭业是潮人的传统经营项目，潮商的柴炭销售量一直占全港市场的一半左右。至1950年时，香港有柴炭销售店130家。

1860年汕头开埠后，便有丰亨行等商号专门营销潮州产的瓷器。之后，原设在汕头的潮州陶瓷外销基地逐渐转移至香港，各商号店铺或转销南洋或专销本地，或兼而有之，经营的陶瓷器皿也从一开始的潮州产陶瓷，到以潮州产为主并兼营各地产品。1949年以潮商为主导成立的香港瓷业公会，其实也是潮帮的行业组织。

民俗拜神祭祀的用品，多为在港潮人经营，如日据时期的和丰烛业、汕头公司、潮汕公司等，皆是行内翘楚。

自1850年“富珍斋”在港首开糕饼经营后，具有潮汕特色的月饼、卤水、鱼丸、鱼饭、凉果、蜜饯等美食接踵而起，鱼露、白醋、生抽等调味品的经营也多由潮人控制；此外，1929年“天发”餐室正式打出了“潮菜”的招牌，而潮人经营的排档茶楼、酒楼食肆等也一直不绝。

交通运输业潮商也有所建树。如1921年，林俊璋创办了捷顺船务有限公司，是香港历史上延续时间最长的船务公司之一；1923年，潮人创办的香港中华汽车公司，是当时仅有的两家大型巴士公司之一（1933年改组为中华汽车有限公司）；1922年成立的和通公司（后改为和丰有限公司）经营的航运服务，以及乾泰隆经营的海运代理航线等，皆享有盛誉。①

① 参见陈焕溪：《潮人在香港》，香港：公元出版有限公司，2006年，第100页。

第四节　文化生活和潮人社团

1923年，旅港潮州公邑商会（即香港潮州商会）第三届董事长会议通过决议，并于当年登记设立了“潮商学校”，是为潮商在香港创办新式学校之滥觞。该校初开时招收5个班级共计90多名学生。1925年增设分校，1941年香港沦陷时停办。1946年战后复校，分4个班级，共110余名学生。至1949年，学生增加至500余人。

此外，还有一些潮人在香港开展华文教育工作，如陈波儿，20世纪二三十年代，参与开设岭东中学，开港九白话文教学之先。①

1949年中华人民共和国成立前，潮人创办的新闻媒体及出版机构数量有限，但杰出的人物并不少。

创办报刊方面，如1937年方养秋创办了《天演日报》，该报于1938年停办。担任媒体主要负责人的詹显哲，1932年淞沪抗战后随李济深等到香港，组织民族革命同盟，担任组织部长并主办《大众日报》；许涤新，受中共派遣，1946年进入香港，任职《群众周刊》和《华商报》编辑，并参与创办了《经济导报》，1949年4月回京；蔡馥生，1948年在香港《大公报》主编《经济周刊》，1949年6月回到中国内地；杨越，1948年流亡到香港，任《华商报》编辑②；出版家蓝真，1948年任三联书店经理；欧阳成潮，20世纪40年代末任香港《晶报》副刊编辑。③

香港是一个多元文化的移民社会，截至1949年中华人民共和国成立前，不少有影响力的旅港潮人便活跃在香港学术界、文艺圈。

如1919年出生于香港的文学家秦牧，抗战后入内地宣传救国，战后1946年回港，在《文汇报》《华商报》《人间世》等报刊发表散文，并在香港创作、出版了第一本著作《秦牧杂文》，以及文学评论《世界文学欣赏初步》和中篇小说《贱货》。

如民俗文学家薛汕，1946年抵达香港，至1949年间，与沙鸥、黄雨等组织新诗歌社，出版《新诗歌》丛刊，与戴望舒同编《民风》，还创作了散文集《和尚舍》、长篇小说《贫家的一夜》及诗歌《岭南谣》等。

如诗人黄雨，1947年流亡至香港，出版了《残夜集》和方言叙事诗《潮州有个许亚标》等。

---

① 潮汕百科全书编委会编：《潮汕百科全书》，北京：中国大百科全书出版社，1994年，第83页。

② 潮汕百科全书编委会编：《潮汕百科全书》，北京：中国大百科全书出版社，1994年，第679页。

③ 参见陈焕溪：《潮人在香港》，香港：公元出版有限公司，2006年，第162～169页。

如中国进步电影的先驱、中国现实主义电影的奠基人蔡楚生，在香港与他人合创了粤语电影《血溅宝山城》《游击进行曲》，编导了《孤岛天堂》《鹏程万里》，并作为制片人组织拍摄了《珠江泪》。

如作家、影视人吴其敏，1937 年移居香港后于《星极》任港闻编辑，兼编《第八艺术》副刊。抗战以后吴其敏主要为报刊撰写影评、担任专业电影编剧，还曾为《粤片集评》撰稿，创作电影文学剧本，是邵氏编剧小组成员。

如著名岭南派画家赵世光，1948 年便积极参与筹创文化艺术教育团体，是该领域香港艺坛最早组织者之一。

如香港木刻艺术先驱者唐英伟，创作了《到前线去》等作品，出版木刻集《中国的血》及《现代版画》等数部木刻理论著作，并于 1939 年举办了香港史上首家木刻训练班，组织了全国木刻家协会香港分会。

如收藏家刘均亮，其艺术鉴赏水平为世人所公认。

如世界汉学大师饶宗颐，他于 1949 年 10 月迁居香港，开启其名山之路。

潮剧进入香港始于清光绪年间。20 世纪二三十年代受聘赴港的专业潮剧班不断增多。从清末到抗战前夕，在港演出戏班主要有中正顺香、老正顺香、三正顺香、六顺香、永正香、老一支香等。香港也出现了本土的业余潮剧演出团体，如 1930 年潮商互助社成立后建立的音乐部（同时建立汉剧部），演绎潮剧与潮乐。1939 年 6 月汕头沦陷，汕头港停止运作，本区戏班未能出埠，而各个在南洋巡演的演出团体也未能返回，遂有一些滞留香港的艺人成立了专业潮剧戏班——“老正天香”。1946 年，该戏班连续演出一个月，逐渐淡出市场。之后，潮剧舞台演出在香港陷入低谷。

民俗方面，在港潮人都较好地保持着潮汕的习俗。时年八节、祭祖酬神，一从昔时旧例，饮食习惯上也大体如从前。不少潮人相聚，交谈仍然用潮语。当时香港、汕头间交通方便，海路通畅，两地潮人来往频繁，因此异乡隔阂感并不会太过强烈。

尤其值得一提的是，潮人将中元节祭祀鬼神的传统带到香港，使其演化成如今整个港岛“最隆重的民俗活动”和“最多人参与的节日”。2011 年，更以“香港潮人盂兰胜会”之名列入全国“第三批国家级非物质文化遗产名录”。香港旅游发展局对“香港潮人盂兰胜会”是这样介绍的：“香港的潮籍人士有 120 多万，过去他们从中国内地移居到港时带来了盂兰胜会的传统，至今已有百多年历史。他们所办的盂兰胜会，从农历七月初一开始举行，一直到七月底，活动包括祭祀、烧纸钱、派平安米、福物竞投、神功戏演出等。”这个“蕴含丰富的潮汕文化特色”的民俗节日现如今在香港岛、九龙、新界各区几乎都有举办，参与团体至少有 60 多个，参加活动超过 120 场，“盛况更胜发祥地潮汕地区”，成为极具香港本土特色的文化活动。香港潮人盂兰胜会既是海外游子家国情怀的展示，也是香港社会文化多元包容的体现。而发起“国家非物质文化遗产”申请的正是香港潮属社团总会，该会永远名誉主席马介璋、现任主席许学之希望“这个甚具特色的文化风俗，世世代代传承下去”。①

在宗教信仰上，实际创始于潮汕本土的宗教“德教”，也为一些在港潮人所信奉，有资料显示，即使在20世纪40年代时局动乱之际，也有不少信徒往来香港、汕头之间。至1947年，“马贵德在香港盘含道创立紫苑阁，开香港德教会之先河”②，又“资深德生放洋海外以求生机，转向香港在盘含道创立紫苑阁，陆续开辟紫兰阁、紫茵阁、紫蓉阁、紫靖阁等，成立香港德教总坛，奠下了日后德教南传新马的根基”③。

香港沙田中心广场谜棚前人头攒动（林伦伦摄影）

1949年中华人民共和国成立前，香港潮人社团组织的数量不少。其中，比较著名的有：

南北行公所，成立于1868年，由从事南北行贸易的潮商倡议创立，是香港最早的商业团体。其宗旨是“以商重德，守信义为会旨”。

① 参见《马介璋、许学之谈香港潮人“盂兰胜会”成功申遗》，中国新闻社，2011年6月3日。《盂兰胜会成港民俗盛事，各界祭孤魂声势胜潮汕》，载《大公报》，2013年8月13日。《盂兰胜会列非物质文化遗产，潮属社团庆祝》，中国评论通讯社，2011年9月2日。

② 华方田：《流传于东南亚华人中的新兴宗教——德教的历史与现状》，载《世界宗教文化》，2002年第2期，第58页。

③ 郑志明：《泰国德教会的发展》，载陈景熙、张禹东主编：《学者观德教》，北京：社会科学文献出版社，2011年，第324页。

香港聚和堂，成立于约1870年。该组织在香港仅有名号，无固定场所，实际上是省港潮商于广州设立的八邑会馆在香港的隶属部门。当时，旅港的高满华、陈春泉、陈宣衣等著名潮商参与会馆的管理事务，在会馆左侧建有一所“聚和堂”。八邑会馆的物业亦由香港聚和堂主管，设有正副值理。1930年前，聚和堂由香港南北行的元发、乾泰隆、裕德盛、元成发、承兴5家商号担任正值理，轮流管理。

香港潮州八邑商会，成立于1921年，1945年更名为“香港潮州商会”。该组织的宗旨是“联梓里之感情，谋商业之进步”；其《章程》称“研究商务，联络乡谊，维持公益”。规定每届选出董事40人，从中选出会长、副会长各1人，又细分人员职责。其机构庞大、制度完善，既是商会，又是同乡互助团体。

据《清末民初在香港的潮州人》分析，香港潮州总工会成立的时间可能是1923年，至1928年则“因环境之变迁，会务停顿”。其存在时间不长，“仅知曾与香港潮州八邑商会共同筹建鸡笼环义山外，其他未见记载；顾名思义应是香港潮州工人的组织，可能组织过如渣甸房的潮阳籍工人参加的1925年省港工人大罢工的政治运动”。①

香港潮州同乡会，成立于1928年。该组织的宗旨为“联络乡谊感情，赞襄社会公益”。这一组织具有明显的地域性，既是地方性的同乡组织，也是维护社会公益事业的慈善团体，作为管理乡亲事务的机构，它是当时旅港潮人各界的总机关。

此外，这一时期在香港的潮人还成立了不少商业同人团体，如1915年成立的汇兑同业组织；民国初年成立的暹庄公所——聚益堂；1929年成立的香港潮商互助社、香港暹庄同益互助社、岭东华侨互助社驻港办事处；1930年成立的香港新加坡帮协进会等。② 第二次世界大战后，较著名的潮人社团还有：香港汕头帮公会，1946年2月成立（1957年更名为“香港汕头进出口商会”，1969年更名为“香港汕头商会”）；香港潮阳同乡会，1946年6月23日成立；香港九龙东潮州公会，1948年9月成立。③

---

① 李龙潜：《清末民初在香港的潮州人》，载潮汕历史文化研究中心、汕头大学潮汕文化研究中心编：《潮学研究》（第六辑），汕头：汕头大学出版社，1997年，第563页。

② 参见李龙潜：《清末民初在香港的潮州人》，载潮汕历史文化研究中心、汕头大学潮汕文化研究中心编：《潮学研究》（第六辑），汕头：汕头大学出版社，1997年，第561~564页。

③ 参见陈焕溪：《潮人在香港》，香港：公元出版有限公司，2006年，第232~235页。

第十五章 中国台湾

第一节 侨居地介绍

台湾是中国不可分割的一部分。本篇所指的“台湾”便是指中国台湾省。

台湾省，简称台。在中国东南海上，东海和南海之间。西隔台湾海峡与福建省相望，东临太平洋。包括台湾岛、澎湖列岛和赤尾屿、绿岛、兰屿、彭佳屿、钓鱼岛等岛屿。陆地面积 3.6 万平方千米。人口 2 289 万人（2006）。居民以汉族为主，占 97%；少数民族主要为高山族。①

台湾岛是中国第一大岛，在中国沿海大陆架上，隔台湾海峡与福建省相望。台湾省辖境的本部，东濒太平洋，略呈梭形，东西宽 20～150 千米，南北延伸约 380 千米，面积 3.578 万平方千米。境内约三分之一为平原，三分之二为山地。中为中央山脉，东为台东山，西为雪山、玉山及阿里山，玉山主峰（海拔 3 952 米）为中国东部最高峰。西部多冲积平原，以台南平原面积最大；东部有宜兰平原。盆地多由断裂陷落而成，有台北盆地、台中盆地。火山以北部的大屯火山群为主，多温泉，其中以阳明山、北投、金山为最著名。主要河流有浊水溪、高屏溪、淡水河、大甲溪等。山地有广大的原始森林，丰富的热带、亚热带植物资源和矿产资源。工农业发达。除高山地区外，铁路、公路网遍布全岛。②

南宋时，澎湖隶属福建路晋江县。元设巡检司于澎湖，隶属于泉州同安县。明天启四年（1624）和六年（1626），荷兰和西班牙殖民者分别侵入台湾。1662 年，郑成功驱逐侵略者，收复台湾。清置台湾府，属福建省；光绪十一年（1885）改行省。1895 年清政府因中日甲午战争战败，被迫割让台湾，台湾被日本侵占。1945 年抗日战争胜利，台湾光复回归中国，国民政府恢复台湾省。

---

① 辞海编辑委员会编：《辞海》（第六版缩印本），上海：上海辞书出版社，2010 年，第 1821 页。

② 辞海编辑委员会编：《辞海》（第六版缩印本），上海：上海辞书出版社，2010 年，第 1820 页。

1949 年，蒋介石率国民党军政人员败退台湾地区，海峡两岸政治对立。台湾省下辖 21 个市、县，1998 年，台湾当局将台湾省省级机构虚化，使其仅具咨询功能。①

第二节　潮人移民情况

潮汕地区与台湾发生联系，可上溯至隋大业六年（610）之前。

隋大业六年，隋炀帝曾派陈稜与张镇周对流求用兵，军事行动的出发港口正是义安郡，流求为今台湾，义安郡治为潮州。在隋军船只初抵目的地时，台湾人以为是义安商船，这说明在此之前本区至台湾的海航线早就存在，且有本区商船常到该处贸易，而军事行动中随大兵前往的本区人口，也已踏足台湾岛。②

万历《东里志》载："富商得以逡巡海道，与夷人交通，夷人亦得扬帆万里，与中国关市，皆自兹役起之也，南澳之隆、云、深、青四澳，皆所经历矣。"③ 则可认为，潮汕海上贸易的开端，便在于与台湾的这段渊源，或是必经南澳岛，或是从南澳发兵。实际上，文献所提台湾，亦多与南澳相关，如《蓉洲文稿》称："台湾海中番岛，……近通日本，远接吕宋，控南澳，阻铜山，以澎湖为外援。"④ 可见本区的南澳与台湾渊源之深。

唐代，已有大陆人口移民台湾地区的事例记载，如开元进士施肩吾（780—861）便曾率其族迁居澎湖，并作《岛夷行》诗："腥臊海边多鬼市，岛夷居处无乡里。黑皮年少学采珠，手把生犀照咸水。"⑤ 这首诗描写的正是施肩吾移居澎湖时当地的景象。

在唐长庆三年（823）韩愈所作的《送郑尚书序》中，便提及潮人与台湾的贸易，乃至潮人移民。《送郑尚书序》称："蛮夷悍轻，易怨以变，其南州皆岸大海。多洲岛，飘风一日踔数千里，漫澜不见踪迹。……其海外杂国若耽浮罗、流求、毛人、夷亶之州，林邑、扶南、真腊、干陀利之属，东南际天地以万数。或时候风潮朝贡，蛮胡贾人舶交海中。"⑥ 蛮胡舶交海中，即是潮汕海上贸易，

---

① 辞海编辑委员会编：《辞海》（第六版缩印本），上海：上海辞书出版社，2010 年，第 1821 页。

② 参见本书第二章第一节。

③ （明）陈天资编修：《东里志》，潮州：饶平县地方志编纂委员会，2004 年，第 45 页。

④ 转引自连横撰：《台湾通史》，台北：大通书局，1984 年，第 6 页。

⑤ （清）彭定求等校点：《全唐诗》，北京：中华书局，1960 年，第 562 页。连横《台湾通史》据旧志题，称"及唐中叶，施肩吾始率其族迁居澎湖……其《题澎湖》一诗，鬼市盐水，足写当时之景象"。看连横描述，应该是同一首诗的两个题名。参见连横撰：《台湾通史》，台北：大通书局，1984 年，第 6 页。

⑥ （唐）韩愈：《送郑尚书序》，载（唐）韩愈著，马其昶校注，马茂元整理：《韩昌黎文集校注》，上海：上海古籍出版社，1988 年，第 283 ~ 284 页。

倘若指实的话，贸易对象包括流求。并且这些人易怨以变，随时便出海而去，“飘风一日踔数千里，漫澜不见踪迹”，则自然有一去而不回者，目的地也包括流求。

五代宋元时期，大陆人移民台湾者不少，如《台湾通志》载：“历更五代，终及两宋，中原板荡，战争未息，漳泉边民，渐来台湾，而以北港为互市之口，故台湾旧志，有台湾亦名北港之语”，“蒙古崛起，侵灭女真，金人泛海避乱，漂入台湾。宋末零丁洋之败，残兵义士亦有至者，故各为部落，自耕自赡，同族相扶，以资捍卫”等。① 大陆入台的移民络绎不绝，南澳岛与台澎地区近在咫尺，潮人又谙熟海路，如果说有若干侨寓者，也是十分正常的。

到了明代，已有潮人较成规模的寓居台湾的记载。著名的潮汕海上武装商贸集团首领林道乾，是史载比较早进入台湾岛的有名有姓的潮人。《中国殖民史》载：“嘉靖四十五年（1566）道乾为俞大猷败于诏安，倭寇窜北港（今台湾），道乾从之。”② 乾隆《潮州府志》载：“林道乾，惠来人。少为县吏，机变险诈，智虑超于诸寇，性嗜杀，所过无不残灭。……先是嘉靖四十五年三月，攻诏安山南厩下等村，都督俞大猷逐之，遁入北港。大兵不敢进，留偏师驻澎湖守之。道乾不乐居北港，遂恣杀土番，取膏血造船，从安平镇二鲲身遁往占城，复回潮州，掳掠如故。”③ 在1566年3月21日至4月19日间，林道乾便到达台湾北港。连横的《台湾通史》则认为是在“嘉靖四十二年（1563）”，其资料来自乾隆七年（1742）刘良璧的《重修福建台湾府志》：“嘉靖四十二年，流寇林道乾扰乱边海，都督俞大猷征之，追及澎湖，道乾遁入台。”④

综上所述，林道乾到台湾当在嘉靖（1522—1566）末年，《明史·外国列传》载：“鸡笼山，在澎湖屿东北，故名北港，又名东番。……嘉靖末，倭寇扰闽，大将戚继光败之。倭遁居于此，其党林道乾从之。已，道乾惧为倭所并，又惧官军追击，扬帆直抵浡泥，攘其边地以居，号道乾港。而鸡笼遭倭焚掠，国遂残破。”⑤

林道乾在台湾留下了不少传说，如“打鼓山埋金”，据连横《台湾通史·开辟纪》载：“嘉靖四十二年（1563），海寇林道乾乱，遁入台湾。都督俞大猷追之，至海上，知水道纡曲，时哨鹿耳门以归。乃留偏师驻澎湖，寻罢之，居民又至。复设巡检，已亦废之。道乾既居台湾，从者数百人，以兵劫土番，役之若奴，土番愤，议杀之。道乾知其谋，乃夜袭杀番，以血衅舟，埋巨金于打鼓山，

① 连横撰：《台湾通史》，台北：大通书局，1984年，第6～7页。
② 李长傅：《中国殖民史》，上海：商务印书馆，民国二十六年（1937），第140～147页。
③ （清）周硕勋纂修：《潮州府志》，潮州：潮州市地方志办公室、潮州市档案馆，2001年，第934页。
④ 转引自陈孔立：《澎湖不属同安考》，载《台湾研究集刊》，2005年第2期。
⑤ （清）张廷玉等撰：《明史》，北京：中华书局，1974年，第5377页。

逸之大年。”[1]

相对史料中脉络不很清晰的林道乾，另一位中国殖民史上的著名人物——林凤，已有较为全面的证据可考察他多次出入台湾的情况。林凤，“即西人所说的Limahong”,[2] 由于东西方资料[3]有记录其劫掠西方船只，攻击当时顶级强国西班牙殖民之马尼拉，赶走西人占领玳瑁港（傍佳施栏港附近）称王，引起中西联手大追杀。因此，从某种意义上说，他是最早有清晰记载打败西方的“中国殖民第一人”。2012 年，汤开建先生以孤本《督抚疏议》为中心，结合中西文献，著成《明隆万之际粤东巨盗林凤事迹详考——以刘尧诲〈督抚疏议〉中林凤史料为中心》，并谓“关于林凤研究，东西方学者多有涉猎，但多是针对林凤征菲史迹而展开，尚无人对林凤事迹作一全面研究”[4]。现据该文，整理林凤在台湾的活动概况，如下表：

万历初年林凤集团在台湾地区活动概况表

时间（明万历年间）	过 程
元年八月初十日（1573 年 9 月 5 日）	林凤栖泊澎湖。十月回广东潮州河渡门。此时大约拥有 95 艘船，部属 4 000 余人
二年五月三十日（1574 年 6 月 18 日）	林凤至澎湖，约有 110 艘船，拥众约 10 000 人。后受闽广官兵围追，六月初八逃离澎湖

① 连横撰：《台湾通史》，台北：大通书局，1984 年，第 9～10 页。

② 原注：“Limahong 旧误译作李马奔、李马芳，藤田丰八据《明史》稿《凌云翼传》考订为林凤。又矢野仁一据 1576 年菲督（Francisco de Sande）对于西班牙之报告，Limahong 为 Dimmhou（林凤）之讹云，详见张星烺《斐律宾史上‘李马奔’Limahong 之真人考》（《燕京学报》，1930 年第 8 期）、《斐律宾史上李马奔之真人考补遗》（《燕京学报》，1931 年第 9 期）。”转引自李长傅：《中国殖民史》，上海：商务印书馆，民国二十六年（1937），第 140～147 页。

③ 关于林凤之事迹，《明史》并无专载；《明实录》之穆宗、神宗部分有零星记载；而《广东通志》《福建通志》《琼州府志》《潮州府志》《潮阳县志》《澄海县志》及《惠来县志》保留了关于林凤的部分信息；《万历武功录》则有一个较为完整的《林凤传》（见瞿九思：《万历武功录》卷 3《广东》，万历壬子序刊本，第 53～57 页）；俞大猷《正气堂集》及《张居正集》亦有一批涉及林凤的奏疏与信函。

④ 原注：“George Phillips，‘Early Spanish Trade with Chincheo（Changchow）’，*China Review*，Vol. XIX，1890；Gregorio F. Zaide，*The Philippines Since Pre-Spanish Times*，Manila：R. P. Garcia Pub. Co.，1949；Antoniode Morga，*Sucesosdelas Islas Filipinas*，Mexico，1609；Juan de Medina，Historia de laorden de S. Augustin de Estas Islas Filipinas，Manila；John Foreman，The Philipine Islands，London，1899；陈慎：《明海寇林阿凤考》，载《东方杂志》，1934 年第 31 卷第 7 期；陈荆和：《十六世纪之菲律宾华侨》，香港：新亚研究所东南亚研究室，1963 年；方豪：《台湾早期史纲》，台北：学生书局，1994 年；曹永和：《台湾早期历史研究》，台北：联经出版事业公司，1979 年；张维华：《明史欧洲四国传注释》，上海：上海古籍出版社，1982 年；陈台民：《中菲关系与菲律宾华侨》，香港：朝阳出版社，1985 年；刘芝田：《中菲关系史》，台北：正中书局，1964 年；张增信：《明季东南中国的海上活动》，台北：中国学术著作奖助委员会，1988 年。”转引自汤开建：《明隆万之际粤东巨盗林凤事迹详考——以刘尧诲〈督抚疏议〉中林凤史料为中心》，载《历史研究》，2012 年第 6 期。

（续上表）

时间（明万历年间）	过　程
二年六月初十日（1574 年 6 月 28 日）	林凤率六七十艘船进入魍港（台南市东），又深入台岛 40 里抵新港（台南市南）与土著格斗 3 天，劫取粮米且栅营而处。福建获悉，派通晓番语的渔民刘以道与哨官蔡复春率精兵 150 名、民船 5 艘秘密抵新港，并带布货打赏台湾土著以求合攻林凤。后者见明兵来援欢喜雀跃，坚辞赏赐只求共灭林凤。七月十四日，3 艘林凤船遇明兵，被后者的火器击溃。林凤又派出 10 艘船，再遭明兵与番兵 300 人的围攻，遂知形势不利，退走澎湖。二年七月十四日（即 1574 年 7 月 31 日），此日林凤撤出新港抵达澎湖。明军大部队则于七月二十四日抵新港，得知林凤已走便驻扎待敌，至八月九日始离开
二年十一月初二日（1574 年 11 月 14 日）	明兵离开新港后，林凤再从澎湖入新港，此日从新港出发打劫稍北面的土著，但在数个土著夹击下，损失了 500 余人，遂退回新港
二年十一月初七日（1574 年 11 月 19 日）	林凤离开新港，率部南下吕宋。其船队的规模是：62 艘船，男女共 5 500 余人，有工匠、农人及其他技术人员。此外，林凤还在澎湖留有逾千男女，后者可能因缺粮而死
三年七月八日（1575 年 8 月 14 日）	大约在此日前后，林凤出现在澎湖一带。这次是在吕宋失利后脱困而来，只剩下少量船只及部属
三年九月十九日（1575 年 10 月 22 日）	此日稍前，林凤自澎湖率船 34 艘再入新港。九月二十四日离开新港，进入潮汕海域
三年十月十二日（1575 年 11 月 13 日）	林凤与官兵在台湾淡水外洋鏖战。这场战斗是明兵上月发现林凤踪迹后，自潮汕一路追杀中的最后一战，整个战役官兵击沉船 23 艘，擒斩 200 余人，但林凤再次逃脱

在淡水外洋海战后，林凤继续逍遥海上，直至 1589 年仍然出现在《明神宗实录》中："广东琼州李茂、陈德乐等与林凤各据海岛，肆行劫掠。"[①]并殖民东南亚成功。如林道乾、林凤般，当时还有小股潮汕武装海上商贸集团游走东南沿海及南洋诸岛，官兵屡次追剿都难以根除，集团部属出入台湾肯定不仅限于文献所见。他们通常还伴有殖民、移民行为。如林凤出洋船队，西方资料称："大小船只 62 艘，陆上部队 2 000 余人，水手 2 000 余人，妇女 1 500 人，共 5 500 余

① 《明实录・神宗实录》卷 210，万历十七年四月戊寅，《明神宗实录》，台北："中央研究院"历史语言研究所，1962 年，第 3929 页。

人，包括各种工匠、农人及其他技术人员。”① 带上这些人员，显然存在移民谋生的打算。又林凤离开澎湖时，便留有人口在当地，明军后来上岛见到“澎湖枕尸遍野，不下千余”②，可知其有实际的殖民行动。

清初，潮人移居台湾，主要是跟郑成功的反清复明、收复台湾有关，也直接催生了一波战火中的移民潮。

明清鼎革之际，闽人郑芝龙、郑成功父子崛起于东南沿海。崇祯十三年（1640），受抚于明政权的郑芝龙就任南澳总兵，4 年后升任福建都督，总兵一职由其部将陈豹接任。陈豹任此职几近 20 年，尽管郑芝龙于顺治三年（1646）易帜降清，但陈豹管制下的南澳仍然奉晚明正朔。南澳遂成为郑成功反清复明活动中最重要的军事据点之一。

郑成功曾进入南澳“收兵”，南澳是其早期最主要的兵源地之一。随后，郑成功频繁活动于沿海，以漳厦、潮汕等地作为抗清前线，在潮州收编扩充兵员估计有数万人，这些人部分卒于抗清斗争中，部分移至台湾。郑成功于康熙元年（1662）二月正式收复台湾后，同年五月卒，长子郑经代。明郑政权经营台湾，对峙清廷，长期盘踞潮州达濠的邱辉集团，一直掳掠人口贩卖至台湾，多种文献显示其掳掠的人口数量庞大，仅妇女便有数万，至康熙八年（1669）投入明郑政权，才有所收敛。邱辉在康熙十九年（1680）撤离潮州时，又席卷达濠全埠人口，且专门绕道惠来、海丰再掳掠千余妇女至台湾。这些人在清灭明郑后多数返回原籍，但也有不少从此定居台湾。③

此外，也有如辜朝荐等潮籍明朝遗臣寄寓台湾。连横《台湾通史·列传·诸老》称潮人辜朝荐为“一国之贤者”，并列传：“辜朝荐，字在公，广东揭阳人。崇祯元年进士，始任江南安庆推官，历掌谏垣，晋京卿。北京破，南归，居金门，既为延平郡王上客。后入台卒。子文麟，及长回乡。”④ 1909 年参加同盟会的第一位台籍会员翁俊明，其先祖便是从潮汕地区鮀浦一带于此时迁台，至翁俊明已传了十四代。⑤ 但这些移民只是零星数量，也没多少身边人相随。

参考同期文献，明郑时代，台湾移民增多。据《台湾省通志》卷 2《人民志·人口篇》载，明郑政权在台湾存在的 20 多年间，台湾的汉族人口迅速增加到十二余万人，比起荷据时期增加了大约 2 倍，已经超过了原住民的人数。⑥ 这十余万人中，相信潮人占有不小的比例。

---

① 转引自汤开建：《明隆万之际粤东巨盗林凤事迹详考——以刘尧诲〈督抚疏议〉中林凤史料为中心》，载《历史研究》，2012 年第 6 期。

② 刘尧诲：《督抚疏议》卷 1《报剿海贼林凤疏》，第 3 页。转引自汤开建：《明隆万之际粤东巨盗林凤事迹详考——以刘尧诲〈督抚疏议〉中林凤史料为中心》，载《历史研究》，2012 年第 6 期。

③ 参见本书第五章。

④ 连横撰：《台湾通史》，台北：大通书局，1984 年，第 749 页。

⑤ 林欣捷：《为抗日而死的台籍志士——翁俊明》，载《世纪桥》，2009 年第 6 期。

⑥ 台湾省文献委员会编：《台湾省通志》，台北：台湾省文献委员会，1972 年，第 51 ~ 52 页。

康熙二十二年（1683），郑氏降清。明郑政权灭亡，施琅在康熙二十三年（1684）上疏："自臣去岁奉旨荡平伪藩，伪文武官员、丁卒与各省难民相率还籍，近有其半。"[①] 康熙《台湾府志》称："地广人稀，萧条满眼，蕞尔郡治之外，南北两路，一望尽绿草黄沙，绵邈无际。"[②] 则至清治初期，台湾人口大量减少，甚至"减少近半"，估计六七万人。回乡潮自然也涉及潮人，由于多是被"掳掠"而去的，所以潮人重返故乡的比例可能更大。

而此年海禁初开，马上便呈现出热闹境况，"沿海内外多造船只，缥洋贸易采捕，纷纷往来，难以计算"，"数省内地，积年贫穷游手奸宄罔作者，实繁有徒，莫从施巧，乘此开海，公行出入汛口"。[③] 但为防止台湾再次成为"盗薮"——海盗窝点，清政府逐步增加内地人民赴台的限制，并最终形成包括赴台需"申领照单""严禁惠、潮之民渡台"在内的数项规定，这显然与惠、潮沿海自明末便存在猖獗的盗寇活动有关。

这些规定的具体时间尚有争议。"目前所能见到最早的关于施琅严禁惠、潮之民渡台的是首任巡台御史黄叔璥《台海使槎录》所引《理台末议》（约成书于康熙末雍正初[④]）中的有关记载"[⑤]，其原文为："终将军施琅之世，严禁粤中惠、潮之民，不许渡台。盖恶惠、潮之地素为海盗渊薮，而积习未忘也。琅殁，渐弛其禁，惠、潮之民乃得越渡。"[⑥] 范咸的《重修台湾府志》及余文仪的《续修台湾府志》先后将《理台末议》的这段文字收入其中。[⑦] 无论如何，"严禁惠、潮之民渡台"的规定肯定是实行了。

由于有了此项规定，潮人人数这时在台湾反显下降。成书于约康熙二十九年（1690）的《台湾纪略》"风俗"中记道："弹丸外区，为逋逃渊薮。近地多漳、泉人，外多系土番。"刊行于康熙三十五年（1696）的《台湾府志》中称台湾

---

① （清）施琅：《壤地初辟疏》，载（清）施琅撰，王铎全校注：《靖海纪事》，福州：福建人民出版社，1983年，第129页。

② （清）蒋毓英撰，陈碧笙校注：《台湾府志》，厦门：厦门大学出版社，1985年，第73页。

③ （清）施琅：《海疆底定疏》，载（清）施琅撰，王铎全校注：《靖海纪事》，福州：福建人民出版社，1983年，第131～132页。

④ 原注："按：《理台末议》无刊本，作者失考。日本学者伊能嘉矩认为，《理台末议》是雍正时巡台御史夏之芳的遗作（见其著《台湾文化志》上卷，昭和四十年，第509页）。然范咸《台湾府志》，卷3《职官・列传》载夏之芳所著仅《海天玉尺二编》，并未提及《理台末议》；且黄叔璥巡台在前，夏之芳巡台在后，两者相距7年，黄氏所著《台海使槎录》引用夏氏著述的可能性不大。故伊能氏所称《理台末议》系夏之芳遗著，疑非是。"转引自李祖基：《论清代移民台湾之政策——兼评〈中国移民史〉之"台湾的移民垦殖"》，载《历史研究》，2001年第3期。

⑤ 李祖基：《论清代移民台湾之政策——兼评〈中国移民史〉之"台湾的移民垦殖"》，载《历史研究》，2001年第3期。

⑥ 黄叔璥撰：《台海使槎录》，台北：台湾银行经济研究室，1957年，第92页。

⑦ 范咸：《重修台湾府志》卷11《武备三・义民》；余文仪：《续修台湾府志》卷11《武备三・义民》。转引自李祖基：《论清代移民台湾之政策——兼评〈中国移民史〉之"台湾的移民垦殖"》，载《历史研究》，2001年第3期。

"多漳、泉之人流寓在台者"[1]；康熙三十六年（1697），身在台湾的郁永河根据其亲眼所见，在《稗海纪游》中指出"台民皆漳、泉籍人"[2]。这些早期的文献资料，都未提到潮人居台。有理由相信在清治初期，当年追随郑成功赴台的潮人，或战死，或在上述施琅所说导致人口"减少近半"的"各省难民相率还籍"的大潮中回乡，如辜朝荐的长子文麟便于期间"回粤"。而在施琅施政时，严禁粤中惠、潮之民渡台，也是人口不增的原因。

1696年施琅逝后，"严禁粤中惠、潮之民，不许渡台"等禁令的执行似乎渐见宽松。之后，又逐渐有潮人赴台谋生。

如饶平人林先坤，于乾隆十四年（1749）离家到台湾谋生。至乾隆二十三年（1758），又回乡带领同籍刘、詹、张、郭、郑、林、曾等姓氏，共200多人集体偷渡成功。林先坤遂聚众垦荒，扩大庄园，并常备战事以自卫，在乾隆五十一年（1786）台湾爆发的林爽文反清斗争中，林先坤曾率乡人协助、参与清军的"剿灭"战争，并出资收拾遗骸，得到乾隆的赏赐。林氏至今在台已传逾十世，族人、后裔众多。[3]

蓝鼎元《东征记·纪十八重溪示诸将弁》述及一个离邑地50里的村庄："其中为大埔庄，土颇宽旷，旁附以溪背、员潭、崁下、北势、枫树冈等小村落。（朱一贵）未乱时，人烟差盛，今居民七十九家，计二百五十七人，多潮籍，无土著，或有漳、泉人杂其间，犹未及十分之一也。"[4] 文中已说明有些村庄几乎成了"潮人村"。在1721年朱一贵叛乱前，该地人烟稀少，在1722年朱乱被平定后，潮人垦殖其间，以至人口达257人，占了整个村庄的十分之九。而平定朱一贵时，潮属程乡、镇平、平远、大埔籍客家人，加上福建之永定、武平、上杭诸县籍民兵即有12 000人以上，还不算三阳、饶平、澄海等地的潮人。

《清实录》"乾隆五十八年（1793）三月"记载有福建人从澄海偷渡到台湾："伍拉纳等覆奏查办偷渡缘由一摺。……而马辅一起，系由广东澄海县偷渡出口。其吴好，系由福建南安县上船私渡。……台湾偷渡，例禁綦严。如果地方官实力严禁查拿，自无此等偷渡之事。"结果地方官因失察被"照例饬取核办外，伍拉纳、浦霖俱着交部察议"。[5] 这里，福建人要到澄海出海，则是因澄海至台湾更为顺畅，说明常见由澄海出入台湾者。

此外，尚有从政赴台、从军驻台的潮人。如林天木，雍正十一年（1733）任

---

① 转引自李祖基：《论清代移民台湾之政策——兼评〈中国移民史〉之"台湾的移民垦殖"》，载《历史研究》，2001年第3期。

② 郁永河：《稗海纪游》，台北：台湾银行经济研究室，1960年，第32页。

③ 参见张松乐、陈科庭：《林先坤》，载潮州市地方志办公室编：《潮州史志资料选编·海外潮人》，潮州：潮州市地方志办公室，2004年。

④ （清）蓝鼎元撰：《鹿洲全集》，厦门：厦门大学出版社，1995年，第588页。

⑤ 《清实录·高宗实录》卷271，乾隆五十八年三月乙卯，《清实录》第二十七册《高宗实录》（十九），北京：中华书局，1985年，第65页。

巡视台湾御史，乾隆《潮州府志·循吏》：“己酉典试云南，旋授御史，有骞谔声，巡视西城。复巡直隶保定、正定、河间三府，转吏科给事中，巡台湾，廉介自持，杜绝馈遗。”① 又如赵奇芳，乾隆元年（1736）任台湾府淡水抚民同知，乾隆《潮州府志·循吏》：“……番凶不靖，杀害兵民，奇芳身先士卒，几中流矢不避，卒能劫抚兼施，而台湾治以宁。居官清白，所历有声。”② 还有在军中任职的林良锦、李芳园、麦逢春、刑雄高、余飞鸿、李大犹等。这些人都曾侨寓台湾。

嘉庆十五年（1810），台湾汉族人口达到200万人。③ 光绪十九年（1893），台湾人口约254万人。④ 其中有多少潮人，未有具体数字。

光绪元年（1875），清廷采纳了钦办台湾等处海防兼理各国事务大臣沈葆桢的建议，下谕：“曾禁内地民人渡台及私入番境，以杜滋生事端。……规制自宜因时变通。所有从前不准内地民人渡台各例禁，著悉与开除。其贩卖铁、竹两项，并著一律弛禁，以广招徕。”⑤ 至此，实行了近190年之久的“人民渡台必须领照并经查验”的规定才算完全废止。

此后，随着清政府治台政策转趋积极，沈葆桢的继任者福建巡抚丁日昌更在厦门、汕头及香港等地设立招垦局，“立章程，任保护，凡应募者与以便宜，日给口粮，人授地一甲（等于十一亩），助以牛耕、农器。三年以后，始征其租”。由政府提供路费，贷予资金、农具，招徕大陆移民，开发台湾内山地区。⑥ 在此期间，潮籍人入台应该有一定的数量。甲午战争爆发时，南澳总兵刘永福率两个营的兵勇赴台，其中一部分就是潮籍士兵。

1928年，日本台湾总督府调查科所发表的《台湾在籍汉民族乡贯别调查表》显示台湾各地潮州籍人口的合计数字是13.48万人，占台湾人口总数375.16万人的3.59%。1943年，日本最后一次对全台湾人口进行调查，总数为613.386 7万人，如果按上述3.59%的比重估计，则此时潮州人大约有22.020 6万人。1946年，由于日本投降后人口回撤加之战争损耗的因素，台湾人口总数下降为609.711 7万人，倘若再依比重估计，则潮州人此时约为21.888 7万人。⑦ 饶宗

① （清）周硕勋纂修：《潮州府志》，潮州：潮州市地方志办公室、潮州市档案馆，2001年，第582页。

② （清）周硕勋纂修：《潮州府志》，潮州：潮州市地方志办公室、潮州市档案馆，2001年，第583页。

③ 陈绍馨：《台湾的人口变迁与社会变迁》，台北：联经出版事业公司，1979年，第18页。

④ 台湾省文献委员会编：《台湾省通志》，台北：台湾省文献委员会，1972年，第57页。

⑤ 《清实录·德宗实录》卷3，光绪元年正月戊申，《清实录》第五十二册《德宗实录》（一），北京：中华书局，1985年，第109页。

⑥ 参见李祖基：《论清代移民台湾之政策——兼评〈中国移民史〉之“台湾的移民垦殖”》，载《历史研究》，2001年第3期。

⑦ 沈野：《潮州人在台湾》，载潮汕历史文化研究中心、汕头大学潮汕文化研究中心编：《潮学研究》（第六辑），汕头：汕头大学出版社，1997年，第575页。

颐先生在《潮民移台小史》中征引1946年《侨声报》的调查报道，称全台操潮语者有18.9万人，占全台人口的3%。[①]

1949年中华人民共和国成立前夕，国民党政权逐步撤离大陆。当时胡琏兵团在1949年4月渡江战役溃败后便一路南逃，至夏、秋大部进入潮汕地区后，遂在潮汕大量抓捕青壮年男子（即所谓抓壮丁）以补充死伤溃散的部队兵员。这支残兵素质极差，毫无纪律可言，又因屡遭打击几成惊弓之鸟。从行动上看，其在潮汕不像是驻防作战，而更像是仅为抢粮、抢人而来。胡琏兵团后由海路逃往金门。此期被拉丁到金门转台湾落籍的潮汕兵，据《潮州人在台湾》的估计为30 000人左右；[②] 据1950年11月24日《团结报》的不完全统计，潮汕各地共有五六千名青年被拉丁，其中普宁一县便达1 937人。[③]

之后台海隔绝，间有潮人移居台湾，主要是海外其他地方的潮人潮侨再次移民。

应该注意的是，从资料上看，在台潮人至今应该是数量庞大的，但由于社会环境、时局变化等因素，潮人已经十分深入地融入了台湾社会。如日据时期（1895—1945），因潮人所用的潮语与台湾泉州人、漳州人的口音腔调十分接近，遂被日本殖民统治者一起归类为"福建种族"。经过50年时间，早期台湾潮人族群的自我认同也多半转向泉、漳闽南民系。而在潮人后裔失去潮语表达这一最为直接的族群表征时，便再难辨别其原籍。

正如饶宗颐先生在《南澳：台海与大陆间的跳板》中所说："说潮语、从郑成功来自海阳、潮阳、饶平的人们在清代后期几乎全被视为反动而归于淘汰。"[④]

第三节　经济活动

在17世纪初，台湾的经济仍很落后。随着荷兰殖民者占据台湾岛，逐渐有了较具规模的砂糖、鹿肉、鹿角、藤、米等产品的输出以及大陆丝织品、陶器，荷兰金属、药材，巴达维亚的香料、胡椒等的转口贸易。

明郑时期则以经贸与农业为主。在农业经济方面，为了解决兵粮问题，明郑政权贯彻"寓兵于农"的策略，诸将士平日分散于各耕地，按镇分地、按地开

---

① 参见饶宗颐：《潮民移台小史》，载黄挺编：《饶宗颐潮汕地方史论集》，汕头：汕头大学出版社，1996年，第303页。沈野：《潮州人在台湾》，载潮汕历史文化研究中心、汕头大学潮汕文化研究中心编：《潮学研究》（第六辑），汕头：汕头大学出版社，1997年，第575页。

② 沈野：《潮州人在台湾》，载潮汕历史文化研究中心、汕头大学潮汕文化研究中心编：《潮学研究》（第六辑），汕头：汕头大学出版社，1997年，第575页。

③ 转引自秦梓高：《胡琏兵团窜犯潮汕简况》，载《潮汕党史资料》，1990年第3期。

④ 饶宗颐：《南澳：台海与大陆间的跳板》，载黄挺编：《饶宗颐潮汕地方史论集》，汕头：汕头大学出版社，1996年，第292页。

垦。而为了军需民食，台湾农产重心在这个时期由糖转米，同时发展盐业经济，贸易往来则是与英国、日本等进行。当时多鹿的环境使台湾的鹿皮、鹿角、鹿脯等土特产的外销占了一定的经济比例。

清治前期，经济活动多来自移民的开垦，其中出色的水利经济提高了台湾的农业经济与农业生产力。1725 年，台湾粮米已可运销大陆，成为台湾经济史上的重要标杆。1858 年，英、法两国逼迫中国，加开台湾的安平、打狗、基隆与淡水河岸四港口为通商口岸。自此，台湾的贸易经济范围逐渐扩及世界各地。具有较高经济价值的茶与樟脑成为主要的输出商品。

日据时期，主要是贯彻以台湾自然资源与人力来培植日本本土整体发展的经济模式，即“工业日本、农业台湾”。1900—1920 年间，台湾的经济主轴是糖业；1920—1930 年，以蓬莱米等粮食外销为主；1930 年之后，因战争需要，日总督府将台湾的经济重心转为工业。日据时期虽然各阶段的侧重点不同，但台湾经济发展的主要目标，仍然是着重提高农产品或后期工业用品的生产量，以达到供输日本国内的需求。直到国民政府进入台湾后，台湾才进入自主经济。

潮人在各个时期进入台湾，逐渐融入当地社会。他们随着台湾各个经济发展阶段的变化而从事不同的行业，以适应谋生的需要。

总体来说，潮人在台湾多数时间主要从事垦荒种植。早期随郑成功赴台的，出于明郑政府“以农养兵”的需要，操练打仗之余，平日则是在所分配领取的土地上进行农耕；19 世纪后期赴台尤其是在汕头设立招垦局后应招募而赴台的，更是以开垦种植为生。有的形成相对集中的潮人聚居点，为台湾城镇的开发作出贡献。

如上引蓝鼎元提到的大埔庄，在 18 世纪 20 年代便有 257 人垦殖开荒，人口数量上占了整个村庄的 90%。像这种由潮人先民垦殖之地形成的村镇，还有“潮州厝”“揭阳庄”等——因台湾习惯以垦殖人群的原籍地命名。

如潮州镇也是由潮人开发的。潮州镇今属台湾省屏东县，是屏东县下辖 1 市 3 镇之一。① 饶宗颐先生于 1948 年对其进行考察：1928 年，潮州郡所辖 7 庄有潮人 3 800 名，余皆客籍，其中潮州庄和万峦庄共 3 300 潮人；1948 年当年，潮州区和潮州镇全无讲潮语者。然而，这片地方清代是荒无人烟的汛地，全赖潮人开发才成乡镇。康熙六十年（1721）便建有忠义亭，可见开发之早；乾隆三十七年（1772）时建有昌黎祠供奉韩愈（因行政沿革，现址属屏东县内埔乡，在潮州镇附近。这也是台湾唯一祭祀韩愈的场所），可见当时潮人已旺。②

---

① 潮州镇今为屏东县下辖的屏东市、潮州镇、东港镇、恒春镇 1 市 3 镇之一，面积 42 平方千米；2008 年有 17 790 户，56 781 人。其历史沿革大约是：明郑时期属万年县（后为万年州）；清治时期，康熙二十三年（1684）改属凤山县；日据前期初潮州区属阿猴厅潮州支厅，后期改区为庄，属高雄潮州郡；民国统治时期，1945 年年末属高雄县潮州区，1950 年改属屏东县至今。地域各时期有所盈缩。

② 参见饶宗颐：《台湾省高雄县潮州镇访问记》，载黄挺编：《饶宗颐潮汕地方史论集》，汕头：汕头大学出版社，1996 年，第 297 ~ 300 页；《台湾屏东内埔的昌黎祠》，载《人民日报》，2004 年 8 月 10 日。

在1898年末，因不满于日本侵略者的统治，包括潮州镇在内的台湾南部人民响应社会领袖林少猫发动的抗日斗争，举行总起义，袭击各州厅日本办务署。义军于12月19日攻入恒春；27日围攻潮州镇，里应外合之下火烧潮州日本宪兵驻屯所、办务署，杀死办务署长濑户等；至31日撤出期间，潮州镇再无侵略者。[①] 潮人与台湾人民并肩作战，在这片祖辈拓垦之处留下了可歌可泣的一笔。

台湾的糖业种植比较发达，它也是潮人传统种植业之一。如一生抗日的国民党台湾党部负责人翁俊明（台湾光复前，国民党曾在福建漳州建立台湾党部），其先祖随郑成功赴台，以经营制糖与养殖业起家。[②]

潮人当时带去一些种植技术和物种，如红枣。据《潮汕文化在台湾》称：台湾省苗栗县公馆乡，有“红枣之乡”之称的石围墙村，其首株红枣种苗，便是由潮人于清代末年移植来的。[③]

关于拓荒开垦，《潮民移台小史》专门列举了饶平人林钦堂等签订合约开垦员山的例子，合约碑刻：“立合约人林钦堂、曾日辉为代表众给埔以便牧牛事，（中略）番仔湖田嵌上埔地一所，土名员山仔，界址注明垦单，议定估银一百五十元，（中略），约内垦单系林钦堂收存，永为牛场云云。乾隆四十一年七月立。”据此可知员山一带为潮人所开拓，[④] 也可窥当时潮人参与开发台湾之一斑。

《潮民移台小史》载：“旧凤山县属十四里中，其村庄多存潮惠名号，如赤山里有寓潮埔，仁寿里有程乡庄，港西里有潮州厝、揭阳庄、海丰庄及两大埔庄，小竹里有潮州寮，观音里有海丰庄，港东里有潮州庄。”还有揭阳溪、客厝沟、海丰溪（均在港西里），有寓潮埔圳（在赤山里）、海丰圳（在港西里），有潮州庄街（在港东里）。[⑤] 这些地方应该与早期大量的潮人在台湾垦殖开发有关。

商业方面，应该很早便有成功的潮籍商人。由潮人傅修、林文榜等于乾隆三十七年（1772）始倡建的台南韩文公祠，其砖木石材均运自潮州，设计施工也是专门聘请故土工匠，漂洋过海，费日久长，没有一定的资金实力是无法做到的。傅修为举人，林文榜为国子生，但据传其以经营海上商贸为主。

潮人也有不少从事海上运输的，如清末，“南澳人陈角鱼、倪来发等私人经营10吨以上的木帆船专门运输货物往台湾”。日据时期到台湾光复后的这段时间，往返汕台的潮英轮、美生轮、日华号、日利号等通航船只，舵公、水手都是

---

① 参见苏新：《愤怒的台湾》，载中华全国台湾同胞联谊会编：《台湾同胞抗日50年纪实》，北京：中国妇女出版社，1998年，第3~5页。

② 徐名文、沈建华：《潮人与台湾》，广州：花城出版社，1999年，第45页。

③ 参见陈汉初：《潮汕文化在台湾》，载《两岸关系》，2009年第6期。

④ 饶宗颐：《潮民移台小史》，载黄挺编：《饶宗颐潮汕地方史论集》，汕头：汕头大学出版社，1996年，第303页。

⑤ 饶宗颐：《潮民移台小史》，载黄挺编：《饶宗颐潮汕地方史论集》，汕头：汕头大学出版社，1996年，第302页。

汕头、南澳、潮阳一带的人，尤其以南澳人为多，有 700 多人。①

此外，在中华人民共和国成立前，潮人也有从事工业、饮食业、中医药行业、小手工业、百货批发零售等。如 1948 年时，在屏东县后壁湖，便存在潮人创办的糖厂，业主是稍前才移民台湾的。②

图 15－1　潮人用具（1）（林伦伦摄影）

图 15－2　潮人用具（2）（林伦伦摄影）

第四节　文化生活和潮人社团

17 世纪 60 年代中期，台湾便有了第一座孔庙，孔庙左厢内设置太学，这也是台湾地区第一所由官方出资兴办的教学场所。创刊于 1885 年 7 月 12 日的《台湾府城教会报》（后改名为“台湾教会公报”），是台湾本地编辑、印刷和发行的第一份近代报刊。它采用闽南语罗马拼音“白话字”刊行，而非使用汉字出版，所以也可称其为台湾最早的大众传播媒体。③ 日据时期，当局逐步施行民族同化策略，特别是日据中后期，皇民化政策、效忠天皇教育等大力推行，文化管控严格。如当时风靡台湾的布袋戏，20 世纪 30 年代中国传统的北管音乐被禁用而改用西乐，语言改用日语；需杂用汉式、和式戏服戏偶，其剧本常为“水户黄门”等日式故事。

---

① 参见徐名文、沈建华：《潮人与台湾》，广州：花城出版社，1999 年，第 62 页。

② 参见饶宗颐：《台湾省高雄县潮州镇访问记》，载黄挺编：《饶宗颐潮汕地方史论集》，汕头：汕头大学出版社，1996 年，第 300 页。

③ 陈才俊：《台湾最早的报刊〈台湾府城教会报〉考述》，载《新闻大学》，2005 年第 4 期。

1949年中华人民共和国成立之前，潮籍人士在文学艺术方面也有所成就，如出生于台湾的许地山，早年离台，是现代著名的学者、文学家；潮属丰顺县人陈其诠，是著名的书法家；澄海蔡丹冶，1946年便发表短篇小说《被洗劫的日子》。

潮剧方面，早在清道光年间（1821—1850），饶平县上饶陈坑村的“彩和香”专业戏班，便曾到台湾南投县鹿角乡演出。历史上也常有潮人剧团从大陆到台湾演出。囿于时局等因素，潮剧在台湾并不广泛。不过，在潮乐研究传播上，1949年潮人黄宗识创立了“潮声国乐社”。

民俗方面，由于闽南粤东相通之处颇多，而台湾主流流行闽南风俗，潮汕各种相类似的时节礼俗、饮食习惯在台湾还得以保持。此外，潮汕人也将本土的民间信仰带往台湾，如三山国王崇拜等，随着早期潮人的入台步履，早就根植于台湾，融入台湾本地文化。

语言上，潮语本就属于闽南语的次方言，在以闽南语为主的语言环境中，潮语仍然存在。在1946年，全台使用潮语者有18.9万人，占全台人口的3%。[①] 但是在长期的融合过程中，一些潮语发音已发生异化，而初期潮人移民的后裔，也大多数不谙潮语。

社团方面，台南三山国王庙，是早期潮人往来歇脚、同乡联络、议事参详的聚会点。该庙左侧祀圣母、右侧祀韩愈，三庙一体，故今人又有称“台南韩文公祠”。就其功能来看，这可以算是潮人社团的雏形。

台南三山国王庙建于清乾隆七年（1742）或雍正七年（1729），[②] 嘉庆谢金銮《续修台湾县志·古迹》“三山国王”条载：“祀粤潮州巾山、明山、独山之神。……潮之诸邑皆有祠祀，粤人来台者咸奉其香火，故建庙云。雍正七年，知县杨允玺、游击林梦熊，率粤东诸商民建。嘉庆七年（1802）监生翁峻等修。置店六间，即在本庙后，收租以供香火。”[③] 杨允玺原籍潮属大埔县，林梦熊原籍潮属海阳县。其间，潮人又增建了韩文公祠并修整了三庙，《续修台湾县志·坛庙》“韩文公祠”条载：“乾隆三十七年（1772），邑潮州人建。举人傅修、国子生林文榜倡捐买置店星三间于旧县顶市仔头，收租以供祭费。乾隆四十一年（1776），总镇颜鸣皋倡修，广其前后屋宇。嘉庆七年（1802），国子生翁峻、生

① 参见徐名文、沈建华：《潮人与台湾》，广州：花城出版社，1999年，第30～31页。

② 该庙的成立时间有争议。由于嘉庆谢金銮《续修台湾县志》卷5《遗迹》“三山国王”条载：“雍正七年，知县杨允玺、游击林梦熊，率粤东诸商民建。”同书卷2《县官》“杨允玺”载：“杨允玺，大埔举人。（乾隆）七年四月任。”而《重修福建台湾府志》卷13《职官二》“林梦熊”条也有：“广东海阳人，武进士。乾隆七年任。”则杨、林为乾隆七年才履新，因此有学者怀疑原“雍正七年”建庙的时间应为“乾隆七年”。

③ （清）谢金銮、郑兼才总纂：《（嘉庆）续修台湾县志》，载《中国地方志集成·台湾府县志辑·乾隆重修台湾县志/嘉庆续修台湾县志》，上海：上海书店出版社，2003年，第522页。

员陈应机等复修。”①

潮人翁峻、陈应机等的这次重修，还于庙后添置了会馆以供在台潮人聚会议事，另外又买了六间店屋作庙产，将租金等收入作为管理、祭祀费用。此后在道光二十二年（1842）、咸丰十年（1860）、同治三年（1864）、光绪十三年（1887）陆续有过整修。但日据时期被改为他用，日渐凋零。由于缺乏管理，台湾光复初期被当局收回。

据《潮人与台湾》称，光绪年间（1875—1808），潮人组成义安社，它是由海阳、澄海、潮阳、南澳和揭阳几县的潮人自愿结合而成的。其目的是联络乡情，生活上互相照顾。② 如果该说无误，则义安社俨然是已知潮人在台湾最早的社团。至日据时期，台湾的社团多数停止活动甚至自动消失，义安社也是如此。

① （清）谢金銮、郑兼才总纂：《（嘉庆）续修台湾县志》，载《中国地方志集成·台湾府县志辑·乾隆重修台湾县志/嘉庆续修台湾县志》，上海：上海书店出版社，2003 年，第 522 ~ 523 页。

② 参见徐名文、沈建华：《潮人与台湾》，广州：花城出版社，1999 年，第 91 页。

参考文献

1.（汉）班固撰:《汉书》，北京：中华书局，1962年。

2.（汉）司马迁撰:《史记》，北京：中华书局，1959年。

3.（清）梁廷枏、（汉）杨孚等著，杨伟群校点：《南越五主传及其它七种》，广州：广东人民出版社，1982年。

4.（后晋）刘昫等撰:《旧唐书》，北京：中华书局，1975年。

5.（晋）陈寿撰:《三国志》，北京：中华书局，1959年。

6.（梁）沈约著:《宋书》，北京：中华书局，1974年。

7.（明）陈天资编修:《东里志》，潮州：饶平县地方志编纂委员会，2004年。

8.（明）陈子龙辑编:《明经世文编》，北京：中华书局，1962年。

9.（明）戴璟主修，（明）张岳等纂修:《广东通志初稿》，北京：北京图书馆出版社，2010年。

10.（明）费信著，冯承钧校注:《星槎胜览校注》，北京：中华书局，1954年。

11.（明）巩珍著，向达校注:《西洋番国志》，北京：中华书局，1961年。

12.（明）郭春震纂修:《潮州府志》，潮州：潮州市地方志办公室，2003年。

13.（明）郭棐纂:《粤大记》，载《日本藏中国罕见地方志丛刊》（明万历间刻本影印）卷32，北京：书目文献出版社，2003年。

14.（明）郭子章:《潮中杂纪》，潮州：潮州市地方志办公室，2003年。

15.（清）彭定求等校点:《全唐诗》，北京：中华书局，1960年。

16.（明）黄一龙纂修:《潮阳县志》，潮州：潮州市地方志办公室，2005年。

17.（明）黄佐纂修:《广东通志》，广州：广东省地方志办公室，1997年。

18.（明）李贽:《焚书　续焚书》，北京：中华书局，1974年。

19.（明）马欢原著，万明校注:《明钞本〈瀛涯胜览〉校注》，北京：海洋出版社，2005年。

20.（明）马欢撰:《瀛涯胜览》，北京：中华书局，1985年。

21.（明）沈德符撰：《万历野获编》，北京：中华书局，1959 年。
22.（明）宋濂撰：《元史》，北京：中华书局，1976 年。
23.（明）王士性撰，吕景琳点校：《广志绎》，北京：中华书局，1981 年。
24.（明）谢肇淛撰：《五杂俎》，上海：上海书店出版社，2009 年。
25.（明）姚镆撰：《东泉文集》，济南：齐鲁书社，1997 年。
26.（明）张燮著，谢方点校：《东西洋考》，北京：中华书局，1981 年。
27.（清）蔡钧撰：《出洋琐记》（铁香室丛刻本）。
28.（清）陈澧纂，（清）田明曜修：《香山县志》，三颂堂光绪刻本影印。
29.（清）陈伦炯撰，李长傅校注：《〈海国闻见录〉校注》，郑州：中州古籍出版社，1985 年。
30.（清）陈树芝纂修：《揭阳县志》，潮州：潮州市地方志办公室，2003 年。
31.（清）仇巨川纂，陈宪猷校注：《羊城古钞》，广州：广东人民出版社，1993 年。
32.（清）董诰等编：《全唐文》，北京：中华书局，1983 年。
33.（清）范端昂撰，汤志岳点校、注释：《粤中见闻》，广州：广东高等教育出版社，1988 年。
34.（清）江日昇撰：《台湾外记》，福州：福建人民出版社，1983 年。
35.（清）蒋毓英撰，陈碧笙校注：《台湾府志》，厦门：厦门大学出版社，1985 年。
36.（清）金一凤纂修：《海阳县志》，潮州：潮州市地方志办公室，2001 年。
37.（清）蓝鼎元撰，郑焕隆选编校注：《蓝鼎元论潮文集》，深圳：海天出版社，1993 年。
38.（清）蓝鼎元撰：《鹿洲全集》，厦门：厦门大学出版社，1995 年。
39.（清）李书吉纂修，（清）卢蔚猷修，（清）吴道镕纂：《澄海县志》，上海：上海书店出版社，2003 年。
40.（清）李钟珏：《新加坡风土记》，载《东南亚》，1997 年第 1 期。
41.（清）梁廷枏：《海国四说》，北京：中华书局，1993 年。
42.（清）梁廷枏撰：《粤海关》（《四库全书》本）。
43.（清）林杭学纂修：《潮州府志》，潮州：潮州市地方志办公室，2000 年。
44.（清）林则徐著，中山大学历史系中国近代现代史教研组、研究室编：《林则徐集·奏稿》，北京：中华书局，1965 年。
45.（清）刘抃纂修：《饶平县志》，潮州：潮州市地方志办公室，2002 年。
46.（清）卢蔚猷纂修：《海阳县志》，潮州：潮州市地方志办公室、潮州市档案馆，2001 年。

47.（清）屈大均著，李育中等注：《〈广东新语〉注》，广州：广东人民出版社，1991 年。

48.（清）屈大均撰：《广东新语》，北京：中华书局，1985 年。

49.（清）阮元修，（清）陈昌齐等纂：《广东通志》，载续修《四库全书》编纂委员会编：《续修四库全书〈广东通志〉》，上海：上海古籍出版社，1997 年。

50.（清）施琅撰，王铎全校注：《靖海纪事》，福州：福建人民出版社，1983 年。

51.（清）王岱纂修：《澄海县志》，潮州：潮州市地方志办公室，2004 年。

52.（清）王崧修，（清）李星辉纂：《揭阳县续志》，台北：成文出版社有限公司，1974 年。

53.（清）王之春撰，赵春晨点校：《清朝柔远记》，北京：中华书局，1989 年。

54.（清）魏源撰，陈华、常绍温等点校注释：《海国图志》，长沙：岳麓书社，1998 年。

55.（清）吴颖纂修：《潮州府志》，潮州：潮州市地方志办公室，2003 年。

56.（清）萧麟趾纂修：《普宁县志》，潮州：潮州市地方志办公室，2007 年。

57.（清）谢金銮、郑兼才总纂：《（嘉庆）续修台湾县志》，上海：上海书店出版社，2003 年。

58.（清）谢清高述，（清）杨炳南记，冯承钧注释：《〈海录〉注》，北京：中华书局，1955 年。

59.（清）徐松辑：《宋会要辑稿》，北京：中华书局，1957 年。

60.（清）叶梦珠撰，来新夏点校：《阅世编》，北京：中华书局，2007 年。

61.（清）张玿美纂修：《惠来县志》，潮州：潮州市地方志办公室，2007 年。

62.（清）张士琏纂修：《海阳县志》，潮州：潮州市地方志办公室，2002 年。

63.（清）赵尔巽等撰：《清史稿》，北京：中华书局，1977 年。

64.（清）郑昌时著，吴二持校注：《韩江闻见录》，上海：上海古籍出版社，1995 年。

65.（清）周恒重修：《潮阳县志》，汕头：潮阳市地方志编纂委员会办公室，2000 年。

66.（清）周硕勋纂修：《潮州府志》，潮州：潮州市地方志办公室、潮州市档案馆，2001 年。

67.（南朝宋）范晔撰，（唐）李贤等注：《后汉书》，北京：中华书局，1965年。

68.（宋）洪迈撰，何卓点校：《夷坚志》，北京：中华书局，1981年。

69.（宋）李昉等撰：《太平御览》，北京：中华书局，1960年。

70.（宋）刘克庄撰：《后村集》（文渊阁四库本）卷37，台北：台湾商务印书馆，1986年。

71.（宋）欧阳修、宋祁撰：《新唐书》，北京：中华书局，1975年。

72.（宋）沈括撰，张富祥译注：《〈梦溪笔谈〉译注》，北京：中华书局，2009年。

73.（宋）司马光编著，（元）胡三省音注，标点资治通鉴小组校点：《资治通鉴》，北京：中华书局，1956年。

74.（宋）苏轼著，崔承运编：《苏轼散文选集》，天津：百花文艺出版社，2004年。

75.（宋）苏轼著，傅成、穆俦标点：《苏轼全集》，上海：上海古籍出版社，2000年。

76.（宋）苏轼撰，孔凡礼点校：《苏轼文集》，北京：中华书局，1986年。

77.（宋）王存撰，王文楚、魏嵩山点校：《元丰九域志》，北京：中华书局，1984年。

78.（宋）王溥撰：《唐会要》，北京：中华书局，1955年。

79.（宋）周去非著，杨武泉校注：《〈岭外代答〉校注》，北京：中华书局，1999年。

80.（唐）房玄龄等撰：《晋书》，北京：中华书局，1974年。

81.（唐）韩愈著，马其昶校注，马茂元整理：《韩昌黎文集校注》，上海：上海古籍出版社，1988年。

82.（唐）李吉甫撰，（清）孙星衍校，（清）张驹贤考证：《元和郡县图志》，北京：中华书局，1983年。

83.（唐）李延寿撰：《南史》，北京：中华书局，1975年。

84.（唐）刘恂撰，（唐）商璧、潘博校补：《岭表录异校补》，南宁：广西民族出版社，1988年。

85.（唐）魏徵、令狐德棻撰：《隋书》，北京：中华书局，1973年。

86.（唐）姚思廉撰：《梁书》，北京：中华书局，1973年。

87.（元）孛兰肹等撰，赵万里校辑：《元一统志》，北京：中华书局，1966年。

88.（元）马端临撰：《文献通考》，北京：中华书局，1986年。

89.（元）脱脱等撰：《宋史》，北京：中华书局，1977年。

90.（元）汪大渊著，苏继庼注释：《岛夷志略校释》，北京：中华书局，

1981 年。
91. （元）周达观著，夏鼐校注：《真腊风土记校注》，北京：中华书局，1981 年。
92.《〈永乐大典〉卷 05343（潮字）卷 05345（潮字）辑录本》，潮州：潮州市地方志办公室、韩山师范学院图书馆，2000 年。
93.《古今图书集成》（1333—1342 卷“潮州府部汇考”），潮州：潮州市地方志办公室，2001 年。
94. 潮州市地方志办公室辑录：《明清一统志/万历广东通志·潮州府》，潮州：潮州市地方志办公室，2005 年。
95.《明神宗实录》，台北：“中央研究院”历史语言研究所，1962 年。
96.《明世宗实录》，台北：“中央研究院”历史语言研究所，1962 年。
97.《明太祖实录》，台北：“中央研究院”历史语言研究所，1962 年。
98.《明宪宗实录》，台北：“中央研究院”历史语言研究所，1962 年。
99.《明宣宗实录》，台北：“中央研究院”历史语言研究所，1962 年。
100. （清）张廷玉等纂修：《钦定大清会典则例》，文渊阁四库全书本，乾隆十二年（1747）。
101.《清实录》，北京：中华书局，1985 年。
102. 潮州市地方志办公室编：《雍正广东通志潮事选》（四库全书·史部 562—564 册），潮州：潮州市地方志办公室，2002 年。
103. 陈香白辑校：《潮州三阳志辑稿　潮州三阳图志辑稿》，广州：中山大学出版社，1989 年。
104. 冯承钧撰：《诸蕃志校注》，北京：中华书局，1956 年。
105. 何宁撰：《淮南子集释》，北京：中华书局，1998 年。
106. 屈守元、常思春主编：《韩愈全集校注》，成都：四川大学出版社，1996 年。
107. ［新加坡］许云樵辑注：《康泰吴时外国传辑注》，新加坡：东南亚研究所，1971 年。
108. ［德］马克思、恩格斯著，中共中央马克思、恩格斯、列宁、斯大林著作编译局译：《马克思恩格斯全集》（第 12 卷），北京：人民出版社，1962 年。
109. ［美］戴维·K. 怀亚特著，郭继光译：《泰国史》，上海：东方出版中心，2009 年。
110. ［苏］尼·瓦·烈勃里科娃著，王易今等译：《泰国近代史纲》（1768—1917），北京：商务印书馆，1974 年。
111. ［泰］曾建屏编著：《泰国华侨经济》，台北：海外出版社，1957 年。
112. ［新加坡］许云樵：《南洋史》（上册），新加坡：星洲世界书局有限公司，1961 年。

113. ［印尼］萨努西·巴尼著，吴世璜译：《印度尼西亚史》，北京：商务印书馆，1959 年。

114. 葛剑雄、曹树基等编著：《中国移民史》（第六卷），福州：福建人民出版社，1997 年。

115. 曾旭波：《侨批丛谈》，香港：天马出版有限公司，2010 年。

116. 潮汕百科全书编委会编：《潮汕百科全书》，北京：中国大百科全书出版社，1994 年。

117. 陈达：《南洋华侨与闽粤社会》，北京：商务印书馆，2011 年。

118. 陈翰笙主编，卢文迪、陈泽宪、彭家礼编：《华工出国史料汇编》，北京：中华书局，1980—1985 年。

119. 陈骅：《潮人在新加坡》，香港：公元出版有限公司，2003 年。

120. 陈焕溪：《潮人在香港》，香港：公元出版有限公司，2006 年。

121. 陈景熙、张禹东主编：《学者观德教》，北京：社会科学文献出版社，2011 年。

122. 陈绍馨：《台湾的人口变迁与社会变迁》，台北：联经出版事业公司，1979 年。

123. 陈显泗：《柬埔寨两千年史》，郑州：中州古籍出版社，1990 年。

124. 陈序经：《南洋与中国》，广州：岭南大学西南社会经济研究所，1948 年。

125. 辞海编辑委员会编：《辞海》（1989 年版缩印本），上海：上海辞书出版社，1990 年。

126. 辞海编辑委员会编：《辞海》（1999 年版缩印本），上海：上海辞书出版社，2000 年。

127. 辞海编辑委员会编：《辞海》（第六版缩印本），上海：上海辞书出版社，2010 年。

128. 杜继文主编：《佛教史》，南京：江苏人民出版社，2006 年。

129. 方积根、胡文英：《海外华文报刊的历史与现状》，北京：新华出版社，1989 年。

130. 冯邦彦：《香港华资财团（1841—1997）》，香港：三联书店（香港）有限公司，1997 年。

131. 广东省博物馆、香港大学冯平山博物馆编：《广东唐宋窑址出土陶瓷》，香港：香港大学冯平山博物馆，1985 年。

132. 广东省地方史志编纂委员会编：《广东省志》，广州：广东人民出版社，1988—2004 年。

133. 广东省汕头市地方志编纂委员会编：《汕头市志》，北京：新华出版社，1999 年。

134. 郭振铎、张笑梅主编：《越南通史》，北京：中国人民大学出版社，2001 年。
135. 黄挺、陈占山：《潮汕史》，广州：广东人民出版社，2001 年。
136. 黄挺、马明达：《潮汕金石文征》（宋元卷），广州：广东人民出版社，1999 年。
137. 黄挺：《潮商文化》，北京：华文出版社，2008 年。
138. 黄赞发：《潮汕先民与先贤》，汕头：汕头大学出版社，2000 年。
139. 黄滋生、温北炎主编：《战后东南亚华人经济》，广州：广东人民出版社，1999 年。
140. 蒋祖缘主编：《广东航运史》（近代部分），北京：人民交通出版社，1989 年。
141. 赖伯疆：《东南亚华文戏剧概观》，北京：中国戏剧出版社，1993 年。
142. 李晨阳等编著：《柬埔寨》，北京：社会科学文献出版社，2010 年。
143. 李宏新：《1991：潮汕分市纪事》，广州：广东人民出版社，2012 年。
144. 李宏新：《潮韵》，汕头：汕头大学出版社，2008 年。
145. 李日平、黄镇国等：《韩江三角洲》，北京：海洋出版社，1987 年。
146. 李学民、黄昆章：《印尼华侨史》，广州：广东高等教育出版社，1987 年。
147. 李长傅：《中国殖民史》，上海：商务印书馆，民国二十六年（1937）。
148. 连横撰：《台湾通史》，台北：大通书局，1984 年。
149. 梁启超：《饮冰室专集之八：中国殖民八大伟人传》，北京：中华书局，民国二十五年（1936）。
150. 林朝虹、林伦伦编著：《全本潮汕方言歌谣评注》，广州：花城出版社，2012 年。
151. 林伦伦：《潮汕方言与文化研究》，广州：广东高等教育出版社，1991 年。
152. 林伦伦主编：《新编潮州音字典》，汕头：汕头大学出版社，1997 年。
153. 林远辉、张应龙：《新加坡马来西亚华侨史》，广州：广东高等教育出版社，1991 年。
154. 刘士木、徐之主编：《华侨概观》，北京：中华书局，1935 年。
155. 卢受采、卢冬青：《香港经济史》（公元前约 4000—公元 2000 年），北京：人民出版社，2004 年。
156. 马书田：《中国道教诸神》，北京：团结出版社，1996 年。
157. 穆根来、汶江、黄倬汉译：《中国印度见闻录》，北京：中华书局，1983 年。
158. 聂宝璋编：《中国近代航运史资料（1841—1895）·第一辑》（下册），

上海：上海人民出版社，1983 年。
159. 彭剑：《清季宪政大辩论——中兴日报与南洋总汇新报论战研究》，武汉：华中师范大学出版社，2011 年。
160. 卿希泰、唐大潮：《道教史》，南京：江苏人民出版社，2006 年。
161. 丘汉平撰述，庄祖同助编：《华侨问题》，北京：商务印书馆，1936 年。
162. 饶宗颐总纂：《潮州志》，汕头：潮州修志馆，1949 年。
163. 任继愈主编：《中国道教史》（增订本），北京：中国社会科学出版社，2001 年。
164. 汕头海关编志办公室编纂：《汕头海关志》，汕头：汕头海关编志办公室，1998 年。
165. 汕头市达濠区地名志编纂委员会编：《汕头市达濠区地名志》，内部出版，1988 年。
166. 汕头市艺术研究室编：《潮剧百年史稿（1901—2000 年）》，北京：中国戏剧出版社，2001 年。
167. 沈福伟：《中西文化交流史》，上海：上海人民出版社，1985 年。
168. 沈云龙主编：《近代中国史料丛刊三编第二辑：清季外交史料》，台北：文海出版社，1993 年。
169. 华侨志编纂委员会编：《印尼华侨志》，台北：华侨志编纂委员会，1961 年。
170. 台湾省文献委员会编：《台湾省通志》，台北：台湾省文献委员会，1972 年。
171. 汪毅、张承棨编：《近代中国史料丛刊续编：咸丰条约》，台北：文海出版社，1976 年。
172. 王冠倬：《中国古船图谱》（修订本），北京：生活·读书·新知三联书店，2011 年。
173. 王琳乾、吴坤祥辑编：《早期华侨与契约华工（卖猪仔）资料》，汕头：潮汕历史文化研究中心等，2002 年。
174. 王民同主编：《东南亚史纲》，昆明：云南大学出版社，1994 年。
175. 王士录主编，刘稚副主编：《当代越南》，成都：四川人民出版社，1992 年。
176. 王铁崖编：《中外旧约章汇编》，北京：生活·读书·新知三联书店，1982 年。
177. 温广益、蔡仁龙等编著，洪丝丝审校：《印度尼西亚华侨史》，北京：海洋出版社，1985 年。
178. 吴继岳：《海外六十年见闻录》，上海：上海三联书店，1983 年。

179. 吴庆棠：《新加坡华文报业与中国》，上海：上海社会科学院出版社，1997 年。
180. 徐名文、沈建华：《潮人与台湾》，广州：花城出版社，1999 年。
181. 徐名文、沈建华：《潮人在柬埔寨》，香港：公元出版有限公司，2005 年。
182. 杨群熙：《潮人在越南》，香港：公元出版有限公司，2003 年。
183. 杨锡铭：《潮人在泰国》，香港：艺苑出版社，2001 年。
184. 姚贤镐编：《中国近代对外贸易史资料（1840—1895）》，北京：中华书局，1962 年。
185. 叶显恩主编：《广东航运史》（古代部分），北京：人民交通出版社，1989 年。
186. 张国培：《20 世纪泰国华文文学史》，汕头：汕头大学出版社，2007 年。
187. 张加祥、俞培玲：《越南》，北京：当代世界出版社，1998 年。
188. 张铁牛、高晓星：《中国古代海军史》，北京：八一出版社，1993 年。
189. 张镇洪、邱立诚：《中国南海古人类文化考》，广州：广东经济出版社，2013 年。
190. 郑可茵、赵学萍、吴里阳辑编点校：《汕头开埠及开埠前后社情资料》，汕头：潮汕历史文化研究中心等，2003 年。
191. 郑绪荣辑编：《郑成功在潮州活动资料》，汕头：潮汕历史文化研究中心，2007 年。
192. 中国第一历史档案馆编：《康熙朝汉文朱批奏折汇编》（第四册），北京：档案出版社，1985 年。
193. 中国第一历史档案馆编：《康熙朝汉文朱批奏折汇编》（第一册），北京：档案出版社，1984 年。
194. 中国古典文学研究会主编：《五四文学与文化变迁学术研讨会论文集》，台北：中国古典文学研究会，1990 年。
195. 中国海关学会汕头海关小组、汕头市地方志编纂委员会办公室编：《潮海关史料汇编》，内部资料，1988 年。
196. 中国航海学会：《中国航海史》（古代航海史），北京：人民交通出版社，1989 年。
197. 中国社科院近代史研究所中华民国史研究室、中山大学历史系孙中山研究室、广东省社会科学院历史研究室合编：《孙中山全集》（第二卷），北京：中华书局，1982 年。
198. 中国史学会主编，齐思和、林树惠、田汝康、金重远等及故宫博物院明清档案部编：《中国近代史资料丛刊：第二次鸦片战争》，上海：上海人民出版社，1978 年。

199. 中山大学东南亚史研究所编：《泰国史》，广州：广东人民出版社，1987 年。

200. 周修东：《潮海关史事丛考》，北京：中国海关出版社，2013 年。

201. 周一良主编：《中外文化交流史》，郑州：河南人民出版社，1987 年。

202. 周聿峨：《东南亚华文教育》，广州：暨南大学出版社，1995 年。

203. 朱杰勤：《东南亚华侨史》，北京：高等教育出版社，1990 年。

204. 朱士嘉编：《美国迫害华工史料》，北京：中华书局，1958 年。

205. ［马来西亚］陈剑虹：《从金石碑文与官方档案管窥 19 世纪槟榔屿潮人的帮权结构与政治》，载黄挺主编：《潮学研究》（第十四辑），广州：花城出版社，2008 年。

206. ［马来西亚］陈志明著，孟庆波译：《善堂——中国、新加坡和马来西亚的慈善寺堂》，载《华侨华人历史研究》，2014 年第 2 期。

207. ［马来西亚］文平强：《马来西亚华裔人口与方言群的分布》，载《华研通讯》，2007 年第 1 期。

208. ［泰］陈博文：《潮州戏沧桑》，载《泰国风采》（上卷），曼谷：八音出版社，1994 年。

209. ［泰］潘醒农：《150 年来新加坡的人口》，载《南洋文摘》，1970 年第 2 期。

210. ［泰］潘醒农：《回顾新加坡柔佛潮人甘蜜史》，载汕头华侨历史学会编：《汕头侨史论丛》（第一辑），汕头：汕头华侨历史学会，1986 年。

211. ［泰］修朝：《中国戏剧在泰国》，载《泰中学刊》，1998 年第 4 期。

212. ［泰］杨作为：《泰国汉语教育的过去、现在与将来》，载《东南亚研究》，2003 年第 5 期。

213. ［泰］杨作为：《泰国华人社会与经济之变化和泰中经济合作前景》，载汕头华侨历史学会编：《汕头侨史论丛》（第四辑），汕头：汕头华侨历史学会，1999 年。

214. ［泰］张美君：《论泰国自由泰政府时期的华文教育》，载《南洋问题研究》，2011 年第 3 期。

215. ［越］陈庆著，梁茂华译：《法属时期越南华人的商业地位》，载《东南亚纵横》，2003 年第 1 期。

216. ［越］朱海著，许志生摘译：《华人移居越南的各个时期及特点》，载《八桂侨史》，1993 年第 1 期。

217. 《第四届国际潮团联谊会·泰国潮州团体概况报告》，1987 年。

218. 《馀娱儒乐社成立 80 周年纪念特刊》，新加坡：馀娱儒乐社，1992 年。

219. 安焕然：《论潮人在马来西亚柔佛麻坡的开拓》，载《汕头大学学报》

（人文社会科学版），2002 年第 2 期。

220. 曾广亿：《潮州唐宋窑址初探》，载陈历明编：《潮汕考古文集》，汕头：汕头大学出版社，1993 年。

221. 曾广亿：《广东潮安北郊唐代窑址》，载《考古》，1964 年第 4 期。

222. 曾玲：《社群边界内的“神明”：移民时代的新加坡妈祖信仰研究》，载《河南师范大学学报》（哲学社会科学版），2007 年第 2 期。

223. 曾骐、邱立诚：《揭阳先秦两汉考古研究》，载吴奎信、徐光华主编：《第五届潮学国际研讨会论文集》，香港：公元出版有限公司，2005 年。

224. 曾骐：《韩江流域史前考古与潮汕文化源》，载潮汕历史文化研究中心、汕头大学潮汕文化研究中心编：《潮学研究》（第一辑），汕头：汕头大学出版社，1994 年。

225. 曾骐：《南澳岛两处古遗址研究》，载潮汕历史文化研究中心、汕头大学潮汕文化研究中心编：《潮学研究》（第二辑），汕头：汕头大学出版社，1994 年。

226. 沉思：《新加坡“韩江社”和新潮社的创立及其影响》，载中国人民政治协商会议广东省汕头市委员会文史资料委员会编：《汕头文史》（第八辑），汕头：汕头市政协文史资料研究委员会，1990 年。

227. 陈才俊：《台湾最早的报刊〈台湾府城教会报〉考述》，载《新闻大学》，2005 年第 4 期。

228. 陈昌福：《〈中华人民共和国国籍法〉简介：以华侨“双重国籍”问题为中心》，载《上海市社会主义学院学报》，2010 年第 6 期。

229. 陈昌文、郑衡、李绪明：《印支侨校忆述》，载汕头华侨历史学会编：《汕头侨史论丛》（第二辑），汕头：汕头华侨历史学会，1991 年。

230. 陈春声：《〈历代宝案〉所见之清代潮州商人的海上贸易活动》，载潮汕历史文化研究中心编：《潮学研究》（第九辑），广州：花城出版社，2001 年。

231. 陈春声：《从倭乱到迁海——明末清初潮州地方动乱与乡村社会变迁》，载《明清论丛》（第 2 辑），北京：紫禁城出版社，2000 年。

232. 陈春声：《明清之际潮州的海盗与私人海上贸易》，载《文史知识》，1997 年第 9 期。

233. 陈春声：《信仰空间与社区历史的演变——以樟林的神庙系统为例》，载《清史研究》，1999 年第 2 期。

234. 陈汉初：《潮汕侨批的档案文献价值》，载《汕头社科》，2009 年第 3 期。

235. 陈汉初：《潮汕文化在台湾》，载《两岸关系》，2009 年第 6 期。

236. 陈孔立：《澎湖不属同安考》，载《台湾研究集刊》，2005 年第 2 期。

237. 陈列：《蜚声国际的泰国华人银行家——陈弼臣》，载中国人民政治协商会议广东省汕头市委员会文史资料委员会编：《汕头文史》（第八辑），汕头：汕头市政协文史资料研究委员会，1990 年。

238. 陈晴晔：《泰国华人金融业发展初探》，载《当代亚太》，1997 年第 4 期。

239. 陈锡坡：《记坚持抗日爱国立场的廖公圃先生》，载中国人民政治协商会议广东省汕头市委员会文史资料委员会编：《汕头文史》（第八辑），汕头：汕头市政协文史资料研究委员会，1990 年。

240. 陈贤武：《拓殖柔佛的先驱者陈开顺与陈厝港》，载潮州市地方志办公室编：《潮州史志资料选编·海外潮人》，潮州：潮州市地方志办公室，2004 年。

241. 陈雪峰：《〈大南一统志〉：有关潮人在越南的记载》，载《揭阳日报》，2013 年 4 月 22 日。

242. 陈训先：《谢易初先生大略生平》，载中国人民政治协商会议广东省汕头市委员会文史资料委员会编：《汕头文史》（第八辑），汕头：汕头市政协文史资料研究委员会，1990 年。

243. 陈英：《陈明记家族旅柬史略》，载汕头华侨历史学会编：《汕头侨史论丛》（第二辑），汕头：汕头华侨历史学会，1991 年。

244. 陈予：《漫谈柬埔寨华人在柬埔寨经济重建中的作用》，载汕头华侨历史学会编：《汕头侨史论丛》（第三辑），汕头：汕头华侨历史学会，1998 年。

245. 陈中璇、陈健民：《香港富珍斋创始人陈开泰先生事略》，载中国人民政治协商会议广东省汕头市委员会文史资料委员会编：《汕头文史》（第八辑），汕头：汕头市政协文史资料研究委员会，1990 年。

246. 程希：《1954 年前后中国解决与印尼“双重国籍”问题的外交形势》，载《南洋问题研究》，2004 年第 3 期。

247. 《盂兰胜会成港民俗盛事，各界祭孤魂声势胜潮汕》，载《大公报》，2013 年 8 月 13 日。

248. 东瑞：《〈东南亚华文文学大系·印尼卷〉总序》，载《华文文学》，2000 年第 2 期。

249. 范叔钦：《新加坡的人口》，载《南洋文摘》，1969 年第 3 期。

250. 辜美高：《新加坡〈中兴日报〉的小说初探》，载中国社会科学院文学研究所中国古代小说研究中心编：《中国古代小说研究》（第 4 辑），北京：人民文学出版社，2010 年。

251. 广东省博物馆、饶平县文化局：《广东饶平县古墓发掘简报》，载陈历明编：《潮汕考古文集》，汕头：汕头大学出版社，1993 年。

252. 广东省南澳县海防史博物馆：《广东南澳县东坑仔古遗址》，载陈历明编：《潮汕考古文集》，汕头：汕头大学出版社，1993 年。

253. 桂栖鹏、赵晓兰：《辛亥革命前夕革命派报刊与保皇派报刊的两次大论战》，载《出版科学》，2003 年第 1 期。
254. 郭又新：《浅析泰国天然橡胶业的发展》，载《东南亚研究》，2010 年第 3 期。
255. 何平：《古代中国的影响与现代越族的形成》，载《世界民族》，2004 年第 5 期。
256. 华方田：《流传于东南亚华人中的新兴宗教——德教的历史与现状》，载《世界宗教文化》，2002 年第 2 期。
257. 黄启臣：《清代前期海外贸易的发展》，载《历史研究》，1986 年第 4 期。
258. 黄素芳：《吞武里王朝时期的泰国华人社会及其特点》，载《广东工业大学学报》（社会科学版），2012 年第 6 期。
259. 黄挺、杜经国：《潮汕古代商贸港口研究》，载潮汕历史文化研究中心、汕头大学潮汕文化 m 研究中心编：《潮学研究》（第一辑），汕头：汕头大学出版社，1994 年。
260. 黄挺：《明代后期闽粤之交的海洋社会分类、地缘关系与组织原理》，载《海交史研究》，2006 年第 2 期。
261. 黄挺：《移民与潮汕和东南亚的文化交流》，载《海交史研究》，1998 年第 1 期。
262. 姜振逵：《华侨与潮汕地区近代交通网络的构建》，载张应龙主编：《广东华侨与中外关系》，广州：广东人民出版社，2014 年。
263. 焦鹏：《清初潮州的对日贸易》，载潮汕历史文化研究中心、韩山师范学院编：《潮学研究》（第十二辑），汕头：汕头大学出版社，2005 年。
264. 康海玲：《潮剧在马来西亚的流传和发展》，载《艺苑》，2005 年第 5—6 期。
265. 冷东：《潮汕地区制糖业》，载《中国农史》，1999 年第 4 期。
266. 冷东：《郑信与暹罗吞武里王朝的内政外交》，载汕头华侨历史学会编：《汕头侨史论丛》（第三辑），汕头：汕头华侨历史学会，1998 年。
267. 黎光明：《“斐律宾史上‘李马奔’Limahong 之真人考”补正（并附“林道乾事迹考”补正）》，载《燕京学报》，1931 年第 10 期。
268. 李安山：《中国华侨华人研究的历史与现状概述》，载《华侨华人百科全书》编辑委员会编：《华侨华人百科全书》（总论卷），北京：中国华侨出版社，2002 年。
269. 李君哲：《泰国华文文学的历史与现状概略》，载《华侨华人历史研究》，1998 年第 4 期。
270. 李龙潜：《清末民初在香港的潮州人》，载潮汕历史文化研究中心、汕头大学潮汕文化研究中心编：《潮学研究》（第六辑），汕头：汕头大学出版社，

1997 年。
271. 李欧：《泰国文化的中国源流》，载《南方窗》，2010 年第 3 期。
272. 李屏：《泰国华文教育史研究综述》，载《东南亚纵横》，2012 年第 8 期。
273. 李庆新：《越南明香与明乡社》，载《中国社会历史评论》，2009 年第 0 期。
274. 李益杰：《潮汕海外华侨与抗日战争》，载《南洋问题研究》，2001 年第 4 期。
275. 李长傅：《斐律宾史上李马奔之真人考补遗》，载《燕京学报》，1931 年第 9 期。
276. 李祖基：《论清代移民台湾之政策——兼评〈中国移民史〉之“台湾的移民垦殖”》，载《历史研究》，2001 年第 3 期。
277. 林风：《泰国华文报业史述略》，载汕头华侨历史学会编：《汕头侨史论丛》（第二辑），汕头：汕头华侨历史学会，1991 年。
278. 杜桂芳：《浅谈近代潮汕移民高潮的掀起》，载汕头市潮汕历史文化研究中心、厦门市闽南文化研究会、中共诏安县委员会编：《闽南文化与潮汕文化比较研讨会论文集》，2005 年。
279. 林金枝：《华侨、华人移居澳大利亚史略》，载《华侨历史学会通讯》，1985 年第 4 期。
280. 林俊聪：《活“猪仔”林孝》，载汕头华侨历史学会编：《汕头侨史论丛》（第一辑），汕头：汕头华侨历史学会，1986 年。
281. 林伦伦：《潮汕方言和泰语的双向借词及其演变发展》，载《民族语文》，2006 年第 2 期。
282. 林瑞志、吴世璜：《爪哇华侨仲介商》，载《南洋问题资料译丛》，1957 年第 4 期。
283. 林欣捷：《为抗日而死的台籍志士——翁俊明》，载《世纪桥》，2009 年第 6 期。
284. 刘少卿：《马来西亚的河婆人》，载汕头华侨历史学会编：《汕头侨史论丛》（第一辑），汕头：汕头华侨历史学会，1986 年。
285. 罗红、高红樱：《印尼华文媒体的历史、现状及前景》，载《新闻记者》，2005 年第 8 期。
286. 马骏：《五十年来的星马京戏》，载《全麻平社为南洋大学筹募基金义演纪念特刊》，新加坡：南洋印务，1956 年。
287. 潘慧琼：《唐前中柬朝贡关系考述》，载《社会科学家》，2011 年第 4 期。
288. 普洛：《新加坡早期华侨社会的庙、亭和私会党——〈新加坡宗乡会馆的历史演变〉》，载汕头华侨历史学会编：《汕头侨史论丛》（第二辑），汕头：汕头华侨历史学会，1991 年。

289. 齐坚：《红色高棉时期柬埔寨华人的遭遇》，载《炎黄春秋》，1999 年第 9 期。

290. 乔印伟：《论新加坡民族国家创建的基础》，载《安徽史学》，2009 年第 2 期。

291. 秦梓高：《胡琏兵团窜犯潮汕简况》，载《潮汕党史资料》，1990 年第 3 期。

292. 邱立诚、杨式挺：《从考古文物资料探索潮汕地区的古代海上“丝绸之路”》，载潮汕历史文化研究中心、汕头大学潮汕文化研究中心编：《潮学研究》（第二辑），汕头：汕头大学出版社，1994 年。

293. 邱立诚、刘建安：《澄海龟山汉代建筑遗址初识》，载陈历明编：《潮汕考古文集》，汕头：汕头大学出版社，1993 年。

294. 饶宗颐：《潮民移台小史》，载黄挺编：《饶宗颐潮汕地方史论集》，汕头：汕头大学出版社，1996 年。

295. 饶宗颐：《论〈明史·外国传〉记张琏逃往三佛齐之讹》，载黄挺编：《饶宗颐潮汕地方史论集》，汕头：汕头大学出版社，1996 年。

296. 饶宗颐：《南澳：台海与大陆间的跳板》，载黄挺编：《饶宗颐潮汕地方史论集》，汕头：汕头大学出版社，1996 年。

297. 饶宗颐：《汕头释名》，载黄挺编：《饶宗颐潮汕地方史论集》，汕头：汕头大学出版社，1996 年。

298. 饶宗颐：《隋代潮州与琉球之关系》，载黄挺编：《饶宗颐潮汕地方史论集》，汕头：汕头大学出版社，1996 年。

299. 饶宗颐：《台湾省高雄县潮州镇访问记》，载黄挺编：《饶宗颐潮汕地方史论集》，汕头：汕头大学出版社，1996 年。

300. 《台湾屏东内埔的昌黎祠》，载《人民日报》，2004 年 8 月 10 日。

301. 芮诒埙：《谢和校长生平概略》，载中国人民政治协商会议广东省汕头市委员会文史资料委员会编：《汕头文史》（第八辑），汕头：汕头市政协文史资料研究委员会，1990 年。

302. 沈野：《潮州人在台湾》，载潮汕历史文化研究中心、汕头大学潮汕文化研究中心编：《潮学研究》（第六辑），汕头：汕头大学出版社，1997 年。

303. 沈毅：《也谈猪仔贩运与苦力贸易异同问题——就教于〈华工出国史料汇编〉的〈序言〉作者》，载《东南亚研究》，1988 年第 4 期。

304. 宋锡祥：《论中国〈国籍法〉的发展与完善——兼论港澳居民的国籍问题》，载《政治与法律》，2008 年第 1 期。

305. 苏新：《愤怒的台湾》，载中华全国台湾同胞联谊会编：《台湾同胞抗日 50 年纪实》，北京：中国妇女出版社，1998 年。

306. 孙广勇：《曼谷王朝中期华人对泰国经济的作用》，载《解放军外国语学院学报》，2004 年第 4 期。

307. 汤开建、田渝：《雍乾时期中国与暹罗的大米贸易》，载《中国经济史研究》，2004 年第 1 期。

308. 汤开建：《明隆万之际粤东巨盗林凤事迹详考——以刘尧诲〈督抚疏议〉中林凤史料为中心》，载《历史研究》，2012 年第 6 期。

309. 田汝康：《十七世纪至十九世纪中叶中国帆船在东南亚洲航运和商业上的地位》，载《历史研究》，1956 年第 8 期。

310. 涂文晖：《论柬埔寨、老挝华文文学》，载《华文文学》，2011 年第 4 期。

311. 王琛发：《糖蔗、会党、许武安：潮州人开发马来西亚峇都交湾的历史印象》，载《华侨与华人》，2012 年第 1—2 期。

312. 王国平：《中国的东南亚历史研究：回顾、评估与展望——梁志明教授访谈录》，载《东南亚南亚研究》，2013 年第 3 期。

313. 王绵长：《黉利家族资本的历史》，载中国人民政治协商会议广东省汕头市委员会文史资料委员会编：《汕头文史》（第八辑），汕头：汕头市政协文史资料研究委员会，1990 年。

314. 王绵长：《泰国华商：开创南北行及其对香港转口贸易的贡献》，载《汕头大学学报》（人文社会科学版），2003 年第 1 期。

315. 王士谷：《海外华文报刊的量化分析》，载《国际新闻界》，2000 年第 6 期。

316. 王小燕：《马来西亚的华人教育》，载《东南亚》，1984 年第 2 期。

317. 王元林、刘强：《清前中期潮州对外贸易研究》，载《汕头大学学报》（人文社会科学版），2005 年第 2 期。

318. 魏建峰：《早期马来西亚柔佛潮人商业网络探析：以柔佛新山为例》，载《东南亚纵横》，2010 年第 7 期。

319. 温北炎：《试析印尼华族与当地民族的关系》，载《世界民族》，2003 年第 3 期。

320. 温原：《大义自在，岂敢以性命自私——记抗日殉国的侨领蚁光炎》，载中国人民政治协商会议广东省汕头市委员会文史资料委员会编：《汕头文史》（第八辑），汕头：汕头市政协文史资料研究委员会，1990 年。

321. 吴榕青：《宋代潮州的盐业》，载《韩山师范学院学报》，1997 年第 3 期。

322. 吴奕锜：《印尼华文文学历史发展述略》，载《广东社会科学》，2000 年第 4 期。

323. 羲皇正胤：《南洋华侨史略》，载《民报》，日本秘密印行（标称“法国巴黎濮吕街四号”），1910 年第 25、26 号。

324. 香港古物古迹办事处等：《香港马湾东湾仔北史前遗址发掘简报》，载《考古》，1999 年第 6 期。

325. 谢成佳：《海外华人社团与祖籍国的关系》，载汕头华侨历史学会编：《汕头侨史论丛》（第四辑），汕头：汕头华侨历史学会，1999 年。

326. 谢易初：《谢进强字易初来暹创正大种籽庄自传》，载汕头华侨历史学会编：《汕头侨史论丛》（第三辑），汕头：汕头华侨历史学会，1998 年。

327. 《孙中山在新加坡领导大论战：“海盗”大战“汉奸”》，载《联合早报》，2011 年 10 月 6 日。

328. 徐芳亚：《秦汉时期中原人士移居越南析论》，载《前沿》，2010 年第 6 期。

329. 徐启恒：《中国和泰国历史上的友好关系》，载《历史教学》，1979 年第 6 期。

330. 徐艺圃：《汕头地区早期华工出国概论》，载汕头华侨历史学会编：《汕头侨史论丛》（第一辑），汕头：汕头华侨历史学会，1986 年。

331. ［新加坡］许云樵：《柔佛的港主制度》，载《南洋文摘》，1961 年第 8 期。

332. 李辉柄：《广东潮州古瓷窑址调查》，载《考古》，1979 年第 5 期。

333. 尤建设：《试析 17 世纪后期至 19 世纪中期越南封建政府的华侨华人政策》，载《西南师范大学学报》（人文社会科学版），2006 年第 6 期。

334. 袁伟强：《岭东华侨互助社的建立及其作用》，载汕头华侨历史学会编：《汕头侨史论丛》（第二辑），汕头：汕头华侨历史学会，1991 年。

335. 张从军：《玄武与道教起源》，载《齐鲁文化研究》，2002 年第 1 辑。

336. 张松乐、陈科庭：《林先坤》，载潮州市地方志办公室编：《潮州史志资料选编·海外潮人》，潮州：潮州市地方志办公室，2004 年。

337. 张星烺：《斐律宾史上“李马奔” Limahong 之真人考》，载《燕京学报》，1930 年第 8 期。

338. 张映秋：《爱国侨领郑子彬及其哲嗣郑午楼先生》，载中国人民政治协商会议广东省汕头市委员会文史资料委员会编：《汕头文史》（第八辑），汕头：汕头市政协文史资料研究委员会，1990 年。

339. 张映秋：《岭东华侨互助社的建立和发展》，载汕头华侨历史学会编：《汕头侨史论丛》（第二辑），汕头：汕头华侨历史学会，1991 年。

340. 张映秋：《泰国华侨高楚香与陈黉利家族的业绩》，载中国人民政治协商会议广东省汕头市委员会文史资料委员会编：《汕头文史》（第八辑），汕头：汕头市政协文史资料研究委员会，1990 年。

341. 赵春晨：《汕头开埠史实考》，载潮汕历史文化研究中心、汕头大学潮汕文化研究中心编：《潮学研究》（第三辑），汕头：汕头大学出版社，1995 年。

342. 郑衡、郑祖逊：《揭阳县仙桥镇蓝兜乡调查纪实》，载汕头华侨历史学会编：《汕头侨史论丛》（第二辑），汕头：汕头华侨历史学会，1991 年。

343. ［马来西亚］郑良树：《大马潮州人之人口及其分析》，载《柔佛潮州八邑会馆金禧纪念特刊》，1984 年。

344. 郑明、陈鸿辉：《越南“河内新地文化公司”史话》，载汕头华侨历史学会编：《汕头侨史论丛》（第二辑），汕头：汕头华侨历史学会，1991 年。

345. 郑志明：《泰国德教会的发展》，载陈景熙、张禹东主编：《学者观德教》，北京：社会科学文献出版社，2011 年。

346.《盂兰胜会列非物质文化遗产，潮属社团庆祝》，中国评论通讯社，2011 年 9 月 2 日。

347.《〈广东华侨史〉主编：原始史料丰富程度令人讶异》，中国新闻社，2013 年 6 月 4 日。

348.《马介璋、许学之谈香港潮人“盂兰胜会”成功申遗》，中国新闻社，2011 年 6 月 3 日。

349. 周艾黎：《海外潮剧纵横谈》，载汕头华侨历史学会编：《汕头侨史论丛》（第二辑），汕头：汕头华侨历史学会，1991 年。

350. 朱杰勤：《十九世纪加里曼丹华侨及其反抗英荷殖民者的斗争》，载暨南大学华侨研究所编：《华侨史论文集》（第一集），广州：暨南大学华侨研究所，1981 年。

351. 庄泽民：《林毓瑞与兰香公司和兰香楼》，载汕头华侨历史学会编：《汕头侨史论丛》（第二辑），汕头：汕头华侨历史学会，1991 年。

352. 骆伟：《〈南越志〉辑录》，载《广东史志》，2000 年第 3 期。

353. ［泰］姚宗伟：《拜好兄弟》，载《泰华散文集》，曼谷：泰华写作人协会，1989 年。

后　记

《潮汕华侨史》的撰写始于2014年初夏，至仲秋完成初稿，继而陆续编缀，终成五大部分，分别为：出洋移民、海外潮人社会、海外潮人贡献、潮汕侨乡、海外潮人传略。2014年末，由于列入“潮汕文库”而有了字数的限制，故仅取用初稿前两部分“出洋移民”和“海外潮人社会”，分上、下两编结集，加上“绪言”部分，便是此书的整体框架了。

本书是关于潮籍海外华侨华人的通史，上始远古海交时代，下迄1949年中华人民共和国成立。笔者希望通过梳理原始文献、海外资料及今人的研究成果，辅之田野调查数据，在规范性、独立性原则的基础上，力求叙录能言之有据、立论能自圆其说，从而全面、系统地呈现潮汕华侨的史事，为相关的研究工作提供可信且可靠的学术材料。

在本书撰写过程中，林伦伦、黄挺老师多次给予我宝贵的意见。伦伦老师的摄影，黄挺老师题写书名，令本书更趋完备。黄赞发、李鸿升老师及翁小庆兄给予笔者关心支持；肖艳慧、翁夏、陈怡荣、谢煜东参与若干史料的录入和甄别工作；王爱群、李逸夫、陈荆淮、杜文杰、周修东、郭远兴、胡晓菁以及暨南大学出版社的编辑们都对本书的撰写刊行作出了贡献。在此表示衷心的感谢！

没有前人的积累传承，便没有今人更深的认识，如果说本书有所发现，那也是受诸多研究成果的启发。笔者学识有限，舛误之处肯定存在。抛砖引玉，期望学界前辈、同行和读者不吝赐教。

李宏新
乙未春写于岭东清和园